Theodor Meynert

Psychiatrie: Klinik der Erkrankungen des Vorderhirns

1. Hälfte

Theodor Meynert

Psychiatrie: Klinik der Erkrankungen des Vorderhirns
1. Hälfte

ISBN/EAN: 9783742896872

Hergestellt in Europa, USA, Kanada, Australien, Japan

Cover: Foto ©berggeist007 / pixelio.de

Manufactured and distributed by brebook publishing software (www.brebook.com)

Theodor Meynert

Psychiatrie: Klinik der Erkrankungen des Vorderhirns

PSYCHIATRIE.

KLINIK
DER
ERKRANKUNGEN DES VORDERHIRNS,

BEGRÜNDET

AUF DESSEN BAU, LEISTUNGEN UND ERNÄHRUNG.

VON

DR. THEODOR MEYNERT

K. K. ORD. Ö. PROFESSOR DER NERVENKRANKHEITEN UND VORSTAND DER
PSYCHIATRISCHEN KLINIK IN WIEN.

ERSTE HÄLFTE.

(BOGEN 1—48.)

MIT 64 HOLZSCHNITTEN UND 1 TAFEL.

WIEN, 1884.
WILHELM BRAUMÜLLER
K. K. HOF- UND UNIVERSITÄTSBUCHHÄNDLER.

VORWORT.

Der Leser findet in diesem Buche keine Definition des psychiatrischen Lehrstoffes weiter, als welche in der sachlichen Benennung desselben auf dem Titelblatte hervortritt: Klinik der Vorderhirnkrankheiten. Der historische Name Psychiatrie als „Seelenbehandlung" verspricht das, was nicht schlechtweg zu leisten ist, und fliegt über die Naturforschung hinweg.

Wollte ich die Klinik der Vorderhirn-Erkrankungen in einer functionellen Bezeichnung hinstellen, so wäre das Wort „Geisteskrankheiten" unbestreitbar richtig. Ich weise sogar auf dasselbe hin, um den gangbaren Irrthum zu vermeiden, als wäre es zulässig, den Inhalt der Erinnerungsbilder, von seinem Ursprung aus den äusseren Empfindungsreizen abgesehen, für abgeblasste Sinnesbilder zu halten. Es kommt in diesem Lehrbuch zur Sprache, dass das Vorderhirn weder im Stande ist, hallucinatorische Erscheinungen zu bilden, noch dass in seinem Functionsmateriale, den sogenannten Erinnerungsbildern, irgend ein Anhauch von sinnlicher Färbung liegt, daher sie besser Erinnerungszeichen genannt würden. In dem Erinnerungsbilde des blendendsten Sonnenlichtes, des intensivsten Explosionsdonners liegt nicht ein Billionstel der Lichtstärke eines Glühwürmchens oder der Schallstärke eines auf Wasser fallenden Haares. Was bietet aber die Sprache für Erscheinungen, die aller Sinnenfälligkeit entkleidet sind, für ein Wort, als „geistig"?

Diese gröbste Thatsache des Vorderhirnlebens behebt den Unterschied zwischen abstractem und sinnlichen Inhalt der Vorstellungen, weil der letztere entfällt und nur in die äussere Wahrnehmung verwiesen bleibt. Diese findet aber ihre functionellen Centra schon in basaler gelegenen Hirntheilen, als das Vorderhirn. Ich bezeichne das ganze Vorderhirn meist schlechthin als Cortex, weil die leitenden Elemente des Vorderhirns als Achsenfasern nur die Fortsetzungen der Rindenzellen sind, Bestandtheile des corticalen Organes. Die Hirntheile, welche auch ohne das Vorderhirn Sinneswahrnehmungen verrathen und im weitesten Sinne Reflexbewegungen vermitteln, bilden zum Cortex den terminologischen Gegensatz der subcorticalen Centren. Dieser Gegensatz wird sich aber auch als ein Gegensatz im Erregungsmasse zeigen und als ein wichtiger Schlüssel zum abnormen Spiele des Hirnmechanismus innerhalb der Geisteskrankheiten erkannt werden.

Meine Neigung, Bücher zu machen, war und ist die denkbar geringste, und mich hat nur die Meinung gedrängt, trotz der reichen psychiatrischen Literatur einem wissenschaftlichen Bedürfnisse zu entsprechen. Jeder Zweifel an der Reife einer Anschauung, die ich in diesem Buche niederlege, hat mich zum Innehalten, zur Unterbrechung durch wissenschaftliche Prüfung und Ueberlegung geführt, so dass der Beginn des Buches im Jahre 1877, durch viele Jahre von seinem Erscheinen getrennt liegt. Ueber die Grundlagen des klinischen Verständnisses spricht sich wieder das Titelblatt genügend aus, und meine Meinung, durch dieselben die Klinik der Vorderhirnkrankheiten aufzuhellen, fliesst aus der Gemeinsamkeit der Quellen, von denen der gedeihliche Fortgang jedes entwicklungsfähigen klinischen Wissens herstammt, dem Baue, der Leistung und der Ernährung der Organe. Vieles, was in der bisherigen, vielfach zu subjectiven Psychiatrie nicht von der Strömung aus diesen Quellen getragen wird, muss wohl in derselben untersinken. Natürlich geht die Anschauung der klinischen Erscheinungen den Grundlagen ihres Verständnisses voran, die Erscheinungen am Kranken construiren sich nicht aus den wissenschaftlichen Grundlagen, sondern das Finden der Grundlagen ist von dem Bedürfnisse geleitet, die Erscheinungen zu durchdringen. Die erste Hälfte dieses Buches entstammt natürlich der zweiten, der klinischen Hälfte, und die Auswahl der Gegenstände, welche in den Grundlagen behandelt sind, entspricht nur den Bedürfnissen, welche die klinischen Erscheinungen aufwerfen, um erfassbar zu werden. Die Grundlagen stehen in, nicht neben der Klinik, und darin liegt vielleicht eine berechtigte Neuheit dieses Buches.

Die klinischen Bilder, aus welchen meine Darstellung hervorgeht, sind zur Begründung selbständiger Anschauungen nicht nur genügend, sondern durch ihre Anzahl geradezu zwingend. Meine psychiatrische Klinik im allgemeinen Krankenhause, welche ich 1875 das Glück hatte, mit meiner früheren Klinik in der Wiener Landes-Irrenanstalt zu vertauschen, deren Krankenstand ein mehr stagnirender war, ist das einzige Reichs-Irrenasyl Oesterreichs, so wenig ihre Raumverhältnisse dieser Bedeutung heute auch entsprechen. Sie bietet eine Jahresaufnahme zwischen 1400 und 1600 Kranken, für welche nur bezüglich der, nach der Provinz Niederösterreich zuständigen Kranken eine rasche Wiederabgabe ermöglicht ist. Gerade ein so weiter Anschauungskreis lässt sich nicht innerhalb der Enge künstlicher Gruppirungen nach hergebrachten Regeln unterbringen, sondern die Ueberzahl der Naturbilder schien ein natürliches System der Betrachtung nicht nur zu begünstigen, sondern herauszufordern.

Der lange Zeitabstand zwischen Beginn und Vollendung meines Buches verschuldete, dass ich stellenweise in der Anatomie des Gehirnes über meine Darstellung seither hinaus gekommen bin. Ich habe dazu keine neue Methode in Anspruch genommen, sondern in sorgsamer und verfeinerter Weise die mühevolle Abfaserung meiner Vorgänger wieder aufgenommen, welche durch das Studium des Mosaiks der Gehirnabschnitte ungebührlich verdrängt wurde. Jene gibt nicht nur die Ausgangspunkte für das Verständniss jenes Mosaiks, sondern ermöglicht auch den Ausbau unserer feineren Kenntniss vom Gehirnbau über jenes Niveau hinaus, wo die Belehrung durch die Gehirnabschnitte Weiteres versagt. In den Anmerkungen am Schlusse meines Buches werden sich die nothwendigen Abweichungen und Ergänzungen durch andere Autoren und meine Arbeiten finden. Die wichtigsten neuen Resultate betreffen meinerseits den Rindenursprung und den Ganglienursprung des Hirnschenkelfusses und deren Zutheilung an die Pyramiden. Auch die Abweichung von der Vereinbarung über gemeinsame Schädelmasse, welcher ich auf Ranke's Anregung beigetreten, begründet sich darin, dass der Abschnitt über pathologische Craniologie schon im Jahre 1880 geschrieben wurde.

Von anatomischer Anschaulichkeit ausgehend, habe ich dieselbe nicht blos auf die Würdigung des Gehirnbaues als innere Grundlage der klinischen Bilder zu erstrecken, sondern alles Anschauliche am Kranken selbst hervorzuheben und zu verwerthen gesucht. Dies bezieht sich auch auf die Beachtung physiognomischer Aeusserungen, die man diagnostisch zu wenig verwerthete. So hat das häufige Lächeln der von manischen Stimmungen angehauchten stuporösen Kranken nicht verhindert, diese Krankheit der Melancholie einzureihen.

Unbefriedigt durch die statistische Methode, die erbliche Veranlagung in zu grosser Berücksichtigung der Agnaten vorauszusetzen, habe ich die Lehre von den Veranlagungen unter die Erkrankungen, nicht vor dieselben gestellt, und vor Allem auf ihre anatomischen Ausprägungen verwiesen. Ich habe mich weniger, als gepflogen wird, mit dem mystischen Begriffe der Veranlagung begnügt, sondern auch hierin Veranschaulichung der veranlagenden anatomischen Thatsachen am Kranken erstrebt. Diese suchte ich nicht allein dem Aussenbilde, sondern der Berücksichtigung aller abnormen proportionalen Verhältnisse zu entnehmen. In einer schon dem Jahre 1878 angehörigen Abhandlung habe ich berührt, wie die Ernährung und die Erregbarkeitsverhältnisse des Gehirnes auch als eine Wechselwirkung zwischen Hirngewicht und Herzgewicht aufzufassen wären. Benecke's und Thoma's wichtige Studien über Grösse und Gewicht der Körperorgane erscheinen mir als sehr geeignete Grundlagen, der Lehre von der Veranlagung vom anatomischen Standpunkte aus festeren Boden zu geben.

Was innerhalb der Veranlagungen besonders die Lehre von der Erblichkeit betrifft, welche, sportartig betrieben, bis zur Voraussetzung angeborner Gedanken führte, und welche klinisch zur Verirrung einer Lehre vom moralischen Irrsinne geführt hat, so hielt ich es für nöthig, die Kritik der Anschauungen Darwin's über die Vererbung erworbener Fähigkeiten, wie sie auch von deutschen Autoren, darunter Du Bois, Weissmann, massgebend geübt wurde, an passender Stelle herbeizuziehen. Es ist zweifellos ein allzu einfacher Standpunkt, die Moral als eines der menschlichen Talente aufzufassen, welches dem einen Menschen als ein umschriebener psychischer Besitz angehöre, dem anderen als umschriebener psychischer Defect fehle. Dagegen ist die Bemerkung Weissmann's sehr richtig: „Talente beruhen nicht auf dem Besitze eines besonderen Gehirntheiles, sie sind überhaupt nichts Einfaches, sondern sind Combinationen geistiger Anlagen von sehr verschiedener Natur."

So wie die übel ausgebeutete Lehre von der erblichen Veranlagung zu einer Verdächtigung der psychischen Gesundheit in zu weitem Umfange führt, so liesse sich befürchten, dass die weiter gehende Beachtung sinnenfälliger Organisationsfehler im Sinne von Veranlagungen eine solche Verdächtigung gleichfalls fördern könne. Solche Fehlschlüsse werden dem besonnenen Arzte fern liegen, und er wird zwischen den, entfernt zur Krankheit „Berufenen" und zwischen den, zum Glücke der Menschheit viel wenigeren im traurigen Sinne „Erwählten" unterscheiden, und die Breite der relativen Gesundheit, wie sie Allen fassbar ist, nicht in beschränkter Abstraction zur unfassbaren Linie einengen wollen. Hoffentlich werden die dialektischen Versuche dieser Richtung auf forensischem Gebiete wieder abklingen, wozu ich nicht ganz fruchtlos beizutragen wünsche.

Wien, Ostern 1884.

Theodor Meynert.

INHALTS-VERZEICHNISS.

Formen und Zusammenhang des Gehirnes. S. 1—125.

Oberfläche des Gehirnes. S. 1—35. — *A.* Vorderhirn. S. 3—24. — Convexe Oberfläche. S. 3. — Die mediale Fläche des Vorderhirns und der Riechlappen. S. 17. — Gehirnschlitz. S. 19. — Ammonshorn. S. 22. — *B.* Ganglien des Vorderhirnes, Zwischenhirnes, Mittelhirnes und Nachhirnes. S. 24. — Basale Oberfläche. S. 25. — Dorsale Oberfläche. S. 27. — Rautengrube. S. 32. — Einiges von der zusammenhängenden Structur des Gehirnes. S. 35. — Faserige Structur. S. 36. — Associationsbündel. S. 37. — Balken und vordere Commissur. S. 41. — Projectionsbündel. S. 43. — Faserige Structur des Gehirnstammes. S. 45. — *Stratum intermedium.* S. 51. — Der feinere Bau des Gehirnes. S. 52. — Rindensubstanz. S. 52. — Fünfschichtiger Bau. S. 55. — *Sulcus calcarinus.* S. 63. — Hakenwindung. Riechlappen. S. 65. — Vormauer und Mandelkern. S. 66. — Vordere Commissur. S. 67. — Vorderhirnganglion. S. 70. — *Nucleus caudatus.* S. 71. — *Nucleus lenticularis.* S. 73. — Erstes Glied seines Projectionssystems. S. 73. — Zweites Glied seines Projectionssystems. S. 75. — Zusammenhang mit dem *Stratum intermedium.* S. 76. — *Capsula interna.* S. 77. — *Discus lentiformis.* Hinterhauptsstrahlungen. S. 79. — Thalamus opticus. S. 80. — *Thalamus* und Grosshirnrinde. S. 82. — Haubenursprung. *Fasciculus retroflexus.* S. 83. — *Laminae medullares.* S. 84. — *Commissura posterior.* Retinabündel. S. 86. — Basale Umgürtungen der Ganglien. S. 87. — Strahlung des hinteren Längsbündels. S. 89. — Das Mittelhirn. S. 91. — *Tractus opticus.* S. 93. — Verbindungen mit der Grosshirnrinde. S. 94. — Centrales Höhlengrau. Haube. S. 95. — *Fasciculi marginales aquaeducti.* S. 96. — Varolsbrücke. Bindearm. S. 97. — Oculomotorius. Absteigende Quintuswurzel. S. 98. — Trochlearis. Trigeminus. S. 99. — Facialis. Abducens. S. 101. — Das Kleinhirn und der Acusticus. S. 104. — Kleinhirnrinde. S. 106. — *Nucleus dentatus.* S. 107. — Dachkern; äusserer Acusticuskern Clarke's. Strickkörper. S. 108. — Acusticusbahn. S. 109. — Austritt des 9., 10., 11. und 12. Gehirnnervenpaares. S. 111. — Querschnitt der *Oblongata* und ihr Uebergang in das Rückenmark. S. 114. — Rückenmarksursprung. S. 116. — Rückenmarksquerschnitt. S. 120.

Anatomische Corollarien und Physiologie des Gehirnes. S. 126—197.

Einfachheit der specifischen Energie der Nervenzelle. S. 126. — Verständniss der Höhlung des *Cortex cerebri.* S. 127. — Fühlfäden. Fangarme. Bedeutung der Lage des spinalen und des corticalen Grau. S. 128. — Form der cortico-motorischen

Ganglien. Anatomie der corticalen Sinnescentren. S. 129. — Beweis corticaler Localisationen aus vergleichend anatomischen Proportionen. S. 130. — Physiologische Experimente zu Gunsten der Localisation. S. 131. — Das Innervationsgefühl als Wesen des motorischen Rindenimpulses. S. 132. — Sensibler Charakter der motorischen Centren. S. 133. — Rindenfelder der Retina und des Labyrinthes. Seelenblindheit, Seelentaubheit. S. 134. — Vertheilung der Rindenfelder an die Muskulatur. S. 135. — Die motorischen Centra des Cortex nehmen den Stirn- und Scheitellapen ganz ein. S. 136. — Die Intelligenz ist nicht localisirt, die ganze Rinde ist ihr Centrum. S. 137. — Blödsinn durch Zerstörung von Hemisphärenmasse bei Thieren. S. 138. — Das Vorderhirn als Mechanismus der intellectuellen Leistungen. S. 139. — Rindengedächtniss. Associationen. S. 140. — Die Rinde mit den Projectionsfasern und Associationsfasern als Schlussapparat. S. 141. — Das Wiedererkennen als Resultat je einer besonderen Gruppirung von Associationen. S. 142. — Sogenannte spontane Bewegung. Subcorticale Centren. Primärer (erster) Bewegungsmodus. S. 143. — Genesis der Innervationsgefühle und deren Association. S. 144. — Secundärer (zweiter) Bewegungsmodus. Nachahmung der Reflexe im Vorderhirn. S. 145. — Schema einer Schutzbewegung des Armes. S. 147. — Der *Thalamus* eine Station für Signale des Innervationsgefühles. S. 149. — Zerstörung des *Thalamus* bedingt keine Lähmung. S. 150. — Verbindung jedes *Thalamus* mit beiden Armen. S. 151. — Tumor des rechten *Thalamus*. Wesen der Zwangstellung durch *Thalamus*-Zerstörung. S. 152. — Der *Thalamus* als Centrum für primäre, der Linsenkern für secundäre Bewegungsformen. S. 153. — Kreuzungsstelle des *Stratum intermedium* aus dem Linsenkern. S. 154. — Dritte Stufe der Bewegung. Individualität. S. 155. — Primäre Individualität. S. 156. — Es gibt zwischen Reflex und bewusster Bewegung keine sogenannten Triebe. S. 157. — Ungleicher sinnlicher Inhalt der primären Individualität. S. 158. — Die dritte Stufe der Bewegungen ahmt die Reflexe nicht nach. Erscheinung der Freiheit. S. 159. — Unterschiede in den grossen Internodien der Zwischenschicht und der Hirnschenkelbasis. S. 160. — Leitung zum und vom Kleinhirn im Brückenarm. Hinteres Längsbündel. S. 161. — Unbewusstheit des Kleinhirneinflusses. Trennbarkeit bewusster und coordinirter Bewegungen. S. 162. — Primäres und secundäres Ich. Abwehr und Angriff. S. 163. — Intelligenz. Die Causalität liegt im Associationsvorgange. S. 164. — Functionelle Entwickelung inductiver Logik. S. 165. — Schlussprocesse gestalten das Raumbild. S. 166. — Hypothetischer Charakter der realistischen Weltanschauung. S. 170. — Vorgänge bei dem Abwehrreflex im Rückenmark. S. 171. — Starke Erregung. Irradiation. Hemmung. Irradiation auf die Gefässnerven. S. 172. — Verminderte Gewebsathmung. Aggressive Bewegungen. S. 173. — Quackversuch. Der spinale Reflex des Umarmungskrampfes. S. 174. — Spinale Zustände bei dem Angriffsreflex. Geringer Reiz. Ungehemmtheit. Functionelle Hyperämie. S. 175. — Secundäre Uebertragung der Vorgänge des Abwehrreflexes in das Vorderhirn. Körperschmerz. S. 176. — Hervorrufen des Abwehrvorganges durch Eindrücke, die mit Gefahr und Tod zusammenhängen. S. 177. — Seelenschmerz. Die Affecte entstehen nur aus Associationen. Todesnachricht. S. 178. — Temperationen. Gebundene und ungebundene Affecte und Stimmungen. S. 179. — Die Begleitung der Denkvorgänge durch Stimmungen rührt von wechselndem Gefässdruck her. S. 180. — Gegensatz der Intensitäten der Gefässinnervation und der Associationen im Vorderhirn. S. 181. — Glücksgefühl gleich functioneller Hyperämie. Affecte und Erscheinung der Freiheit. S. 182. — Corticale Hemmung der subcorticalen Massen. Sinneseindruck und Erinnerungsbild. S. 183. — Schweifkern und Gangbewegung, Linsenkern und obere Extremität. S. 184. — Stellung des *Thalamus* zum Gesichtssinn und zum Muskelsinn. S. 185. — Stellung des *Thalamus* zum physiognomischen Ausdruck.

S. 186. — Rückwirkung der bewussten Bewegungen auf die Reflexe. S. 187. Wahrscheinliche Beziehung des *Thalamus* zum Geruch, Gehör, zum Hautsinn. S. 188. — *Thalamus* und Vierhügel sind subcorticale Sinnescentren. S. 189. — Der Vierhügel als primäres Centrum für die Bildung des optischen Raumbildes. S. 190. — Centren für innere und äussere Augenmuskeln im centralen Höhlengrau. Gefässcentren. S. 191. — Das psychische und reflectorische Gefässcentrum in der vorderen und hinteren Bahn des Stammes. S. 192. — Selbständige Gefässdilatatoren zweifelhaft. Acusticusreiz und Klangbildung. S. 193. — Klangnachahmung. Primäres und secundäres Klangcentrum. S. 194. — Labyrinth und Kleinhirn. Kleinhirnproportion des Mannes und Kindes. S. 195. — Kleinhirn als Coordinations- und Gefühlscentrum. S. 196. — Oblongata. Weil Gefässcentrum auch Secretionscentrum. Geschlechtscentrum. S. 197.

Die Ernährung des Gehirns. S. 198—262.

Das associirte Erinnerungsbild. Fechner's partieller Schlaf. S. 199. — Die Schädelhöhle weiter, als die Gehirnhöhle. Gehirnbewegungen. S. 200. — Das Schwellgewebe in der *Dura mater*. S. 201. — Subduraler Lymphraum und seine Communicationen. S. 202. — Subarachnoidealräume, Cysternen. *Pia mater* und *tela chorioidea*. S. 203. — Die *Pacchionicae* als Subarachnoidealräume. Nerven der Hirnhäute. S. 204. — Schröder's und Heubner's derivatives Arteriennetz. S. 205. — Nutritives Netz des Vorderhirns. Duret's und Charcot's Ernährungsgebiete. S. 206. — Die Endarterien des subcorticalen Gehirnes. S. 207. — Burckkardt's Experimente an Schädellücken. Bedeutung der Hirnbewegungen. S. 208. — Tricroter und tricuspidaler Puls. S. 209. — Die pulsatorische Hirnbewegung und der Lymphstrom. S. 210. — Die respiratorische Hirnbewegung. S. 211. — Die vasculäre Hirnbewegung. S. 212. — Phasen der arteriellen Systole an der Hirnbasis und Hirnwölbung. S. 213. — Die vasculäre Welle und der Lymphstrom im Schlaf und Wachen. S. 214. — Chemie des Gehirns. Weisse und graue Massen. S. 215. — Nervenzellen und Axencylinder. Neurokeratin. Eiweis. Nuclein. S. 216. — Phosphor. S. 217. — Wasserextract. Milchsäure, Hypoxanthin. S. 218. — Aetherextract. Cholesterin. Alkoholextract. Protagon. S. 219. — Protagon. S. 220. — Spaltung des Protagon. Cerebrin. Lecithin. Neurin. Quantitative Analyse. S. 221. — Wassergehalt. Neurokeratin. S. 222. — Beziehung des Axencylinders zur Leitung und Ernährung des Nerven. S. 223. — Die hornführenden Scheiden reguliren die Ernährung. S. 224. — Wachen und Hirnarbeit hält Phosphor zurück. Chemische Synthese, nicht Spaltung. S. 225. — Nervenstrom und negative Schwankung. Ernährung der Axenfaser. S. 226. — Phosphor, Eiweiss und Ernährung der grauen Substanz. S. 227. — Hornführende Hüllen der Nervenzellen. S. 228. — Associationen. Schwelle und Intensität der nutritiven Attraction. S. 229. — Functioneller Affluxus geht nicht von der Rinde als Gefässcentrum aus. S. 230. — Der Affluxus entsteht durch corticale Hemmung der Gefässcentren. S. 231. — Schema für den Gegensatz von Associationsspiel und Gefässreizung. S. 232. — Thatsache der functionellen Fluxion. S. 233. — Das Erröthen. Nebenassociationen. S. 234. — Assonanzen. Metaphern. Angriffsvorstellung. Zielvorstellung. S. 235. — Parallelvorstellung unter der Schwelle. Affect und Erregungsumfang. S. 236. — Mechanik der Lymphbewegung. Hirngewicht. S. 237. — Mann. Frau. Kind. S. 238. — Methode der Hirnwägungen. Vergleichend-anatomische Proportionen. S. 239, 240. — Gewichtsproportionen der menschlichen Gehirntheile. S. 241. — Windungsreichthum. S. 242. Fötale Unterschiede nach dem Breitenindex und den Geschlechtern. S. 243. — Mechanische Begründung der Windungsformen. S. 244, 245, 246. — Experimentelles über nutritive Bedeutung der Endorgane. S. 247. — Experimentelles über nutritive Bedeutung der Centra. S. 248. — Stufenweise Entwicklung der Markscheiden. S. 249. — Fortschreiten der Markscheiden von subcorticalen Gebieten aus zum Cortex. S. 250.

Anhang. Mechanismus der Physiognomik. S. 251.

Mimische Bewegungen sind zwecklos, unbewusst, aber übereinstimmend. S. 252. — Auftreten durch subcorticale Erregung vor der Markweisse des Vorderhirns. S. 253. — Athmung, Saugen, Weinen des Kindes. S. 254. — Abwehrmiene verengert, Angriffsmiene erweitert die Antlitzpforten. S. 255. — Mimik beruht zuerst auf Irradiation, darnach auf Nebenvorstellungen. S. 256. — Secundäre corticalphysiognomische Bewegung. S. 257. — Physiognomische Irradiation und Nebenassociation. S. 258. — Physiognomische Begleitung des Denkens, der Angst, der Wuth. S. 259. — Unbewusste Parallelschlüsse des Physiognomen. S. 260. — Unklarheit des Physiognomikers. Corticale Gestaltung des Ausdruckes. S. 261, 262.

Uebersicht der Krankheitsbilder des Vorderhirns. S. 263—281.

Stoff der Psychiatrie. S. 263. — Geistige Natur der Erinnerungsbilder. S. 264. — Localisation der Reizerscheinungen. S. 265. — Ausfallserscheinungen sind anatomisch oder functionell, vasomotorisch. S. 266. — Anatomie der Veranlagungen. Localisirte reizbare Schwäche. S. 267. — Reizerscheinungen durch Wegfall corticaler Hemmung. S. 268. — Corticale Reizerscheinungen durch subcorticale Schwäche. S. 269. — Hauptrichtungen der Wahnidee. S. 270. — Die Wahnideen haben ursprünglich physiologische Grundlagen. S. 271. — Die reizbare Verstimmung. Die Angst. S. 272, 273. — Benützung des natürlichen Reichthums im Gehirnbau. Verworrenheit. Assonanz. Metapher. Fehlen der Zielvorstellung. Hallucinationen und Zwangsvorstellungen. S. 275. — Sinken der starken Vorstellungen unter die Schwelle. S. 276. — Erschöpfung durch übertriebene Attraction. Wahnideen mit äusserer Klarheit. S. 277. — Hypochondrischer Wahn und Träume. Fixer Wahn. Macht seiner Zielvorstellungen. S. 278. — Einfache Zwangsvorstellung. Scheue vor Dingen. S. 279. — Fragesucht. Illusion. S. 280. — Gruppirung der Störungen des Vorderhirns. S. 281.

Klinik der Vorderhirnkrankheiten. S. 282.

A. **Anatomische Veränderungen.** *I. Missbildungen.* 1. Veranlagungen. *a.* Pathologische Craniologie. Welker's Schädelmasse. S. 283. — Capacität. Microcephalie und Nanocephalie. Macrocephalie. S. 284, 285. — Hydrocephalie mit Kennzeichen an kleineren Schädeln. S. 286. — Hydrocephalie ohne Kennzeichen. S. 287. — Grosse, mittlere und kleine Schädelmasse. S. 288.

Formen und Zusammenhang des Gehirnes.

Oberflächen des Gehirnes.

Vor kurzer Zeit noch wurde geglaubt, das Gehirn klinge in der Wirbelthierreihe im Lanzettfischchen vollständig ab. Das Rückenmark des *Amphioxus lanceolatus* sollte nach oben, statt eine Anschwellung zu einem Gehirn zu bilden, sogar durch eine Zuspitzung aufhören. Rohony weist auch auf das Gehirnbläschen des Lanzettfischchens hin. Es wären die Wirbelthiere also ausnahmslos als Hirnrückenmarksthiere zu bezeichnen. Aber das Vorderhirn, die Hauptmasse des menschlichen Gehirnes, nimmt der Masse nach bei einfachen Formen der Säugethierhirne schon so ab, dass es nicht bei allen über die Mächtigkeit der anderen Gehirntheile hinausgeht. Dieses Vorderhirn finden wir in der Entwicklung der Medullarröhre zum Gehirn als einen secundär entwickelten untergeordneten Anhang des vorderen Gehirnbläschens als Hemisphärenbläschen. Es ist paarig und liegt daher aussen von der medialen Axe des Gehirnbaues.

Fig. 1 zeigt uns durch den hindeutenden Stift die nach aussen führende Communicationsöffnung zwischen dem vorderen Hirnbläschen und dem seitlich gelegenen Hemisphärenbläschen, dem Vorderhirn. Die Namen, welche Carl v. Baer den einzelnen Abtheilungen gab, orientiren auf das trefflichste. Wir unterscheiden (Fig. 1) den Rückenmarksübergang in das Nachhirn (*M. oblongata*), dann das Hinterhirn (*H* Kleinhirn), welches mit der hinteren Wand der Höhle des Nachhirnes durch den Deckel der Rautengrube zusammenhängt. Den Gipfel des Aufbaues bildet das Mittelhirn (*M.* Vierhügel). Ein Theil

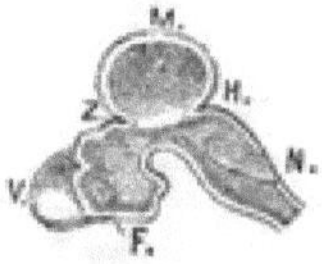

Fig. 1.

V Vorderhirn. *Z* Zwischenhirn. *F* Communication der mittl. Kammer mit der rechten Seitenkammer. *M* Mittelhirn. *H* Hinterhirn. *N* Nachhirn.
(Reichert.)

des Vorderhirnbläschens liegt zwischen dem Mittelhirne und dem Hemisphärenbläschen. Dieser Abschnitt heisst Zwischenhirn und entspricht der Sehhügelregion *(Z)*. Das Hemisphärenbläschen wird zum Vorderhirn *(V)*.

Welch geringen Antheil das paarige Vorderhirn *(V)* anfangs an der Masse des Fötalhirnes bildet, zeigt die Frontalansicht des Gehirnes (Fig. 2), in welchem Mittel-, Zwischen- und Vorderhirn wie Stufen abfallen. Wegen einer scharfen Krümmung der Gehirnaxe um einen idealen Querdurchmesser erscheint unten noch das Nachhirn, als ein hinterer Schenkel des Krümmungsbogens.

Fig. 2.

Fötalhirn von der Stirngegend her n. Reichert.
V Vorderhirn.
Z Zwischenhirn.
M Mittelhirn.
N Nachhirn.

Ein horizontaler Abschnitt durch das Gehirn (Fig. 3), in umgekehrter Stellung vergleichbar mit der weiter unten zu würdigenden Abbildung Fig. 5 (pag. 4), zeigt uns die zuerst einfach linsenförmige, convexe äussere Oberfläche des Vorderhirnes (Fig. 3 *V*) in einer veränderten Entwicklungsphase. Die früher schildförmige Oberfläche ist ungefähr in der Mitte der Länge des erst bis über die Hälfte des Zwischenhirnes nach rückwärts reichenden Vorderhirnes muldenförmig eingebogen *(S)*. Diese Mulde ist die erste Form der Sylvischen Grube.

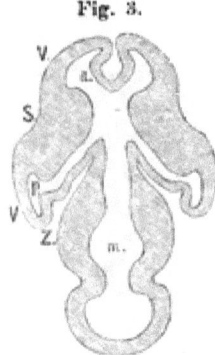

Fig. 3.

Horizontaler Längsabschnitt durch das Gehirn eines Fötus nach His.
V V Vorderhirn *a* Vorderhorn.
p Hinterhorn der Seitenkammer.
S Sylvische Grube als Aussenfläche der Ganglienregion des Vorderhirns.
Z Zwischenhirn, *m* Dritter Ventrikel. Hinter ihm ein Abschnitt aus dem Mittelhirn, den *Aquaeductus Sylvii* umgebend. Die Abgrenzung des Mittelhirnes nach hinten wird durch die Scheitelbeuge verständlich (Fig. 4).

Es ist ersichtlich, dass hier das Dickenwachsthum des Hemisphärenbläschens gegen die Seitenkammer *(a p)* medialwärts zugenommen hat, so dass zwischen Vorderhorn und Hinterhorn die Region von Ganglien hervorragt, welche dem Streifenhügel und dem Linsenkerne in der späteren Sonderung entspricht.

Entsprechend der medialen Richtung des Dickenwachsthums ist dasselbe nach aussen hin zurückgeblieben. Indem der vordere und hintere Antheil der Convexität des Vorderhirnes bei Ausschluss einer medialwärts anschiessenden Ganglienbildung ihr Dickenwachsthum hervorragend nach aussen als Rinden- und Marksubstanz entwickeln, sinkt die zwischenliegende Region der Oberfläche *(S)* grubig ein.

So gestaltet sich die Sylvische Grube. Die ihr zukommende nach aussen gewendete Oberfläche ist die Insel.

In dieser Ebene wird man zugleich gewahren, wie im Vorderhirn das Vorderhorn *(a)* und das Hinterhorn *(p)* der Seitenkammer in die Höhle des ersten Gehirnbläschens sich breit eröffnet. Die mediale Wand des Vorderhirnes muss diese Communicationsöffnung ringförmig umgeben. Die äussere Wand des Vorderhirnes hat in ihrer Mitte eine Grube entwickelt, *Fossa Sylvii*. Die innere Wand bildet einen Ring um die Hirnkammer. Der hintere Theil der medialen Wand ist das vom Ammonshorn heraufkommende Gewölbe zwischen *S* und *Z*, deren Regionen dem Streifenhügel und dem Sehhügel entsprechen. Sein nach oben convexer Bogen ist abgekappt, der absteigende Theil des Gewölbes aber in der vorderen Wand des vorderen Hirnbläschens eingeschlossen.

Dieses Gewölbe umzeichnet die Abschnürungshöhle des Vorderhirnes vom Zwischenhirn, welche durch das Hineinwuchern des Sehhügels spaltförmig wird (Hirnspalte) und nach vorne lebenslang am weitesten bleibt *(Foramen Monroi).*

Die obere Wand des Zwischenhirnes besteht nur aus der häutigen Decke des dritten Ventrikels, welche in den Saum der, von der oberen und vorderen Wand des Zwischenhirnes abgehenden bogenförmigen Abschnürung, d. i. in die *Fimbria* des Gewölbes übergeht. Der in dieser oberen Wand enthaltene *Plexus chorioideus medius* geht durch das *Foramen Monroi* in die Plexus der Seitenkammern über. Das Gewölbe ist der wirkliche Abschnürungssaum des Vorderhirnes. Nach Bildung des Septums und des Balkens wird der *Gyrus fornicatus* zum scheinbaren Abschnürungssaum oder besser zu einem secundären freien Saum der Gehirnrinde. Es erhellt aus Fig. 3, dass die von der *Fossa Sylvii* aus nach innen wachsende äussere Hemisphärenwand, die Ganglien des Vorderhirnes, gegen den Ring der medialen Wand hinwachsen, und die anfangs weite Lichtung der Kammer erfüllen.

Fig. 4.

Ansicht der convexen Oberfläche des fötalen Gehirnes.
V Vorderhirn. *S Fossa Sylvii.* *Z* Zwischenhirn. *M* Mittelhirn. *H* Hinterhirn. *N* Nachhirn. Unter dem Stirntheil des Vorderhirns liegt der Riechlappen.

Wegen Hinüberwachsens des Vorderhirns nach hinten werden in horizontalen Schnittebenen aus späterer Entwicklungszeit demnach Streifenhügel und Sehhügel statt hintereinander von aussen nach innen nebeneinander liegen.

Die Aufeinanderfolge der drei Gehirnbläschen gestaltet sich unter mehrfachen Knickungen der Axe des Medullarrohres (Fig. 4). Den Uebergang des Rückenmarkes in das Nachhirn bildet die Nackenbeuge (convex nach hinten), den Uebergang des Nachhirnes in das Hinterhirn die Brückenbeuge (nach vorn convex) und unter dem Mittelhirne bildet sich die Scheitelbeuge aus. In dem Sinus, welchen die letztere bildet, erreicht die *Chorda dorsalis* ihr Ende.

A. Das Vorderhirn.
Convexe Oberfläche.

Das Vorderhirn bildet um die Grube, welche durch Zurückbleiben des Dickenwachsthums an der Aussenfläche entstand, einen Bogen. Des Bogens oberer Schenkel ist das frontale Ende, sein

Fig. 5.

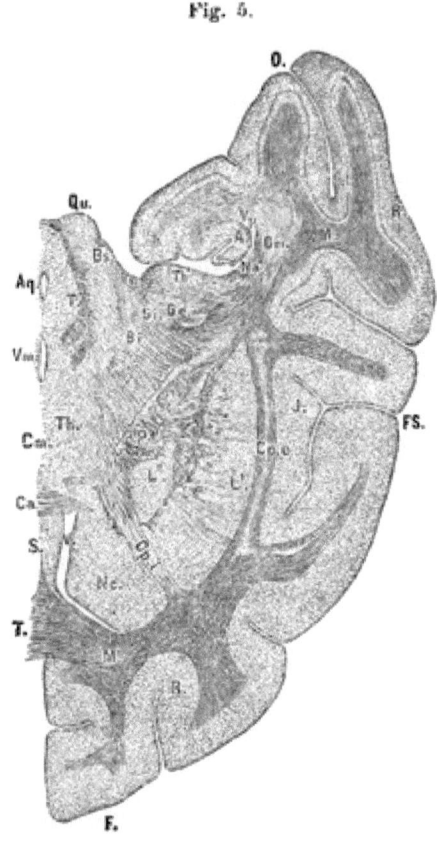

Horizontaler Längsschnitt durch das Gehirn
von *Cercocebus griseoviridis*.

F Stirnende. O Hinterhauptende des Vorderhirnes. A Ammonshorn. R Rinde. M Mark. J Insel. FS *Fissura Sylvii*. V Vorderhorn. Vp Hinterhorn der Seitenkammer (Höhle des Vorderhirnes). T Balken. S Septum. Nc Nu *Nucleus caudatus* und L^1, L^2 *Nucleus lenticularis* (die Ganglien des Vorderhirnes). Cpe Die äussere Kapsel, d. i. das den *Nucleus lentic.* unmittelbar bedeckende Mark, von welchem nach aussen die Vormauer, dann das dünne Mark der Insel liegt. Ca *Commissura anterior*. Th Das Zwischenhirn, *Thalamus opticus*, Ph' dessen Pulvinar. Cm *Commissura media*. Qu Mittelhirn. Corpus quadrigeminum. Br Arm des oberen Zweihügels. Aq *Aquaeductus Sylvii*. Gi *Corpus genic. internum*. Ge *Corpus genic. externum*. T *Tegmentum*, die vorderhalb der grauen Umgebung des *Aquaeductus* gelegene Haube. Cpi Vorderer Theil der inneren Kapsel zwischen geschwänztem Kern und Linsenkern. P Hinterer Theil der inneren Kapsel zwischen Sehhügel und Linsenkern, zugleich Ursprungsbündel des Hirnschenkels. Om Projectionssystem des Occipitallappens für das *Pulvinar*, für den äusseren und inneren Kniehöcker, für den unteren Zweihügel (B), für den Hirnschenkel.

unterer das Schläfenende, sein Scheitel aber ist die Hinterhauptsgegend. Das obere Bogenstück ist durch die Einfügung der Scheitelgegend zwischen Frontalhirn und Occipitalhirn das längere. Die Insel (Fig. 4 S) geht in eine Hervorragung an der unteren Fläche des Stirnendes vom Vorderhirne, in den Riechlappen über. Hinter dem Riechlappen wird das Zwischenhirn als eine basale Hervorragung sichtbar, die am vorderen Rand der Scheitelbeuge die Trichterregion bildet.

Suchen wir nun den Grund der Sylvi'schen Grube, die Insel, an Durchschnitten durch das erwachsene Gehirn auf. Hierzu dient sowohl der gerade, der horizontale Längsschnitt (Fig. 5), als auch der vertikale, frontale Querschnitt (Fig. 6) des Gehirnes. Tief versteckt, medialwärts von einem spaltförmigen Eingang, der *Fissura Sylvii* (*FS*), bildet die *Fossa* einen blinden Sack, dessen Grund die Insel bildet (*J*). Die im Fötus (Fig. 4) fehlenden Aussenwände der *Fossa Sylvii* sind dadurch entstanden, dass das Dickenwachsthum im Windungsbogen der convexen Aussenfläche die Ränder desselben allseitig unter Bedeckung der Sylvischen Grube so aneinander gedrängt hat, dass nur ein spaltförmiger Zugang, *Fissura Sylvii* (*FS*) zur *Fossa*

Sylvii übrig blieb. Der Vorderhirnbogen um die *Fossa Sylvii* entwickelte sein Dickenwachsthum am wesentlichsten in der lateralen Richtung gegen die Schädelwand zu, die Gegend der *Fossa Sylvii* dagegen entwickelte ihr Dickenwachsthum in Form von Ganglien gegen die Hirnhöhle zu nach innen (Fig. 5 und 6).

Die *Fissura Sylvii* ist kein einfacher Zugang. Sie besteht nicht bloss aus zwei wulstigen Verschlusslippen, dem Klappdeckel (*Operculum*) und der oberen Schläfewindung (Fig. 6 aussen von *J*), welche Burdach's Oberspalte und Unterspalte zudecken. Sie gewinnt auch nach vorne und nach hinten von der Insel, gleichsam als Aeste der Oberspalte Burdach's (Fig. 6 oben), eine vordere und hintere Wand (Fig. 5) vor und hinter der Insel einschneidend, die Vorderspalte Burdach's und die Hinterspalte. Die Spalten sind zugänglich von aussen durch den vorderen und hinteren aufsteigenden Ast (*Ramus adscendens anterior* und *posterior*) der *Fissurae Sylvii*. Der vordere aufsteigende Ast liegt hinter der orbitalen Fläche des Stirnlappens, der hintere vor der Wurzel des ersten Schläfezuges. Zwischen den *Rami adscendentes* liegt, wie bemerkt, der Klappdeckel, *Operculum*. Am Menschen, wo die Insel zumeist sechs fächerartige nach oben divergirende Windungen besitzt, gehen dieselben nach oben in die Windungen des Klappdeckels, nach hinten und unten in die obere Fläche des ersten Schläfezuges über (Huschke). Diese Windungen sieht man selbstverständlich erst nach Ausschälung des Hirnstammes sammt der Insel, wenn das Auge die medialen Flächen der Hemisphären sammt dieser Innenfläche des convexen Hemisphärenbogens betrachtet.

Nicht die Convexität des Menschengehirnes, und noch weniger die des Affengehirnes zeigt übrigens die aufsteigenden Aeste der

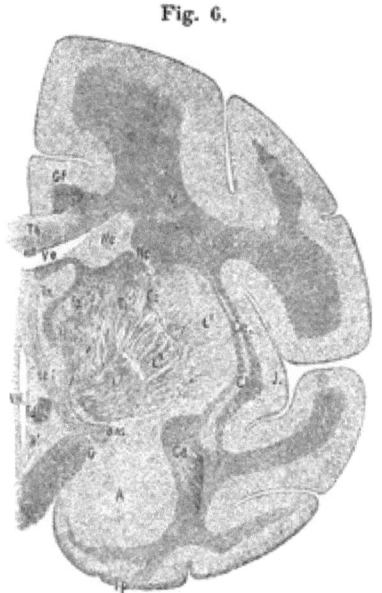

Fig. 6.

Frontaler Querabschnitt aus dem Gehirn von *Cercocebus griseoviridis*. *J* Insel, vom Klappdeckel und der ersten Schläfewindung bedeckt. *Gf Gyrus fornicatus*. *Th Corpus callosum*. *N. Nucleus caudatus*. *Ve* Die Seitenkammer. *VIII* Die mittlere Kammer. *Th Thalamus opticus*. *fd* Absteigendes Gewölbe. *fa* Aufsteigendes Gewölbe. *st* Unterer Stiel des *Thalamus* aus der Hirnschenkelschlinge. *II Chiasma*. *II'* Ein dem *Chiasma* paralleles Bündel. *A Amygdala*. *Ca* Schläfestrahlung der vorderen Commissur. *L, D, L' Nucleus lenticularis ext., cum nucleo lenticularis*. *Ce* Aeussere Kapsel. *Cf* Vormauer. *Tp* Schläfelappen.

Fissura Sylvii so entwickelt, als die Gehirne der Raubthiere. Bei diesen ist die Configuration am augenfälligsten (Fig. 7). Am Bärenhirne lässt sich ein stumpfes unteres Ende des Klappdeckels (bei *fS*), ein sehr entwickelter vorderer aufsteigender Ast (**Ra**), und ein langer hinterer aufsteigender Ast der Sylvi'schen Spalte **Rp**, leicht erkennen. Ebenso nimmt man an der Basalfläche des Gehirnes vom Marder (Fig. 10 rechts) den vorderen und hinteren aufsteigenden Ast in ausgezeichneter Weise wahr. Die Sylvi'sche Spalte, die hier eine wohl sehr rudimentäre Insel verbirgt, liegt längs des *Operculum* dem Riechlappen

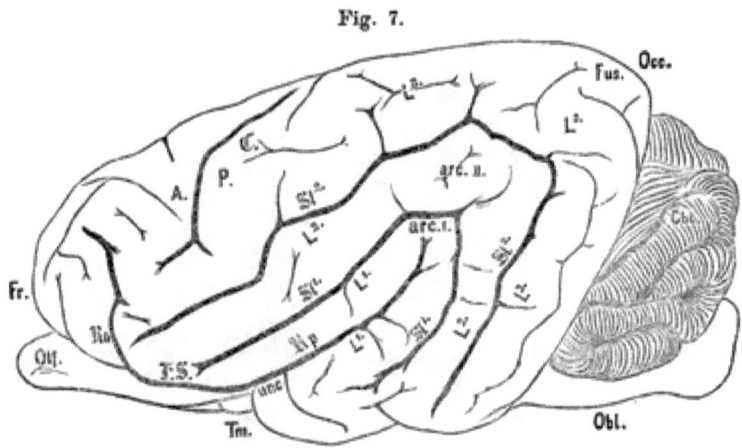

Fig. 7.

Aussenfläche des Bärengehirnes.

Fr, Occ, Tm Frontales, occipitales, temporales Ende. *Olf* Riechlappen. *unc* Haken. *Cbl* Kleinhirn. *obl* Verlängertes Mark. *FS, Ra Rp Fissura Sylvii, Ramus anterior, Ramus posterior adscendens.* *C* Centralspalte. St^1 Untere Bogenfurche (Parallelspalte). St^2 Obere Bogenfurche (Interparietalspalte). *A* Region der vorderen, *P* Region der hinteren Centralwindung. *arc. I, arc. II* Unterer und oberer Scheitelbogen. L^1 und L^2 Untere Scheitelwindungen. L^3 Oberer Scheitellappen. L^4, L^5, L^6 Schläfowindungen. *Fus. gyrus fusiformis*.

(*Ge*) an, wie dies in Fig. 4 auch für den Menschen ersichtlich war. An dem zurückgebliebenen Riechlappen des erwachsenen Menschen ist die betreffende äussere Riechwindung (Fig. 15 *Ge*, Fig. 18) durch den äusseren weissen Markstreifen des *Trigonum olfactorium* markirt.

Ausser der *Fossa Sylvii*, welche auch an sonst furchenlosen Säugethierhirnen nicht fehlt, unterscheidet man bei höherer Entwicklung eine Zahl typischer Furchen, welche Regionen, beziehungsweise Windungen der äusseren Oberfläche des Vorderhirnes, scheiden. Diese Furchen gewähren die Orientirung auf der Convexität des Vorderhirnes. Solche Orientirung ist, abgesehen von ihrer morphologischen Wichtigkeit, auch für das Verständniss der physiologischen Experimente am Thiergehirne unerlässlich.

Wenn wir den Typus klar genug haben, um die identischen Stellen des Säugethiergehirnes und des Menschengehirnes zu bestimmen, dann ergeben gegenseitig das physiologische Experiment und die pathologische Anatomie wichtige auf einander beziehbare Aufschlüsse.

Man findet typische Furchen in den fötalen Gehirnformen des Menschen von dem sechsten Monate der Entwicklung an.

Mir bietet sich keine Gelegenheit zu genügenden, selbständigen Studien über menschliche Foeten. Meine Beschreibung lässt hier als Ersatzmittel das Affengehirn eintreten. Dieses Verfahren hat in beschränkter Weise schon der Ausspruch v. Bischoff's berechtigt, dass die Affengehirne nicht dem entwickelten menschlichen Gehirne, wie kleinere Modelle ähnlich sind, sondern im Allgemeinen bleibend gewordene Stadien der fötalen Entwicklung des Menschengehirnes darstellen. Im Affengehirne zeigt sich sehr klar eine sogenannte mittlere radiäre Furche (C), auch Centralfurche oder Rolando'sche Spalte genannt. Die radiären Primärfurchen divergiren nach dem oberen Rand des Windungsbogens und convergiren nach dessen unteren Rand, nach dem Operculum zu. Vor der mittleren, radiären Furche, zugleich der hinteren Grenze des Stirn-

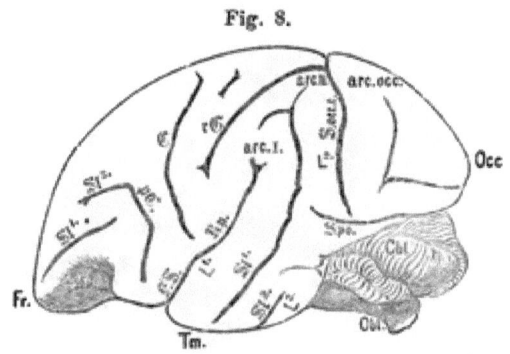

Fig. 8.

Gehirn von *Hemopithecus*.
Fr Frontalende. *T* Temporalende. *Occ* Occipitalgegend. St^1 Untere Stirnfurche. St^3 Anlage der oberen Stirnfurche. pC Vordere Radiärfurche (Präcentralfurche), rC Interparietalfurche Ecker's, hintere Radiärfurche. *FS* Fissura Sylvii. *Rp Ramus adscendens posterior.* St^t Erste Schläfenfurche (Parallelfurche). *S occ.* Aeussere Hinterhauptspalte (Affenspalte). *occ occ* Hinterhauptlappen. (Die senkrechte Furche desselben dürfte der menschlichen Interoccipitalfurche, die horizontale der Scheidung eines Ecker'schen *Gyrus occipitalis* entsprechen.) *occ II* Oberer Scheitelbogen. *occ I* Unterer Scheitelbogen. L^1, L^2, L^3 Erste, zweite, dritte Schläfewindung. *S po Sulcus praeoccipitalis.* *Cbl Cerebellum. Obl Oblongata.*

lappens, liegt die vordere Radiärfurche, die Präcentralfurche (Fig. 8, pC). Sie gruppirt sich mit der unteren geraden Stirnfurche St^1 zur Gestalt einer Armbrust. Die Präcentralfurche ist deren Bogen, die Furche St^1 deren Schaft. Hinter der Centralfurche findet sich die hintere Radiärfurche (rC), welche den ungefähr vierseitigen Scheitellappen (*Lobus parietalis*) diagonal in einen oberen und unteren Scheitelzug theilt. Daher nennt sie Ecker die Interparietalfurche. Der Scheitellappen des Affen ist nach vorne durch die Centralfurche, nach oben durch den Rand des Windungsbogens, nach unten durch die *Fissura Sylvii*, nach hinten durch die in ihrer Entwicklung bei den niederen Affen am meisten hervortretende äussere Hinterhauptsspalte (Affenspalte) (Fig. 8 S. occ. e) begrenzt. Letztere liegt hinter den Radiärfurchen.

Diese Spalte, schon bei den höheren Affen abnehmend, ist am Menschengehirne oft leicht, oft kaum erkennbar. Doch sollte auch ihre geringste Spur unter die typischen Furchen gerechnet werden. Jede solche Furche liegt dem hinteren Rand des *arc. II. pariet.* an. Der Vorderrand der Affenspalte überragt, wie schneidig den Hinterrand des Scheitellappens, aber nur bei niederen Affengehirnen. Dort führt

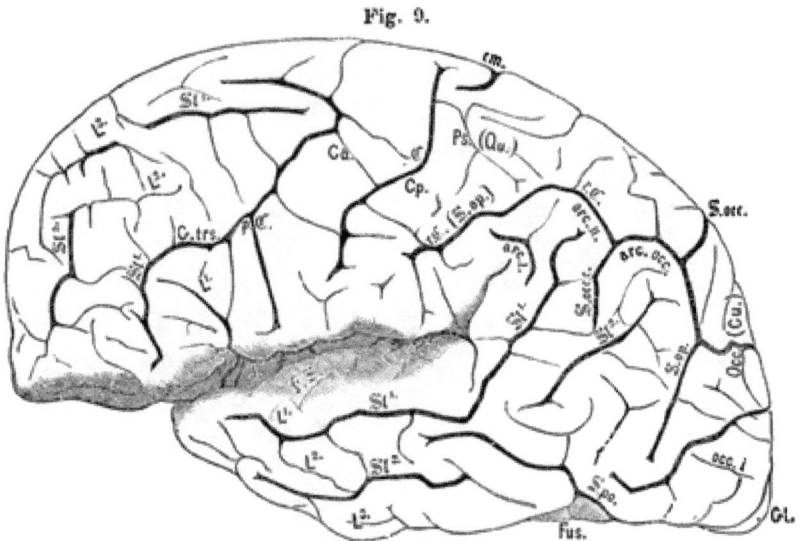

Fig. 9.

Convexität des menschlichen Vorderhirns.

J Insel. *FS Fissura Sylvii.* Die Bezeichnung steht auf dem *Labium temporale* der Spalte. Ober der Insel liegt das *Operculum*, begrenzt von dem *Ramus asc. ant.*, welcher gegen die Bezeichnung St¹ hinaufzieht und dem *Ramus asc. poster.*, welcher gegen die Bezeichnung *arc. I* hinaufzieht. C Centralfurche. pC Präcentralfurche (vordere Radiärfurche). rC (S op) Hintere Radiärfurche (*Sulcus occipitoparietalis*). S occ. *Sulcus occipitalis.* St¹, St² *Sulci longitudinalis*, am Stirnende und am Schläfelappen. St¹ unten *Sulcus parallelis.* S po *Sulcus praeoccipitalis.* L¹ unter G tra Erste Stirnwindung, *Gyrus transitorius.* L², L³ Die obern longitudinalen Stirnwindungen. L², L³ Die longitudinalen Scheitel-Schläfewindungen. L³ Die longitudinale Hinterhaupt-Schläfewindung. S po *Sulcus praeoccipitalis.* Fus. *Gyrus fusiformis.* Ca *Gyrus centralis anterior.* Cp *Gyrus centralis posterior.* Ps (Qu) *Lobus parietalis superior, seu quadratus.* arc. I. arc. II Unterer und oberer Scheitelbogen. S occ. e *Sulcus occipitalis externus* (Affenspalte). Cu, Occ, Occ i Die drei Hinterhauptwindungen Ecker's, worunter Cu die convexe Oberfläche des *Cuneus*, und occ i die convexe Oberfläche des *Gyrus lingualis* (Gl) cm *Sulc. calloso-marginalis.* arc. occ. Hinterhauptbogen.

dieser Rand den Namen: Klappdeckel *Operculum lobi occipitalis.* Bei den höheren Affen sind die Verhältnisse weit menschenähnlicher.

Nach Reichert's annehmbarer Anschauung ist noch zu den Radiärfurchen die Parallelspalte, *Fissura parallela*, zu zählen, d. i. die Furche zwischen erstem und zweitem Schläfezuge (Fig. 8 St¹). Man darf sie im Sinne Reichert's „untere Radiärspalte" nennen. Bei Auseinanderbiegen dieser Furche zeigt sich oft ihr Hinüberbiegen über das Ende der *Fissura Sylvii* nach dem Rand des *Operculum* hin, so dass alle vier Radiärspalten nach dem obern Rand der Sylvi'schen Spalte convergiren.

Nach Vorausschickung dieses natürlichen Schema's der Gehirnoberfläche vom Affen seien nun die einzelnen Abtheilungen des Vorderhirnes bei Menschen, Affen und Raubthieren betrachtet.

1. Der Stirnlappen. Er gewinnt beim Menschen eine überragende Entwicklung, so dass er (nach Ausschälung der Ganglien mit der Insel) 41 bis 42 Procent des Windungsbogen auswägt, während bei Affen nur 35 Procent, beim Bären nur 30 Procent Stirnlappen auf den Windungsbogen entfallen. Bei niederen Affen, (Fig. 8) wo eine Centralfurche besteht, eine wohl entwickelte vordere Centralwindung aber fehlt, ist diese durch die präcentrale Furche nur angedeutet. Dagegen zeigt die vordere Centralwindung *Gyrus centralis anterior* (Fig. 9 *Ca*) des Menschen besonders durch die Präcentralfurche ℂ eine ausgezeichnete Abgrenzung. Die vor diesen Radiärfurchen des Stirnlappens liegende Masse ist sehr mächtig. Vor den radiären oder senkrechten Furchen zeigen sich noch zwei typische Längsfurchen *Sulci longitudinales*. Die untere Längsfurche S^1 umzeichnet eine bogenförmige Windung, welche den vorderen aufsteigenden Ast der Sylvi'schen Spalte als *Gyrus transitorius* umgibt. Diese Windung (*Gyrus transitorius*) geht aus dem, vor dem *Operculum* gelegenen, convexen Windungsbogen in die orbitale Oberfläche des Stirnlappens über (Fig. 9 vor *J*). Der untere Rand des Windungsbogens confluirt mit jener Rinde der Orbitalfläche, welche nach aussen vom *Lobus olfactorius* liegt und welche Leuret bei

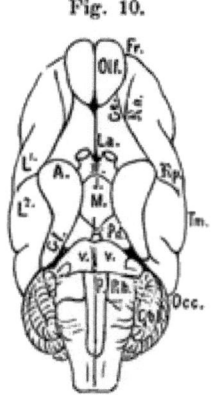

Fig. 10.

Gehirn von *Mustela*.
Fr Frontalende. *Tm* Temporalende. *Occ* Occipitalende. *Sa, Sp.* Die aufsteigenden Aeste der *Fissura Silvii*, deren mittlerer Theil neben der äusseren Riechwindung *Ge* verläuft. *Olf Bulbus olfactorius. Ge Lobus olfactorius. La* Gegend der vorderen Siebplatte. *II Chiasma opticum. J M Infundibulum* und *Corpus mamillare. Pd Pedunculus cerebri. V Pons Varolii. P Pyramis. Rh Corpus rhomboideum. Cld Cerebellum. Gf Gyrus fornicatus. A Aseypdata.* L^1, L^2 Unterer Windungsbogen vom Scheitellappen zum Schläfelappen um den *Ramus adsc. poster. fiss. Sylvii.*

einfacherer Bildung an Säugern *Gyrus orbitalis* nannte. So zeigt das Bärenhirn ein Umbeugen des vorderen Klappdeckelrandes in eine Windung, die über den *Ramus adsc. anter. fissurae Sylvii* gleichfalls zur orbitalen Fläche gelangt, wo sie nach aussen vom Riechlappen liegt (bei Ra). Der Stirnlappen des Bären ist somit auch durch einen *Gyrus transitorius* in dem Sinne der gleichnamigen menschlichen Stirnwindung charakterisirt. Der mächtige Stirnlappen des Menschen zeigt in S^2 eine zweite Längsfurche, welche die untere Längsfurche concentrisch umgibt und zwei obere longitudinale Stirnwindungen scheidet (Fig. 9 L^2, L^3). Sie gehen, wie der *Gyrus transitorius* von der convexen Oberfläche, auf die orbitale Oberfläche über. An der basalen Fläche des Mardergehirnes ist gleichfalls ersichtlich, dass die Rindensubstanz des Klappdeckels (zwischen Ra und Ge), um den vorderen aufsteigenden Ast (Ra) sich windend, zur orbitalen Fläche aussen vom Riechlappen gelangt.

Sonach besitzt der menschliche Stirnlappen vier Hauptfurchen, zwei senkrechte, d. h. die Centralfurche und die Präcentralfurche, und zwei longitudinale, die untere und die obere bogenförmig verlaufende Längsfurche, und vier typische Hauptwindungen. Letztere sind: 1. Die vordere Centralwindung, 2. die untere, 3. die mittlere, und 4. die obere Longitudinalwindung.

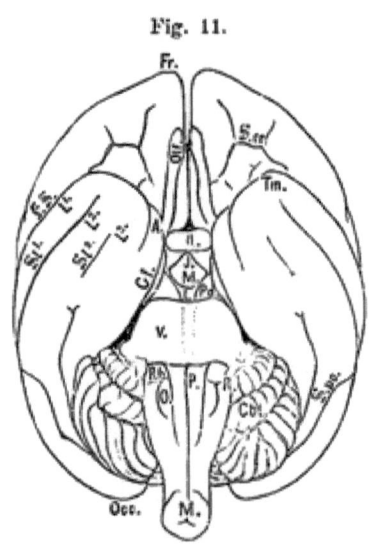

Fig. 11.

Gehirn von *Hamadryas*.

Fr Frontalende. Tm Temporalende. Occ Occipitallappen. Olf Lobus olfactorius. Scr Sulcus cruciatus. FS Fissura Sylvii. St¹, St² Sulcus temporalis primus et secundus. L¹, L², L³ Gyri temporales. Gf tigrus furcatus. A Amygdala. po Sulcus praeoccipitalis. II Chyasma opticum. J Infundibulum. M Corpus mamillaris. L Lamina perforata postor. Pd Pedunculus cerebri. V Pons. P Pyramis. Rh Corp. rhomboideum. O Oliva inferior. R Corp. restiforme. Cbl. Cerebellum. M Medulla spinalis.

Dass die Windungen des Stirnlappens an der Gehirnoberfläche nicht immer und nicht allörtlich so typisch, wie sie hier (Fig. 9) durch hervortretende Linien begrenzt sind, entgegen springen, ergibt sich erstens aus der Bildung von Anastomosen, welche das typisch Getrennte mit einander vereinigen, indem sie typische Furchen überbrücken; zweitens aus dem Vorhandensein sogenannter secundärer und tertiärer Furchen, welche die typisch zusammengehörigen Hauptwindungen unterbrechen und, wenn sie rings von Rinde umgeben sind, sogenannte Inselbildungen darstellen. Sowohl die Anastomosen als auch die secundären Furchen sind am Menschenhirne ein Ausdruck breiterer Entwicklung der Rindenoberfläche. Drittens wird der schlichte Windungstypus auch durch die reichere Entwicklung der Ansae, durch dichtere Schlängelung schwerer kennbar. Stellenweise können alle drei Excesse der Rindenbildung an nahen Stellen zusammenwirken. Die Erkennbarkeit des Typus geht keineswegs der Windungsarmuth parallel. Das menschliche Gehirn zeichnet sich aber durch Windungsreichthum bekanntlich mehr vor den Affen- und Raubthiergehirnen als vor den Pflanzenfressern und Cetaceen aus. Daher ist die Bevorzugung der menschlichen Gehirnoberfläche mindestens nicht allein im Windungsreichthume zu suchen.

Die orbitale Fläche des menschlichen Stirnlappens ist in ihrer typischen Form der des Affenhirnes sehr ähnlich (Fig. 13 und 11). Allerdings findet sich hier die, dem Affengehirne fehlende gerade Furche (*Sulcus rectus*), in welche (Fig. 11 und 18 *Olf*) der

Riechlappen sich einbettet. Gerade weil er dem Affen trotz eines sogar etwas mächtigeren Riechlappens fehlt, hat der *Sulcus rectus* nicht die Bedeutung einer Einbettungsfurche für den Riechlappen.

Der *Sulcus rectus* vollzieht das Zerfallen der dritten Stirnwindung in zwei parallele Windungen. Die Neigung zu dieser Spaltung der Randwindung spricht sich durch secundäre Furchen bereits an der Convexität des Windungsbogens vielfach, aber unvollkommener aus (Fig. 9 L^3). Nach aussen vom *Sulcus rectus* liegt der *Sulcus cruciatus*. Besser würde er als H-förmige Furche bezeichnet. An der basalen Ansicht des Affenhirnes Fig. 10 S. cr. und an der schraffirten Orbitalfläche von Fig. 13 ist diese typische Formation klar zu erkennen. Die mittlere Stirnwindung ist durch die Querfurche des H geknickt. Defect dieser Furche kommt bei Affen vor. Dann liegen einfach vier Stirnwindungen nebeneinander.

Die H-förmige Furche bietet in ihren Variationen das belehrendste Bild für eine grosse Unähnlichkeit der Formen, innerhalb welcher doch die Genesis aus einem Typus sich erkennen lässt. Durch die quere Furche des H ist die mittlere Längswindung gleichsam geknickt. Oft durchbricht eine Anastomose der medialen, dritten mit der lateralen, ersten Längswindung der orbitalen Fläche die Querfurche von innen nach aussen und vereinigt die typisch von einander getrennten Windungen. Die Orbitalfläche gewinnt dabei die Gestalt dreier quer hintereinanderliegender Windungen. Andere Male aber wird die quere Furche durch eine Anastomose überbrückt, welche das vor und das hinter ihr liegende Stück der mittleren Windung vereinigt, dann ist das H in drei gerade Windungen verwandelt, die nach aussen von dem *Sulcus rectus* verlaufen, parallel der durch letztere abgespalteten innersten vierten geraden Orbitalwindung. Durch Anastomosen ist in beiden Fällen eine gegensätzliche Bildung der Orbitalfläche entstanden. Diese beiden Störungen liegen aber vollkommen innerhalb einer der oben aufgezählten Complicationen des Rindentypus, indem ihnen Vereinigung typischer Trennung zu Grunde liegt. Complicirte Furchenbildungen können dem H eine Sternform verleihen. Secundäre Furchen fehlen hier dem Menschen überhaupt höchst selten.

Die dritte Oberfläche des Stirnlappens, seine **mediale Oberfläche** lässt sich von der Beschreibung der gesammten medialen Oberfläche (Fig. 13, pag. 18) nicht trennen.

2. **Der Scheitellappen.** Die Convexität des Scheitellappens lässt sich am menschlichen Gehirne nur nach Betrachtung des Scheitellappens am Affengehirne verstehen (Fig. 8). Die vordere Grenze des Scheitellappens ist die Centralfurche, seine vorderste Windung daher die hintere Centralwindung cp. Auch der Mensch zeigt hinter der Centralfurche (Fig. 9) eine **hintere Radiärfurche** *Sulcus interparietalis*, welche bis nahe an den oberen Rand des Windungsbogens die Scheitelregion diagonal abtheilt (Rc [Søp] Rc). Die hintere Radiärfurche unterscheidet sich vom *Sulcus interparietalis* des Affen dadurch, dass sie nicht am *Sulcus occipitalis*

endigt, sondern über denselben hinausläuft, um jenseits noch zu einem *Sulcus interoccipitalis* zu werden (Fig. 9 **S op**). Der obere Scheitellappen entbehrt demnach wegen seines Ueberganges in die Occipitalwindungen oft einer hinteren Grenze. Die gesammte Furche umzeichnet die bogenförmigen parietalen und occipitalen Formationen der Rinde. Die zweite typische Trennungslinie im Scheitellappen ist der *Ramus adscendens posterior Fissurae Sylvii*, die dritte ist durch den Scheitelantheil der Parallelfurche gegeben.

Der obere Scheitellappen des Menschen hängt häufig durch eine senkrechte Anastomose mit dem unteren Scheitellappen zusammen. Durch diese entsteht hinter dem *Gyrus centralis posterior (cp)* eine lange senkrechte Furche, welche bei schlechter Orientirung mit der Centralfurche verwechselt werden kann.

Die obern Scheitelwindungen compliciren sich zu einem dreieckigen Lappen mit oberer Basis. Der obere Scheitellappen, *Lobus parietalis superior* (Huschke), ist die Aussenfläche des *Lobus quadratus*, des Vorzwickels *(Praecuneus)* der medialen Fläche, wonach er auch bezeichnet wird (Fig. 9 *Ps, Qu*).

Der untere Scheitellappen *(Lobus parietalis inferior, Lobulus tuberis*, Huschke) geht öfter von der hinteren Centralwindung als ein einfacher *Gyrus* ab, öfter ist schon diese Wurzel complicirt. Unterhalb des *Sulcus interparietalis* und vor dem *Ram. post. Fiss. Sylvii* gelegen (Fig. 8 und 9), geht die untere Scheitelwindung, wie bei den Affen, in zwei hintereinander liegende, bogenförmige Windungen über (v. Bischoff). Der vordere, eigentlich untere Scheitelbogen (Fig. 8 und 9 *arc I*) findet seine Lichtung in dem hinteren aufsteigenden Ast der Sylvi'schen Spalte, und geht in die obere Schläfewindung L^1 über. Darnach erhebt sich aus dem unteren Scheitellappen noch ein zweiter (hinterer) oberer Scheitelbogen, dessen Lumen die Parallelfurche bildet *(arc II)* und welcher hinter derselben in den zweiten Schläfezug L^2 übergeht. Die hintere Grenze des zweiten Scheitelbogens ist durch eine Furche gezogen, welche oft klar entwickelt, oft durch Anastomosen des zweiten Scheitelbogens und des Hinterhauptlappens verkürzt wird. Diese Furche ist der *Sulcus occipitalis externus* des Menschen, die rudimentäre Affenspalte (Fig. 9 **S occ e**).

Ein Rückblick auf das Affenhirn befestigt am besten das Studium der typischen Linien des menschlichen Scheitellappens. Hier, wie dort eine vordere Grenze durch die Centralfurche, eine obere durch den convexen Rand des Windungsbogens von jener an bis zum Einschneiden der *Fissura occipitalis interna*, ein unterer Rand durch die hintere Hälfte und den hinteren aufsteigenden Ast der Sylvi'schen Spalte, endlich eine hintere Grenze durch die äussere

Hinterhauptspalte, d. i. die Furche, welche den zweiten Scheitelbogen begrenzt (Fig. 8 $ occ c).

Die doppelte bogenförmige Uebergangsbildung aus der unteren Scheitelwindung des Affen in die beiden oberen Schläfewindungen, die Scheitelbogen, sind der Ausgangspunkt zum Verständniss der identischen Formation am Menschenhirn. In schematischer Einfachheit schwingt sich am Affengehirne (Fig. 8) um den hinteren, aufsteigenden Ast der Sylvi'schen Spalte der *Arcus I* zur ersten Schläfewindung herab, und um die Höhe der Parallelfurche, als der Lichtung des *Arcus II*, erhebt sich bis zum Hemisphärenrande der zweite Scheitelbogen, längs der Parallelfurche als zweite Schläfewindung herabziehend.

Nicht immer, aber häufig findet sich der erste Scheitelbogen des Menschen durch eine Furche (Fig. 9 über *arc I*) umzeichnet. Diese Furche ist gewöhnlich seicht, aber, wie an den Scheitelbogen der Raubthiere zu ersehen ist, gewiss typisch. Dass die typischen Furchen am Gehirne immer zugleich die tiefsten seien (Pansch), ist ein Satz, der gewiss Ausnahmen zulässt. Zugleich anastomosirt in Fig. 9, was gleichfalls nicht selten ist, der obere Rand des ersten Scheitelbogens mit dem unteren (concaven) Rande des zweiten Scheitelbogens (senkrechte Windung zwischen *arc I* und *arc II*). Dies ist eine nicht dem Affen, wohl aber den Katzen typisch zukommende Bildung (Katzenwindung).

Die Katze besitzt solche senkrechte anastomotische Windungen mehrfach. Sie scheinen Ausdruck für die Behinderung des Wachsthums der Windungen in longitudinaler Richtung zu sein, welche durch die Brachykephalie des Katzenschädels bedingt ist. Ueber mechanische Grundlagen für die Entwicklung der Windungen haben Wundt, Henle, L. Meyer und der Autor sich nach Maassgabe unseres heutigen Wissens verbreitet.

Die Scheitellappen der Affen und Menschen zeigen an ihrer Convexität vier Windungen: 1. die hintere Centralwindung; 2. die beim Menschen complicirte, oft mit dem oberen Theil der eben genannten Windung verbundene — obere Scheitelwindung *Lob. pariet. super.* (*Lobus quadratus, Praecuneus*); 3. den unteren Scheitelbogen; 4. den oberen Scheitelbogen, die meist nur aus einer Wurzel, untere Scheitelwindung hervorgehen. Die hintere Centralwindung und der vordere Schenkel des unteren Scheitelbogens sind an der Bildung des *Operculum* betheiligt.

3. Der Hinterhauptlappen. Der Hinterhauptlappen niederer Affengehirne kann eine ganz glatte Oberfläche zeigen. Die hier gegebene Abbildung zeigt zwei rechtwinkelige Furchen auf demselben. Vielleicht entspricht die senkrechte Furche einer Andeutung der Interoccipitalfurche des Menschen und die gerade Furche einer Andeutung jener geraden Furchen, welche die unten aufzuführenden Hinterhauptwindungen Ecker's begrenzen.

Der menschliche Hinterhauptlappen zerfällt durch die Interoccipitalspalte So_p, die Fortsetzung der Interparietalspalte, in ein unteres (vorderes) und in ein oberes (hinteres) Rindengebiet. Der vordere Antheil des Hinterhauptlappens ist bei reiner Entwicklung bogenförmig. Dieser schon von Bischoff bemerkte dritte, hinter der Centralspalte zu zählende Bogen, *Arcus occipitalis* (Fig. 9 *arc occ*), besitzt eine Lichtung, welche ich als den mit der ersten Schläfelappenfurche, der Parallelfurche gleichhohen Beginn der zweiten Schläfenfurche im Hinterhauptlappen auffasse (Fig. 9 Sl^2).

Diese Furche, das Lumen des Hinterhauptbogens, verläuft in ihrer Flucht gegen die zweite Längsfurche des Schläfelappens (Sl^2) hin, welche zumeist erst ziemlich weit vorne zwischen der zweiten und dritten Schläfewindung ($L^2 L^3$) auftaucht, sowie die Parallelfurche zwischen der ersten und zweiten Schläfewindung ($L^1 L^2$). So wie der hintere Schenkel des ersten und des zweiten Scheitelbogens in die erste und zweite Schläfewindung übergeht, so geht auch der hintere Schenkel des Hinterhauptbogens in die dritte Schläfewindung über. Die Continuität jener Furche aber, hinterhalb welcher die dritte Schläfewindung mittelst des *Arcus occipitalis* entspringt, wird durch Anastomosen unterbrochen, welche von der dritten Schläfewindung, von der dahinter gelegenen Hinterhauptspitze, endlich auch vom *Gyrus fusiformis* zur zweiten Schläfewindung verlaufen. Wie beim Affen, so lässt sich auch beim Menschen oft eine tiefe Furche, eine Fortsetzung des unteren Randes der Hinterhauptspitze, als *Sulcus praeoccipitalis* (Fig. 8 und 9 $S p_o$) in die anastomotischen Windungen zur zweiten Schläfewindung verfolgen. Durch diese geraden anastomotischen Windungen wird sowohl die zweite Schläfenfurche Sl^2 als die dritte Schläfewindung in eine obere und eine untere Hälfte zerstückt. Erst ziemlich vorne im Schläfelappen lassen sich die zwei Furchen und die drei Windungen neben einander abzählen.

Ueber dem Hinterhauptbogen bildet der äussere Windungszug die Fortsetzung des oberen Scheitellappens, vom *Sulcus occipitalis internus* abwärts. Ecker unterscheidet in seinem Verlaufe drei übereinanderliegende Hinterhauptwindungen. Die unteren beiden haben ausgesprochen gerade Richtung von dem Hinterhauptlappen nach vorn (*Occ* und *Occ i*). Die obere Hinterhauptwindung ist die äussere Fläche des Keiles oder Zwickels (*Cuneus*) und von der oberen Scheitelwindung durch die Hinterhauptspalte getrennt (Huschke's oberer Hinterhauptlappen). Die zweite und die dritte Hinterhauptwindung bilden die convexe Oberfläche des an der medialen Fläche unterhalb des *Sulcus calcarinus* liegenden *Gyrus glossiformis.* Die dritte gerade Hinterhauptwindung begrenzt nach vorne laufend mit ihrem unteren Rande den *Sulcus praeoccipitalis* (Fig. 8 $ po), dessen v. Bischoff und Wernicke gedenken.

Der menschliche Hinterhauptlappen ist dreieckig, nach vorne ist er unvollkommen meist schon durch die, ungleich weit als Lichtung einer Windungsschlinge an die Convexität tretende *Fissura occipitalis interna* begrenzt. In Fig. 9 $ occ verbirgt sich der untere Scheitel einer solchen *Ansa* im *Sulcus interoccipitalis*. Die Schlinge kann sehr weit herabreichen, vereitelt aber doch immer die Confluenz der äusseren Hinterhauptspalte mit der inneren. Es wird daher eine Affenspalte, welche bis zum Hemisphärenrande reicht (W. Sander), leichter dem Anschein nach, als wirklich vorhanden sein. Die obere Grenze bildet der Hemisphärenrand. Eine untere Grenze des Hinterhauptlappens gegen den Schläfelappen lässt sich nur künstlich darstellen. Hiezu lässt sich nämlich die Convexität des Schläfelappens von der des Scheitellappens und des Hinterhauptlappens durch eine Linie trennen, welche vom untersten Punkte des *Ramus adscendens posterior Fissurae Sylvii* bis zum untersten Punkte des *Sulcus praeoccipitalis* sich erstreckt.

Die Oberfläche des Hinterhauptlappens schliesst Furchen ein: 1. die Interoccipitalfurche; 2. den Anfang der zweiten Schläfenfurche; 3. die Furche zwischen erster und zweiter Ecker'scher Windung; 4. die Furche zwischen der zweiten und dritten Windung Ecker's. Der menschliche Hinterhauptlappen enthält an der Convexität vier Windungen: 1. den *Arcus occipitalis;* 2., 3. und 4. die drei Ecker'schen Windungen.

4. Der Schläfelappen. Seine obere Fläche grenzt an die Insel, sein oberer Rand stösst an den Klappdeckel. Sein unterer Rand geht durch einen freien, bogenförmigen vorderen Rand in den oberen Rand über. Nach hinten fliesst der Schläfelappen längs der oben gedachten künstlichen Grenzlinie mit Parietal- und Occipitallappen zusammen. Der *Lobus temporalis* zeigt drei typische Furchen: 1. die obere Longitudinalfurche, *Sulcus parallelis;* 2. die untere Longitudinalfurche; 3. den *Sulcus praeoccipitalis*. Die erste dieser Furchen ist selten, die zweite immer unterbrochen. Der *Lobus temporalis* besitzt an Windungen: 1. die obere, 2. die mittlere, 3. die untere Longitudinalwindung $(L^1 L^2 L^3)$; 4. Variable mit der zweiten Längswindung anastomosirende gerade Windungen.

Weil für das Verständniss innerhalb der Experimental-Physiologie die vergleichende anatomische Kenntniss unentbehrlich ist, so werden im Folgenden die gleichörtlichen Stellen des menschlichen Gehirnes, des Affengehirnes und des Raubthiergehirnes verglichen.

Am Bärengehirne ist die Furche C die zweifellose Trennung des Stirnlappens vom Scheitellappen. Der Stirnlappen ist charakterisirt durch Windungen oder bei niedrigeren Raubthierhirnen durch glatte Antheile der Rindenoberfläche, welche vom Vorderrande des *Operculum* aus bogenförmig den vorderen aufsteigenden Ast der Sylvi'schen Spalte umziehen (Uebergangswindung Huschke's). Er ist am Menschengehirn noch mit zwei, die Uebergangswindung concentrisch umgebenden Längswindungen versehen. Der den Raubthieren, wie dem Menschen gemeinsame Grundcharakter des Stirnlappens ist durch die einfache oder complicirte Bogenbildung der Windungen um den *Ram. ant., Fiss. Sylvii* mit Uebergang auf die Orbitalfläche gegeben. Diese Stirnmasse enthält bei dem Bären noch eine tiefe, zwei longitudinale Stirnwindungen scheidende Furche, die nahe und parallel dem oberen freien Rande verläuft. Sie wurde in der Zeichnung darum durch eine dünnere Linie markirt, weil in den starken Linien die sogenannten Primärfurchen instructiv hervortreten sollen.

Die Centralfurche des Bären zeigt dieselbe schief nach oben und hinten aufsteigende Richtung wie beim Menschen und Affen. Bei den meisten anderen Raubthieren erscheint die Centralfurche in einer anderen Gestaltung, indem sie sich nach hinten bis nahe zum Hinterhauptende verlängert. Die Centralfurche bildet dann die äusserste Bogenfurche, welche um den hinteren aufsteigenden Ast der *Fissura Sylvii* verläuft. Diese in eine Bogenfurche verwandelte Centralfurche verläuft innerhalb der oberen Scheitel- und Hinterhauptwindung. Kein Raubthier besitzt in der Centralgegend eine gleich menschenähnliche Bildung, als das im Gehirnbau zweifellos hochstehendste, der Bär. Hier ist (Fig. 7 L^3) die Tendenz zur bogenförmigen Verlängerung der Centralfurche nur durch inselförmige von einander getrennte Furchen vertreten. Auf der Abbildung ist die Anschauung noch durch eine von der medialen Fläche hinter C tief hereintretende Windungsschlinge gestört, die übrigens nicht bei allen Bärenhirnen derartig vorkommt. Vor der Centralspalte besitzt der Bär nach vorne von *(A)* eine in der Natur viel schärfer als in der dünnen Linie der Zeichnung ausgedrückte **Präcentralspalte**.

Die Bogenfurchen und Bogenwindungen, welche dem Raubthierhirne eine auffällige, dem Menschenhirne fremdartige Erscheinung geben, laufen um den hinteren aufsteigenden Theil der Sylvi'schen Spalte. Die erste Bogenfurche (Fig. 7 Sl^1), welche den *arc I* umzieht und dadurch eine Scheitelschläfewindung abgrenzt, deren Lumen die Sylvi'sche Spalte ist, trennt den ersten von dem zweiten Schläfezuge, wie beim Menschen die **Parallelspalte**. Sie unterscheidet sich von der menschlichen Parallelspalte nur dadurch, dass sie mit einem langen vorderen Schenkel ihres Bogens in das Scheitelhirn hineinzieht. Die zweite Bogenfurche (Fig. 7 Sl^2) liegt über dem *arc II* des Bärenhirnes. Dies entspricht am Menschengehirne genau der Lage, welche die hintere Radiärfurche einnimmt, dem *Sulcus interparietalis*, welcher im Scheitellappen eine obere Scheitelgegend von den in die beiden oberen Schläfewindungen (L^1 L^2) übergehenden beiden unteren Scheitelbogen abgrenzt. Indem diese Furche hinter der Centralfurche und über den beiden Scheitelbogen gelegen ist, so stellt sie zweifellos die hintere Radiärfurche dar. Im Gegensatz zum Menschen und Affen verlängert sie sich unmittelbar in die zweite Schläfefurche. Dieser einfache Typus verändert sich bei den Gehirnen der letzteren durch complicirteren Bau des Hinterhauptlappens.

Der Unterschied des Eindruckes der Aussenfläche des Raubthierhirnes vom Menschenhirne liegt erstens in der geringen Entwicklung des Frontalhirnes und des Occipitalhirnes, welch letzteres das Kleinhirn nicht bedeckt, zweitens in der mächtigen Entwicklung des Scheitelhirnes bei den Raubthieren. Das Menschengehirn ist zumeist durch die frontale Entwicklung, das Affengehirn durch die auffallende occipitale Entwicklung, und das Raubthiergehirn durch seine parietale Entwicklung gekennzeichnet. Die Abweichung vom Menschen, welche an dem Raubthierhirn sofort in das Auge springt, beruht auf der Mächtigkeit der Scheitelantheile der Bogenfurchen und Bogenwindungen. Die Bogenwindungen sind durch annähernde Gleichschenkeligkeit sofort klar, am Menschenhirne bedürfen sie methodischer Aufsuchung; durch die bogenförmige hintere Verlängerung der mittleren Radiärfurche (Centralfurche) sind die Bogen des Raubthieres auch zahlreicher. Die Anlage der Radiärfurchen des Raubthiergehirnes findet sich sehr klar in der nebenstehenden Abbildung Fig. 12 vom Gehirne eines sehr jungen Hundefoetus nach Wilder. So gestreckt dasselbe erscheint, so lässt sich doch unschwer ein frontales Ende, ein temporales Ende und eine Hinterhauptgegend unterscheiden. Der vordere aufsteigende Ast der noch offenen Sylvi'schen Grube ist ausgezeichnet entwickelt und lässt den Rindenverlauf des Stirnendes um diesen Bogen herum in die nach aussen vom Riechlappen liegende Orbitalfläche des Stirnhirnes erkennen. Dieser Stirntheil ist nach hinten durch eine centrale Spalte begrenzt, welche hier, wie beim Bären inselförmig von Rindensubstanz abgeschlossen ist. In der Scheitelgegend bemerkt man eine zart angelegte longitudinale Furche, welche sich im erwachsenen Hunde mehr weniger confluent an die Centralspalte anschliesst, mit ihr zu einer obersten Bogenfurche vereinigt. Hinter dieser Centralspalte — eine vordere Radiärspalte ist nicht ersichtlich — liegt eine stark ausgeprägte Furche, welche unter sich zwei flache Bogen hat. Dieselben sind um die Sylvi'sche Grube herumgekrümmt, und haben den Schläfelappen noch nicht erreicht. Sie können

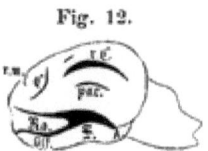

Fig. 12.

Hundefoetus.
Cm Sulcus callosa-marginalis. Olf Riechlappen. A Ammyshorn. S Fossa Sylvii. Ra Vorderer aufsteigender Ast. C Centralfurche. par Parallelspalte. rC Interparietalfurche.

nicht anders, denn als die beiden Scheitelbogen aufgefasst werden. Die Furche, welche beide Bogen trennt, würde verlängert nach hinten und unten einen ersten Schläfezug begrenzen. Daher ist sie die Parallelspalte, während die besprochene tiefere Furche, welche über beiden Scheitelbogen liegt, die hintere Radiärfurche ist. Durch ihr Wachsthum nach hinten verlängert, wird sie auch den zweiten Schläfezug abgrenzen. Sie scheidet die Gegend der oberen Scheitelwindung von der unteren, welche die beiden Scheitelbogen abgibt. Wir sehen hier eine mittlere, eine hintere und eine untere Bogenfurche des Raubthierhirnes angelegt, welche beim Menschen und Affen in derselben Ordnung den radiären Furchen entsprechen.

Die Furche Cm soll hier nicht näher betrachtet werden. Ich führe nur an, dass vor derselben unter den später zu besprechenden motorischen Centren Hitzig's das für die Innervation der Nackenmuskulatur abgegrenzte gelegen ist. Aus diesem Grunde sind die motorischen Centren morphologisch nicht auf die vordere Centralwindung beschränkt, deren Lage übrigens Hitzig verkennt. Die Windung des Hundegehirnes, welche er der vorderen Centralwindung des Affen gleichsetzt, ist nämlich nicht die vordere, sondern die hintere Centralwindung.

Die mediale Fläche des Vorderhirnes und der Riechlappen.

Die mediale Fläche der Hemisphäre ist viel einfacher in der Faltung ihrer Rinde, als die Convexität. Sie ist aber mit besonderen Bildungen, dem Riechlappen und dem Ammonshorn complicirt, deren genetisches Verständniss aufzusuchen ist.

Innerhalb der dünnwandigen Gehirnbläschen (Fig. 1) blickt man aus der Höhle des Zwischenhirnes in die Communicationsöffnung des Vorderhirnbläschens mit der dritten Kammer hinein. Diese, in ihrem vordersten, unteren Antheil das spätere *Foramen Monroi* enthaltende Oeffnung, muss eine ringförmige Umgebung besitzen. Der Ring lässt sich am fertigen Gehirne entsprechend vergrössert wiederfinden, und zwar grösstentheils als *Fimbria* und absteigender Schenkel

Fig. 13.

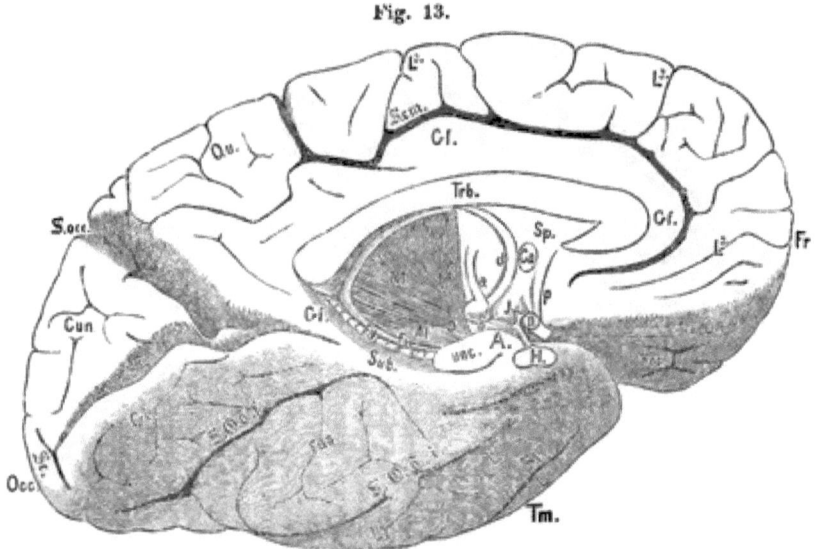

Mediale Fläche des menschlichen Gehirnes.

Fr Frontales, *Occ* Occipitales, *Tm* Temporales Ende des Windungsbogens. *Olf* Riechlappen. *S cr* *Sulcus cruciatus*. *S cm* *Sulcus calloso-marginalis*. *S occ* *Sulcus occipitalis internus*. *Sc* *Sulcus calcarinus*. *S O T s* *Sulcus occipito-temporalis superior*. *S O T i* *Sulcus occipito-temporalis inferior*. *Sl²* *Sulcus longitudinalis temporalis secundus*. *L³* **Mediale Fläche** des *Gyrus longitudinalis*. *III. frontalis*. *G f Gyrus fornicatus*. *Qu Lobus quadratus, Praecuneus, parietalis superior,* Vorzwickel. *Cun Lobus triqueter, Cuneus, occipitalis superior,* Zwickel, Keil. *G l Gyrus glossiformis,* Zungenwindung, Windung des inneren Grundbündels (Burdach). *Fas. Gyrus fusiformis*, Spindelwindung, Windung des unteren Längsbündels (Burdach). *l², l³ Gyri longitudinales temporales. Sub. Subiculum cornu Ammonis. unc* Haken, *Uncus*. *A Amygdala*. *Fd Fascia dentata Tarini*. *Al Alveus*, *D Digitationes cornu Ammonis*. *Th* Bruch des *Thalamus opt*. *M* Bruch des Gehirnmarkes. *d, a Fornix descendens* und *adscendens*. *Trb* Balken. *m* Markkügelchen. *J* Trichter. *Ca* Vordere Commissur. *Sp* Durchsichtige Scheidewand. *p* Stiel von *Sp*. *II* Sehnerv. *H* Hirnanhang.

des *Fornix* (Fig. 13 *Fi d*). Die Seitenwand des Zwischenhirnes wuchert als Sehhügel in dem Abschnürungsring, und engt ihn zum bogenförmigen Schlitze des Gehirnes zwischen *Thalamus* und Gewölbe ein. Die Abschnürung des Hemisphärenbläschens geht von der oberen Wand des ersten Hirnbläschens, oder anders gesagt, von der oberen und der vorderen Wand des Zwischenhirnes aus. Diese obere Wand wird aber nicht Nervensubstanz, sondern wird eine Membran, welche die *Plexus choroidei* entwickelt. Der Abschnürungsring zeigt in dem Abklingen seiner Dicke an der *Fimbria* zeitlebens den Uebergang in jene membranöse obere Wand des Zwischenhirnes.

Der Gehirnschlitz (*Fissura cerebri*), welcher den Sehhügel umgibt, ist hinter dem untersten Theile des absteigenden Gewölbschenkels (Fig. 13 vor *a*) am weitesten zur Hindurchlassung des *Plexus chorioideus lateralis*, und heisst hier *Foramen Monroi*. Auch der aufsteigende Schenkel des Gewölbes ist in Fig. 13 durch Präparation sichtbar gemacht. Die untere Wand des Zwischenhirnes verlängert sich, medial mit der mittleren Hirnhöhle communicirend in den Trichter (*J*). Das Gewölbe von der *Fimbria* bis zum *Corpus caudicans* ist der genetische und bleibende Abschnürungsrand des Vorderhirnes. Es ist gleich Eingangs bemerkt worden, dass die mediale Fläche des Vorderhirnes den Eingang in die Seitenkammer vor der Ganglienwucherung ringförmig umgibt, und dass dieser Ring sich an seinem vorderen Ende in einen hohlen, nach unten vom übrigen Hemisphärenbläschen gelegenen Divertikel auszieht, den Riechlappen (Fig. 13 *olf* und Fig. 4 unter dem Frontalende des bogenförmigen Vorderhirnes, und neben der Insel *s*). Der Riechlappen bildet zugleich den Grenzrand der medialen Fläche gegen die convexe äussere Oberfläche des Vorderhirnes die Sylvi'sche Grube, die Insel (Fig. 15 *ge* und Fig. 4). Der Riechlappen hat, wie sich zeigen wird, eine äussere und eine innere Windung, welche im Riechdreieck nach hinten divergiren (Fig. 18 *olf*). Die Lichtung der genetischen Ringform, welche der Rinde an der medialen Fläche des Vorderhirnes zukommt, ist scheinbar an jedem Durchschnitt durch das Gehirn als freier Saum des *Gyrus fornicatus* zu sehen. An gerad horizontalen (Fig. 5) und an sagittalen Durchschnitten sehen wir die Rinde mit freiem Saum vorn und hinten endigen, an frontalen Durchschnitten (Fig. 6) oben und unten.

Die innere Oberfläche (Fig. 13) selbst zeigt vorn, oben und hinten vom freien Saum der Rinde den Balken umgeben (*Gf, Trb*), unter diesem die *Fimbria* des Gewölbes (*Fi*). Die Durchschnitte des Gehirnes zeigen, dass die Rinde als die Ursprungsfläche der gesammten Nervenfasern, das Gehirn wie eine gefaltete Kappe einschliesst. Gratiolet nannte die Rinde einen — Beutel, dessen Saum, der *Gyrus fornicatus*, um den Balken herum zusammengeschnürt sei. Dieser gewinnende Vergleich ist nicht vollständig, weil aus dem grossen Beutel nach vorne noch ein kleinerer Beutel, der Riechlappen *olf*, sich hervorstülpt.

Um aber die bleibenden Verhältnisse genetisch klar zu durchschauen, ist es nöthig (bei Betrachtung von Fig. 13) von dem Balken und der vorderen Commissur ganz abzusehen und sich ein gänzlich balkenloses Menschengehirn vorzustellen. Unter diesem Gesichtspunkt ist eine Continuität des *Gyrus fornicatus* mit dem *Septum pellucidum* hergestellt. Der primäre Saum der medialen Rinde grenzt als das *Septum* und als die *Fascia dentata Tarini* bis zur Hakenspitze an das Gewölbe.

Das Gewölbe selbst mit der *Fimbria* bildet aber nicht einen Ring, sondern nur einen Bogen. Der vom *Corpus mammillare* aufsteigende Gewölbschenkel kommt hier nicht in Frage. Ebenso bildet auch der primäre Saum der medialen Rinde um das Gewölbe nur einen kreisähnlichen Bogen, der zwischen dem Haken (*Uncus*) und der Orbitalfläche unterbrochen ist. Unter der Orbitalfläche aber liegt der Riechlappen. Der äussere und der innere Rand seines *Trigonum*, die beiden Riechwindungen, schliessen, wie zwei Conductorenden, die Bogen von Rindengebieten zu, welche die primäre mediale Fläche und den Rindensaum bilden. Die äussere Riechwindung vereinigt sich mit dem Haken, an den Orbitalwindungen und der Insel vorbeilaufend, die innere aber verbindet sich über das Ende der innersten Orbitalwindung weg mit dem Stirnende des medialen Rindenbogens. Indem der Riechlappen an der unteren Fläche der fortgesetzten Windungen der Convexität im *Sulcus rectus* liegt, so ist er und sein *Trigonum* von dem Rindenbogen der medialen Fläche, trotz seines Zusammenhanges, rechtwinkelig abgebogen. Als Ursache dieses Abbiegens erscheint die basale Lage des *Nucleus caudatus*. Doch bildet das *Trigonum* und seine Schenkel nur den basalen Saum der Rinde des Vorderhirnes. Hinter dem Rindensaume der Riechlappenwindungen tritt ein Ganglion des Vorderhirnes mit basaler Oberfläche hervor, nämlich der *Nucleus caudatus* als *Lamina perforata anterior* (Fig. 18 *olf*, *La*). Die *Lamina perforata* stösst an die basale Verlängerung des Zwischenhirnes, den *Tractus opticus*, an. Hier liegt die hintere Grenze des Vorderhirnes.

Die Zusammengehörigkeit des *Gyrus fornicatus* und der Riechwindungen drückt sich noch durch eine beiden gemeinsame Besonderheit aus: der über den Windungen der Convexität nur der geweblichen Untersuchung zugängliche Befund von feinen Nervenfibrillen wird hier zum macroscopischen Befunde. Die Rinde gewinnt hier markige Oberflächen in der *Substantia reticularis* auf der Hakenwindung und in den weissen eingelegten Streifen des *trigonum olfactorium*. Der äussere Markstreif steht mit der *Substantia reticularis* in nächster Verbindung, der innere ebenfalls, aber auf einem, als *Nervus Lancisii* von vorn über den Balken weg laufenden Umweg.

Durch das Hervorbrechen des Balkens von einer Hemisphäre zur anderen wird die dem Gewölbe unmittelbar anliegende Rindenpartie der medialen Fläche vom *Gyrus fornicatus* als *Septum pellucidum* abgetrennt, dessen Stiel *(p)* mit der *Lamina perforata anterior*, d. i. der basalen Masse des geschwänzten Kernes sich verbindet. Dieser *Pedunculus* läuft von Rindensubstanz in Gangliensubstanz. Er ist das Projectionssystem der Rinde des *Septums*. Zwischen dem *Pedunculus septi (p)* und dem Gewölbe bricht auch die vordere Commissur *(ca)* querlaufend hindurch. Der Balkendurchbruch verkürzt die Spalte für den Sichelfortsatz der *Dura mater* um die Höhe des Septums, dessen *Camera* dem unteren Theil der Längsspalte zwischen beiden Hemisphären gleichkommt. Bei Thieren besteht die *Camera* wegen medialer Verwachsung der *Septa* nicht.

Das „um den Balken" Huschke's wird concentrisch vom *Gyrus fornicatus* Arnold's und der medialen Fläche der Randwindungen der Convexität gebildet.

Beide concentrische Bezirke werden von vorn nach hinten durch den *Sulcus calloso-marginalis* Huxley's getrennt, eine Furche, welche zwischen dem *Corpus callosum* und der marginalen Windung des Vorderhirnes verläuft, und genetisch bis in die Hinterhauptspalte reicht (Schmidt). Der *Sulcus calloso-marginalis* giebt hinter dem *Gyrus centralis posterior* einen aufsteigenden Ast ab, welcher den vorderen Rand des *Lobus quadratus*, des Vorzwickels bildet. Seine Fortsetzung zur Hinterhauptfurche ist oft sehr seicht, fehlt auch, wie bei Affengehirnen (Fig. 14 *Cm*). Der *Lobus quadratus* vertritt die Region des oberen Scheitellappens an der medialen Fläche des Vorderhirnes. Die Abfurchung des *Gyrus fornicatus* im Schläfelappen vollzieht sich noch eine Strecke weit durch die Verlängerung des *Sulcus calcarinus* nach vorne. Einer besonderen Complication des *Gyrus fornicatus temporalis*, als Hakenwindung will ich des Zusammenhanges wegen am Schlusse dieser Darstellung gedenken.

Unterhalb des **vierseitigen** Lappens zeigt sich der **dreiseitige** Lappen, die mediale Fläche der oberen Hinterhauptwindung, der Keil, der Zwickel, *Cuneus*. Er ist durch zwei >förmige, gegen den *Gyrus fornicatus* convergirende tiefe Furchen begrenzt, deren die obere innere Hinterhauptspalte, *Sulcus occipitalis*, die untere *Sulcus calcarinus* oder *Sulcus Hyppocampi* heisst. Letztere Furche gehört zu den Constantesten im Typus des Affenhirnes und tritt an den glattesten Affengehirnen auf, denen noch die äussere Hinterhauptspalte und die Centralfurche fehlt (Bischoff). Nach dem *Calcar avis (Pes Hyppocampi minor)* ist die Furche genannt, weil wegen Dünne der medialen Wand des Hinterhornes der *Calcar avis* eben nur durch das convexe Vorspringen der Kehrseite dieser Furche an der inneren Wand des Hinterhornes entsteht, sowie die ihm aussen folgende *Eminentia collateralis Meckelii* die convexe Kehrseite der nächst äusseren Furche (𝔖𝔒𝔗𝔉) ist. Der *Sulcus calcarinus* ist eigentlich ⊢-förmig (Fig. 14 𝔖𝔠). Beim menschlichen Gehirne ist die Längsfurche des ⊢ öfter in einem, nach hinten offenen Winkel eingeknickt.

Ausser der Hinterhauptspalte und dem *Sulcus calcarinus* unterscheidet man an der medialen Fläche noch zwei Furchen, die Occipito-temporal-Furchen, Ecker. Sie gehören aber nicht den bisher betrachteten senkrechten, der Sichelspalte anliegenden Theile der medialen Fläche an. Die mediale Fläche setzt sich nämlich aus zwei, unter einem stumpfen Winkel zusammenstossenden Facetten zusammen, deren die senkrechte längere von dem Frontalende bis zur Hinterhauptspitze der Hirnsichel anliegt, während die schräghorizontale nur von der Hinterhauptspitze bis zum Schläfenende reicht und auf dem *Tentorium cerebelli* liegt. Die obere Occipito-temporal-Furche begrenzt zugleich mit dem *Sulcus calcarinus* eine nach vorne sich verschmälernde, und da mit der Hakenwindung verschmelzende Windung, die einer Hundszunge vergleichbar, *Gyrus glossiformis*. Zwischen der oberen und unteren Occipito-temporal-Furche ist die, in der Mitte sich verbreiternde Spindelwindung, *Gyrus fusiformis*, eingeschlossen. Auf letztere folgt die Randwindung des Schläfelappens, welche zugleich der Convexität angehört *(L³)*.

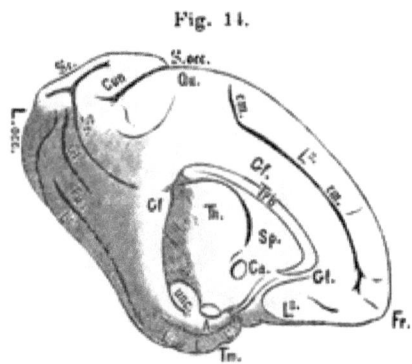

Fig. 14.

Mediale Fläche des Affengehirnes.
Fr, Tm Frontales, temporales Ende. L occ Hinterhauptlappen. cm *Sulcus calloso-marginalis*. 𝔖 occ *Sulcus occipitalis internus*. 𝔖𝔠 *Sulcus calcarinus*. L³ *Gyrus III. frontalis*. Gf *Gyrus fornicatus*. Qu *Lobus quadratus*. Cun *Cuneus*. Gl Zungenwindung. Fus Spindelwindung. L¹, L², L³ *Gyri temporales*. A *Amygdala*. unc Haken. Trb Balken. Sp Durchsichtige Scheidewand. Th *Thalamus opt*. Co Vordere Commissur.

Am vorderen Rande des Schläfelappens vereinigen sich die drei Windungen der Convexität in einer querbogenförmigen Anastomose, deren Rinde auch auf den Haken übergeht (Fig. 13 *Tm*).

Das Ammonshorn, eine Complication der Form des *Gyrus fornicatus* in seinem Schläfestück will ich nur mit kurzen Worten berühren. Die Rinde des *Gyrus fornicatus*, welche über dem Balken mit freiem Saume aufhört, zeigt auf dem Durchschnitt wie jede Windung ein das Windungsmark umfassendes Ω. Burdach nannte das bis unter das *Splenium corporis callosi* reichende Stück des *Gyrus fornicatus*: die Zwinge, *Cingulum*. Am Schläfetheile des *Gyrus fornicatus* in der Hakenwindung, *(Gyrus uncinatus)* erreicht die Rinde aber ihren freien Saum nicht so unmittelbar, sondern einer, besonders in der Mitte dieses Windungsstückes ﬄ-förmigen mittelst Einrollung als *Lamina convoluta*, während vorne nur eine wellenförmige Verbiegung zu Stande kommt, deren in das Unterhorn sehende Wellenberge die Klauen, *Digitationes* heissen. Die ﬄ-förmige Umrollung lässt den Saum der Rinde wirklich frei werden, sich über das Mark erheben und als die, von einschnürenden Gefässen gekerbte *Fascia dentata* aus der Tiefe der Einrollungsfalte hervortreten.

Das Ammonshorn zeigt nebeneinander vier Längswülste:
1. Die Hakenwindung als Grundlage des *cornu Ammonis Subiculum*.
2. Die *Fascia dentata Tarini* (Fig. 13). Die *Fascia dentata* setzt sich als *Fasciola cinerea* (Arnold) an die untere Balkenfläche fort, weil der Durchbruch der Balkenfasern auch hinter dem *Septum* eine Strecke weit die Rinde der medialen Oberfläche durchbrach. Das mächtige Ammonshorn der Raubthiere, der Nager etc., setzt sich weit nach vorn und ansehnlich an der unteren Balkenfläche fort. 3. Die *Fimbria (Sus)*, das Projectionsbündel des Ammonshorns *(Fd)*. Es wird durch Zuzüge aus anderen Theilen des *Gyrus fornicatus* zum absteigenden Gewölbschenkel. 4. Der *Alveus*, das Muldenblatt *(Fi)*, dessen flächenhaft auf der convexen grauen Ursprungsmasse *(Al)*, auf der gerollten Schichte, liegendes Mark in die strangförmige Bildung der *Fimbria* gesammelt wird. Der *Alveus* ist die Ventrikeloberfläche des Ammonshornes, welche wie getriebene Plastik an der Innenwand des Unterhorns vorspringt. Der Name Trog, *Alveus*, ist nicht unpassend, weil dieses nach der Hirnkammer convex gebogene Markblatt einen Inhalt, nämlich die gerollte Schichte, *Stratum convolutum*, muldenförmig einschliesst. Dies ist unschwer aufzufassen. Die Oberfläche des *Subiculum* bildet durch die von rechts nach links gerollte Schicht (ﬄ) eine Rindencontinuität mit der *Fascia dentata*. Die Rindenoberfläche verbirgt sich in der Tiefe der Einrollungsspalte. Das Muldenblatt entspricht dem Mark der Windungen, ist daher dem Ventrikel zugewendet. Der Haken selbst ist eine zusammengesetzte Bildung. Nur die Hakenspitze, sein hinterer Theil, enthält den vordersten Theil des freien medialen Rindensaumes, der in transversaler Umbeugung das *Subiculum cornu Ammonis* überragt, und gehört noch zum Ammonshorn. Das Trugbild einer, dem Bau des Ammonshorns fremden, longitudinalen vorderen Umbeugung des *Uncus* spricht der Convexität der *Amygdala* (Mandelkern), welche als eine klumpige graue Masse sich vor das Ammonshorn legt, die Spalte, welche durch dessen transversale Umbeugung an der Hirnoberfläche hervortreten müsste, verbergend.

B. Ganglien des Vorderhirnes, Zwischenhirnes, Mittelhirnes und Nachhirnes.

Die Grosshirnrinde und ihr Mark verrathen gleichsam durch die Abschnürung im Umkreis der Ganglien (Fig. 4 *g*, Fig. 15) und durch die vollkommene Abschälbarkeit der Insel sammt ihrem Marke von der Aussenfläche der Ganglienmassen eine morphologische Selbständigkeit, welcher functionell eine Selbständigkeit des Vorderhirnes gegenüber dem übrigen Gehirne entspricht.

Um die gesammten natürlichen Oberflächen der Ganglien und des Gehirnstammes wahrnehmbar zu machen, muss der Windungsbogen, der ungefähr Burdach's Hirnmantel, im Gegensatze zum Kern des Gehirnes (Insel, Ganglien und Stamm), entspricht, durch einen bogenförmigen Schnitt abgetragen werden, welcher um den Grund der Sylvi'schen Grube, um die Insel geführt wird.

Die basale Fläche des Kernes, in Summa des Hirnstammes (Fig. 15) zeigt als freie Oberfläche vor dem *Tractus opticus* die vordere perforirte Platte, welche jederseits von der Insel durch die äussere Riechwindung, auf ihrem Wege zur Hakenwindung geschieden ist. Die Inselwindungen vereinigen sich gegen diesen äusseren Markstreif des *Trigonum olfactorium* hin meist zu einer einzigen Windung, dem Fusse der Insel, während sie sich nach oben gegen den Klappdeckel in einen Fächer von fünf bis sieben Windungen verbreiten. Nach einwärts von der Insel und nach aussen vom *Nucleus caudatus* erstreckt sich die Schnittfläche, welche den Stamm aus dem Hirnmantel gleichsam als Kern des letzteren herausgeschält hat. Sowie die Hemisphäre selbst einen Bogen darstellt mit einem Stirnende, einem Schläfenende und einem Schlussstücke des Bogens in der Hinterhauptgegend, so wird auch der Schnitt durch den Fuss des Stabkranzes bei seinem Eintritte in den Grosshirnstamm bogenförmig. Daher zeigt auch die Schnittfläche in Fig. 15 ein frontales und ein temporales Ende (*F, Tm*), und zwischen diesen Bogenenden einen parietalen und occipitalen Durchschnitt (Fig. 16, 17 *P, Occ*). Die bedeutende Convexität, in welcher unter den Inselwindungen der Stamm von dieser Durchschnittsfläche des Stabkranzes nach aussen gleichsam vorschwillt, entspricht der Mächtigkeit des *Nucleus lenticularis*. Er überragt übrigens mit einem Schläfefortsatz den Gehirnstamm nach unten, welcher wegen schwachen Farbenabstiches auf dem Durchschnitte des gehärteten Präparates schwer zu bemerken ist. Vom Vorderhirne tritt der *Nucleus caudatus* an die basale Fläche als *Lamina perforata anterior* frei hervor; das Zwischenhirn und Mittelhirn tritt, in den *Tractus opticus* fortgesetzt, an die Gehirnbasis, welcher sammt dem *Chiasma* hier das Vorderhirn nach rückwärts begrenzt.

Das centrale Höhlengrau des Zwischenhirns findet eine basale Fortsetzung als Trichter, *Infundibulum*, und dahinter erstreckt als *Corpus candicans* vom vorderen Sehhügelhöcker aus

Fig. 15.

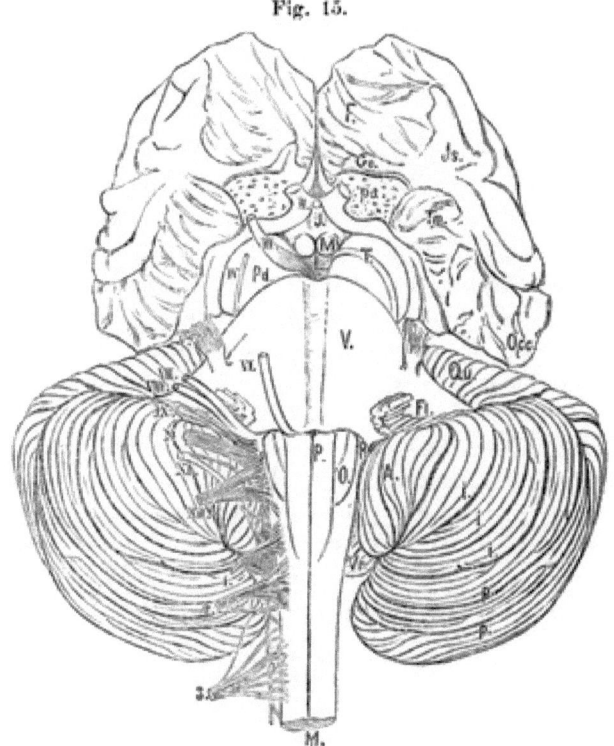

Basalfläche des Gehirnstammes und des Kleinhirnes.
Fr, Tm, Occ Markdurchschnitt der frontalen, temporalen und occipitalen Einstrahlungen des Hirnmantels in den Stamm. *Js* Insel. *tic* Mark auf der äusseren Riechlappenwindung. *p a Lamina perforata anterior.* *II Opticus*, der *Tractus* ist nach hinten in eine innere und in eine äussere Abtheilung getheilt. *J Infundibulum.* *M Corpus mammillare.* *L Lamina perforata posterior.* *Pd Pedunculus cerebri.* *T Tractus transversus pedunculi.* *V Pons Varoli.* *P Pyramis.* *O Oliva.* *R Corpus restiforme.* *M Medulla spinalis.* *III Nervus oculomotorius.* *IV Nervus trochlearis.* *V Nervus trigeminus.* *VI Nervus abducens.* *VII Nervus facialis.* *VIII Nervus acusticus.* *IX Nervus glossopharyngeus.* *X Nervus vagus.* *XI Nervus recurrens Willisii (accessorius).* *XII Nervus hypoglossus.* *Qu* Untere Fläche des *Lobus quadratus*, *Lobus superior* der Kleinhirn-Halbkugeln. *p p Lobus posterior inferior (semilunaris inferior).* *i i i Lobus inferior (Lobus gracilis et biventer).* *A Amygdala.* *Fl Flocculus.* *Vr Vermis inferior.*

sich nochmals Mark des Zwischenhirnes an die Basis (Fig. 13 *m a*). Der Hirnschenkel *Pd* bedeckt oberflächlich und seitlich den vorderen Umfang des Mittelhirnes, im Flusse aus dem Vorderhirne zum Rückenmark begriffen. Die mediale *Lamina perforata posterior* ist die Mittelnaht (*Raphe*) beider Hälften der Haube, des *Tegmentum*, deren Fluss aus dem Mittelhirn und Zwischenhirn zum Rückenmark verläuft. Der Hirnschenkel wird medial vom dritten Nervenpaare *(Oculomotorius III)* gekreuzt. Ueber der linken Hälfte des Hirnschenkels verläuft ein Band, von Gudden *Tractus transversus pedunculi* benannt, welches nicht immer so oberflächlich verläuft und sein oberes Ende mit dem oberen Zweihügel verbindet. Die Varolsbrücke ist die basale Kehrseite des Hinterhirnes. Unter der Brücke, welcher seitlich der Austritt des *Trigeminus* und am unteren Rande der Austritt des *Nervus abducens, facialis* und *acusticus* angehört, setzt sich zwischen den Pyramiden die Vorderspalte des Gehirnstammes fort, welche schon zwischen den Hirnschenkeln auftrat. Der Boden dieser Vorderspalte ist gleichzusetzen der *Lamina perforata posterior* zwischen dem paarigen Fusse der Hirnschenkel, indem ihr Grund die mediale Oberfläche der Mittelnaht *(Raphe)* der hinteren Abtheilung der *Oblongata* zeigt. Diese trennt auch an der *Oblongata* die Fortsetzungen der Hirnschenkelhaube. An der *Oblongata* ist eine obere und eine untere Hälfte zu unterscheiden. Die obere reicht bis zum unteren Rande der Oliven, die untere Hälfte bis unter das letzte Kreuzungsbündel der Pyramiden. Eine Längsfurche trennt jede Olive nach innen von der Pyramide, nach aussen von der Gegend des Seitenstranges *(Funiculus lateralis)*. Die Olive ist bei näherer Betrachtung nicht glatt, sondern von queren, etwas absteigenden Bündeln, die aus dem Strickkörper stammen, überzogen *(Stratum zonale)*. Das *Stratum zonale* bedeckt in der Regel die gesammten hinter der Pyramide laufenden Längsbündel. Verläuft ein Längsbündel oberflächlich nach innen von der Olive (Fig 15), so heisst es innerer Hülsenstrang, und äusserer Hülsenstrang, wenn es aussen von der Olive verläuft. Die Hülsenstränge können auch durch das *Stratum zonale* abgeschiedene Pyramidenbündel sein. Hinter dem *Funiculus lateralis* der *Oblongata* folgt deren hinterste Längserhabenheit, der Strickkörper des kleinen Gehirnes *(Corpus restiforme*, Fig. 15 *R)*.

Die basale Stammoberfläche des Menschen zeigt gegenüber niederen Säugethierhirnen, ja schon denen von Affen gegenüber, charakteristische Unterschiede. Ganze Organe scheinen nur beim Menschen aufzutauchen, andere dem Menschen zu fehlen. Im Allgemeinen erscheint der Hirnschenkel der Thiere dünn, bündelarm, so dass er durch die Convexität der hinter ihm liegenden Haube stark hervorgewölbt ist. Die Brücke erscheint niedrig. Neben den Pyramiden zeigen sich rechteckige Organe, welche aus Querbündeln bestehen *(Corpus trapezoides)*. Die Olive des Menschen fehlt. Ich habe gezeigt, dass diese gesammten Formunterschiede von einem einzigen beherrschenden Factor abhängen, nämlich von der Grösse oder Kleinheit des Vorderhirnes. Durch dessen Kleinheit nimmt bei Säugethieren die Dicke des Hirnschenkelfusses ab, ebenso die Höhe der Brücke, und die Mächtigkeit der Pyramide. In gleicher Abhängigkeit von der Kleinheit des Vorderhirnes steht das Auftreten des *Corpus trapezoides* und das Verschwinden der Olive. Könnte ein Säugethier mit so

Menschen unähnlicher Basalfläche, wie der Marder (Fig. 10 pag. 9), grössere Hemisphären gewinnen, so würde sein Hirnschenkelfuss mächtiger, bündelreicher, und zwar schon deshalb, weil er zum grossen Theile die Fortsetzung des Hemisphärenmarkes ist. Indem ferner die Fortsetzung des Hirnschenkelfusses, die schwache Pyramide nur einen Antheil der Fasern desselben enthält, eine grössere Zahl von Hirnschenkelbündeln dagegen durch den Brückenarm in das *Cerebellum* gelangt, so hängt die Zahl der Brückenbündel in erster Linie von der des Hirnschenkelfusses, in zweiter von der Mächtigkeit des Hemisphärenmarkes und seiner Ursprungsmasse, der Grosshirnrinde, ab. Je mächtiger diese Gehirnmassen, durch eine desto grössere Höhe werden Brückenbündel abgegeben. Bei Menschen wird dadurch eine Brückenlänge erzielt, welche tiefere Formationen von Querfaserzügen bedeckt. Bei Säugethieren ist die Brücke so kurz, dass der sichtbare Verlauf der Pyramide nach oben verlängert, unbedeckt ist. Daher kommen neben den Pyramiden Querbündel als *Corpus trapezoides* zur Ansicht, welche Querbündel durch das tiefe Herabreichen der Brückenbündel beim Menschen verdeckt werden. Daher fehlt dem Menschen das *Corpus trapezoides* nicht, es ist nur an der Gehirnbasis nicht sichtbar. Eben so wenig fehlt den Thieren die Olive wirklich. Sie liegt aber hinter den Pyramiden, aus welcher Lage sie durch die Dicke der menschlichen Pyramide zur Seite gedrängt, und dadurch an der Gehirnbasis sichtbar wird. Den Gehirnbau durchdringt also, wie sich auch an anderen Orten, den Ganglien, zeigt, eine harmonische Abhängigkeit der Formen des Stammes von der Entwicklung seines functionell höchststehenden Gebildes, des Vorderhirnes. (Nähere Ausführung in den „Mittheilungen der anthropologischen Gesellschaft." Wien 1870.)

Man könnte die abweichenden Formen des menschlichen Gehirnes daher nicht unpassend als durchgeistigt bezeichnen. Bei niedrigen Formen des Affengehirnes zeigt der Hirnstamm Uebergangsformen, die zwischen den niederen und anderen höheren Formen stehen, z. B. das Nebeneinander von Olive und *Corpus trapezoides* (Fig. 11, pag. 10, *Rh, O*). Bei dem höchst entwickelten Raubthiergehirne, dem des Bären tritt dieselbe höhere Uebergangsentwicklung hervor. Die Oliven von Wassersäugern waren schon Stannius bekannt.

Das Nachhirn, die *Oblongata*, ist bei Thieren wegen Kürze der Brücke scheinbar länger als am Menschenhirn, und mit Ausnahme der Pyramiden weit mächtiger.

Das Hinterhirn *(Cerebellum)* zeigt in der Höhe, wo der Brückenarm eintritt, vor dem siebenten und achten Gehirnnervenpaare den *Sulcus magnus horizontalis*. Von der Hirnbasis aus sieht man diese Furche von oben her durch den *Lobus quadratus (Qu)* überragt. Diese Furche scheidet, tief einschneidend die Windungen der hinteren (subtentorialen) Oberfläche des kleinen Gehirnes von denen der vorderen (basalen). Es genügt für die Zwecke dieses Lehrbuches die Aufzählung der basalen Lappen in Henle's vereinfachter Weise. Von vorne nach hinten folgen als Hemisphärenlappen: 1. die Flocke, 2. die Mandel, 3. der untere Lappen *(i i i)*, 4. der hintere Unterlappen *(p p)*. Die medialen Läppchen: 1. das Knötchen *nodulus*, 2. die *Uvula*, 3. die Pyramide, 4. der hintere Wurm sind nicht basal, sondern von der *Oblongata* bedeckt.

Das Vorderhirn und das Zwischenhirn besitzt Oberflächen, welche von unten her in die Hirnkammern sehen, daher von oben her (Fig. 16) zu überblicken sind. Der *Stria cornea*, welche die Scheide des Vorderhirnes vom Zwischenhirne zu bilden scheint, entspricht ein dem Streifenhügel angehöriges Bündel. Es lässt seine Fasern aus dem Schläfenlappen in den *Nucleus caudatus* längs dessen ganzem inneren Rande eintreten. Ihre directe Oberfläche aber bildet eine Ependymfalte, unter welcher eine Hauptvene Seitenäste von der Oberfläche des *Nucleus caudatus* aufnimmt, und sie der in den häutigen Bedeckungen des Vierhügels laufenden *Vena magna Galeni* zuführt. Die Höhle des Zwischenhirnes (*Ventriculus III.*) bildet einen, die mittlere Commissur umkreisenden Ring. Vor Entfernung der häutigen Decke der dritten Kammer und bei Abschluss des *Aquaeductus Sylvii* liesse sich ein Ausguss der dritten Kammer vornehmen. Der Ausguss des dritten Ventrikels würde einem Ringe gleichen, dessen Lumen die mittlere Commissur gibt. Nach unten wäre der Ring mit einem Stachel, nämlich dem Ausguss des Trichters versehen. Nach hinten vom *Nucleus caudatus* und der *Stria*, der vorderen Commissur und den absteigenden Gewölbschenkeln erstreckt sich der *Thalamus opticus*. Seine Oberfläche ist im Allgemeinen keilförmig mit stumpfer vorderer Spitze und einer convexen (eigentlich stumpf facettirten) Breitseite am *Pulvinar*. Graue Substanz bildet seine mediale Oberfläche (centrales Höhlengrau), weil die zusammenhängenden Höhlen des primären Medullarrohres vom primären vorderen Gehirnbläschen an bis zum Ende des Rückenmarkes mit grauer Substanz ausgekleidet sind. Dieser spaltförmige graue Ueberzug des Zwischenhirnes geht im Mittelhirn in den *Aquaeductus Sylvii* über. Die Oberfläche des Sehhügels zeigt mehrere Erhabenheiten. Die bestbegrenzte ist 1. die *Habenula*, der Zirbelstiel (zwischen *b r s* und *F*). Die Oberfläche der *Habenula*, welche beiderseits mit der Zirbelgegend zusammenhängt, ist, wie überhaupt die obere Fläche des Sehhügels, markig durch die Bündel der Gürtelschichte (*Stratum zonale*). Diese Gürtelschichte der *Habenula* erscheint nach vorne nach Wegnahme der festhaftenden häutigen Decke des Ventrikels am Ependym wie abgerissen. Man hat diesen Umstand unrichtiger Weise auf einen Zusammenhang mit dem Gewölbe gedeutet. Es werden noch drei Erhabenheiten aufgezählt: 2. Der vordere Kern (*Genu anterius* Gratiolet), der nach rückwärts und aussen schweifartig verschmälert fortläuft, *Tuberculum anterius* (Burdach), (Fig. 17 *Th a*). 3. Die mittlere Erhabenheit (*Tuberculum medium*), welche nur durch die Abfurchung des *Tuberculum anterius* und die Abflachung des *Thalamus* hinter der *Habenula* entsteht. 4. Das *Pulvinar*, welches beim Menschen nach hinten eine freie Erhabenheit darstellt.

Die Ganglien des Mittelhirnes schieben sich beim Menschen als Vierhügel stark in das Zwischenhirn ein. Der Vierhügel besteht aus den oberen und unteren Zweihügelganglien (*Corpora bigemina superiora et inferiora*). Hebt man die Zirbel von hinten auf (Fig. 17 *con, cp*), so sieht man, auf dem oberen Zweihügel inmitten ein flaches Dreieck mit oberer Basis einspringen welches der hinteren Zirbelfläche

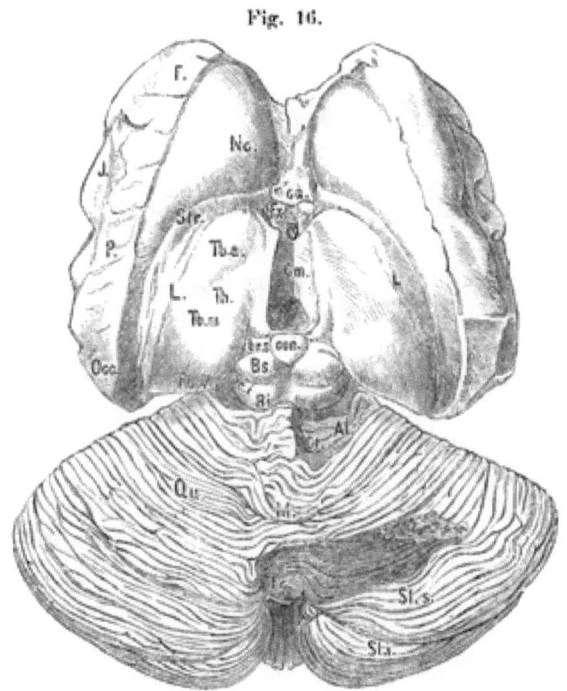

Fig. 16.

Obere und hintere Fläche des Hirnstammes und des Kleinhirnes.
J Insel. F, P, Occ Frontaler, parietaler, occipitaler Theil des Projectionssystems (Einstrahlung aus dem Hirnmantel). Nc Nucleus caudatus. Str Stria cornea. L linea aspera. Ca Commissura anterior. Fx Absteigender Gewölbschenkel. V Ventriculus III. Cm Commissura media. Th Thalamus opticus. Tb a Tuberculum anticum. Tb m Tuberculum media. Pulc Pulcinar. con Conarium, von welchem seitlich die plastischen longitudinalen Höcker der Habenulae ausgehen. Bs Corpus bigeminum superius. Bi Corpus bigeminum inferius. br s Brachium superius. br i Brachium inferius corporis quadrigemini. Cl Das Centrallappchen des Oberwurmes. M Der Berg des Oberwurmes. Fc Folium cacuminis, das Wipfelblatt des Oberwurmes. Al Flügel des Centralläppchens. Qu Lobus quadratus (Burdach), Lobus superior (Henle). Sl s Lobus posterior superior (Semilunatis superior). Sl i Lobus semilunatis inferior (Lobus posterior, Henle).

anliegt und in die hintere Commissur umbeugt. Zugleich bemerkt man, dass zwischen der oberen Vierhügelfläche und der unteren des *Conarium*, welches auf ihr ruht, eine nach hinten offene Rinne besteht. Es ist die Kehrseite der nach vorne sehenden Convexität der hinteren Commissur, welche demnach ein queres verbogenes Markblatt und kein Strang ist, wie es bei vorderer Ansicht den Anschein hat. Der obere Zweihügel ist mit einer anscheinend strangförmigen

Markkante verbunden, die nach hinten der Länge nach concav, zwischen *Pulvinar* und innerem Kniehöcker verläuft *Brachium corporis bigemini superioris* (Fig. 17 *brs*). Ausserdem spitzt sich das obere Ende des inneren Kniehöckers stielartig zu und verbindet sich unterhalb des genannten Vierhügelarmes mit dem *Corpus bigeminum superius*. Der Arm des oberen Vierhügels ist die Grenze von Mittelhirn und Zwischenhirn. Das *Corpus bigeminum inferius* ist in seiner oberen Hälfte mit einem flacheren plastischen Markstreifen, der unter dem inneren Kniehöcker hervortritt *Brachium corporis bigemini inferioris* (Fig. 17 *bri*) verbunden. Derselbe geht in die weisse Oberfläche des unteren Zweihügels über. Der obere Zweihügel zeigt, besonders bei Thieren, eine graue Oberfläche. Nach unten von dem obern Zweihügelarm liegt der spindelförmige innere Kniehöcker, *Corpus geniculatum internum* (Fig. 17 *g i*), und der gegen den *Tractus opticus* verschmälerte keulenförmige äussere Kniehöcker, *Corpus geniculatum externum* (Fig. 15 und 17 *ge*). Nur der Uebergang des äusseren Kniehöckers in den *Tractus opticus* ist augenscheinlich. An der Grenze zwischen dem inneren Kniehöcker (*g i*) und dem inneren bandartigen Streifen des *Tractus* (Fig. 15) liegt eine scharfe Trennungsfurche. Dieser innere Streif des *Tractus* scheint vielmehr vor dem inneren Kniehöcker, wenigstens theilweise in die Tiefe, in den *Thalamus* einzutreten. Wenn durchgreifend parallele Grössenverhältnisse von Gehirntheilen für ihre Zusammengehörigkeit von Bedeutung sind, so muss man erwägen, dass beide Kniehöcker mit der Mächtigkeit des Vierhügels wachsen, der Sehhügel dagegen durch Verschwinden seines Pulvinars sich bei denselben Thieren verkleinert. Ich nahm zuerst am Längsdurchschnitt einer neugeborenen Katze wahr, dass der mächtige äussere Kniehöcker dabei über den Sehhügel hinaufsteigt. Forel hat dies eingehender beschrieben. Die Entwickelung der Kniehöcker ist demnach von dem Mittelhirne abhängig.

Zwischen den hinteren Zweihügeln entwickelt sich ein konischer paariger Strang, der, nach unten verbreitert, als *Frenulum* in die Hirnklappe *(Velum medullare superius* Fig. 17 *v e)* und durch sie in das Mark des Oberwurmes übergeht. Die Hirnklappe oder das obere Marksegel ist von den vordersten Windungen des Oberwurmes, dem Züngelchen *(Lingula)* bedeckt. Stilling hat die unbekannten zarten Hemisphärentheile, welche dem Züngelchen angehören, die Zungenbänder, entdeckt, welche zunächst den Bindearm des Kleinhirns bedecken (Fig. 17, rechts von *Ling*). Die hintere Oberfläche des, unter dem Mittelhirne frei werdenden Hirnstammes (Nachhirnes) ist vom Kleinhirn (Hinterhirn) bedeckt (Fig. 16), welches zu deren freiem Ueberblicke an seinen Armen abzuschneiden ist (Fig. 17).

An der hinteren subtentorialen Fläche des Kleinhirnes bedeckt der Berg (Fig. 16 *M*), der dritte und umfangreichste Lappen des Oberwurmes, zunächst das Centralläppchen und durch dieses die *Lingula* des *Velum medullare*. Eben so werden die Seitentheile der *Lingula (Frenula lingulae)* von den Seitentheilen des Centralläppchens, den Flügeln *(Alae)* bedeckt und diese wieder von den Hemisphären-

Fig. 17.

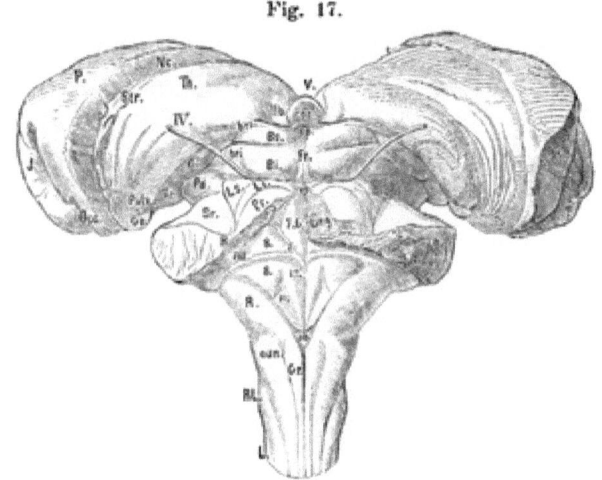

Obere und hintere Flächen des Vorderhirnes, Stammlappens, Zwischen-, Mittelund Nachhirnes.

J Insel. *P, Oc.* Scheitel- und Hinterhauptstheil des Projectionssystems aus der Grosshirnrinde. *Nc* Nucleus caudatus, *St* Stria cornea, *Th* Thalamus opticus. *Pulv* Pulvinar. *Ge* Corpus geniculatum externum. *Tr* Tractus opticus. *Gi* Corpus geniculatum internum. *V* Ventriculus medius. *Hb* Habenula conarii. *con* Conarium. *cp* Hintere Fläche der Commissura posterior. *Fr* Frenulum. *ve* Velum medullare superius. *Bs, Bi* Corpus bigeminum superius et inferius. *brs, bri* Brachium superius et inferius corporis quadrigemini. *Ls, Li* Lemniscus superior et inferior. *5* Locus coeruleus. *8* Acusticuskern. *7 6* Abducens- und hinterer Facialiskern. *5* Aufsteigende Acusticuswurzel. **Engel**, Klangstab (**Bergmann**). *Br* Brachium pontis. *R* Corpus restiforme. *Pr* Processus cerebelli ad cerebrum. *VIII* Striae medullares. *nervus acustici transversus*. *12* Region des Hypoglossuskernes. *10 Ala cinerea*, **Arnold** (Vaguskern, **Stilling**). *ob Obex*. *cun* Funiculus cuneatus. *Gr* Fasciculus gracilis. *Tt* Tuberculum cinereum, **Rolando**. *l* Funiculus lateralis.

Nota. Diese Zeichnung gibt die richtige Lage des Gehirnstammes in der Schädelhöhle wieder, mit Berücksichtigung der Scheitelbeugung.

theilen des Berges, den vierseitigen Lappen, Henle's Oberlappen, weit nach vorne überragt (Fig. 15, 16 *Qu*). Zwischen den Hinterlappen der oberen und unteren Fläche des Kleinhirnes, von welchen der untere occipitalwärts vorragt (Fig. 16), liegt der *Sulcus magnus horizontalis*. Während in den mannigfachen Zahlenverhältnissen und den noch mannigfacheren Uebergangsweisen der medialen und lateralen Kleinhirnwindungen, die Malacarne zählte und mit beispielloser Gründlichkeit Stilling in ihren Verhältnissen darlegt, doch immer einer Mehrheit von lateralen Windungen eine Mehrheit von medialen Windungen entspricht, findet auch diese oberflächliche Uebereinstimmung eine Ausnahme. Im Schoosse des *Sulcus magnus* sind die gesammten Windungen des oberen Hinterlappens (*Lobus semilunaris superior*) in einer einzigen Kante von Wurmwindungen, dem Wipfelblatte *(Folium cacuminis)*, vereinigt (Fig. 16 *Sl s F c*).

Nach Entblössung der hinteren Oberfläche des Stammes vom kleinen Gehirne überblickt man deren Bau. Die Mitte der Region zwischen Vierhügel und dem Eintritt der Kleinhirnarme in das *Cerebellum* bildet die aus dem *Frenulum* entwickelte Gehirnklappe, *Velum medullare* (Fig. 17 rechts). Sie stellt mit dem *Frenulum* den wahrhaften *Processus cerebelli ad corpus quadrigeminum* dar. Am oberen Rande der *Valvula cerebri* tritt der *Nervus trochlearis* hervor (Fig. 17 IV). Die Seitenränder der Klappe stossen an zwei mächtige platte Stränge, die Bindearme, fälschlich *Processus cerebelli ad corpus quadrigeminum* benannt, richtig von Stilling als *Processus cerebelli ad cerebrum* dargestellt. Der freie Verlauf der Bindearme beginnt noch nicht am Vierhügel und endet an Stilling's *Frenulum lingulae* gegen das Kleinhirn zu (Fig. 17 rechts). Vom Vierhügel trennt den Bindearm die Umgürtung von in der Regel oberflächlich verlaufenden Bündeln, welche aus der Gehirnklappe kommend, sich nach aussen über den Bindearm werfen und in der Brücke verschwinden. Sie sind von Leveillé zuerst abgebildet. Ich nenne sie die untere Schleife, *Lemniscus inferior* (Fig. 17 *L i*), oder die Kleinhirnbündel der Schleife. Die obere Schleife *Lemniscus Reilii, s. superior, laqueus* (Fig. 17 *L s*) bedeckt wie ein dreieckiges Tuch den Bindearm nach aussen von der vorigen. Sie reicht vom Vierhügel bis zum oberen Brückenrande.

Nach der Gehirnbasis zu wird auf der Hinterfläche des Stammes auch die Rückseite des Hirnschenkelfusses und der Brücke sichtbar. Doch sind die Schleifen mit den Bindearmen und der Hirnklappe zusammengehörige Gruppen von Gebilden, welche hinter dem Fusse des Hirnschenkels (*Pd*) als Theile der Haube des Hirnschenkels, des *Tegmentum*, an die Oberfläche gelangen. Im Kleinhirn zieht die Fortsetzung des *Velum medullare* und des *Processus ad cerebrum* mit freier Markfläche hinter der Rautengrube her, und bildet das Dach derselben *Tectum fossae rhomboidalis*.

Das centrale Höhlengrau des Mittelhirnes, die Umgebung des *Aquaeductus Sylvii*, eröffnet sich unter der Hirnklappe als ein auf seinem Boden gefurchter Halbkanal. Durch die Divergenz der Bindearme nach unten zu gewinnt dieses centrale Höhlengrau in der Gegend des Acusticusaustrittes seine grösste Breite. In derselben

Höhe treten die Strickkörper *(R)* in anscheinender Continuität mit den zarten Strängen *(G r)* als seitliche Begrenzung an den grauen Boden heran. Durch deren symmetrische Convergenz nach unten mus das centrale Höhlengrau sich unter starker Vertiefung verschmälern. Zu unterst spitzt sich die Grube trichterförmig in den Centralkanal des Nachhirnes zu. Dieser Theil des centralen Höhlengrau des Medullarrohres heisst, weil er nach oben und nach unten von den zwei, in der Mitte zusammenstossenden Winkeln der *Processus ad cerebrum*, und der *Pedunculi cerebelli* eingerahmt ist, die Rautengrube *Fossa rhomboidea*. Die Rautengrube enthält wichtige Beziehungen zum Ursprung der Gehirnnerven.

Sie zerfällt durch eine Mittelfurche, welche schon der vorderen Wand des *Aquaeductus* angehörte, in symmetrische Hälften. Die schon vom *Aquaeductus Sylvii* herabkommenden *Eminentiae teretes* neben der Mittelfurche schwellen oberhalb des Acusticusaustrittes zu einer ovalen Region an (Fig. 17, *6, 7*). Stilling's und Clarke's *Abducens-facialis*, Deiter's Abducenskern, Schröder's Facialiskern, welche Region von den centralen Wurzeln des sechsten und siebenten Nervenpaares durchzogen wird.

Aussen von der oberen Hälfte dieser Anschwellung liegt eine längliche pigmentirte bläuliche Grube, *Fossa coerulea*. Schwarze Zellen, welche nahe unter dem durchscheinenden Ependym liegen, bewirken nach dem Gesetze der Brechung durch trübe Medien die bläuliche Färbung. Ich erwies die Grube als Ursprungstelle einer Quintuswurzel (Fig. 17, *5*).

Unterhalb der *Fossa coerulea* wird die *Eminentia teres* seitlich durch einen rhombischen Hügel begrenzt (Region des Acusticuskernes), der in seiner grössten Breite fast bis zur Mittellinie reicht. Wenn die hintere Acusticuswurzel oberflächlich als *Striae medullares transversae* verläuft, so theilt sie den rhombischen Hügel in ein oberes und unteres Dreieck (Fig. 17, *VIII, 8, 8*). Acusticuskern und Fascialis-Abducenskern sind öfter durch eine oder mehre schief nach oben ansteigende *Striae medullares adscendentes* (Engel, Bergmann, „Klangstab") gegeneinander abgegrenzt, der Acusticuskern auch bedeckt (Fig. 17, *8*). Der innere Rand des Acusticushügels läuft in der unteren Hälfte der Rautengrube nach aussen hin. Die *Eminentia teres* wird aber dadurch nicht breiter, weil ihr äusserer Rand nach unten mit der Mittelfurche convergirt, zur Begrenzung eines medialen dreieckigen Hügels, welcher der Region des *Hypoglossus* entspricht (Fig. 17, *12*). Diese untere Verschmälerung der *Eminentia teres* hat zwei Gründe: 1. drängen die convergirenden *Fasciculi graciles* die Rautengrube zur Verschmälerung bis zum Uebergang in den Centralkanal; 2. dringt von oben nach unten sich verbreiternd, zwischen Acusticushügel *(8)* und *Eminentia teres (12)*, das Dreieck des Vagusursprunges hervor, hinterer Vaguskern. Dieses Dreieck hebt sich durch graue Färbung (als *Ala cinerea* Arnold's) von dem weisseren Hypoglossusdreieck ab, welches mit Vaguswurzeln quer übersponnen ist.

Die *Ala cinerea* ist öfter strangförmig erhoben durch eine nach unten spitze, schleuderartige Commissur. Am unteren Winkel der Rautengrube findet ein Uebergang in die häutige Decke des Nachhirns mit den *Plexubus chorioideis* statt, ähnlich dem Uebergang der *Fimbria* in die häutige Decke des Zwischenhirns, als *Obex*, Riegel (Fig. 17 *Ob*), und haftet bei der Loslösung der Rautengrube am hinteren Winkel der letzteren, als ein Rest des foetalen hinteren Deckels der Rautengrube.

Betrachten wir nun die Markstränge am hinteren Umfang des Nachhirns. Ungefähr in der Höhe, in welcher die Hinterfläche des Bindearms im Kleinhirn verschwindet, tritt aus demselben der Strickkörper *(Corpus restiforme, Pedunculus cerebelli ad oblongatam)* hervor (Fig. 17 *R*). Noch oberhalb der Pyramidenkreuzung, die erst eine Strecke unterhalb der Bildung des Centralkanales beginnt, scheint sich der Strickkörper jederseits in den Keilstrang und den zarten Strang (Fig. 17 *cun. Gr*) zu theilen. Doch sind letztere durch eine seichte Querfurche gegen den Strickkörper abgegrenzt, welche markirt, dass sie nicht aus der Theilung des gleichseitigen Strickkörpers hervorgehen. Den Ursprung der zarten und der Keilstränge verrathen die plastischen, conischen Vorschwellungen durch graue Masse in ihrem Innern, aus der sie unmittelbar hervorgehen.

Diese beiden Oblongatenstränge werden zum Hinterstrange des Rückenmarks, an dessen Cervicaltheil der *Funiculus gracilis* sich als Goll'scher Keilstrang gesondert verfolgen lässt.

Jene Hinterstränge der *Oblongata* stossen nicht, wie an der Rückenmarksoberfläche neben den Nervenwurzelabgängen direct an den *Fasciculus lateralis* (Fig. 17 *L*). Zwischen den Seitenstrang und den Hinterstrang des Nachhirns schiebt sich bis an die Oberfläche der obere Beginn eines Kopfes vom Hinterhorn, der gelatinösen Substanz des grauen Rückenmarkkernes, ein. Diese spindelförmige Masse, *Tuberculum cinereum* Rolando (Fig. 17 *RL*), ist hier der Ursprungskern der aufsteigenden Wurzel des *Nervus trigeminus*, welcher gleichwerthig einer hinteren Rückenmarkswurzel ist. Auch die hinteren Rückenmarkswurzeln besitzen ja aufsteigende Bündel. Die Quintuswurzel deckt die gelatinöse Ursprungsmasse als eine dünne Blase von Bündeln, welche den grauen Kern, als ein *Tuberculum cinereum* durchscheinen lässt.

Die Begrenzung einer oberen und einer unteren Hälfte der *Oblongata*, deren Bau verschiedener von einander ist, als der Bau der oberen Oblongatenhälfte von dem der unteren Brückenhälfte, war an der vorderen basalen Fläche des Stammes durch den unteren Rand der Olive gegeben. An der hinteren Fläche des Gehirnstammes würde die Grenze der unteren Hälfte des Nachhirns durch den oberen Rand des *Tuberculum cinereum* Rolando am besten markirt sein. Die plastischen Hervorragungen des Markumfanges an der unteren Hälfte des verlängerten Markes sind, von der vorderen Mittelspalte bis zur hinteren Mittelspalte des Stammes gezählt, folgende: 1. Pyramidenbündel, durch die Wurzeln des *Hypoglossus* begrenzt (Fig. 15 *P*); 2. Vorderstrang, *Funiculus anterior*; 3. Seitenstrang, *Funiculus lateralis*. Sie sind durch die vorderen Wurzeln der obersten Halsnerven getrennt (Fig. 15, *1*, *2*); 4. *Tuberculum cinereum* Rolando (Fig. 17 *RL*); 5. *Fasciculus cuneatus* (Fig. 17 *cun*); 6. *Funiculus gracilis* (*G. r*).

Ungefähr über dem Ursprunge des dritten Halsnervenpaares ist der Uebergang der *Medulla oblongata* in das Rückenmark vollendet.

Einiges von der zusammenhängenden Structur des Gehirnes.

Die Grosshirnrinde besitzt eine Structur, welche wie der Bruch einer krystallinischen Masse auf ihren Spaltungsflächen wahrnehmbar wird. Diese faserige Structur nimmt man in zweien Richtungen wahr. Erstens bemerkt man, dass der Bruch jeder Windung (von radiär verlaufenden Gefässen abgesehen) radiärfaserig ist, und dass dieses Fasersystem der grauen Rinde in das Mark der Windungen und von da in die Markmasse des Vorderhirnes übergeht, deren grösster Durchschnitt das *Meditullium*, das *Centrum semiovale Vieussenii* jeder Halbkugel darstellt. Diese radiäre, faserige Structur scheint am Rindenbruche bis an die Oberfläche zu reichen (dies ist in Fig. 18, 20 und 21 an sehr vielen durchrissenen Windungsbrüchen gut wahrzunehmen). Die Rinde bildet auf jeder Convexität einer Windung ein gestürztes Ω, welches in der benachbarten Windungsfurche in ein aufrechtstehendes U übergeht (Wellenberg und Wellenthal der Rinde). Der Bruch der Rinde auf dem Scheitel des Windungs-Ω dringt parallel mit der radiären Faserung in das Hemisphärenmark. Zweitens zeigt sich bei Spaltung jeder Rindenwindung von dem ihr anliegenden Marke noch eine wichtige Richtung der Structur des Markes in den Bogenfasern *Fibrae propriae*. Wenn man in jeglicher Windungsfurche einzig die Dicke ihrer Rinde abspaltet, und im Umfang ihres U abzuschälen versucht, so gelingt hier eine glatte Ausschälung, welche im Gebiete des Wellenberges wegen der Fortsetzung der Rinde in die radiäre Faserung unmöglich ist. Man gewinnt hier den unrichtigen Anschein, als ob gar keine Radiärbündel aus der Rindenfurche hervorgingen. In Wirklichkeit handelt es sich nur um die Mächtigkeit der Bogenbündel.

Das Wellenthal der Rinde schält sich wie von einer glatten Markrinne ab, welche nur bei genauerer Ansicht aus U-förmigen Markbogen besteht. Diese Wellenthäler und Schluchten des äussersten Rindenmarkes, welche durch das Ausfallen der Rinde weiter als die Windungsfurchen sind, gleichen der Hälfte eines aus Drahtringen zusammengesetzten Gewehrlaufes. Die glatte Ausschälung der Rinde ist in den längsten Furchen und in den kürzesten Inselbildungen gleichmässig, sie ist allorts in jeder Vertiefung in primären, secundären und tertiären Windungsfurchen ausführbar. (Die Figg. 18 bis 21 stellen den Bau der Windungsthäler und ihres senkrechten U-förmigen Bruches [zum Theile unter der Bezeichnung *As*] sehr getreu dar.) Die Windungsthäler und deren U-förmige Durchrisse sind von beiden Seiten von den radiär verlaufenden Bündeln eingeschlossen. Doch nach dieser Präparationsweise ersieht man ihre feine Durchflechtung nicht, vermöge deren Radiärfasern auch in die schmalere Rinde des Windungsthales eindringen (was Henle irriger Weise verneint). Dagegen überzeugt man sich hier schon von der Theilnahme der U-Bündel an der Bildung der Windungsberge. Die U-förmigen Bündel der Rinde erstrecken sich nicht nur in kurzem Verlaufe zwischen zwei Nachbarwindungen, sondern sie nehmen auch einen längeren Verlauf, indem sie eine Nachbarwindung überspringen, oder zwei, drei, endlich eine ganze Reihe, unter sich schon verbundener Windungen von einer Windung aus zu einer weit entfernteren überspringen. Die kürzesten Bogenbündel liegen der Rinde am nächsten, die längsten zu tiefst, am meisten von ihr durch zwischenliegende Bogenbündel, deren Längen von der Oberfläche nach der Tiefe sich progressiv abstufen, entfernt. Die bogenförmigen Bündel lassen sich in kurze und lange eintheilen und fordern schon durch ihre Gestalt zur Unterscheidung heraus, indem nur die kürzesten, meist als unmittelbare Wand eines Windungsthales die U-Form erkennen lassen. Dagegen erhalten die langen Bündel ganz andere Richtungen, welche durch die Bogenform der Oberfläche des Vorderhirnes und längere Abschnitte seiner Verlaufslänge bestimmt sind.

Der für ihr Verständniss wesentlichste Umstand liegt für alle *Fibrae propriae* der Rinde darin, dass sie in Rinde entspringen und endigen. Ihren Gegensatz bilden daher die im Allgemeinen radiären Bündelmassen, deren eines Ende in der Rinde entspringt, das andere in einer peripheren, d. i. dem Ursprung der Nervenwurzeln näheren grauen Substanz, z. B. einem Stammganglion, endigt. Letztere sind keine *Fibrae propriae* der Rinde, ihr Verlauf projicirt die Rindenoberfläche auf jede unterhalb des Vorderhirnes gelegene, gedachte oder künstliche Ebene, um so gesammter, je höher die Ebenen.

Ich nenne deshalb die Fasermassen, welche nur ein Ursprungsende in der Rinde haben, Projectionsfasern. Dieser Name ist in klarer Weise auch bei umgekehrter Betrachtung ihrer Verlaufsrichtung gerechtfertigt. Wenn wir uns den vollkommenen anatomischen Nervenmann vorstellen, dessen, den Körper wiedergebende Organbilder nur aus dem Geäste aller Nerven mit ihren Endverbreitungen bestünden, dann ist *mutatis mutandis* die Grosshirnrinde das Feld, auf welchem durch die Nerven der gesammte Thierleib projicirt wird.

Die *Fasciculi proprii* der Rinde lassen sich nur mit Zwang unter besonderen Namen aufführen, welche keineswegs auf die ganze Masse ihrer Formationen passen. Die Massen der *Fibrae propriae* finden zwar an der concaven Seite ihres bogenförmigen Verlaufes eine Grenze, fliessen aber an ihrer convexen Seite durch Tangenten, die sich von der Convexität der kürzeren Bogen aus in progressiver Länge anlegen, unabgeschlossen, mittelbar noch mit den Auskleidungen der Windungsthäler zusammen. Unter dieser Einschränkung sollen als besondere Bildungen 1. das Mark der Zwinge, *Cingulum* (Burdach), 2. das Bogenbündel, *Fasciculus arcuatus* (Burdach, Arnold), und 3. das Hakenbündel, *Fasciculus uncinatus* kurz geschildert werden.

Die Zwinge, *Cingulum* (Fig. 18 c) umgibt den Balken. Ueber ihr liegt ein weites Windungsthal, nachdem der *Sulcus calloso marginalis* ausgeschält wurde. Seine Markauskleidung schliesst sich, wie am Stirnende am besten ersichtlich, fortwährend an das *Cingulum* an, eben so die längeren und kürzeren *Fasciculi proprii* des *Gyrus fornicatus*, welcher die Zwinge bedeckte, sowie die diesen *Gyrus* umgebende oberste Stirn- und Scheitelwindung.

Wenn Arnold die Hakenwindung *(Gyrus fornicatus)* mit der Windung des *Cingulum* verschmelzen lässt, so gilt diese Continuität auch für die oberflächlichen Markbündel der Bogenwindung. Das unterste, dem Balken anliegende Bündel der Zwinge, *Nervus Lancisii*, dessen besonderes Verhalten zu dem Markbelag der Rinde schon pag. 20 erwähnt wurde, verbindet das Ammonshorn auf dem längsten Wege mit dem Riechlappen.

Nachdem die Formation des *Cingulum* das *Vallum calloso marginale* bekleidete und bis zum Rand des Hemisphärenbogens alle Abstufungen mittelbarer (kurzer) und unmittelbarer (langer) Rindenverknüpfungen gestaltete, ziehen seine Bündel unter dem Balkensplenium weiter und schliessen sich zu oberst an die *Fasciculi proprii* an, auf welcher das tiefe Windungsthal der Hinterhauptspalte und des

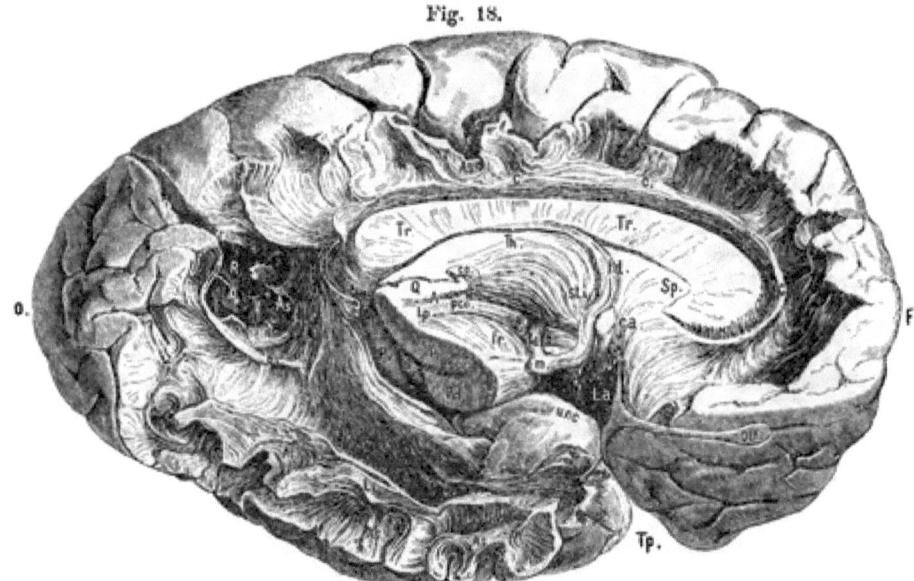

Fig. 18.

Der Bruch der Rinde und des Markes längs der medialen Oberfläche des Gehirnes. *Fr, Tp, Occ* Stirnende, Schlafende und Hinterhauptgegend. *Tr* Balken. *cc Cingulum*, die Zwinge. *As Fibrae propriae*, Associationsfasern. *R* Rinde. *bi Fasciculus basalis internus* (Burdach, inneres Grundbündel. *Li Fasciculus longitudinalis inferior. Olf Lobus olfactorius. La Lamina perforata anterior. ca Commissura anterior, nuc Uncus, Sp Septum pellucidum. Th Thalamus opticus, fd Fornix descendens, m Corpus mammillare, fa Fornix ascendens, Q Corpus quadrigeminum, A Aquaeductus Sylvii. Pv Pulvinar thalami, Gi Corpus geniculatum internum, T Tegmentum, Pd Pes pedunculi cerebri, St i Stilus internus thalami optici, Lp Fasciculus longitudinalis posterior.* Nach oben von *pco* Herabsteigen der hinteren Commissur *co. conaria*.

Sulcus calcarinus mit ihren Markbogen gelegen war. Diese Markbogen verbinden das *Cingulum* mit der Zungenwindung.

Die hintere Hälfte des *Sulcus occipito temporalis superior* zeigt nach Wegnahme der Rinde ein Windungsthal, welches von Bogen gebildet wird, die sich von der Zungenwindung in die Spindelwindung umbeugen. In der vorderen Hälfte desselben Windungsthales begeben sich aber die *Fibrae propriae* von der Hakenwindung zur Spindelwindung. Hier steigt der obere Schenkel der U-Bündel aber von oben herab und ist sehr lang, weil sich die Bündel noch aus dem Mark der Zwinge entwickeln. Das innere Grundbündel Burdach's verläuft als eine, durch seitliche Abblätterung schmale Markleiste in der Achse des *Gyrus glossiformis* (Fig. 18 *bi*) gegen die Hakenwindung zu und besteht anscheinend nur aus Bogenbündeln. Die Markleiste der Spindelwindung, *Fasciculus longitudinalis inferior (li)* genannt, weil ihr Bruch sehr langläufige Bogenbündel abblättern lässt, enthält Bogenbündel, welche theils longitudinal, theils quer verlaufen und mit denen aller Längen der dritten Schläfewindung den Boden für das Längsthal des *Sulcus occipito-temporalis inferior* abgeben. Doch wird sich später ergeben, dass die Spindelwindung auch bekannte Theile des Projectionssystemes aufnimmt. Ferner wusste schon Arnold, dass aus der Rinde des *Gyrus fornicatus* Bündel, welche den Balken durchsetzen, sich dem Gewölbe zugesellen. Auch mit dem *Septum pellucidum* verlaufen sie. Es sendet daher nicht allein der *Gyrus uncinatus*, sondern auch andere Windungen schicken durch das Gewölbe der medialen Fläche ihre Projectionsbündel aus.

Bricht man in die Windungscurven der convexen Oberfläche ein, so lassen sich auch unter den einzelnen Windungsfurchen die von Bogenbündeln bekleideten Thäler erkennen. Nach vorne kommt das Schlafende dem Stirnende des Hemisphärenbogens so nahe, dass die Markbogen, welche diese Lappen verbinden, kaum einen weiteren Bogen als zwischen zwei gewöhnlichen Windungen zu beschreiben brauchen. Sie werden dieser scharfen Krümmung wegen *Fasciculus uncinatus* genannt. Es ergibt sich aber sofort, dass nur die vordersten Bündel dieser an die *Fossa Sylvii* stossenden *Fibrae propriae* eine so scharfe Krümmung einhalten; je entferntere Rindenbezirke hinter diesen Bündeln über die *Fossa Sylvii* weg verbunden werden, um so flacher werden die verbindenden Bogen. Weiter rückwärts finden sich, die Rinde des Stirnlappens mit dem oberen Schläfezuge verbindend, gerade ausgestreckte Bündel und weiter rückwärts bilden sie sogar dem Hakenbündel entgegengesetzt gekrümmte flache Bogen. Diese Bündel stellen unter dem, anscheinend nur *Fibriae propriae* enthaltenden Marke der Insel, die Vormauer durchlaufend, eine vollständige Bedeckung der äusseren Kapsel dar, welche der glatten Oberfläche des Linsenkernes aufliegt (Fig. 19 *f unc. — u l*). Während der *Fasciculus uncinatus* und die ihm angeschlossenen *Fibrae propriae* der Sylvischen Grube in der Region des Linsenkernes gelegen waren, ist der Linsenkern sammt den an ihn stossenden radiären Strahlungen der *Corona radiata* von der Formation des *Fasciculus arcuatus* umzeichnet. Man kann dieser Bogenfasermasse eine beliebige Mächtigkeit geben, je mehr oder je weniger die Ablösung in die Tiefe geht. Um die Sylvische Grube herum ist ihm eine selbständige Grenze nicht abzusprechen.

In der Scheitelgegend (unter dem *Operculum*) ist der Fascikel des Bogenbündels am mächtigsten. Nach vorne geht er in oberflächlichen Lagen in Windungen des Klappdeckels über. Im Herabbiegen zum Schläfelappen sieht man die oberflächlichen Lagen in die obere Schläfewindung, in die Parallelfurche und in die zweite Schläfewindung eintreten. Die tiefer liegenden Schichten des *Fasciculus arcuatus* verbreiten sich in die, von dessen freiem Rande entfernter liegenden Windungen der gesammten Convexität. Die

Fig. 19.

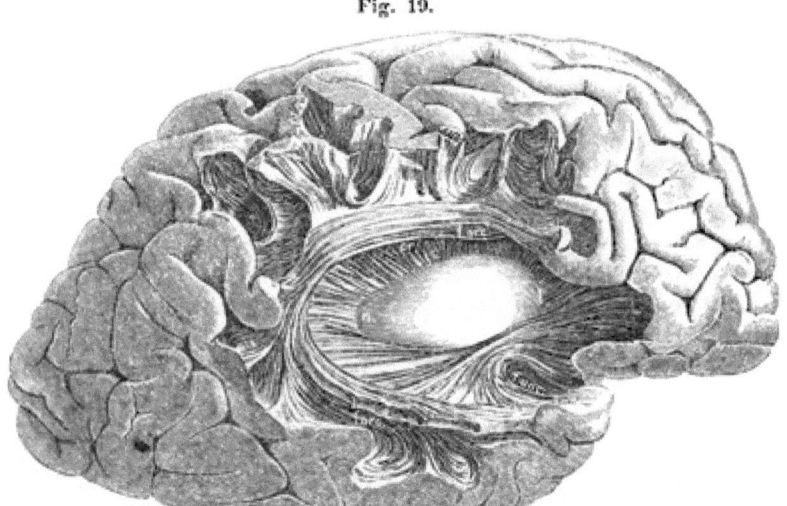

Bruch der Rinde und des Markes an der Convexität des Gehirnes. *n l Nucleus lenticularis, f unc Fasciculus uncinatus, f arc Fasciculus arcuatus, cr corona radiata.* Stabkranz, Projectionssystem.

allseitige Anwesenheit und schichtenweise nach innen wachsende Länge der Bogenbündel drängt die Ueberzeugung auf, dass sämmtliche Windungen der medialen Oberfläche und sämmtliche Windungen der convexen Oberfläche des Vorderhirns zu einander in der allseitigsten Verbindung stehen.

Die Bogenbündel jeder Hemisphäre vergesellschaften anatomisch die von einander durch Furchen getrennten Windungen und verdienen den Namen Associationsbündel. Sie sind der Ausdruck des einheitlichen Verbandes im Vorderhirn, dem sie allein zukommen, so wie die ebenfalls in der Rinde allörtlichen Projectionsbündel der Ausdruck der Verschiedenheiten der Massen und Oberflächen des Körpers sind, zu welchen sie sich in den Nervenbahnen verlängern.

Beiden Vorderhirnhälften gemeinsam angehörige Systeme, symmetrische *Fibrae propriae* sind der Balken und, im Menschenhirn mindest mit dem grössten Antheil ihrer Bündel, die vordere Commissur. Das Balkensystem unterscheidet sich von den Associationsbündeln dadurch, dass es identische Stellen zweier Halbkugeln statt differenter Stellen nur einer Halbkugel verbindet. Es durchkreuzt und vermengt sich im Verlaufe nach den Hirnwindungen vollständig mit den Projectionssystemen und in letzteren mit den Bogensystemen. Der Balken bildet die vordere und die obere Wand des Vorderhirns (Fig. 5 und 6) und seine Bündel verlaufen dort einfach in die Markmasse des Stirn- und Scheitellappens. Das *Splenium* des Balkens ist aber zweiblätterig, indem das hintere Stück seiner Längsachse sich zur unteren Fläche des scheinbaren hintersten Balkenstückes herabschlägt. Die Hinterhauptbündel, welche von der Umbeugungsmasse abgehen, vermengen sich nicht sofort mit dem Projectionssystem, sondern verlaufen eine Strecke weit compact, ausschälbar nach der Occipitalspitze zu. Diese Hinterhauptmasse des Balkens hat den U-förmigen Verlauf aller Balkenbündel von einer Hemisphäre zur anderen. Man verglich dieses ⊃ mit einer Zange, *Forceps corporis callosi*. Die beiden Blätter, aus welchen das *Splenium* besteht, weichen im Verlaufe nach dem Schläfelappen, durch das Ependym getrennt, zur Kluft des Hinterhornes und Unterhornes auseinander. Sie bilden dabei das innerste Mark dieser Hörner, und zwar so, dass das untere Blatt des *Splenium* zur medialen Wand, das obere zur äusseren Wand der Hörner wird. Das äussere Balkenblatt liegt als *Tapetum Reilii* theils hinter, theils um den Sehhügel auf den Projectionsbündeln (Fig. 21). Es folgen am Hinterhorn von unten nach aussen: 1. Die Rinde und das Mark zwischen Zwickel und Spindelwindung; 2. die Fasern der unteren Masse des *Splenium*; 3. Ependym; 4. Ventrikel; 5. Ependym; 6. *Tapetum*; 7. Projectionsbündel.

Die Seitentheile der vorderen Commissur ruhen in einer Furche der Basalfläche des Linsenkernes und hängen mit der *Capsula externa* nicht zusammen. Der Linsenkern, von den Projectionssystemen umgeben, ist aussen bedeckt von der, aus dem Stabkranz hervorgehenden äusseren Kapsel, deren Markfasern nach der Gehirnbasis convergiren. Sie sind in ihrem peripheren Weiterverlaufe in die *Ansa peduncularis* erst nach Wegnahme der Commissur verfolgbar. Nach hinten und unten sind die Strahlungen der äusseren Kapsel von den Ausbreitungen der vorderen Commissur nach der Rinde zu bedeckt. Die Verbreitung der vorderen Commissur lässt in ausgezeichneter Weise die Richtung

sowohl gegen den Hinterhauptlappen als auch die Richtung nach
dem Schläfelappen, und zwar längs der ganzen Ausdehnung des
letzteren erkennen (Fig. 20 *Ca*). Dem Scheitel- und Stirnlappen
gehört die vordere Commissur nicht an. Dagegen wird unten ihr
Zusammenhang mit dem Riechlappen erörtert (pag. 67). Das Mittelstück der vorderen Commissur, sammt ihrem Verhältnisse zur äusseren
Kapsel, an deren Aussenfläche sie sich anlegt, ist sehr klar in
Fig. 22 (*Ca caps ext*) zu ersehen. Das schlittenförmige Mittelstück
wurde aus der Streifenhügelsubstanz über der *Lamina perforata
anterior* herausgegraben.

Fig. 20.

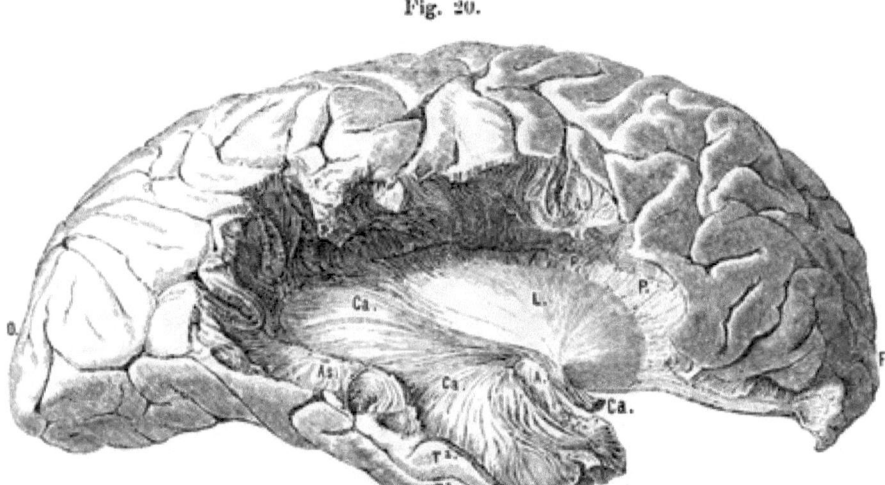

Bruch der Rinde und des Markes von der Convexität des Gehirnes aus.
Fr, Fp, Occ Frontales, temporales Ende, Occipitalgegend. *As* Associationsbündel. *P* Projectionsbündel.
L. Nucleus lenticularis, von einer dünnen Schicht der *Capsula externa* bedeckt. *A* Mandelkern.
Ca, Ca, Ca Commissura anterior mit ihrer Occipito-Temporal-Strahlung. *T², T³* Zweite und dritte
Schläfewindung.

Wenn man die Darstellung der Gehirnstructur von der medialen Fläche aus, unter möglichster Entfernung der Balkenmasse
bis zum Erscheinen der Projectionssysteme durchführt, so strahlen
dieselben, wie nach einem Brennpunkte, von allen Lappen der Hemisphäre nach dem Sehhügel hin. Bei dieser Richtung der Präparation von der medialen Fläche der Hemisphäre aus muss noch vor
der Entfernung des Balkens der *Gyrus fornicatus* abgebrochen werden.
Bei der Entfernung der Hakenwindung bleibt etwa zwei Centimeter
hinter der Spitze des Schläfelappens der Mandelkern stehen. Trotz
seiner Theilnahme an der scheinbaren Umbeugung der Hakenwindung, hängt er mit dem Ammonshorne gar nicht zusammen, sondern

wendet ihm eine freie mit Ependym überkleidete vordere Wand des Unterhornes als seine hintere Fläche zu (Fig. 21 *A*).

Die reine Verfolgung der Projectionsbündel wird, abgesehen von den stehengebliebenen Bogenbündeln nahe der Rinde, durch Rinnen, Gruben, Löcher und Abrisse von Bündeln gestört, welche von der Durchflechtung des Balkens in das Projectionssystem herrühren. Die Einstrahlungen der Projectionsbündel aus der Rinde in

Fig. 21.

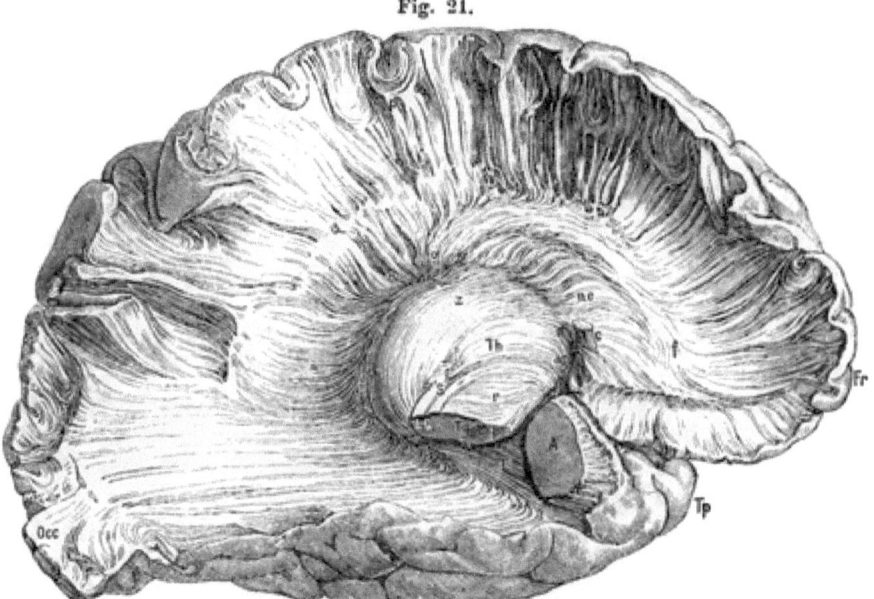

Bruch der Rinde und des Markes von der medialen Fläche des Gehirnes aus. *Fr, Tp* Stirn- und Schläfenende. *Occ* Hinterhauptgegend, davor *fasciculi occipito-thalamici*. *nc* Reste des abgebrochenen *Nucleus caudatus*. *Th Thalamus opticus*. *p* Projectionsbündel. *fo Fasciculi fronto-caudato-thalamici*. *Z Stratum zonale thalami*. *c Commissura anterior*. *ap Ansa peduncularis*. *L Corpus quadrigeminum*. *S Aquaeductus Sylvii*. *Q Fasciculus longitudinalis posterior*. *Tg Tegmentum*. *f fasciculi temporo-thalamici*. *P Pes pedunculi*. *r Fibrae rectae mediales pedunculi*. *A* Mandelkern. *o fasciculi frontales subependymales*.

den Sehhügel sind sehr mannigfach. Um sie wahrzunehmen, müssen der *Nucleus caudatus* und die *Stria cornea* abgelöst werden.

Der Schweif des *Nucleus caudatus* reicht bis an den Mandelkern. Die Bündel der *Stria cornea* entspringen aus der Spitze des Schläfelappens und durchsetzen vor ihrem Eintritt in den *Nucleus caudatus*, der sich längs dessen ganzen Innenrandes entwickelt, den Mandelkern. Die Bündel aus der Rinde zum Sehhügel wechseln nach der Ecrasirung des *Nucleus caudatus* noch mit grauen Zwischenlinien ab, weil Verschmelzungen des *Nucleus caudatus* mit dem Linsenkern die innere Kapsel durchsetzen, welche die beiden Ganglien trennt (vergleiche Fig. 6 und Fig. 27). Diese grauen Anastomosen beider Ganglien bedingen hier ein kammartiges Ansehen der *Corona radiata* (Reil).

Ueber das rasirte Feld des Streifenhügels weg, gehen die Projectionsbündel in die Gürtelschicht (Fig. 21 *Z*) des Sehhügels *(Th)* über. Die vordersten Einstrahlungen aus dem Stirnlappen sind an der Eintrittsstelle in den *Thalamus* maskirt. Dies geschieht durch einen Theil der Gürtelschicht, welcher aus der *Ansa peduncularis* quer über die basale Seite des Hirnschenkels vornehmlich aus dem Schläfelappen an das vordere Ende des *Thalamus* tritt (Fig. 21 *ap*). Die Bündel aus dem Stirnlappen treten übrigens ersichtlich nicht auf kurzem Wege radiär in das *Stratum zonale* des Sehhügels ein, mindest nicht die oberflächlichen, sondern verlaufen vor dem Eintritt in mehr longitudinalen Richtungen, theils durch den Streifenhügel (Fig. 21 *ne*), theils am äusseren Rande des letzteren (Fig. 21 *o*). Der Streifenhügel als untere Wand des Vorderhornes liegt auf der unteren Balkenfläche, der oberen Wand des Vorderhornes nicht, wie im Affengehirn Fig. 6, unmittelbar auf. Nach aussen vom Streifenhügel, beziehungsweise seinem rasirten Felde (Fig. 21), zeigt sich eine senkrechte niedrige Aussenwand des Vorderhornes. Die Wand besteht nach Abziehen ihres Ependyms aus longitudinalen Bündeln, welche von der Rinde der senkrechten Oberfläche des Stirnlappens kommen und aussen vom Streifenhügel laufend hinter der Mitte der Sehhügellänge mindest zum Theil in dessen Gürtelschicht übergehen. Hieraus ergibt sich, dass Bündel des Projectionssystems aus dem Stirnlappen auch Verbindungen mit weit nach hinten gelegenen Theilen z. B. des *Thalamus* eingehen. Hinter dieser Formation ziehen streng radiäre starke Bündel in tiefere Schichten des Sehhügels, welche am meisten den Namen von Stäben (Stabkranz) verdienen.

Vieussenius nannte die gesammten, hier den Sehhügel umgebenden Bündel die grosse Strahlensonne *(Grand soleil rayonnant)*; doch ist, wie ersichtlich, der Verlauf keineswegs so einfach radiär. Aus den vorderen Antheilen des Schläfelappens, begeben sich nach aussen vom Mandelkern Strahlungen zum hinteren Umfang des Sehhügels und bekleiden ihn mit einer Gürtelschichte (gerade Schläfebündel *T*). Auch von dem Hinterhauptlappen laufen Bündel gegen den Sehhügel, welche nach einem geradlinigen Verlaufe sich, aufwärts gekrümmt unter der eben besprochenen hinteren Gürtelschichte in etwas tiefere Lagen des Sehhügels verlieren. Diese Bündel bilden unterhalb der Scheitelstrahlungen und aussen von der Balkentapete eine weit unter den Sehhügel reichende Markwand, welche basal mit der ganzen Länge der Occipito-Temporal-Fläche parallel ist. Die Breite, in welche sie innerhalb dieser Fläche fallen, scheint der Spindelwindung zu entsprechen. Sofern aus dieser oder der dritten

Schläfewindung Ursprünge stattfinden, laufen die Markbündel keineswegs radiär in den *Thalamus*, sondern ihrer basalen Ursprungsrinde fast parallel gegen die Spitze des Schläfelappens zu. Hinter dem Mandelkern aber, zu dem die untersten Bündel dieser Formation am nächsten herankommen, biegen sie sich in parabolischen, nach vorne gerichteten Arkaden aufwärts und dringen sämmtlich in den Sehhügel, und zwar unterhalb der Gürtelschichte ein.

Die Möglichkeit, als habe man es in diesen Arkadenbildungen mit Durchflechtungen des *Tapetum* mit Projectionsbündeln zu thun, habe ich durch sorgfältige Untersuchungen ausgeschlossen. Es hat den Anschein, als ob am Scheitel jedes solchen bogenförmigen Projectionsbündels vor dem Eintritt in den Sehhügel sich ein Bündelchen aus dem Schläfelappen mit einem Bündelchen aus dem Hinterhauptlappen vereinigte, wobei die Hinterhauptfascikelchen längs der Richtung der Schläfefascikelchen rückläufig werden.

Gratiolet hat diese complicirte Markwand am Pavian summarischer beschrieben und ihre Bündel Sehstrahlungen genannt.

Er war dabei in der Voraussetzung, sie gingen unmittelbar vom *Tractus opticus* aus, dessen Fasernsumme dafür gewiss nicht ausreicht. Er lässt sie auch in eine grössere Höhe bis in die Rinde des Scheitellappens sich ausbreiten.

Den Namen Sehstrahlungen verdient diese Markschicht vom anatomischen Standpunkt allerdings, weil Einstrahlungen in alle Endigungsmassen des *Tractus opticus* (Vierhügel, Kniehöcker) sich aus derselben entwickeln (Fig. 5 *Om*). Aus den hinteren oberflächlichen Schichten des Sehhügels, in welche die *Fasciculi temporothalamici (T)* schon nach Arnold sich verlieren, geht zugleich auch die, mit dem *Tractus opticus* verbundene Region der Gürtelschichte des *Pulvinar* hervor.

Es genügt für unsere Zwecke, die Reichhaltigkeit und den Formenreichthum der Projectionssysteme innerhalb des Hemisphärenmarkes in diesem einen Bilde einigermaassen veranschaulicht zu haben. Das Projectionssystem kommt auch bei der Präparation von der convexen Oberfläche des Vorderhirnes aus zur Anschauung, und zwar bildet anscheinend hier sein äusserstes erkennbares Blatt die Einstrahlung in den Linsenkern und in dessen äussere Kapsel (Fig. 19, 20).

Auch über den Gehirnstamm ergibt die Darlegung der Structur durch Verfolgung des Bruches mannigfache wichtige Thatsachen (Fig. 22). Es genügt eine Schilderung der von der Gehirnbasis aus entwickelten Schichten an dem methodisch ausgelösten gesammten Stamm, welcher aussen mit den von der Inselrinde bedeckten Bildungen des Vorderhirns, im Stammlappen *Lobus caudicis* (Burdach), beginnt.

Die rechte Hälfte der nebenstehenden Abbildung (Fig. 22) zeigt die basalwärts oberflächlichen Schichten im Stammlappen von der äusseren Kapsel des Linsenkernes an. Dagegen ist Zwischen- und Mittelhirn, soweit es durch das *Pulvinar*, die Kniehöcker und den *Tractus opticus*, sowohl die basale (Fig. 15), als die hintere Oberfläche des Hirnschenkels (Fig. 17) bedeckte, weggenommen. Das so gewonnene Bild gestattet, an die, Seite 41 aufgezählte Schichtung der Hinterhaupt- und Schläfelappen anzuknüpfen.

Die äussere Kapsel bedeckt den Linsenkern mit radiären Strahlungen, deren Brennpunkt von der vorderen Commissur bedeckt bleibt. Sie verlaufen in die *Ansa peduncularis* (Hirnschenkelschlinge). Von dieser complicirten Bildung (vide Fig. 8 und 21) sei nur bemerkt, dass ihre Schichten quer über den Hirnschenkelfuss verlaufen. Ihr tiefstes *Stratum* (Fig. 23 *ans*) ist ein Theil des Hirnschenkelfusses selbst (Linsenkernschlinge). Die äussersten Bündel des Hirnschenkelfusses und noch mehr die hinteren (in der Gegend des Zwischenhirnes der Scheitelbeuge wegen obere Bündel desselben, Fig. 17 *Pd*), bilden sich aus einem, dem Schläfelappen und dem Hinterhauptlappen entspringenden Bündelfächer *(Tm)*. Diesem lagen die, zusammt dem *Pulvinar* und den *Corpora geniculata* wegpräparirten Sehstrahlungen an. Sie bildeten die **siebente** Schicht im Bau des Occipito-Temporal-Lappens. Die ebengenannten Hirnschenkel-Strahlungen bilden daher die **achte** und die weiter nach aussen, der achten anliegenden Occipitotemporal-Strahlungen der *Commissura anterior* (Fig. 20 und 22 *ca*) die **neunte** der aufgezählten Schichten. (Eine 10. Schichte würde betreffs des Schläfelappens noch aus der *Ansa peduncularis* hinzukommen.)

Durch Wegnahme mehr oberflächlicher Schichten von Querbündeln des *Pons* wird der Verlauf seiner vorderen Längsbündel, als (anscheinend) unmittelbare Continuität des Hirnschenkelfusses, mit der Pyramide der *Oblongata* blossgelegt.

Dass im vorliegenden Bilde (Fig. 22 zwischen *Pd* und *O*) ein vorderster Bündelfächer des Hirnschenkelfusses mit seinem sehr verjüngten unteren Ende nach aussen zur Olive zu verlaufen scheint, ist eine der mehrfachen Variationen, welche der Bündelverlauf an verschiedenen Hirnstämmen zeigt. Am allerwahrscheinlichsten gesellt sich dieses nach aussen getretene Bündel wieder der übrigen Pyramidenmasse zu.

Die Pyramidenbahn geht nach Bildung dreier Verlaufstücke: 1. im Hirnschenkelfusse, 2. in den vorderen Längsbündeln der Brücke, 3. der Pyramide des verlängerten Markes in Kreuzungsbündel (Fig. 22 x) auf die entgegengesetzte Seite des Rückenmarkes, beziehungsweise in dessen ungleichseitigen Seitenstrang über. Die Pyramidenbahn, deren Mächtigkeit in der Brücke durch eine überwiegende Anzahl tiefer verlaufender Bündel bestimmt wird, büsst zweifellos während des Brückendurchzuges mehr als zwei Drittel an Durchschnittsareal ein. Dieser verlorene Faserantheil baut durch Umbeugen in Querbündel zweifellos die Brücke auf, welcher fein anatomische Vorgang nicht an makroskopischen Präparationen dargelegt werden kann. Der ovale, mediale Querschnitt der tiefen Querfasern der Brücke scheint hier lediglich eine Com-

Fig. 22.

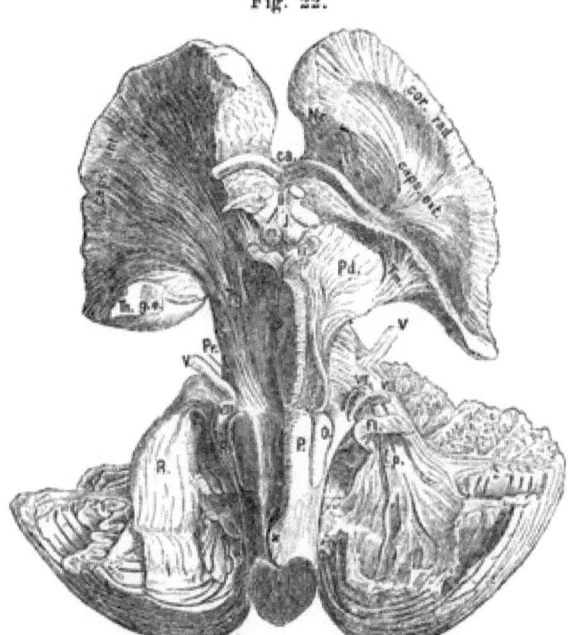

Bruch des Gehirnstammes und des kleinen Gehirnes von der Basis aus.
ca Commissura anterior. *Nc* Nucleus caudatus. *cor rad* Corona radiata. *caps ext* Aeussere Kapsel des Linsenkernes. *II* Chiasma opticum *J* Infundibulum. *m* Corpus mamillare. *III* Nervus oculomotorius. *Pd* Pes pedunculi. *Tm* Schläfestrahlung desselben. *P* Pyramis. *O* Oliva. *Fl* Flocculus. Zwischen *O* und *Fl* das Corpus restiforme. *V, VII, VIII* Nervus quintus, facialis, acusticus. *x* Decussatio pyramidum. *R, R* links Corpus restiforme und seine Blätter im Kleinhirnmark. *caps int* Innere Kapsel nach Abbruch des Linsenkernes. *Th.* Thalamus über dem Tractus opticus abgeschnitten. *g e* Corpus geniculum externum. *fp* Die Brückenbündel im Cerebellum, bis in die tiefe Querfaserschicht des Pons verfolgbar. *Tg* Tegmentum, Haube mit den eingestreuten Zellen der schwarzen Substanz. *Pr* Processus cerebelli ad cerebrum. *l.* Lemniscus.

missur jener Markblätter aus der Kleinhirnrinde zu sein, welche sich in den Brückenarm sammeln (Fig. 22 *fp*).

Die Bündel des Brückenarmes liegen im Kleinhirne in strenger aufeinander folgender Schichtung und man sieht sehr leicht ihr Hervorgehen aus den verzweigten Rippen der Blätter des Lebensbaumes, so wie die Durchrisse der zarten blätterigen *Fibrae propriae* des Kleinhirnmarkes (Stilling's Guirlanden).

Vor Entfernung des Hirnschenkelfusses ist noch die *ans. lenticularis* (Fig. 23 *ans*) loszulösen, welche aus dem Linsenkern entspringt und mit den innersten Bündeln des Hirnschenkels verläuft.

Mit Entfernung der übrigen Hirnschenkelbündel nach oben erfolgt der Abbruch des Linsenkernes und ansehnlicher Theile der inneren Kapsel, welche zum Theil von der Grosshirnrinde im Fusse des Hirnschenkels herabsteigen. Dahinter zeigt sich abermals eine Rindenschichte der inneren Kapsel als ein, von anderen Schichten durchflochtener Bündelfächer, der sich nicht auf die ganze Breite des Stabkranzbogens erstreckt (Fig. 22 *caps. int.* bis *Tg*. Hier reicht diese Schicht zu weit nach aussen).

Da, wo diese Bündel der *Capsula interna* in einer Höhe mit dem Hirnschenkelfusse der anderen Seite verlaufen, lassen sie reihenweise sich von der *Substantia nigra Soemmeringii* durchsetzen, mit welcher sie hinter den oberflächlichen Schichten zu einer sehr compacten Schichte des Hirnschenkels wie verlöthet sind (Fig. 22 *Tg*). Da wo diese Faserschichte der Sömmering'schen Substanz, welche ich *stratum intermedium pedunculi*, Zwischenschicht des Hirnschenkels nenne, die Haube des Hirnschenkels bedeckt, ist sie durch den dahinterliegenden rothen Kern der Haube convex hervorgewölbt. In ihrem Weiterverlaufe zeigt die Zwischenschichte eine der biconvexen tiefen Querfasermasse der Brücke anliegende Concavität und scheint in der *Oblongata* hinter den Pyramiden als vorderste Lage des Vorderstranges innen von der Olive zu liegen. Nach innen vom *Quintus* (Fig. 22) hat sich der intermediären Schichte des Hirnschenkels noch ein schmaler Bündelfächer mit oberer Breite zugesellt, welcher ihr im Hirnschenkel getrennt nach aussen anliegt und sich von der hinteren Oberfläche des Stammes als die Schleife *(Lemniscus)* über den Bindearm nach vorne wendet (Fig. 22 *L, Pr*). Sie entspringt dem Vierhügel (Fig. 17). Es findet ein fester Zusammenhang zweifellos aus der Schleife stammender Bündel mit der Olive statt (Burdach, Arnold). Wird das Kleinhirn (Fig. 22 links *R*) von allen Brückenfasern entkleidet, so tritt im Kleinhirn ein *Stratum* hervor, das sich gegen die *Oblongata* hin zu den Bündeln des Strickkörpers sammelt.

Waren die Brückenarme eine regelmässig geschichtete Masse, so stellt der Strickkörper ein blattartiges Mark dar, welches in nicht bedeutender Dicke einen convexen Körper bedeckt und seinen Umfang errathen lässt. Dieser Körper ist der *Nucleus dentatus cerebelli* (Fig. 22 und 23 links *R*, rechts *Nd*).

Nach querer Durchtrennung des Hirnschenkelfusses und aller Längsbündel der Zwischenschicht mit der Sömmering'schen Substanz hart über dem Vierhügel (Fig. 23 *Pd, St*), deren Durchschnitte zwei concentrische Halbmonde darstellen, liegt der rothe Kern der Haube, das Ganglion der Bindearme, *Nucleus ruber* (Fig. 23 *NR*).

Diese tief liegende Bildung beider Hälften der Haube des Hirnschenkels erscheint wie quer überbrückt durch eine Art Commissur, die hufeisenförmige Commissur (nach Wernekinck). Stilling wies diese „Commissur" als Kreuzung der Bindearme *(processus cere-*

Fig. 23.

Tieferer Bruch am Gehirnstamme und Kleinhirn von der Basis aus.

Nc Nucleus caudatus. II Chiasma opticum. J Infundibulum. m Corpus mammillare. P Lamina perforata posterior. aus pedunculares zwischen der *Capsula externa* des Linsenkernes und dem Hirnschenkelfuss. *(Pd) caps i* Occipitale Bündel des Hirnschenkelfusses. *St* Markschichte mit der Sömmering'schen Substanz vom Querschnitt des *Pd*, Hirnschenkelfuss, bedeckt. *N R* Rother Kern der Haube. *x* Bindearmkreuzung, hufeisenförmige Commissur von Wernekinck, rechts bis an die blossgelegte *caps int. L* Markschichten. *J* Haube. *Fr* Durchrissene *Fibrae rectae* des *Pons*, zwischen tiefern Schichten der Haubenbündel, beziehungsweise ihrer Fortsetzung durch den *Pons. Gi* Corpus geniculatum internum. *e* Corpus geniculatum externum. *Th Pulvinar. Pr Processus cerebelli ad cerebrum. Nd Nucleus dentatus cerebelli. R Corpus restiforme. Cbl Cerebellum. Fl Flocculus. V Quintus. VIII Acusticus. O Olive*, rechts mit einem tiefern Fascikel aus der (Haube) hintern Brückenabtheilung verbunden. *fa Funiculus anterior. fl Funiculus lateralis.*

Anmerkung. Die Fig. 22 und 23 zeigen durch ihre differenten Hälften vier Bilder, beziehungsweise Schichten folgender Ordnung: 1. Fig. 22 rechts zeigt in ihrer ganzen Länge die basalsten Schichten; 2. Fig. 23 links zeigt bis *St* herab die auf die Gehirnbasis bezogen nächst oberflächlichsten Schichten des Vorderhirnes; 3. Fig. 22 links zeigt überall (der *Pulvinar* ausgenommen) ein tieferes Stratum als 22 rechts und oberflächlichere, als der Rest von 23 links und als 23 rechts.

belli ad cerebrum) nach, welche aus den rothen Kernen hervorgehen. Die Oberfläche des rothen Kernes erscheint wegen Dichtheit ihrer blätterigen Masse glatt (Fig. 23 links). Nach oben und aussen verdünnt sich der rothe Kern allmählig zu einer Kante, deren Rand sich mit jener Schichte der *Corona radiata* verbindet, welche zunächst unter dem *Thalamus opticus* wegläuft (Fig. 23

rechts *caps. int.*): Somit stellt der rothe Kern (als Ganglion betrachtet) eine, innen und unten verdickte, muschelförmige Platte dar. Basal über den rothen Kern sieht man eine fest angeschlossene Bündelschichte spiralig weglaufen. Sie bilden an der unteren Fläche des rothen Kernes vielleicht einen umkreuzten Uebergang der inneren Kapsel auf die hintere Fläche des Bindearmes (Fig. 23 rechts).

Noch vor der abgebildeten Strahlung des *capsula interna* in den rothen Kern gelangt man auf Schichten derselben, die hart oberhalb der schwarzen Substanz in eine vorspringende Ganglienmasse übergehen (Forel hat sie am genauesten beschrieben), Ganglion der inneren Kapsel *(discus lentiformis)*. Senkrecht auf die Bündel der Kapsel ist sein blätteriges Gefüge von queren Markschichten durchsetzt. Der rothe Kern ist durch diese Bildung nach Abbruch der schwarzen Substanz oben und aussen von einer plastischen Erhöhung umgeben. Stilling fand die Verbindung dieses Ganglions mit dem *tractus opticus*. Die linsenförmige Platte ist in Fig. 33 und 36 im Längsschnitt, in Fig. 34 im Querschnitt aus dem menschlichen Gehirne abgebildet.

Ist vom Bindearm die Schleife abgezogen und sind die, ihn basalwärts bedeckenden Schichten der Brücke weggenommen, so muss noch im Kleinhirn der Strickkörper und das Ependym der vordern Kleinhirnfläche abgeschält werden, um den Verlauf des *Processus cerebelli* ganz zu überblicken. Aus dem entgegengesetzten *Nucleus ruber* (Fig. 23 *NR* links) hervorgegangen, durchsetzt er die plastisch hervortretende Kreuzungsstelle (Fig. 23 x), verläuft jenseits hinter dem Austritt der Quintuswurzel (Fig. 23 rechts *V*) in das kleine Gehirn (rechts *Pr*), um in den, einer wälschen Nuss ähnlich gekerbten *Nucleus dentatus cerebelli* (Fig. 23 *Nd*) einzugehen. Indem der gezackte Kern des kleinen Gehirnes durch Markblätter mit der Rinde des Kleinhirns verbunden ist, reicht die ganze gegliederte und gekreuzte Verbindungsmasse des Bindearmsystemes von der Grosshirnrinde der einen Halbkugel, in die Rinde der entgegengesetzten Kleinhirnhalbkugel.

Die Structur des Gehirnstammes im Verlaufe vom Hirnschenkel in das Rückenmark zeigte 1. die *ansa nuclei lenticularis*; 2. die schon oben gewürdigte Pyramidenbahn; 3. das *Stratum intermedium* mit der Sömmering'schen Substanz. Dessen Bündel liegen bis zur Brücke dem Fusse des Hirnschenkels nach hinten an. Seine vorderste Lage besteht aus Bündeln, welche über die *Substantia Sömmeringi* nur hinweg ziehen, und, was besonders wichtig ist, es hängt die ganze Schichte mit den Ursprungsmassen der Haube gar nicht zusammen. Sie geht aus dem Vorderhirne hervor, sämmtliche Haubenbündel aber aus dem Zwischenhirne und dem Mittelhirne. Innerhalb der Brücke legt sich das Bündelstratum der Sömmering'schen Substanz der hinteren Bahn des Stammes an und nimmt in der *Oblongata* an der Pyramidenkreuzung nicht Theil. Ohne Erwähnung der Beziehung zur Sömmering'schen Schichte hat Stilling bereits den Uebertritt einer hinteren Schichte des Hirnschenkelfusses in die hintere Brückenabtheilung beschrieben. Nach Burdach und Clarke schliesst sich ein Theil der Pyramidenmasse im verlängerten Marke ungekreuzt den Vordersträngen an. Es können einzig die Bündel des Sömmering'schen Stratums sein, welche der Pyramide unmittelbar anliegen, so wie sie oben dem Fusse des Hirnschenkels angehörten. Da der Pyramide nach hinten der Vorderstrang anliegt, welcher den ungekreuzten Verlauf mit diesem Pyramidenantheil gemein hat, so leitet die Präparation zur Verfolgung der hintersten Pyramidenschichte in den Vorderstrang. Indem die oben von mir gebrauchte Benennung dieser Bahn nur die Verlaufsstrecke vor dem Mittelhirn im Hirnschenkel, aber nicht die ganze Bahn kennzeichnet, möchte ich diesen Antheil der Pyramidenbahn, dessen Besonderheiten ihn weder ganz mit der vorderen Bahn, noch mit der hinteren Bahn des Grosshirnstammes vereinen lassen, als Zwischenschichte des Stammes *(Stratum intermedium caudicis)* bezeichnen. Es ist klar, dass, so lange die Mittelspalte von der vorderen Bahn des Stammes, der Pyramide, begrenzt ist, das *Stratum intermedium*, wie es Clarke beschreibt, hinter der Pyramide sich ausbreitet. Unterhalb der Pyramiden bildet augenscheinlich der Vorderstrang die Mittelspalte. Die Vorderstränge gewinnen ihre medialen Flächen nur dadurch, dass diese, ihre früher vorderen Flächen *(Strata intermedia)* den durch ihre Kreuzungsbündel verschwindenden Pyramiden immer mehr gegen die Mitte nachrücken, sich zuerst in einem nach vorne offenen Winkel einander nähern, zuletzt längs der vorderen Mittelspalte mit medialen Flächen einander anliegen. Die intermediäre Schichte setzt sich darum aus anatomischen Gründen an der Innenfläche des Rückenmarkvorderstranges fort. Türk und Flechsig wurden durch pathologische und genetische Untersuchungen zur selben Anschauung geführt. 4. Nach Entfernung des intermediären Stratums tritt die Haube hervor. Ihre vorderste Schichte ist der Schleife angehörig, die mit Sehhügelursprüngen gemischt, den Bindearm deckt, hinter welchem die tieferen Längsbündel der Haube in ihrem Brückenverlaufe zum Vorderseitenstrang der *Oblongata* und des Rückenmarkes herabziehen. Eines ihrer Bündel (Fig. 23 rechts) stellt einen wahren Olivarstrang dar. Von dem complicirten Baue der hinteren Stammabtheilung giebt die Spaltung der Bündel zwar kein arteficielles, aber ein unvollständiges Bild.

Der feinere Bau des Gehirnes.
Rindensubstanz.

Das Gewebe der Grosshirnrinde ist in verschiedenen Gegenden ungleich bezüglich der Form, der Grösse, der Vertheilung der Nervenkörper, nirgend aber bezüglich des Grundgewebes. Man ist berechtigt, bezüglich der Aufstellung einer nicht nervösen Grundsubstanz den scharfen Ausdruck Reichert's über die Körpergewebe im Allgemeinen, speciell auf das Gehirn zu übertragen und zu sagen, das Gehirn bestehe aus einer zusammenhängenden Bindesubstanz, in welche die ihm besonderen Bestandtheile, die Nervenkörper und deren Fortsätze, so wie die Nervenfasern eingelagert sind. Dass eine von den Nervenbestandtheilen selbständige Substanz zunächst in der Gehirnrinde vorhanden, geht schon daraus hervor, dass die blosse Anwesenheit von Nervenzellen mit zahlreichen Fortsätzen nicht das Bild grauer Substanz gibt, indem an mannigfachen Orten im Gehirne, im Mark, welches an die Rinde stösst, im Inselmarke, in der äusseren Kapsel des Linsenkerns, im Kleinhirn als Dachkerne Stilling's dichtere Anordnungen, endlich nach Boll's Angabe im gesammten Gehirnmark sehr zahlreiche Ganglienzellen auftreten, ohne den Eindruck von Hirnmark zu verändern. Im Gegensatze dazu erscheinen Gebiete, welche an Nervenzellen sehr arm sind, z. B. die oberflächlichste Schichte der Grosshirnrinde (Rokitansky's Ependymformation, Virchow's *Neuroglia*, Nervenkitt) als graue Substanz. Ferner steht die Masse der grauen Substanz in keinem Verhältnisse zu der Masse der Nervenkörper und Fasern des Gehirns, sondern ist in abundanterer Weise als im Menschengehirne, bei Thierhirnen vorhanden, und zwar steigt der Gehalt an grauer Substanz mit der Entfernung vom menschlichen Typus und andererseits mit der Einfachheit der Hirnoberfläche.

Die Vergleichung der oberflächlichsten Schichte der Grosshirnrinde, welche eine verschwindend kleine Anzahl von Nervenkörpern enthält, mit den anderen, reichlich mit solchen bevölkerten, durch Messung, ist zur schlagendsten Beweisführung geeignet. Sie misst beim Menschen nur $1/10 - 1/5$, bei kleineren Affen $1/2 - 1/6$, beim Hunde $1/6$, bei der Katze $1/5$, der Fledermaus $1/4$, bei Kalb und Reh $1/3$ der gesammten Rindenbreite. Ihre absolute Breite von 0·25 Mm. des Menschen wird von der Fledermaus durch 0·30, vom

Kalbe durch 0·40 und vom Reh durch 0·50 Mm. dieser Breite übertroffen.

Diese graue Substanz zwischen den Nervenelementen stellt unter dem Mikroskope eine Substanz aus dichten dunkleren Punkten in lichterer Umgebung dar. Sie enthält geformte Bindesubstanzelemente mit fibrillären, aus deren Ausläufern gebildeten Durchflechtungen und ausserdem noch eine zweite Art fibrillärer Durchflechtung, welche von den Fortsätzen der Nervenkörper herstammt. Dies zeigte sich mir schon nach Härtung in doppelchromsaurem Kali und Carminisirung entwässerter und in Nelkenöl aufgehellter feiner Rindenabschnitte (Stricker, Lehre von den Geweben, 1870). Doch wurden durch feinere, methodenreiche Studien zunächst von Jastrowitz[1]) und Boll[2]) weitere Details verzeichnet und complicirter dargestellt.

Nachfolgende feinere Beschreibung der grauen Substanz in der Grosshirnrinde wäre für die gesammte graue Substanz maassgebend. Die Rindenoberfläche grenzt an die *Pia mater*. Es besteht kein epicorticaler Lymphraum, wie Boll und Golgi durch vorwurfslose Injectionen der Lymphgefässe der weichen Hirnhaut erwiesen haben. Der grauen Substanz gehört eine Art Grenzmembran, *Membrana limitans*, an. Dieselbe besteht aus Bindegewebszellen mit feinsten, sehr

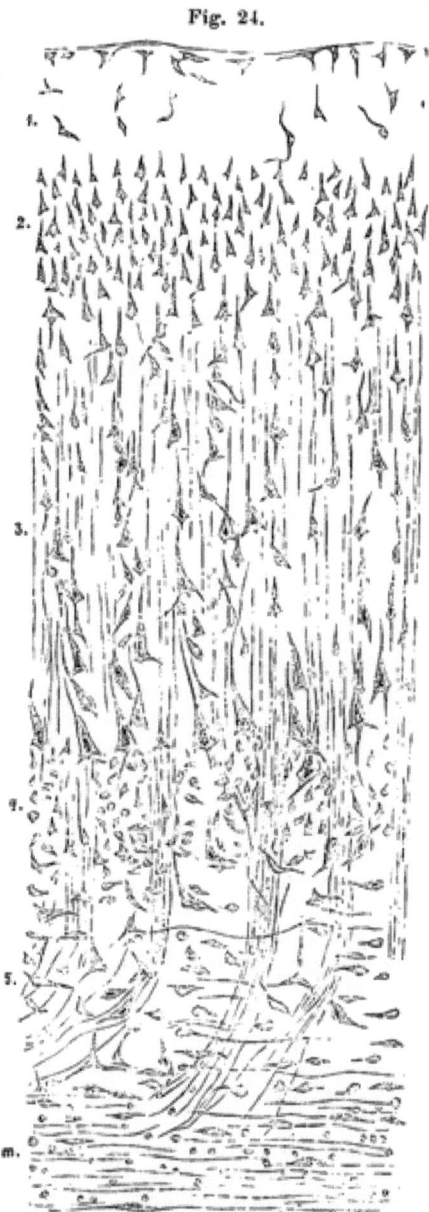

Abschnitt aus der dritten Längswindung des Stirnlappens neben einer Windungsfurche (der fünfschichtige Typus der Grosshirnrinde).
1. Die freie Neurogliaschichte. *2*. Die Schicht der kleinen Pyramiden. *3*. Die Schicht der grossen Pyramiden (Ammonshornformation). *4*. Die körnerartige Schicht. *5*. Die Spindelschichte (Vormauerformation). *m* Windungsmark.

---

[1]) Archiv für Psychiatrie und Nervenkrankheiten II. B., 389, III. B., 162, 1870 und 1871.
[2]) Ebenda. IV. B., p. 1, 1874.

zahlreichen Fortsätzen, welche mit den Bindegewebszellen in der grauen Substanz vollständig übereinstimmen. Durch den verschiedenartigen „richtenden" Einfluss, welchen die Elemente in den Gewebsanordnungen erfahren, sind die Fortsätze des äusseren Zellenendes flächenartig über die Rindenoberfläche ausgebreitet, während vom anderen Ende der Zellen sich sogenannte Stiftfortsätze (nach Löwe bis 0·125 Mm. lang und verästigt) radiär in die Rinde begeben, den Stielfasern der *Retina* nicht unähnlich. Somit ist die äusserste Rinde eine epitelartige Anordnung von Bindegewebszellen, deren Einzelform am besten in dem Blatte einer Fächerpalme versinnlicht wird, dessen Stiel rechtwinklig von der Blattfläche abgebogen wäre. Fleischl beschrieb eine nach Versilberung der Rindenoberfläche darstellbare gefensterte *Cuticula* als äusserste Oberfläche der Rinde, welche Boll als ein Eiweisshäutchen in den Thälern zwischen den sehr zarten Erhebungen des Rindenbelages durch die flachen Bindegewebszellen auffasst. Die Pinselzellen Boll's kommen in minderer Anzahl und ohne die fächerpalmenartige Form in der ganzen grauen Substanz vor. Diese Gliazellen *(Neuro-glia)* sind nach Jastrowitz von sehr wechselnder Form, von einfachen, den Spindelzellen der Sehnen gleichenden, bis zur Umgebung durch zahlreichste, feinste, nach Boll nicht verästigte (?) Fortsätze. Die Grösse der Zellen schwankt von 4 bis 17 μ. (Jastrowitz). Oefter ist der Körper ansehnlich, öfter innerhalb der Fortsätze verschwindend. Boll beschreibt nach Zupfpräparaten das Protoplasma um den Kern der Gliazellen als eine, zwischen den höchst feinen, pinselartigen Fasern (Fortsätzen) gar nicht contourirte körnige Substanz. Die zweite Form nicht nervöser Elemente der grauen Substanz sind die Gliakerne, welche mit der körnigen Grundsubstanz zusammenhängen. Sie sind bei Neugeborenen zahlreicher und in den äusseren Rindenschichten am dichtesten. Ihr Protoplasma ist von der körnigen Grundsubstanz nicht trennbar. Boll hat am bebrüteten Hühnchen zwar nicht jenes frühe Stadium beobachtet, in welchem statt des Continuum der Grundsubstanz getrennte Embryonalzellen zu sehen wären. Doch beobachtete er, dass die granulirte Substanz aus einer gleichmässig mit sphärischen Punkten durchsetzten protoplasmatischen Formation schon früh ein verändertes Ansehen gewinnt. Das Wesen des neuen Bildes liegt in einer reiserartigen Gruppirung der zusammenklebenden Körnchen wie frischer Reif, die besonders in der Nähe der doppelt contourirten Kerne und in einer gewissen Convergenz gegen dieselben auftritt. Dies gleicht einer formativen Thätigkeit der Zellen. „Nach diesen Beobachtungen dürfte man vielleicht annehmen, dass, trotzdem das Protoplasma der Zellen confluirt ist und gesonderte Zellen nicht mehr nachzuweisen sind, doch virtuell und physiologisch getrennte Zellindividuen anzunehmen sind." Die Kerne rücken durch überwiegendes Wachsthum der Grundsubstanz (Vergrösserung der *Granula*, Boll) aus einer dichten Anordnung weit auseinander. Die granulirte Substanz hängt absolut nicht mit den Nervenfibrillen noch mit den Bindegewebsfibrillen zusammen, sondern hängt ihnen bei der Zerzupfung nur an (Jastrowitz, Boll). Die granulirte Grundsubstanz ist stark eiweisshaltig. Boll erklärt dies dahin, dass sie aus (confluirten) ursprünglich bindegewebigen Embryonalzellen stamme und dass ihr Eiweissgehalt analog sei der körnigen Eiweisssubstanz, welche überall bei der Entwicklung des fibrillären Bindegewebes neben und mit den Fibrillen gebildet wird. Es persistirt in gewissen Bindegewebsbildungen nur sparsam, in anderen reichlich das Leben hindurch. Jastrowitz schreibt der granulirten Substanz in der Rinde die Leistung der Isolirung der Nervenfibrillen zu, weil auch im Gehirnmarke die Axencylinder zuerst durch dieselbe granulirte Substanz getrennt werden, ehe die letztere sich in die Markscheide des Axencylinders umwandelt. Durch die Darstellung von Jastrowitz und Boll widerlegte Ansichten haben Besser, Arndt, Rindfleisch und Henle entwickelt.

Die Nervenkörper der grauen Substanz bilden, wie ich 1867 veröffentlichte, in örtlich verschiedenen Anordnungen ihrer Formen regelmässige concentrische Schichten.

Der verbreitetste Typus der Rindenschichtung gehört zunächst allen Windungen der Convexität an. Sie zeigen dem freien Auge im Allgemeinen einen gleichförmig grauen Rindenquerschnitt, der nur an den breitesten Rinden in der Mitte der Breite eine verwaschene, pigmentlosere Zone enthält. Bei etwa hundertmaliger Vergrösserung schon zeigen durchsichtige Abschnitte dieser Windungen fünf von der *Pia mater* aus zu zählende Schichten.

Die 1. Schichte besteht wesentlich aus dem Grundgewebe und seinen bindegewebigen Elementen. Letztere sind an der Rindenoberfläche am gehäuftesten. Kleine unregelmässig eckige Ganglienzellen kommen hier nur zerstreut vor. Es ist die Neurogliaschichte.

2. Folgt eine nach aussen scharf begrenzte Schichte von dicht gelagerten kleinen, anscheinend pyramidenförmigen Körpern, welche ihre Spitzen der Rindenoberfläche zuwenden und in der Höhe etwa 10 μ. messen. Auch nach innen hat diese Schichte eine ziemlich scharfe Grenze, welche nicht durch einen Sprung im Caliber der Rindenkörper bedingt ist, sondern durch die geringere Dichtigkeit der Anordnung. Dies ist die Schichte der kleinen Pyramiden.

3. In der nun folgenden Schichte beginnt ein säulenförmiges Uebereinander der in der Quere weniger nahe stehenden Nervenkörper dadurch zu entstehen, dass von der basalen Seite der kleinen Pyramiden her sich Nervenbündel zu sammeln beginnen. Diese schieben sich, nach innen im Zuwachs begriffen, zwischen Gruppen der Pyramiden ein. Die Pyramiden erlangen bei wachsendem Caliber eine Höhe von 40 μ., je nach der Breite der Windungen auch 60 μ. Dabei lassen sie ausser dem verästigten Spitzenfortsatze, dessen Länge bis in die äusseren kleinen Pyramidenschichten reichen kann und vier bis sieben verästigten seitlichen Basalfortsätzen einen mittleren Basalfortsatz wahrnehmen (Fig. 24, unterste Reihe der Schichte 3), welcher in entgegengesetzter Richtung, den Spitzenfortsätzen parallel gegen das Mark hin verläuft. Die Kerne der Pyramiden zeigen sich zum grossen Theile als ein kleineres Modell der Pyramidenform, mit ihren Ecken öfter bis in die Fortsätze reichend. Dies ist die Schichte der grossen Pyramiden, d. i. die Schichte, welche sie enthält.

4. Mit jäher Veränderung des Calibers schliesst sich an diese Rindenschichte eine vierte an, aus kleinen vielförmigen Elementen mit vorwiegend rundlich-eckigen Formen. Es ist die körnerartige Formation.

5. Zwischen dieser Schichte und dem Marke der Windung finden sich nach aussen ohne scharfe Trennung ziemlich grosse, aber weniger gestreckte Pyramiden als die der grossen Pyramidenschichte, je weiter nach innen (markwärts) aber, desto ausschliesslicher sind quer spindelförmige Nervenkörper von etwa 30 Mm. Länge vorhanden, welche durch, gegen die Körner zu verlaufende äussere Fortsätze das Ansehen senkrecht zusammengedrückter Pyramiden gewinnen können. Nie ist aber etwas wie ein mittlerer Basalfortsatz an ihnen zu finden.

Das Mark bildet die 6. Schichte dieser Windungen. Es findet sich reichlich genug von spindelförmigen, denen der fünften Schichte gleich gestellten Nervenkörpern durchsetzt. Die Axencylinder so wie die Markscheide schwanken sehr im Caliber, von grosser Feinheit bis zur Dicke von Rückenmarkfasern. Die Schwann'sche Scheide und die Ranvier'schen Internodien des Markes peripherer Nerven fehlen den centralen Fasern (Boll).

Das Mark zeigt sich von Körnern (kubischen Zellen, Boll) durchsetzt, welche in ihrer (physiologisch im erwachsenen Gehirne nie continuirlichen) Anordnung den Faserverlauf nachahmen.

In der gesammten Hirnrinde finden sich nur dreierlei Formen von Nervenkörpern: 1. die pyramidale Form; 2. die körnerartige (gemischte) Form kleiner Nervenkörper, und 3. die spindelartige Form. In der Abbildung (Fig. 24) zeigten sich die erste Formation in der zweiten und dritten Schichte, die Körner in der vierten, die Spindeln in der fünften Schichte. In der Abbildung (Fig. 25) aber zeigt sich die pyramidenartige Form in der zweiten Schichte, die Körnerform in der zweiten, fünften und siebenten Schichte, die Spindelform in der achten Schichte. Die Pyramide und die Spindel sind wesentlich durch die Lagerung von einander abweichend. Die einander parallelen Elemente der Pyramidenschichte sind mit ihrer Längsaxe senkrecht (eigentlich radiär) gegen die Rindenoberfläche gestellt. Die Längsaxe der Spindeln verläuft aber der Rindenoberfläche parallel. Es ist im ganzen Centralorgan ein morphologisches Gesetz ersichtlich, vermöge dessen die formative Thätigkeit in der Weise richtend auf die Nervenkörper wirkt, dass die Richtung ihrer Längsaxen dem Verlaufe der Fasersysteme, denen sie den Ursprung geben, parallel ist.

Erinnern wir uns der durch den Bruch des Gehirnes (Fig. 18, 19) dargestellten Richtungen, welche die Nervenfasersysteme der Windungen einschlagen.

Es ist augenscheinlich, dass die auf die Rindenoberfläche senkrechte (radiäre) Richtung der Pyramiden dem Projectionssysteme der Faserung parallel liegt. Dagegen verlaufen die *Fibrae propriae* Associationssysteme, welche nicht von oder zur Rinde leiten, sondern von Rinde zu Rinde ziehen, der Rindenoberfläche eben so parallel wie in den gegebenen Abbildungen die Spindeln der Rindenoberfläche parallel gerichtet sind.

Wenn gleich die Spindeln keineswegs bipolare Nervenkörper sind, sondern zweifellos auch seitliche Fortsätze haben, so verlaufen die letzteren doch durchwegs längs der Hirnrinde, und können wohl, weil vom Marke der Windung abgewendet, keine unmittelbare Verknüpfung mit den Projectionssystemen einleiten

Einen zweifachen Ausdruck für den Parallelismus der Spindelaxen und der *Fibrae propriae* liefert der Vergleich eines Rindenabschnittes aus der Kuppe (Höhe) einer Windung mit einem Abschnitte, der (gleich den in Fig. 24, 25 abgebildeten) der Begrenzung einer Windungsfurche angehört. So wie die *Fibrae propriae* nur um die Windungsfurche mit den Projectionsfasern gekreuzt sind (pag. 36), in der Kuppe der Windung aber beide Faserarten parallel verlaufen, so stehen auch die Spindeln der fünften Rindenschichte, deren Lagerung in der Umgebung der Windungsfurchen mit den Elementen der zweiten und dritten Schichte, den Pyramiden, sich kreuzt, in der Kuppe der Windung senkrecht (radiär) zur Rindenoberfläche, also parallel mit den Axen der Pyramiden.

Henle ist der irrigen Meinung, dass um die Windungsfurchen die Pyramiden fehlen.

Die Nervenkörper der Rinde sind bei Hühnchen schon am dritten Entwicklungstage überhaupt und auch sehr rasch in ihrer Axenstellung zu erkennen (Boll). Im menschlichen Fötus sind sie längstens schon an viermonatlichen Früchten sammt ihren Fortsätzen entwickelt. Sie haben zu dieser Zeit noch wenig Grundsubstanz zwischen sich und erscheinen so dicht, dass ihre Zahl wahrscheinlich nicht weiter zunimmt. Ihr eigenes Wachsthum und das der Grundsubstanz scheint das weitere Wachsthum der Rinde zu decken.

Besser, Arndt und Henle haben andere Ansichten hierüber ausgesprochen.

Die gesammten Nervenkörper der Rinde bestehen aus hüllenloser, protoplasmatischer Substanz mit feiner, nicht immer gleichmässig vertheilter Körnung.[1] Nach Reinisch und Max Schulze ist das Protoplasma der Nervenkörper von einer Streifung durchsetzt, welche Boll nach Behandlung mit Ueberosmiumsäure auch für die Pyramiden der Rinde bestätigt. Die Streifung der Ganglien-

---

[1] Diese Körnung involvirt zugleich eine in Grad und Vertheilung verschiedenartige Pigmentirung des Protoplasma.

fortsätze war schon früher bekannt. Diese Fortsätze sind den Axencylindern der Nervenfasern gleichwerthig. Jener feinsten Fibrillen wegen sollen der Ganglienfortsatz und der Axencylinder keine morphologischen Elemente sein, sondern Fascikel derselben feinsten Fibrillen darstellen, welche in wirbellosen Thieren einzig vorhanden und die elementaren Nervenfasern sind. Diese Fortsätze und Axencylinder gehen aus den Ganglienzellen hervor, in deren Protoplasma sie pinselförmig zerstreut scheinen, in der Richtung von einem Fortsatz zum anderen, oder nach dem Kern hin, der auch von solchen Fibrillen wie umkreist erscheint. Die Fibrillen verlieren sich in einem gekreuzten Gewirre. Schon Max Schulze hat an die mögliche Auffassung gedacht, der Ganglienkörper stelle durch die Anordnung der Fibrillen eine Art von Plexus dar, und das Protoplasma werde von aus- und eintretenden Fibrillen nur durchzogen.

Darauf hin haben andere Autoren die wahre Endigung der Fibrillen im granulirten Grundgewebe gesucht, wo nach dem Ausdrucke von Rindfleisch[1]) das „Fädige" und das „Körnige" in einander übergehen. Gerlach hat unmittelbar darnach,[2]) nach der höflichen Einleitung, er könne diese Angabe bestätigen, dieselbe widerlegt, indem er nach Chlorgoldkalium-Behandlung darlegte, dass nach den allerfeinsten Theilungen der Ganglienfortsätze ihre Ausläufer in ein Netzwerk übergehen. Vorher schon sagte Jastrowitz mit grösster Bestimmtheit, dass wenn immer er Fäserchen mit der körnigen Grundsubstanz belegt sah, das feinste Ende des Fäserchens, das „Fädige", noch deutlich über das „Körnige" hinauslief. Boll erklärte, dass gerade die von Rindfleisch verwendete Methode mit Ueberosmiumsäure am geeignetsten sei, die Selbständigkeit der feinsten Fibrillen innerhalb der körnigen Substanz zu beweisen.

Anschauungen, welche die Nervenkörper ihrer Bedeutung als Centren entkleiden und in eine diffuse Substanz, wie die körnige Grundlage der grauen Substanz, den anatomischen Nervenursprung verlegen, schneiden den anatomischen Bau von jedem Verständniss seiner physiologischen Beziehungen ab. Ueberraschender Weise wäre der Ganglienkörper mit der Verästigung seiner Fortsätze der Gegensatz zur Bedeutung der Spinne in ihrem Netze. Das thätige Wesen läge nicht im spinnenden Körper, sondern innerhalb der Verbreitung des Gespinnstes. Es lässt sich eine solche anatomische Anschauung aber zweifellos innerhalb einer Feinheit des Gewebsbaues aufstellen, welche isolirten Angriffen des physiologischen Ver-

---

[1]) Centralblatt für die medicinischen Wissenschaften, 1872, pag. 77.
[2]) Ebenda 1872, pag. 273.

suches auf zweierlei Massen, wie Ganglienkörper und Zwischenmasse, den Spielraum versagt. Wenn man zunächst auch auf jeden wohl berechtigten Zweifel verzichtet als könne die Streifung der Ganglienkörper auf Täuschung beruhen, die etwa durch blosse Faltung, durch veränderte Spannungsverhältnisse an einem aus seiner allseitigen Fixirung durch Verästlungen losgelösten isolirten Körper entstehen kann, so verweisen doch rein anatomische Gesichtspunkte uns dahin, die Nervenkörper der Rinde, beispielsweise die Pyramiden als ein selbständiges Element innerhalb des Netzwerkes der Fortsätze anzuerkennen.

1. Von dem Vorhandensein von Bildungszellen im Vorderhirnbläschen an sind die Nervenkörper selbständig von der Bildung des Grundgewebes und, wie die vergleichende Anatomie zeigt, auch lebenslänglich vom Masse der Entwicklung des letzteren. Dagegen ist, wie oben nach Boll bemerkt wurde, das verschmolzene Protoplasma der Grundsubstanz mit seinen Kernen den Resten anderer Zellindividuen zugehörig.

2. Die Fortsätze wachsen aus den Ganglienzellen hervor, sind ursprünglich lediglich Verlängerungen ihres Protoplasma, gekörnt, ohne Streifung, und diese protoplasmatische Verlängerung der Ganglienzellen verästigt sich (Boll, l. c., Entwicklung des Hühnchens). Diese protoplasmatische Natur behalten die Zellenfortsätze lebenslang, nicht nur in der Continuität mit dem Protoplasma des Ganglienkörpers, sondern nach Unterbrechung der Körnung in Entfernungen vom Ganglienkörper inmitten der (fibrillären) Streifung (Max Schulze). Der Ganglienkörper ist demnach das von Ursprung an selbständige Centrum, die Fortsätze und ihre Verästlungen aber Theile des Ganglienkörpers. Alles zusammen bildet das protoplasmatische Individuum. Die Streifung läge ganz innerhalb des letzteren, von Fortsatz zu Fortsatz.

3. Die Axencylinder entwickeln sich aus besonderen spindelförmigen Zellen in der Markregion (Boll) deren eigene protoplasmatische Substanz sich, in die graue Substanz der Rinde verlängert, in ein Netz sehr feiner Fibrillen auflösen soll, welche hypothetisch nach Gerlach und Boll sich mit den feinsten Theilungsästen der Ganglienfortsätze verbinden. Die letzteren Fortsätze und die grösste Summe der Axencylinderfibrillen stünden also nur in secundärer Verbindung. Ganglienäste und Axencylinder in ihrem Zusammenhange wären Theile zweier, nicht eines protoplasmatischen Körpers, zweier Zellen. Diese Selbständigkeit als anatomisches Centrum lässt kaum die Auslegung zu, dass die „Ganglienzelle" functionell der Bedeutung eines Centrums entbehre.

4. Die Zusammensetzung des Axencylinders aus den fibrillären Elementen Schulze's wäre kein Ausdruck für die Isolirung dieser Fibrillen, denn der Axencylinder wird erst von der isolirenden Markscheide umgeben. Ursprünglich sind die Axencylinder in der Markleiste durch graue Substanz, gleich der granulirten Grundsubstanz der Hirnrinde getrennt (Jastrowitz, Boll, Flechsig). Jastrowitz zieht daraus den berechtigten Schluss, dass man bei dem erweislichen Fehlen eines Zusammenhanges derselben Grundsubstanz mit fibrillären Elementen (siehe oben) die granulirte Substanz als die Isolirungsmasse zwischen den Fibrillen auffassen muss. Die Isolirung geht demnach in der Rinde weit mehr ins Feine als im Marke, doch behält die isolirende Substanz ihre embryonale Form, weil die granulirte Grundsubstanz sich nicht in Mark umwandelt.

Die anatomische Natur des functionellen Centrums muss aber darin liegen, dass in selbem die Isolirung aufhört. Die Streifung der Ganglienfortsätze bedeutet eben so wenig eine fibrilläre Isolirung wie im Axencylinder. Der Zusammenhang der streifigen Ganglienfortsätze mit dem Protoplasma der Rindenpyramide ist aber die Verwirklichung jenes Ueberganges von „Fädigem" und „Körnigem", wo die Isolirung aufhört. Dies ist der Standpunkt, auf welchem die Lehre von den centralen Herden stehen bleibt. Allerdings keineswegs ein neuer Standpunkt, und glücklicher Weise jener, mit welchem die Physiologie auslangt. Gerüttelt könnte erst dann daran werden, wenn die von Schulze angenommene feinste Ganglienfibrille sich so von dem Protoplasma isoliren liesse, wie dies in der granulirten Grundsubstanz gelang.

Der Ursprung der Axencylinder aus den Nervenkörpern der Rinde verhält sich in Bezug auf die Pyramiden gemäss der Vergoldungsmethode mit Goldchloridkalium (Gerlach's Lösung von 1 : 10.000 Wasser) wie folgt. Die Pyramiden schicken von ihrer Basis auf dem kürzesten Wege den mittleren Basalfortsatz *(mihi)*, der vielleicht ungetheilt bleibt (Koschewnikow), in das Mark. Ausserdem bildet der Spitzenfortsatz, der von der dritten Schichte aus bis in die äussersten Schichten der Rindenkörper reicht, eine reiche, besonders endständige Verästlung, deren feinste Ausläufer sich markwärts schlingenförmig umbeugen (Boll)(?). Diese feinsten Fäden sollen sich zur Zusammensetzung stärkerer Fäden sammeln, die von mannigfachen Richtungen her als Ursprungsform des Markes aus den Spitzenfortsätzen sich jenen Axencylindern juxtaponiren, welche aus den mittleren Basalfortsätzen hervorgehen (Gerlach). Die eckständigen Basalfortsätze könnten in ähnlicher Form an dem Ursprunge des

Markes betheiligt sein. Es bleibt aber die graue Substanz von den feinsten Nervenfibrillen, die nicht mit ihr zusammenhängen, durchzogen.

Bezüglich der Gruppirung der Ganglienzellen ist es für die Pyramiden sofort klar, dass ihr Caliber regelmässig in directem Verhältnisse zur Entfernung der Pyramide von den äusseren Rindenschichten steht, dass sie aussen klein sind, nach innen bis zur Körnerschichte immer grösser werden. Der Spitzenfortsatz hat nicht blos eine endständige Verästlung, sondern sendet schon näher dem Protoplasma seitenständige Fibrillen ab, die an der Bildung des die ganze Rinde durchsetzenden sogenannten Fasernetzes theilnehmen. Man kann nach den Eindrücken, welche ich auch an den Präparaten Gerlach's selbst, Dank seiner Freundlichkeit gewann, nämlich keine anderen Knotenpunkte als die Ganglienkörper wahrnehmen, so dass die feinsten Fasern sich nicht als Netz, eher als ein Filz darstellen. Auf je längeren Strecken der Rindenbreite der Spitzenfortsatz Aeste in das Fasernetz abgibt, desto mehr Fibrillen würde er enthalten, desto mächtiger muss er jedenfalls sein. Indem die Theilungsäste irgend welcher Art ihre Verknüpfung in dem Protoplasma der Pyramide finden, so ergibt sich, dass mit der Mächtigkeit der Fortsätze oder der Zahl ihrer Aeste zugleich die grösseren Pyramiden auftreten. Ich brauche kaum zu bemerken, dass die kleineren von der Rindenoberfläche entfernten, pyramidenförmigen oder anderen Nervenkörper auch ein näheres Verästlungsgebiet, d. i. entfernter von der Rindenoberfläche finden. Dicke kurze, so wie lange dünne Spitzenfortsätze kommen nicht vor. Die äussere Pyramidenschichte, deren Spitzenfortsätze nach kurzem Wege in das Flechtwerk geht, besteht begreiflicher Weise aus kleineren Elementen. Dieselben stehen auch der Breite nach näher zusammen, weil das Verästlungsgebiet ihrer Seitenfortsätze schmal ist. Hiedurch widerlegt sich die Auslegung jener, welche die kleinen Pyramiden sensibel, die grossen motorisch nennen, und die von Wundt, welcher die grossen Pyramiden für alte, die kleinen für junge hält.

Die Pyramiden und Spindeln enthalten theils ovale, theils pyramidale und spindelförmige Kerne. Indem auch die letzteren Formen oft sehr überwiegend in ungehärteten Gehirnen sich finden, erscheinen sie mir nicht, wie Boll, als Artefacte. Ich sehe in diesen eigenthümlichen Kernbildungen einen Beleg für die Ansicht von Beale, dass der Kern der Zellen von einem optisch dichteren Protoplasma umgeben sei, das sich von den äusseren Protoplasmaschichten unterscheidet. Diese grössere Dichtigkeit einer Kernschichte des Protoplasma verdeckt den ovalen Kern, wird aber von dem Funkeln des Kernkörperchens durchdrungen. Die äusseren Contouren der eckigen oder zugespitzten Nervenkörper werden durch die dichtere Schichte oft sammt dem Uebergange in die Fortsätze eingezeichnet.

Keine pathologische Veränderung und kein physiologisches Experiment gibt Hoffnung, die Bedeutung der in so benachbarten Schichten differenten Rindenelemente klar zu legen. Die morphologische Auslegung ist daher fast die ausschliessliche Methode, um hier einigermaassen einzudringen. Die Nervenkörper des Rückenmarkes in dessen grauen Vorderhörnern, die Nervenkörper in den Ursprungskernen des *Nervus hypoglossus, facialis, abducens* bis zum *Oculomotorius*-Kerne hinauf, zeigen durchwegs grössere, schlanke, mit mehrfachen Fortsätzen versehene Formen, wobei die Fortsätze mit breitem Ansatze aus der Masse des Nervenkörpers hervorgehen. Diese Charaktere der Form von Nervenkörpern, die mit centrifugalen Leitungsbahnen verbunden sind, finden sich an den Pyramiden der Rinde, welche nur in dem Parallelismus ihrer Anordnung eine erklärliche Eigenthümlichkeit finden. Gerlach hat den mittleren Basalfortsatz mit jenen Fortsätzen von Rückenmarkszellen verglichen, die in die vorderen Wurzeln eintreten. Das Korn in der vierten Schichte der Grosshirnrinde, von den freien Kernen durch Grösse und Protoplasma, von Spinnen- oder Pinselzellen durch Klarheit der Grenze des Protoplasma und eine geringere Zahl zugleich stärkerer Fortsätze unterschieden, ist vergleichbar mit jenen Formen verästigter Ganglienkugeln, welche in Centren, die mit centripetalen Leitungsbahnen zusammenhängen, vorkommen, wie in den gelatinösen Substanzen im Quintusursprunge und in den Hinterhörnern des Rückenmarkes, ferner mit den Nervenkörpern besonders der inneren Körnerschichte der *Retina*, und den allerdings kleineren Elementen der Körnerschichten des Riechlappens.

Die Fasermassen der Windungen und des gesammten Vorderhirnes sind bezüglich der Axencylinder schon sehr früh entwickelt. Beim Hühnchen entwickeln sich diese zwischen dem vierten und sechsten Tage der Bebrütung aus spindelförmigen Zellen (Boll). Zugleich mit diesen gestreckten Bildungszellen treten kettenweise rundere Elemente auf, welche zu den Spinnenzellen zu Körnern und zu Ganglienzellen werden, welche Boll vielleicht mit Recht als durch das ganze Hemisphärenmark verbreitet annimmt. Jastrowitz hielt deren Vorkommen für erratisch. Die im Wachsthum auseinanderrückenden Ketten der Bindegewebselemente trennen Bündel von fünfzig bis sechzig Fibrillen. Die Axencylinder sind durch eine graue, körnige, eiweisshaltige Grundsubstanz gleich wie in der Rinde von einander getrennt. Indem die Fasermassen des Vorderhirns erst später Markscheiden erhalten, trennt sie zum Theile noch bis lange nach der Geburt (Jastrowitz), örtlich selbst bis zum Alter von neun Monaten die graue Substanz (Flechsig). Diese graue Substanz erscheint unter Umständen selbst dunkler als die Rinde (Jastrowitz), von der sie später als die weisse Substanz absticht. Dem Uebergang der grauen Grundsubstanz in Markscheiden geht eine fettartige Infiltration der letzteren voran, so wie das Auftreten von Körnchenzellen, welche amöboide Bewegungen zeigen (Boll), aber später ihre Fettkörnchen verlieren und grossentheils zwischen den Markfasern als

Bindegewebskörper fixirt werden. Die Anwesenheit der Körnchenzellen im Marke dauert vom fünften Monate des Intrauterinlebens im Allgemeinen bis nach dem fünften Monate des kindlichen Alters an. Ein Rest der intrafibrillären grauen Substanz bleibt überhaupt zurück. Die sternförmigen Bindegewebszellen *(mihi)*, auch Spinnenzellen (Jastrowitz) und Pinselzellen (Boll) genannt, bilden nach vollendeter Markweisse eine interstitielle fibrilläre Durchflechtung der von feinstem Caliber bis zu ansehnlicher Dicke wechselnden Nervenfasern und Bündel des Vorderhirnes. Sie scheinen mir überall an Nervenmark gebunden zu sein, dagegen die in wechselnder Zahl vorhandenen freien Kerne zu den Resten grauer Substanz des Markes in Beziehung stehen dürften.

Die Rinde der äussersten Hinterhauptspitze und die Rinde des *Sulcus calcarinus*, welcher durch die senkrechte Linie eine ⊢-Form gewinnt, und auch von der Hinterhauptspitze eine Umwallung hat, zeigt makroskopisch auf dem Durchschnitt drei scharf geschiedene Schichten: 1. eine äussere graue, 2. eine mittlere, scharf begrenzte, weisse, und 3. eine innere graue Schichte. Mikroskopisch betrachtet ist dieser Rindenbezirk achtschichtig. Die achtschichtige Rinde unterscheidet sich von der fünfschichtigen: 1. Durch die Reduction der Pyramidenschichten in eine schmalere concentrische Breitenregion (Fig. 25, 2), innerhalb welcher die Caliber der Pyramide weit minder different sind als im fünfschichtigen Typus. Dies begreift sich nach dem oben Gesagten daraus, dass die Entfernung der innersten Pyramidenlagen von der Neurogliaschichte hier eben

Fig. 25.

Durchsichtiger Abschnitt aus der Rinde des *Sulcus calcarinus*. *1.* Neurogliaschicht. *2.* Pyramidenschicht. *3.* Aeussere Körnerschicht. *4.* Aeussere kahle Zwischenkörnerschicht mit Solitärzellen. *5.* Mittlere Körnerschicht. *6.* Innere kahle Zwischenkörnerschicht mit Solitärzellen. *7.* Innere Körnerschicht. *8.* Spindelzellenschicht. *9.* Windungsmark.

geringer ist. 2. Die Körnerformation erscheint dreimal, die dritte, fünfte und siebente Schichte darstellend. Die Körner sind hier auffallend mit kleinen Pyramiden und mit kleinen Spindeln gemischt. Die achte Schichte, der fünften Schichte des vorigen Typus entsprechend, ist hier vielleicht wegen der Schmalheit des Markes und darum wegen des grösseren Parallelismus des *Stratum proprium* dieser Rinde am instructivsten bezüglich der Stellung der Spindelzellen, welche grösser als die, anderen Schichten eingemengten Spindeln sind. 3. Die vierte und sechste Schichte sind charakterisirt durch eine weit dünnere Bevölkerung, von Elementen, die grossentheils aus kleinen Pyramiden und queren Spindeln besteht. Diese beiden Schichten verdienen den Namen der Zwischenkörnerschichten. In diesen Zwischenkörnerschichten finden sich in breiten Distanzen theils einzelne Pyramiden von imponirendem Caliber, theils zwei bis drei solcher Pyramiden beisammen stehend. Sie gehören zu den grössten Ganglienzellen des Grosshirns überhaupt. Indem hier pyramidale Körper nach innen von der Körnerschichte erscheinen, so durchsetzen ihre langen Spitzenfortsätze die nach aussen von ihnen gelegenen Schichten, und zwar die Pyramiden in der zweiten Zwischenkörnerschichte, zwei Körnerschichten, eine Zwischenkörnerschichte und eine gewisse Breite der Pyramidenschichte. Die Mächtigkeit dieser solitären Pyramide ist wohl, wie schon angedeutet, ganz nach dem oben auseinandergesetzten Gesichtspunkte für das Verständniss des progressiv anwachsenden Calibers der Pyramiden aufzufassen. Das vielfache Vorhandensein kleinerer Pyramiden, insbesondere in der zweiten und dritten Körnerschichte, so wie in der Spindelzellenschichte, lässt daran denken, dass deren Spitzenfortsätze schon in Antheilen des grauen Fasernetzes, welche nicht den äussersten Schichten der Rinde angehören, ihre Endverästlung finden. Die drei Körnerschichten und die Zwischenkörnerschichten bestehen eigentlich aus gemischten Elementarformen, von welchen aber die körnerartigen Ganglienzellen überwiegen. An den Pyramiden lässt sich der Anschluss an die bereits gebildeten feinen radiären Markbündel der Rinde leicht erkennen. Die kleinen Spindeln dieser Schichten hängen zweifellos mit quer verlaufenden Nervenfasern zusammen, die aber viel zu selten sind, um etwa, wie Kölliker angab, die Weisse des Zwischenstreifens in der Rinde des *Sulcus calcarinus* zu bedingen.

Zur Erklärung dieses weissen, intermediären Streifens muss, seiner scharfen Abgrenzung wegen die Pigmentarmuth der kahlen Zwischenkörnerschichten beachtet werden, indem die Nervenkörper als Pigmentträger unbezweifelt die tiefere Färbung der grauen

Substanz bedingen. Ausserdem wird aber die Wirkung dieser Pigmentlosigkeit durch die radiären Markbündel erhöht, welche in anderen inneren Schichten, wie in der siebenten und achten, wegen des Eindruckes zahlreicher Pigmentträger nicht hervorstechen.

Die gleichen Umstände bedingen auch eine diffuse, hellere Färbung der mittleren Zone des Durchschnittes der Rinde in den Centralwindungen. Betz hat angegeben, dass die vordere Centralwindung Gruppen besonders grosser Pyramiden enthalte, über welche er argumentirte, sie seien die umschriebenen motorischen Centren, welche Hitzig nach seinen physiologischen Resultaten einzig in die vordere Centralwindung des Affengehirnes so wie des Hundegehirnes verlegte. Abgesehen von Hitzig's oben berührtem Irrthume über das Aequivalent der vorderen Centralwindung bei Raubthieren, hängt aber die Grösse der Pyramiden überhaupt mit ihrer Entfernung von der Rindenoberfläche zusammen. Die grössten Pyramiden gehören deshalb den breitesten Rindenregionen an. Die grösste Breite der Rinde kommt aber den beiden Centralwindungen zu. Ihre dritte Schichte, gleichwerthig der dritten Schichte in Fig. 21, ist sehr breit und im Ganzen von grösseren Pyramiden erfüllt, welche demgemäss weiter auseinander rücken als in den dichten Anordnungen der kleinen Pyramiden. Darum ein nach aussen (wegen allmäliger Abnahme der Pyramidengrösse verwischter) Grad von Pigmentarmuth. Die Pyramiden rücken aber nicht blos ihres Calibers wegen auseinander, sondern sie werden auch durch die nach innen immer wachsende Breite der radiären Faserbündel an einem gleichmässigen Nebeneinander behindert, welche breiten Faserbündel zugleich die blassere Farbe der dritten Schichte vermehren. So erscheinen die grössten Pyramiden allerdings in kleinen Gruppen mit Zwischenräumen. Dass sie darum eine andere Bedeutung als die kleineren Pyramiden gewinnen, lässt sich nicht stützen. Dieser Irrthum stammt übrigens schon von Luys her. Betz scheint mir wohl weniger eine Entdeckung gemacht, als die allgemeinen Verhältnisse in der Elementaranordnung der Rinde nicht gewürdigt zu haben.

Die Hakenwindung und das Ammonshorn, welches eine continuirliche Umrollung der Rinde jener darstellt, ist ein besonders gebauter, und zwar in Bezug auf Formenanzahl der Elementarkörper defecter Rindenbezirk. Das Ammonshorn enthält lediglich die pyramidalen Formen der Rinde. Mit dieser Structur stimmen die mit dem *Gyrus fornicatus* durch frontale und temporale Verbindungen (Riechwindungen) zusammenhängenden *Lobi olfactorii* überein. Die Kappe des Riechlappens, der *Bulbus olfactorius* (Fig. 10, *Olf*), stellt eine besondere Schichtung von rindenartiger Substanz vor. Am oberflächlichsten liegt der Ursprung der Riechnerven, welche durch die *Lamina cribrosa* zur Schneider'schen Membran gelangen. Sie gehen bei Menschen aus knäuelartigen Aufwindungen, *Glomeruli*, hervor, welche Capillarschlingen und kleine Nervenzellen enthalten (mihi). Diese *Glomeruli olfactorii* sind bei Säugethieren (Clarke) und niederen Wirbelthieren (Leydig) durch graue Substanz zu kugeligen Massen aufgebläht (*Stratum glomerulosum*), zwischen welchen Massen körnerartige Nervenkörper angehäuft sind. 1. Die Aufblähung dieser *Glomeruli* bei Thieren ist ein Einzelfall für die im Allgemeinen von der Zahl der Nervenfasern und Zellen unabhängige Wucherung der formlosen Bindesubstanz bei Thieren im Gegensatz zu deren Reduction in der grauen Substanz des Menschen (pag. 52). 2. Nach innen von dem *Stratum glomerulosum* enthält der Riechlappen die gelatinöse (bindegewebige) Schichte Clarke's, welche, der Grosshirnrinde ähnlich, aussen kleinere, nach innen grössere, eckige, schlanke Nervenkörper enthält. 3. An die innersten grössten Nervenkörper stossen, wie in der Grosshirnrinde, Körnerschichten gedrängter Anordnung, welche durch das, der Riechlappenoberfläche parallele Mark schichtweise unterbrochen sind.

Thiere, bei welchen der Riechlappen durch eine Fortsetzung der Seitenkammer hohl ist, enthalten auch eine Ependymschichte mit pallisadenförmigem flimmernden Endotel.

4. Ein vierter Typus von Rindensubstanz durch Complication findet sich in der Gegend der Sylvi'schen Grube, indem der Rinde der Insel (Fig. 6 *Cl*), des Klappdeckels (Fig. 5 zwischen *J* und *L*), des ersten Schläfelappens, und über die Vorderspalte weg, der Orbitalfläche (Fig. 26 *Cl*) ein graues Stratum parallel läuft, die Vormauer, *Claustrum*. Sie wird aus der Formation der spindelförmigen Zellen der fünften Rindenschichte gebildet, deren Elemente nicht nur in ihrer Grösse und Form, sondern auch in ihrem Parallelismus zur Rindenoberfläche hier und dort übereinstimmen. Indem die Vormauer die Innenseite der Insel bekleidet, so ahmt sie deren Fächerform mit unterer Spitze (Fuss der Insel) nach. Der Rand dieses dreiseitigen Fächers ist an allen drei Seiten nach aussen umgekrämpt. Nach vorne setzt er sich über die Vorderspalte hinaus in den hinteren Rand der Orbitalfläche des Stirnlappens, nach oben in den Klappdeckel, nach unten weniger in den ersten Schläfezug fort. Dieser Fächer ist entsprechend den Höhen und Thälern der Inselwindungen gefurcht oder vielmehr gebogen. Der Stiel dieses Fächers aber, ein im Ganzen kugelförmiger Körper, der Mandelkern, *Amygdala*, stellt nach innen und hinten vom Fusse der Insel den vordersten Theil des Hakens dar. Der Mandelkern (Fig. 6, 26, 30, 32 *A*) ist aus denselben Elementen wie die Vormauer zusammengesetzt. Zwischen beiden Bildungen liegen Uebergangshäufchen und Streifen grauer Substanz, welche keine Grenze für die Zutheilung an die Vormauer einerseits und den Mandelkern andererseits zwischen einander erkennen lassen und als fliessende Uebergänge beider mit ihnen ein zusammengehöriges System grauer Masse bilden (Fig. 26 *Cl A*).

Mandelkern und Vormauer sind von einander durch die vordere Commissur in jenen frontalen (quer verticalen) Abschnitten des Gehirns von einander getrennt, in welchen der zum Schläfelappen herabtretende Seitentheil der vorderen Commissur zwischen beiden hindurchzieht (Fig. 6 *Ca Cl A*). Die Vormauer ist in ihrer Configuration aus grauer Substanz gebildet. Die Nervenkörper derselben aber finden sich auch im Marke der Insel, so wie in der äusseren Kapsel zwischen Linsenkern und Vormauer in der, genau den Vormauerzellen parallelen Axenstellung wieder. Auf den Zusammenhang der, die Sylvi'sche Spalte auskleidenden Vormauer mit den dort vorfindlichen Massen von Associationsbündeln weise ich nochmals hin. (Vergleiche Fig. 19 mit Fig. 26.)

Die Vormauer ist nicht zu den Ganglien zu rechnen, weil sie mit den *Fibrae propriae* der Rinde zusammenhängt. Die Gehirn-

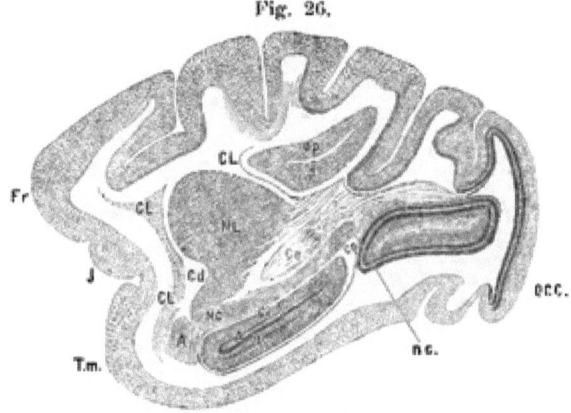

Fig. 26.

Sagittaler Längsabschnitt aus dem Gehirne von *Hemodryas* nahe der Insel. *Fr*, *Tm*, *Occ* Frontales, temporales Ende und Hinterhauptgegend des Vorderhirnes. *J* (sollte am Eingang der Sylvi'schen Grube stehen) Insel. *Op Operculum*, *j* Oberer Inselrand. *Cl Claustrum*. *A Amygdala*. *Cd Commissura anterior*. *Au Cornu Ammonis*, *Ci Cornu inferius ventriculi lateralis*, *cp Cornu posterius ventriculi lateralis*, *NL Nucleus lenticularis*, *NC Temporalende des Nucleus caudatus*, *nc Hinterstes Verlaufstück desselben*. Zwischen beiden die *Striae corneae*. *Ce Markkapsel des Corpus geniculatum externum*.

ganglien aber hängen einzig mit Projectionsbündeln der Grosshirnrinde zusammen.

Bevor die Grosshirnganglien und das Projectionssystem an Durchschnitten dargestellt werden, muss ich nochmals auf die Markbildung der vorderen Commissur zurückkommen. Sie stellt, dem Balken vergleichbar, ein System von *Fibrae propriae* der Grosshirnrinde dar, welches beide Halbkugeln verbindet und sich mit jenen Commissurenfasern zusammenlegt, welche die ebenfalls als Grosshirntheile aufzufassenden beiden Riechlappen verbinden. Die vordere Commissur bestand anscheinend nach der gröberen Darstellung in Fig. 20 aus einem rundlichen (im Durchschnitt längsovalen) Bündel, dessen Verbreitung lediglich dem Schläfelappen und dem Hinterhauptlappen angehörte. Die Betrachtung der vorderen

5*

Commissur an Durchschnitten zeigt aber, dass ein immer wesentlicher Antheil ihrer Bündel aus dem Riechlappen stammt und, von dem hinteren Rande des Riechdreieckes aus durch die Substanz der *Lamina perforata anterior* aufsteigend, beim Menschen derselben einen Antheil von Bündeln zuführt (Fig. 27 *Ca Olf*), der augenscheinlich nicht zulänglich wäre, die Mächtigkeit der vorderen Commissur zu

Fig. 27.

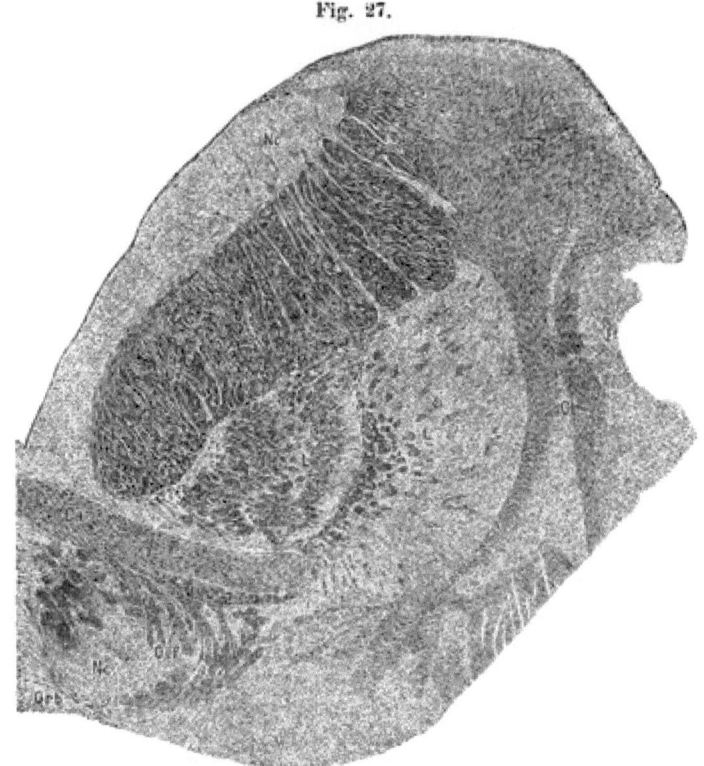

Durchsichtiger frontaler Abschnitt aus den Grosshirnganglien des Menschen.
Vordere Commissur.
J Insel und ihr Mark. *Cl* Vormauer. *Ce* Aeussere Kapsel. *L*, *L'* Erstes und zweites Glied des Nucleus lenticularis. *Nc*, *Nc* Ventriculärer und basaler Nucleus caudatus. *Ca* Commissura anterior. *Olf* Riechlappenbündel zur vorderen Commissur. *Orb* Orbitalfläche.

decken. Demnach müssen in der vorderen Commissur auch Bündel enthalten sein, die ohne Beziehung zum Riechlappen die Hinterhaupt- und Schläfelappen der Hemisphäre miteinander verknüpfen. Der Zuzug der vorderen Commissur aus dem Riechlappen führt bei Menschen und Thieren den wesentlichsten Antheil des Riechlappenmarkes der Commissur zu. Die Lage der Hemisphärenbündel und der Riechlappenbündel zu einander ist derartig, dass die Bündel aus dem Riechlappen von unten her an die Commissur treten und der obere

Antheil der Commissur, der sich spitzwinkelig mit diesem Zuzug in der Frontalebene verbindet, aus den Hemisphären stammt. Wenn man nach diesem Kennzeichen die vordere Commissur an einem Hundegehirne ansicht, so bemerkt man, dass der obere, der Hemisphärenantheil der vorderen Commissur (Fig. 28 *Ca*) viel schwächer ist als der untere Antheil, der Zuzug aus dem

Fig. 28.

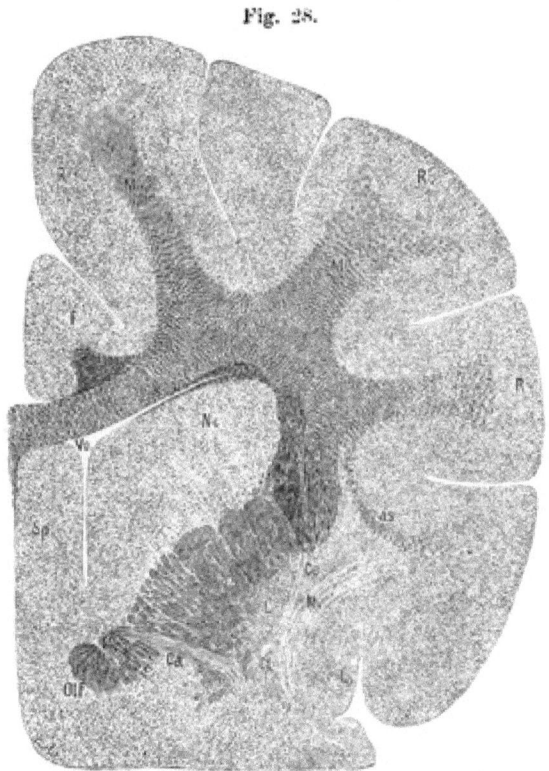

Frontaler Querabschnitt aus dem Gehirne des Hundes. Vordere Commissur. *R* Grosshirnrinde. *F* Gyrus fornicatus. *M* Mark des Vorderhirnes. *Sp* Septum pellucidum. *Ve* Hirnkammer. *Nc* Nucleus lenticularis. *J* Inselrinde. *Mi* Mark der Insel. *Ce* Capsula externa. *L* Nucleus lenticularis. *Cl* Vormauer. *Ca* Antheil der Grosshirnlappen an der vorderen Commissur. *Olf* Antheil des Riechlappens an der vorderen Commissur.

Marke des Riechlappens (*Olf*). Es könnten daher die Hemisphärenantheile der vorderen Commissur bei Thieren mit mächtigen Riechlappen nicht entfernt den Faserreichthum der vorderen Commissur decken. Darum müssen die Bündel der letzteren auch eine Commissur zwischen beiden Riechlappen bilden. Andererseits nimmt man schon makroskopisch wahr, dass Bündel der vorderen Commissur nach Art eines gedrehten Strickes übereinander weglaufen und dass solche Bündel in beiden Hälften der vordern Commissur ungleich gelagert sind. Darnach führt die vordere Commissur auch **Kreuzungsbündel**, die wohl jeden Riechlappen mit dem entgegengesetzten Schläfe- und Hinterhauptlappen verbinden dürften. Es ist ausserdem an Längsabschnitten zweifellos, dass nicht der ganze Antheil des Markes vom Riechlappen in die vordere Commissur übergeht, sondern ein Antheil seines Markes durch Bündel, die unterhalb der Commissur gelegen sind, in die basale Partie des *Nucleus caudatus*, d. i. in die Masse zwischen der *Lamina perforata anterior* und der *Commissura anterior* direct eingehen. Dieser Verlauf der Riechlappenbündel inner- und ausserhalb der vorderen Commissur gibt eine, dem *Chiasma nervorum opticorum* im Sinne Johannes Müller's, ganz gleichartige Anordnung.

Clarke hat schon 1861 die Grosshirnrinde beschrieben und am eingehendsten die achtschichtige der Hinterhauptspitze. Seine Abweichung durch Zählung von nur sechs Schichten in derselben beruht darauf, dass er Pyramiden, Körner und Spindeln an ihren Grenzschichten nicht trennt. Dieser Forscher fand den Rindenbau besonders nach der Breite der einzelnen Schichten sehr variabel und beschrieb Varietäten, welche aber innerhalb ein und derselben Windung abwechseln. Nach Kenntniss des Baues der gesammten Windungen bin ich nicht in der Lage, mehr wesentlich verschiedene Typen als die hier beschriebenen zu unterscheiden.

Die Ganglien des Vorder- und Zwischenhirnes.

Die Ganglienmassen, welche von einem grossen Antheil der Projectionssysteme durchzogen sind, muss man eigentlich als Organbilder auffassen, deren Herauszeichnung im Gehirne durch die Verlaufsweise der Projectionssysteme zu Stande kommt. An Goldpräparaten, welche die graue Substanz leer lassen, gewahrt man dies sehr klar.

Die Ganglien des Vorderhirnes,

der geschwänzte Kern und der Linsenkern, sind als eine einzige Masse zu betrachten, die nur streckenweise durch das Projectionssystem getrennt wird. Es umzeichnet das Projectionssystem als innere und als äussere Kapsel den Linsenkern.

Bezüglich der Confluenz erscheint 1. vorn im Stirnlappen die grosse Ganglienmasse des Vorderhirns nur schichtenweise von Markblättern der innern Kapsel durchbrochen, welche zwischen ihren übereinander liegenden Schichten je weiter nach vorn, desto breitere graue Brücken des Vorderhirnganglions confluiren lassen. So werden von Gratiolet das *Corpus striatum intraventriculare* (*Nucl. caudatus*) und sein *Corpus striatum extraventriculare* (*Nucl. lenticularis*) abgetheilt. Die innere Kapsel scheidet vor dem Zwischenhirn nur diese beiden Massen. (Fig. 5 *Cpi*, Fig. 27 *Ci*.)

Diese Durchschnitte der Projectionsbündel derselben beziehen sich wohl schon hier nicht nur auf das Vorderhirnganglion, sondern enthalten für den vordern Stiel des *Thalamus* (Fig. 5) viele, von der Stirnlappenrinde zu diesem Ganglion des Zwischenhirns laufende Radiärbündel (vergleiche Fig. 5 *cpi* mit Fig. 21 *f Th*). Im Zwischenhirn sendet der Stabkranz, ausser der innern und äussern Kapsel, noch einen schrägqueren Zug hinter einander liegender Bündel unter dem *Nucleus caudatus* weg zur Gürtelschicht des *Thalamus optic*. Der *Nucleus caudatus* liegt in der Region des Zwischenhirnes nicht mehr nach innen von der innern Kapsel, sondern auf ihr und über dem Linsenkern, nicht mehr neben ihm (Fig. 6, 29 *Nc, Th, Ci*).

2. Die innere Kapsel zeigt im Längsschnitte (Fig. 30 *Pi c*) eine Summe von spindelartigen Herden grauer Substanz, welche Verbindungen des geschwänzten Kernes mit weiter nach aussen gelegenen Theilen der Masse des Linsenkernes sind.

3. An der obern Wand des Unterhornes im Schläfelappen liegt eine vollkommene Verschmelzung der Schläfefortsetzung beider Ganglien miteinander (Fig. 26). Gegen den Hinterhauptlappen zu sind *Nucleus caudatus* und *lenticularis* durch Markbündel von einander getrennt, welche aus dem Hemisphärenmarke in die Abkapselung des äusseren Kniehöckers eingehen (Fig. 26 *Nl, Nc, ce*).

Der *Nucleus caudatus* stellt eigentlich den äussern Rand des Linsenkernes, und zwar seines lateralen rein grauen Gliedes dar. Der Linsenkern hat eine keilförmige Gestalt und das vom *Nucleus caudatus* unvollkommen durch Mark geschiedene laterale Glied bildet die nach vorn und aussen gewendete Basis des Keiles (Fig. 5, 6, 19, 23, 26, 30, 32, 34, 36 *Nl*). Der *Nucleus caudatus* stimmt mit den Massenverhältnissen des Linsenkernes in der Weise überein, dass er nach vorne, wohin der Keil des Linsenkernes seine grösste Fläche kehrt, keulenförmig zum sogenannten Kopf anschwillt, während er nach rückwärts, wohin das laterale Glied des Linsenkernes als ein schmaler defecter (gezackter) Rand sich fortsetzt, bis zum ebenfalls schmächtigeren Schläfefortsatz des Linsenkernes hin gleichfalls, in Form der *Cauda* abnimmt.

Der *Nucleus caudatus* umkreist als bogenförmiger Antheil des Vorderhirnganglions den Linsenkern mit seinem Kopfe auch bis zur Gehirnbasis, und beginnt keineswegs in der Hirnkammer. Durch eine spiralige Biegung um jenen Theil der inneren Kapsel, der den vorderen Stiel des Sehhügels enthält, gelangt der *Nucleus caudatus* von der Gehirnbasis zuerst nach innen neben das *Septum pellucidum* und weiterhin nach oben auf die Gürtelschicht des *Thalamus*. Zuerst basal, als Ganglion über der *Lamina perforata anterior* liegt er weiter vorn auf dem Marke der orbitalen Gehirnoberfläche auf (Fig. 29 *Nc*, *orb*, *L perf a*). Während der *Nucleus caudatus* unter der Orbitalfläche und an der Basis als *Lamina perforata anterior* liegt, umgreift er auch von innen her das vordere Ende des Linsenkernes (Fig. 28 *Nc*, *L*).

Wenn diese Ganglienmassen ihrem geweblichen Bau und ihrem Zusammenfliessen nach allerdings als nur ein Ganglion anzusehen sind, so sind doch die beiden Antheile desselben, die wir geschwänzten Kern und Linsenkern nennen, in ihren Massenverhältnissen äusserst selbständig von einander, daher der Mensch den mächtigsten

Fig. 29.

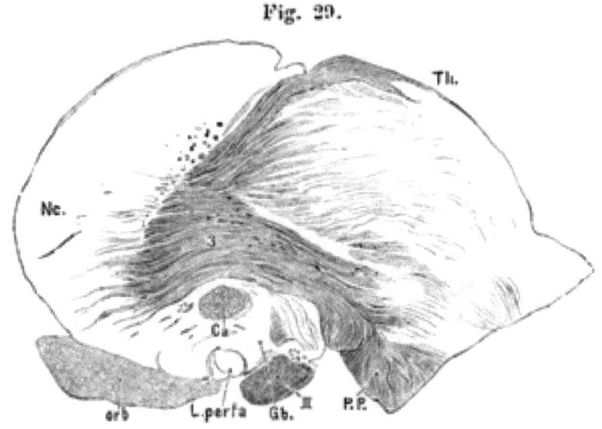

Sagittaler Abschnitt aus dem Vorder- und Zwischenhirne des Menschen.
(Carminpräparat.)

orb Mark der Orbitalwindungen. *Nc Nucleus caudatus*. *L perf a* Vordere Siebplatte. *Cu* Vordere Commissur. *II Tractus opticus*. *Gb Ganglion basale opticum* (der Zeiger läuft fälschlich darüber hinaus). *Th Thalamus opticus*, bedeckt und durchzogen von Bündeln der inneren Kapsel (vorderer Stiel des Sehhügels). *3* Bündel der inneren Kapsel, welche in Continuität aus dem geschwänzten Kern in den Hirnschenkel laufen (*P. P.*).

Linsenkern besitzt, nicht aber im gleichen Maasse einen mächtigeren Streifenhügel als die Säugethiere. Dieser Abstand ergibt sich auch im Vergleiche des Affengehirnes mit dem des Hundes.

In Frontalabschnitten zeigt sich der menschliche und der Affenlinsenkern als die mächtigere Masse, der Linsenkern des Hundes als eine viel unbedeutendere gegenüber dem über der inneren Kapsel entwickelten Kopf des geschwänzten Kernes (vergleiche Fig. 6 und 27 mit Fig. 28). Die bogenförmige Gestalt des *Nucleus caudatus* hängt nothwendig mit der Gestalt des Hemisphärenbogens um die *Fossa Sylvii* zusammen. Dieser Bogen entsendet als den Stabkranz sein gleichfalls bogenförmiges Projectionssystem, dessen Durchbruch ja eben den obern Rand des Hemisphärenganglions als *Nucleus caudatus* abscheidet (Fig. 21). Der Linsenkern ist ein Keil, dessen längste

Axe mit der Längsaxe der Hemisphäre, sich unter spitzem, nach vorn offenem Winkel kreuzt. Die Keilbasis liegt nach aussen (und vorne), die Schneide des Keils medialwärts, weil von aussen, von der Convexität des grossen Gehirnes mehr Bündel eintreten, als medialwärts in das Hirnschenkelbündel austreten. Die Bündel der *Corona radiata* erfahren im Durchzug durch den Linsenkern in die Hirnschenkel eine Reduction. Der Keil steht schief, daher er im Längsdurchschnitt dem Querdurchschnitt ähnlich ist. Die Schneide sieht mehr nach hinten, während die Keilbasis nach vorne sieht. Die oben begründete Keilform complicirt sich durch das Entstehen von drei bis vier concentrischen Keilgliedern.

Fig. 30.

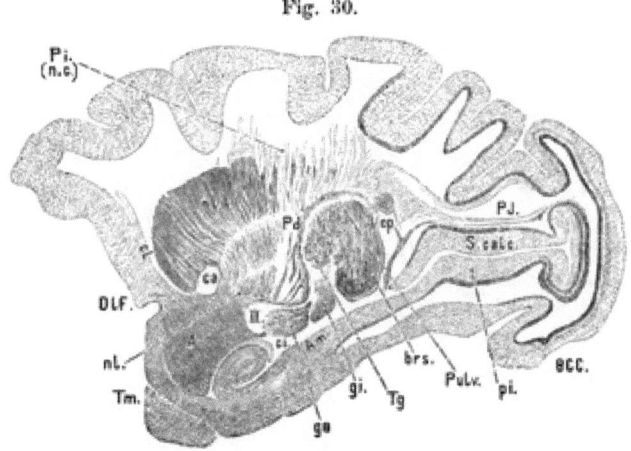

Sagittaler Längsabschnitt aus dem Gehirn von *Hamadryas*.
Fr frontale, *Tm* temporale, *Occ* occipitale Vorderhirngegend. *Cl* Claustrum. *A* Amygdala. *Am* Cornu Ammonis. *S cale* Sulcus calcarinus. *DLF* Fossa Sylvii. *cp* Cornu posterius ventriculi (darüber Nucleus caudatus, hinter ihm der Balken). *ci* Cornu inferius. *ca* Commissura anterior. *nc'* Nuclei caudatus, als graue Inseln im Stabkranz. *nl* Nucleus lenticularis. *Pulv* Thalamus opticus. *gi* Corpus geniculatum internum. *ge* Corpus geniculatum externum. *II* Tractus opticus. *Pi*, *Pj* Projectionsbündel aus der Grosshirnrinde. *Pd* Hirnschenkelfuss. *Tg* Haubenregion (der Zeiger läuft hinter und über ihr weg). *brs* Arm des oberen Zweihügels. Im Holzschnitt sind die, im Halbkreis gestellten Bündel des letzteren weder abgegrenzt, noch ist der Zeiger richtig gestellt.

Die innern Glieder enthalten die durchziehenden Markbündel überhaupt zusammengedrängter, weil die graue Masse niedriger ist, ausserdem sind sie nicht nur von eigenen, sondern auch von Markbündeln der äussern Glieder durchsetzt. Sie erscheinen daher markiger, blasser, *Globi pallidi*, als das äussere Glied, in welchem das Grau vorwiegt. Die senkrechten markigen Dissepimente zwischen den Gliedern heissen *Laminae medullares nuclei lenticularis*. Die nach vorne anschwellende Mächtigkeit der grauen Substanz des Linsenkernkeiles und seines Trabanten, des *Nucleus caudatus*, ergibt für die vorderen Partien der Hemisphäre viel mehr Ganglienzellen zur Verknüpfung mit dem oberen Gliede des Projectionssystemes, daher die Einstrahlung in den Linsenkern nach rückwärts abklingen muss, und zwar wahrscheinlich noch viel dürftiger in der Richtung des Hinterhauptlappens als in der des Schläfelappens. Die glatte Vorder- und Aussenfläche des Linsenkerns nimmt keine Strahlungen aus der Rinde auf, weil die äussere Kapsel nur mit aberrirenden Bündeln den Linsenkern ganz oberflächlich, seiner Aussenfläche parallel durchzieht. Die feinsten dentritisch sich zu stärkern Bündeln sammelnden radiären Bündel des grauen ersten Gliedes weichen übrigens von Hemisphäreneinstrahlungen darin ab, dass diese rindenwärts immer am stärksten sind, nicht gegentheilig nach dem Hirnschenkel zu stärker werden. Der Linsenkern empfängt, wie an Durchschnitten aller Richtungen ersichtlich ist, die Einstrahlungen aus der Gehirnrinde, das obere Glied seines Projectionssystemes von seiner der innern Kapsel zugewendeten obern Fläche her. Die Rindeneinstrahlung der innern Kapsel verläuft zum Theil radiär (?), zum andern Theil in den an Ganglienzellen reichen Markgeflechten der *Laminae medullares*.

Die radiären Einstrahlungen scheinen eigentlich nur für die oberen Schichten des Linsenkernes klar zu liegen. Je näher der Basis, um so mehr scheinen die radiären Bündel des Linsenkernes aus dem Ganglion selbst hervor zu gehen. Für die Glieder des *Globus pallidus* ist es gleich sehr verständlich, dass ihre Radiärbündel durch die *Laminae medullares*, welche bis zur Basis den Linsenkern senkrecht durchschneiden, in Verbindung mit der Hirnrinde stehen, und dass sie wohl aus deren Ganglienzellen entspringen. Am räthselhaftesten scheint das Hervorkommen der radiären dentritisch getheilten Bündel im äusseren Gliede des Linsenkernes. Ich glaube, dass auch sie aus der ersten (äussersten) *Lamina medullaris* kommen, und in verkehrtem Laufe gegen die äussere Kapsel ziehen, dass ferner nach ihrer Verbindung mit der grauen Substanz des Linsenkernes nahe der äusseren Kapsel feine Umbeugungen stattfinden, durch welche ihre Fortsetzungen mit dem anderen radiären Mark des *Globus pallidus* rückläufig in den Hirnschenkel gelangen (Fig. 30, 32, 34, 36).

Für den *Nucleus caudatus* muss, abgesehen von seiner Verbindung mit dem Schläfelappen durch die *Stria cornea*, wohl ebenfalls an die Umbeugung in seinen Zellen unterbrochener Rindenbündel der inneren Kapsel in Hirnschenkelbündel derselben gedacht werden. Radiäre Rindenbündel des *Nucleus caudatus* finden sich nicht, wohl aber dieselben gegen seine Oberfläche dentritisch getheilten Markbündel, wie sie für das äussere graue Glied des Linsenkernes aus der inneren Kapsel herzuleiten sind.

Die Fasermassen des zweiten Gliedes des, mit dem Linsenkerne zusammenhängenden Projectionssystemes, welche ihren centralen Ursprung im Linsenkern finden, ihren peripheren Verlauf unterhalb des Vorderhirnes im Hirnschenkel und virtuell in den vordern

Nervenwurzeln mit den ihnen gleichwerthigen Hirnnervenwurzeln finden, gehen in zweifacher Ursprungsform aus dem Ganglion hervor. Sie nehmen *a)* einen senkrechten, *b)* einen queren Verlauf.

a) Aus den medialen Gliedern des Linsenkerns geht die oberste Schicht, wahrscheinlich (?) die Fortsetzung der radiär, ohne Vermittlung von *Laminae medullares* den Linsenkern durchsetzenden Bündel der inneren Kapsel vor den Bündeln des Hirnschenkels, welche unmittelbar aus der Rinde eintreten (Fig. 33, 4), in den Hirnschenkelfuss über. Im Fusse des Hirnschenkels behalten sie aber ihre vordere oberflächliche Lage nicht bei, sondern kreuzen sich in der Weise mit den, bis in die Brücke senkrecht verlaufenden Rindenbündeln desselben, dass sie von der Basis nach hinten in die Zwischenschicht des Hirnschenkels gelangen, welche die Sömmering'sche Substanz einschliesst. (Fig. 36 zeigt in den, mit der allgemeinen Bündelrichtung des Hirnschenkels sich kreuzenden, nach *JS* gelangenden Bündeln, welche unterhalb des Chiasma *[II]* gelegen sind, den Weiterlauf der Linsenkernbündel *4* aus Fig. 33.)

b) Die quer verlaufenden Hirnschenkelbündel des Linsenkernes ziehen zum Theil an der glatten basalen Fläche derselben als **Schlinge des Linsenkernes** hin (Fig. 23 links). Sie ist an frontalen Abschnitten aus dem Linsenkern besonders klar in ihrem Hervorgehen aus den markig gangliösen Geflechten der *Laminae medullares* zu verfolgen und schlägt sich, die Basis der innern Kapsel umgreifend, von der untern Fläche des Linsenkernes etwas nach oben, wobei sie die innersten Bündel des Hirnschenkels bildet. Die Basis der innern Kapsel (ihre vorderen Schichten) geht ja in die Basis, den Fuss des Hirnschenkels, über. Die Thatsache, dass die Bündel der *Ansa nuclei lenticularis* nach oben, richtiger nach hinten laufen, springt sofort durch Abfaserung derselben hervor. Diese lässt seitwärts das Hervorgehen aus der grauen Substanz des Linsenkernes, medialwärts den Verlauf als innerste Hirnschenkelbündel erkennen, welche die Bündel des Fusses umgreifen und hinterhalb desselben in das *Stratum intermedium* eintreten (Fig. 6, 23, 31 *aus lent, SS*). Ausser diesem oberflächlichen Verlauf der queren Hirnschenkelbündel des Linsenkernes, bilden sie auch ein tiefer gelegenes System von Hirnschenkelbündeln, indem sie schichtweise aus den *Laminae medullares* als querverlaufende Blätter zwischen den senkrechten Blättern der inneren Kapsel hindurchtreten (Fig. 36 oberhalb *D*). Dieses Durchflechtungsgebiet geben die unmittelbaren Rindenblätter des Hirnschenkelfusses ab. Die Nothwendigkeit der Durchflechtung geht daraus hervor, dass der Linsenkern (in Längsschnitten) vor, das *Stratum intermedium* des Hirnschenkels aber hinter den Rindenbündeln der inneren Kapsel liegt (Fig. 36).

Die ideale Gränze der inneren Kapsel vom Hirnschenkel markirt der *Tractus opticus*. Bis abwärts besteht der Fuss des Hirnschenkels aus senkrechten Blättern, die vom Linsenkern aus durchflochten sind (Fig. 34). Das Mark des Linsenkernes scheidet sich (wahrscheinlich aber nicht vollständig), noch oberhalb des Hirnschenkeleintrittes in die Brücke von ihm, indem es denselben blätterig in der Richtung zur Sömmering'schen Substanz nach hinten durchsetzt. Im *Stratum intermedium* läuft das Linsenkernmark nach abwärts in die hintere Brückenabtheilung. Die Bündel der Zwischenschicht des Hirnschenkels nehmen daher nach abwärts zu. Sie sind noch in der oberen Hälfte des Hirnschenkels zerstreute, in deren unterer jedoch compacte Querschnittsmassen (Fig. 40 und 41).

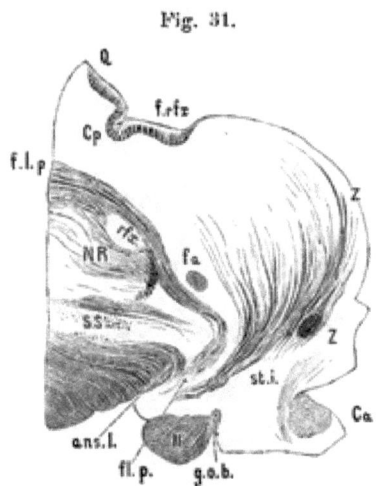

Fig. 31.

Sagittaler Längsabschnitt aus dem Menschenhirne.

q Oberer Zweihügel. *Cp* Commissura posterior. *f. rfz* Fasciculus retroflexus. *rfz* Derselbe durchsetzt den rothen Kern *NR*. *f.l.p.* Fasciculus longitudinalis posterior. *SS* Stratum intermedium cum substantia Sömmeringii. *ans. l.* Ansa lenticularis. *II Tractus opticus*. *g.o.b.* Ganglion opticum basale. *Z Stratum zonale thalami optici*, bei dem unteren *Z* als schräger Durchschnitt. *st.i.* Stilus internus thalami optici. *Ca* Commissura anterior.

Die Zwischenschicht des Hirnschenkels, mit welcher das Vorderhirnganglion in Verbindung steht, reicht bis unter den *Thalamus*, der von ihr durch die untere Hälfte der Linsenplatte (*discus lentiformis*) getrennt ist (Fig. 36 und 55). Ansehnliche Dicke gewinnt das *Stratum intermedium* erst in der Höhe des Mittelhirnes. Es bricht daher die grösste Zahl der Hirnschenkelbündel des Linsenkernes durch die innere Kapsel in die Zwischenschicht erst unterhalb der Linsenplatte ein (Fig. 55 *SS*). Hierüber ist pag. 48 und 50 nachzulesen.

Innere Kapsel.

Vor Beschreibung des Zwischenhirnganglions sei ein Ueberblick jener vieldurchlöcherten Masse differenter Glieder des Projectionssystemes gegeben, der inneren Kapsel des Linsenkernes, welche das Ganglion des Vorderhirns von dem des Zwischenhirns, dem *Thalamus opticus*, scheidet. Nach oben fliesst sie mit einem grossen Theil der *Corona radiata*, nach unten mit dem Hirnschenkel zusammen. Ihre Höhe ist nach oben durch die der Ganglien, nach unten durch den *Tractus opticus* markirt. Vergoldungspräparate aus dem Gehirne des Kindes, welche vor der Behandlung mit 1 : 10000 Goldchloridkalium, mit 1 : 1000 Chlorpalladium digerirt wurden und den ganzen Längsschnitt der Ganglien sagittal oder schief nach vorne und aussen umfassen, geben den besten Einblick in die Structur der inneren Kapsel. Sie ist ein Gemenge von Mark der Hemisphären- und der Hirnschenkel,

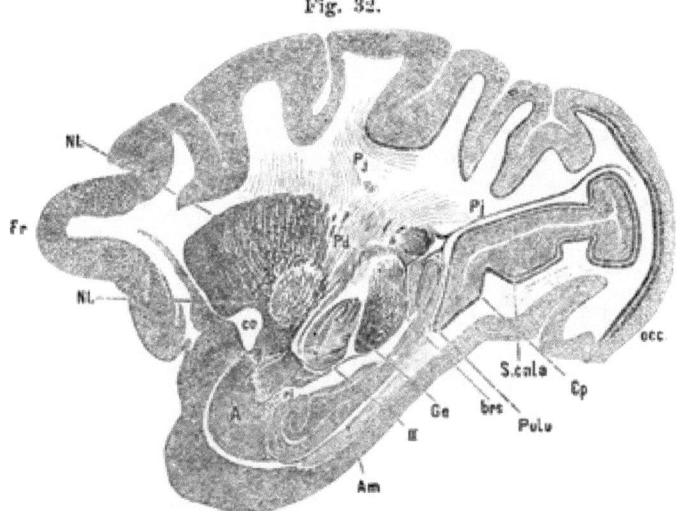

Fig. 32.

Sagittaler Längsabschnitt von *Homadryas* (aus einer zwischen Fig. 26 und Fig. 30 gelegenen Schichte).

Fr, Tm, occ Stirn-, Schläfen- und Hinterhauptgegend. *A Amygdala*, darüber die Vormauer. *ci Cornu inferius. Cp Cornu posterius ventriculi. NL Nucleus lenticularis*, unter seinem Schläfenfortsatz *Nucleus caudatus*, darunter *Tractus opticus*, dessen Zeiger von *II* aus falsch gezogen ist. *Ge Corpus geniculatum externum. Ad* Ammonshorn, der Zeiger zu kurz. *Pulv Pulvinar. bra* sollte auf den vordersten Halbkreis von Bündeln im Sehhügel weisen (oberer Zweihügelarm). *Scal* sollte auf den *Sulcus calcarinus* weisen. *Pd* Hirnschenkelbündel der *Capsula interna. Pj* Projectionsbündel. *co Commissura anterior.*

endlich auch von Kleinhirnmark. Man darf die innere Kapsel zunächst in fünf Arten von Bündeln zerlegen:

1. Ziehen Antheile der inneren Kapsel aus der Gehirnrinde in den Linsenkern (Fig. 6, 30, 32) und treten längs dessen oberer Fläche, unter ersichtlicher Zerklüftung des oberen Randes seiner Durchschnitte ein. Diese Bündel gehen anscheinend nicht gewiss durchwegs in das äussere Glied des Linsenkernes ein, sondern dringen als *Laminae medullares* zum Theil (?) zwischen die *Membra nuclei lenticularis* hinein (Fig. 34 *1*);

2. Dringen Bündel aus der Rinde der Stirngegend durch das Hemisphärenmark in den Sehhügel, welche ein, längs der unteren

Sehhügelfläche staffelförmig entblättertes Mark darstellen. Die Marklinien an Längsschnitten sind von oben nach unten aufeinanderfolgende Kanten von Markblättern, die mit der grauen Substanz schichtweise abwechseln: *Stilus anterior thalami optici* (Fig. 5, 29, 33, 36, 55). Sie bilden auch Theile des *Stratum zonale*.

3. Scheinen aus dem *Nucleus caudatus* entsprungene Bündel zum Hirnschenkel zu ziehen (Fig. 29). Sie kreuzen sich mit den Bündeln des vorderen Stieles, von deren Hauptmasse sie nach aussen gelegen sind und bedecken von innen her den Linsenkern.

4. Der Hirnschenkelfuss enthält noch absteigende Markmassen aus zwei grauen Herden. Die vordere dieser blätterigen Markmassen

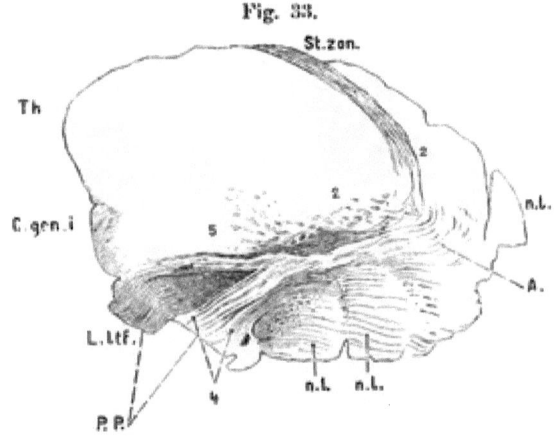

Fig. 33.

Sagittaler Längsschnitt aus dem Gehirne des Neugeborenen.
(Goldchloridkaliumpräparat.)

Th Thalamus opticus, C.gen.i Corpus geniculatum internum, n.l Nucleus caudatus, n. L Nucleus lenticularis, A Fasciculus Arnoldi, P P Pes pedunculi, 2 Bündel aus dem vorderen Stiele des Sehhügels, 4 Rindenbündel und directe Linsenkernbündel. 5 Bündel der inneren Kapsel zum rothen Kern, *L. ltf.* soll auf die schwarze linsenförmige Platte im Winkel zwischen 4 und 5 weisen.

geht aus dem Linsenkerne, die hintere stärkere aus dem Hemisphärenmarke, d. i. aus der Hirnrinde hervor. Letzteres Mark sollte als „vordere Rindenblätter" des Hirnschenkels bezeichnet werden, *Laminae corticales anteriores pedunculi*. Spricht man im abgekürzten Ausdruck als von einem Bündel, so gebührt demselben der Name Arnold'sches Bündel (Fig. 33, *A*).

Die hinteren Rindenblätter des Hirnschenkels, Türk'sche Bündel habe ich Fig. 22 *Tu*, und Fig. 5 *Om,p* dargestellt.

5. Die fünfte hinterste Markabtheilung der innern Kapsel richtet, von den Blättern des *Fasciculus Arnoldi* und vom *Discus lentiformis* basal bedeckt, ihren Lauf nicht nach dem Hirnschenkelfuss, sondern über ihn weg zum rothen Kerne der Haube. Dieses

Bündel stellt im Allgemeinen im Längsschnitte (Fig. 33 und 36, 5) die Kante eines weit ausgebreiteten Bündelfächers dar (Fig. 23). Die Bündel dieses Fächers finden sich in Querschnitten ebenfalls mit dem rothen Kerne verbunden. (Fig. 34 aussen von *NR*.) Von der Rinde her sind die Bündel in das Gewirre der *Corona radiata* verflochten.

Der *Discus lentiformis* hängt mit einem, die innere Kapsel durchflechtenden radiären Bogen aus Rindenbündeln zusammen, welche erst nahe dem Insertionsrande einzeln aus dem Gewirr hervortreten. Ein innerstes Bündel der innern Kapsel (Forel) gehört dieser Strahlung an. Nach abwärts gehen aus dem *Discus lentiformis* äussere Bündel durch das *Tegmentum pedunculi* bis in das *Brach. corp. big. inf.* Der Fuss des Hirnschenkels wird gemäss meinen früheren Angaben innerhalb der drei innern Viertheile seiner Breite nur von Bündeln für die Sömmering'sche Substanz durchsetzt (Fig. 34). Nur sein äusserstes Viertel, das Feld der fortgesetzten Türk'schen Bündel, wird von Bündeln, die von der obern Fläche der Linsenplatte her in den *Tractus opticus* eingehen, durchsetzt (Stilling's Opticusbündel).

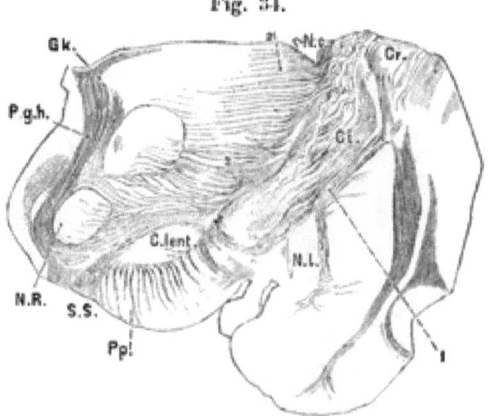

Fig. 34.

Durchsichtiger senkrechter Querabschnitt, *Thalamus opticus*, aus dem menschlichen Gehirne. *Gk* Gürtelschicht nächst der *Habenula conarii*, *Pgh* *Fasciculus retroflexus* oder *Pedunculus habenulae*. 2 Stabkranzbündel des *Thalamus opticus*. Zwischen 2 und *Pgh* die halbkreisförmige Umzeichnung des Sehhügelkegels, *Lamina medullaris*. *Nc* *Nucleus caudatus*, *Cr* *Corona radiata*, *Ci* *Capsula interna*. *l* Einstrahlung in den Linsenkern, *NL* *Nucleus lenticularis*, rechts von ihm laufen Bündel des Stabkranzes in die äussere Kapsel des Linsenkernes. *NR* Rother Kern mit seitlichen Strahlungen der inneren Kapsel. *Clent* Linsenscheibe, *SS* medialer Theil der *Substantia nigra*. *Pp* *Pes pedunculi*. In demselben sind nach oben laufende Bündel sichtbar, welche in das *Stratum intermedium* aufwärts sich umbeugen.

Die Linsenplatte ist ein abgeschlossenes Ganglion, welche weder mit dem rothen Kern der Haube, noch mit der *Substantia Sömmeringi* zusammenhängt.

Dem Stabkranz, nicht aber der inneren Kapsel gehören die gesammten Projectionsbündel aus dem *Lobus occipitalis* an, welche 1. zu äusserst in den Hirnschenkel als die von mir aufgefundenen Türk'schen Bündel, 2. angränzend nach innen durch dessen Arm zum unteren Zweihügel, 3. in den inneren Kniehöcker, 4. in den äusseren Kniehöcker, endlich 5. in den Arm des oberen Zweihügels, und 6. in das *Pulvinar* des Sehhügels eintreten (Fig. 5 *Om p, br s, ge i, ge a, br i, pulv*).

Thalamus opticus.

Die Umzeichnung des Sehhügels und die markigen Einzeichnungen in denselben gestalten sich 1. durch das Hemisphärenmark, 2. durch Bündel des *Tractus opticus*, und 3. durch die Ursprungsformen der Haube des Hirnschenkels aus der Sehhügelmasse.

Der Sehhügel ist ein durch Markschichten wohl abgegrenztes Ganglion. Am unabgeschlossensten wegen directen Marküberganges ist er von der Haube des Hirnschenkels, durch deren Bündel er zu einem Ursprungsganglion des Rückenmarkes gestempelt wird. Schon die Oberfläche ist längs des *Ventriculus lateralis* von dem starken *Stratum zonale* bedeckt, das von der *Stria cornea* bis zum innern Rand der *Habenula*, bis zum *Ventriculus medius* reicht. Die Bündel treten in das *Stratum zonale* unter dem *Nucleus caudatus* ein 1. vom Stirnlappen als oberflächliche Schichten des vorderen Stieles (Fig. 5, 21, 29, 54, 55), 2. vom Scheitellappen (Fig. 6, 34), 3. vom Schläfe- und Hinterhauptlappen (Fig. 21), 4. aus der *Retina* nach innen von den hinteren Temporalfascikeln durch den *Tractus opticus*, 5. aus der *Ansa peduncularis* längs der vordern und innern Grenze der Gürtelschicht (Fig. 21, 31), 6. aus dem *Crus alscendens fornicis*.

Die Verlaufsrichtungen dieser diversen Ursprungsarten von Bündeln, welche vor dem Eintritt in tiefere Schichten die Sehhügel oberflächlich bedecken, aber selbst schon Ganglienzellen enthalten (Boll), durchkreuzen sich mehrfach. Zunächst schlagen sich die zonalen Temporalbündel von hinten her oberflächlich über Hinterhaupt- und Scheitelbündel weg, sie bis zum Aussenrand des Sehhügels bedeckend. Auch die Antheile aus der *Ansa peduncularis* durchkreuzen sich mit den zonalen Bündeln aus dem Stirnlappen (Fig. 36). Die Zuwächse aus dem aufsteigenden Gewölbschenkel durchsetzen schief von der Hirnbasis aus das Innere des Sehhügels, um in die Gürtelschicht zu gelangen (Fig. 6, 31, 55).

Vom innern Rande der Gürtelschicht fällt die Sehhügeloberfläche senkrecht zum dritten Ventrikel ab und scheint aus grauer Substanz zu bestehen.

Dieses Grau ist aber nicht Sehhügelsubstanz. Es reicht ja über die untere Grenze des Sehhügels in den Trichter basalwärts hinab. Es ist der Antheil der grauen Auskleidung des Medullarrohres, welcher auf das primäre vordere Hirnbläschen, das spätere

Zwischenhirn entfällt, dessen obere Wand membranös bleibt. Dieses centrale Höhlengrau, welches unten das Basalganglion des *Tractus opticus* einschliesst (Fig. 31), stösst nach aussen an die innere Wand des *Stratum zonale* des *Thalamus*. Der, aus der *Ansa peduncularis* stammende *Stilus internus* des Sehhügels bildet seine eigentliche mediale Oberfläche, und es treten zunächst die (medial) oberflächlichsten Bündel des *Stilus internus* bogenförmig nach rückwärts laufend in die *Commissura posterior* ein. Dieser innere Sehhügelstiel der *Ansa peduncularis* entspringt aus dem Schläfelappen (Fig. 6) und wahrscheinlich auch aus der äusseren Kapsel.

Nach aussen ist der Sehhügel markig begrenzt, indem die innere Kapsel des Linsenkernes zugleich eine äussere Kapsel des Sehhügels darstellt (Fig. 5, 6) und nach dem Abklingen des Linsenkernes in der Scheitelgegend, umkapselt ein, hinter der *Capsula interna* fortgesetztes Hemisphärenmark den *Thalamus* von aussen (Fig. 37). Der vordere Stiel umkapselt denselben nach unten (Fig. 36), als ein Mark, welches, wie das *Stratum zonale*, dem *Thalamus* unmittelbar anliegend, sich auch in sein Inneres entblättert, daher ein wirklicher Antheil dieses Ganglions ist. In dem Antheil des Sehhügels, welcher der Scheitelgegend angehört, bildet eine schmale Schicht seiner Masse für den gröbsten Vergleich eine Art Vormauer des Sehhügels, Arnold's Gitterschichte. Ihr Zustandekommen ist nach zwei Richtungen klar: 1. wird diese äussere schmale, senkrechte Schicht des Ganglions (Fig. 30, 32) durch Bündel aus dem Schläfelappen abgeschieden, welche im Sehhügelgrau einwärts von den queren Blättern der Scheitelregion der Aussenfläche des Ganglions parallel aufsteigen; 2. kreuzen sich Einstrahlungen des Hemisphärenmarkes in den äusseren Kniehöcker, in der senkrechten Richtung verlaufend, ebenfalls im äusseren Sehhügelgrau mit den queren Markblättern aus der Scheitelgegend, welche im Querschnitt das Ansehen von Querbündeln geben.

Diese Umgrenzung des Sehhügels durch eine obere und untere, äussere und innere Markwand, lässt ihn sowohl im frontalen als im sagittalen Durchschnitt keilförmig erscheinen. In den vorderen frontalen Querschnitten (Fig. 6) erscheint die Keilform mit oberem Rücken und unterer Kante; in den sagittalen Ebenen (Fig. 29, 36) vorn niedrig und hinten hoch, ebenso im querhorizontalen Durchschnitt (Fig. 5) vorn schmal, hinten breit. Die Längsaxe des Sehhügels ist am hintern Ende nach aussen geknickt durch die mediale Einschiebung des Mittelhirns (Fig. 16, 17), von welchem der Vierhügel wenig, seine Anhänge, die Kniehöcker, aber tief von innen und unten her die Sehhügelmasse eindrücken (Fig. 5, 38, 30, 32).

Die Umkapselung des *Thalamus opticus* hat bereits Licht auf das obere Glied seines Projectionssystemes zwischen Rinde und Ganglion geworfen. Unsere Kenntniss erstreckt sich noch weiter:
I. auf den Verlauf der Hemisphärenbündel im Innern des *Thalamus*,
II. auf den Ursprung der Hirnschenkelhaube aus dem *Thalamus*,
III. auf die basilaren Gebilde, welche den *Thalamus* tragen und mit dessen Haubenbündeln ein besonderes Durchschnittsfeld bilden.

I. Das Hemisphärenmark im Innern des *Thalamus opticus*, das obere Glied seines Projectionssystemes, dringt von den umkapselnden Marklagern aus herein, und liegt durch, bei der makroskopischen Abschälung klare blättrige Schichtungen der Anordnung der grauen Masse zu Grunde. Von den oben beschriebenen Marksystemen geht auch eine ziemlich scharfe Abgrenzung zweier grauer Kerne des Sehhügels aus.

a) Der aufsteigende Gewölbschenkel gabelt sich nach oben und bildet vor der Auflösung in graue Substanz die Umzeichnung (Fig. 6) des vorderen Kernes, *Tuberculum anterius, Nucleus caudatus thalami*. An dieser Umzeichnung betheiligt sich die Gürtelschicht, indem sie sich gleichsam in ein oberes und unteres Blatt spaltet, besonders durch eine quer hereintretende Schicht aus dem Marke des Stirnlappens (Fig. 38, links *a*).

b) Der Antheil des *Stratum zonale*, welcher aus der *Ansa peduncularis* stammt, begrenzt und durchzieht das Ganglion der *Habenula conarii*. Die kleinen Nervenkörper dieses Ganglions gleichen in Form und dichter Anordnung denen der Zirbel. Beide haben den Zusammenhang mit Bündeln der hinteren Commissur gemeinsam.

c) Aussen vom Grau des III. Ventrikels verbreitet sich der *Stilus internus thalami optici* aus der *Ansa peduncularis* im Querschnitt pinselartig in die ganze Breite der vorderen Hälfte des *Thalamus* nach innen und nach aussen vom Gewölbschenkel (Fig 6 *st i* von *Th* bis *Th*). Im vorderen Drittheil des Sehhügels schwingt sich (parallel den unter dem Linsenkern verlaufenden Bündeln aus der *Ansa peduncularis*) in frontalen Ebenen eine Schicht feiner Bündel aus der inneren Kapsel über den Linsenkern weg in der tieferen Masse des Sehhügels nach aufwärts. (Schnopfhagen.) Diese Schicht durchkreuzt von unten her die Strahlungen aus dem vorderen Stiele des Sehhügels.

d) Der vordere Sehhügelstiel (Fig. 5 *Cp i*, 33, 36 2, 38 *a*, 55) verläuft im Sehhügel, indem er von dessen vorderer Markkapsel, die ihm angehört, sich stufenweise abblättert. Diese Blätter blähen sich der Convexität des Sehhügels parallel auf und schliessen sie zwiebelartig ein. Schicht um Schicht wechselt mit grauer Substanz, deren im Ganzen spindelförmige Nervenkörper mit ihren Axen überall den Markblättern parallel gestellt sind. Das Mark des vorderen Stieles durchsetzt in dem vorderen Drittheil des *Thalamus* die Strahlungen des inneren Stieles, weiter rückwärts liegt es weiter nach aussen. Ein innerer (medialer) Antheil tritt in die hintere Commissur ein, der mächtigere Antheil geht durch trichterförmige Zusammenschiebung direct in die Haube über. Indem die Blätter des vorderen Stieles concentrische Convexitäten bilden, werden sie an Längsschnitten, an sagittalen Abschnitten zusammt den zwischenliegenden grauen Schichten abgekappt und geben das Bild nach vorn convexer, in einander geschobener Bogen (Fig. 55).

e) Die Strahlungen aus dem Scheitellappen bilden in der hinteren Sehhügelhälfte quere, an frontalen Abschnitten, mit grauer Substanz schichtenweise wechselnde Blätter (Fig. 34).

f) Die Verhältnisse des Hinterhaupt- und Schläfelappens zum Sehhügel erhellen bereits aus den Abfaserungen des vorigen Abschnittes (Fig. 21, pag. 44), sowie das Verhältniss zu den optischen Strahlungen schon oben pag. 79 erörtert wurde. Siehe auch unten pag. 86.

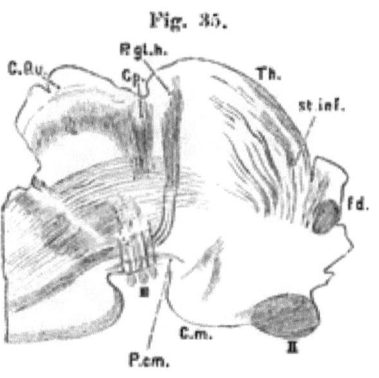

Fig. 35.

Sagittaler Längsschnitt aus dem Gehirne von *Lemur*. *C. Qu* Corpus quadrigeminum. *Cp* Commissura posterior, in die Haube übergehend. *Pgl. h.* Fasciculus retroflexus der Haube. *III* Nervus oculomotorius vor der Brücke und hinter *C. m. Corpus mamillare*, *P. cm* dessen Haubenbündel. *Th* Thalamus opticus. *st. inf.* Stilus internus thalami. *fd.* Absteigendes Gewölbe und *Commissura anterior*. *II* Chiasma opticum.

II. Andere Markzeichnungen sind im Sehhügel durch die Ursprünge der Haube des Hirnschenkels gegeben. 1. In den Querschnitten, welche hart vor dem Vierhügel durch den breitesten Theil der Keile des *Ganglion habenulae* (Fig. 16, 17) fallen, treten wahrscheinlich aus vielen Partien der Gürtelschichte des Sehhügels, und möglicherweise durch die hintere Commissur mehrere starke Bündel hervor, welche die Anschwellung der fünften Bündelordnung der inneren Kapsel, den rothen Kern der Haube durchsetzen. Aus Längsschnitten durch diese Bündel (Fig. 35) geht hervor, dass die Bündel wirklich in die Haube des Hirnschenkels übergehen. Sie umbiegen theils als vorderste innerste Bündel der Haube den *Nervus oculomotorius* nach aussen, theils durchflechten sie ihn und sind in die Längsbündel der hinteren Brückenabtheilung verfolgbar. Sie setzen sich wohl nach Einschaltung von Ganglienzellen in die *Oblongata*, eventuell in das Rückenmark fort, *Pedun-*

culus ganglii habenulae, kürzer *Fasciculus retroflexus*, nach Forel Meynert'sches Bündel (Fig. 31, 35 und 34).

2. Ueber dem rothen Kerne zeichnet sich scheinbar ein, nach innen mit der Sehhügelmasse confluirender, oben aussen und unten abgegrenzter Kern ab, als ob hier ein in frontaler Schnittebene verlaufendes bogenförmiges Markbündel sich den Bündelquerschnitten der Haube, welche den rothen Kern umgeben, zugesellte (Fig. 34). Der Markbogen ist nach aussen noch von einer kleinen Zahl niedrigerer, ihm concentrischer krummer Marklinien umgeben, *Striae medullares thalami optici*. Der Bündelverlauf dieser Markbildungen liegt aber keineswegs innerhalb der frontalen Schnittebenen. Schnopfhagen fand an Goldpräparaten, dass die *Striae* aus ganz kurzen Faserfragmenten zusammengesetzt sind, und aus Querschnitten. In Längsschnitten (Fig. 36) von Goldpräparaten stellen sie sich als zusammengesetzt aus Segmenten von mehrfachen Verlaufsrichtungen dar, worunter directe Umbeugungen in die Haube des Hirnschenkels besonders zu beachten sind. Bei oberflächlicher Betrachtung bildet die innerste *Lamina medullaris* eine Markblase, welche einen nach unten, oben, aussen und hinten umschlossenen Halbkreis von Sehhügelgrau abschneidet. Diese graue Substanz verdient nicht den Namen eines Centrums im Sehhügel, denn sie ist von denselben Längsbündeln durchzogen, die als Ausstrahlungen des vorderen Stieles viel mehr Sehhügelmasse durchsetzen, als diese halbkugelartig durch die *Laminae medullares* umzeichnete Portion.

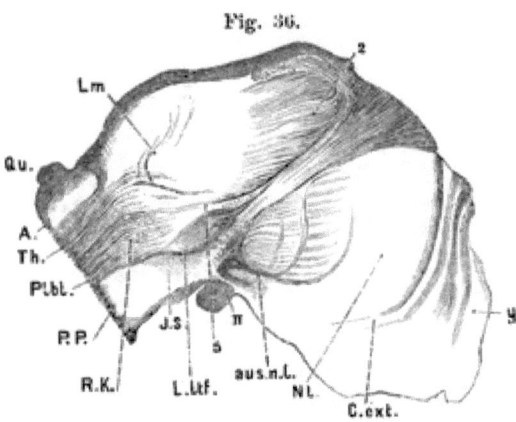

Fig. 36.

Sagittaler Schrägschnitt aus dem Gehirne des Kindes (Goldchloridkaliumpräparat). Dieser Schnitt durch den Sehhügel und Linsenkern der rechten Seite fällt so schief nach innen und hinten ab, dass er unterhalb des Vierhügels die Medianlinie kreuzen würde.

Qu Corpus quadrigeminum. *A Aquaeductus Sylvii*. *Th* Bündel der Haube aus dem *Thalamus opticus*. *R. K.* Seitliche Schichten des rothen Kernes. *Lm Laminae medullares* im *Thalamus opticus*. *2* Durchflechtung von Bündeln für das *Stratum zonale* und solchen für den Sehhügel in der *Capsula interna*. *NL* Linsenkern. *C.ext.* äussere Kapsel desselben. *5* Vordere Strahlung der *Capsula interna* in den rothen Kern. *Plbl.* Bindearm über der Kreuzungsstelle. *P.P.* Pes pedunculi. *J. S. Stratum intermedium*. *L. lf. Discus lentiformis*. *II Tractus opticus*, *aus. n. l.* Linsenkernschlinge, die, auf dem Wege in das *Stratum intermedium* Bündel, das Arnold'sche Bündel der inneren Kapsel durchflechten. *y* Insel, die Schichten bis zur *Capsula interna* sind im Holzschnitte unrichtig.

NB. Die scheinbare vordere Spitze des *Discus lentiformis* ist Strahlung des hinteren Längsbündels, ebenso der dunkle Halbmond über dem *Tractus opticus*.

Diese *Striae medullares* sind nach der Unterbrechung in Ganglienzellen des Sehhügels die bündelärmeren Fortsetzungen des vordern Sehhügelstieles. An Querschnitten, die man verschiedenen Höhen des Gehirnstammes von oben nach unten entnimmt, bildet das Trugbild der, zur Haube als transversaler Bogen verlaufenden innersten *Lamina medullaris* nach unten zu immer kleiner werdende Bogen, welche concentrisch in einander gelegt werden könnten. In der Höhe der hinteren Commissur ist der Bogen verschwunden und an seine Stelle ein Bündelquerschnitt nach aussen vom rothen Kern getreten. Dies lässt auf ein trichterartiges Zusammenneigen der betreffenden Ursprungsformation der Haube aus Längsfasern nach unten zu schliessen.

Die *Laminae medullares* des Sehhügels bestehen daher nicht aus queren Verlaufsbündeln, sondern sie sind aus einer in Quer-

Fig. 37.

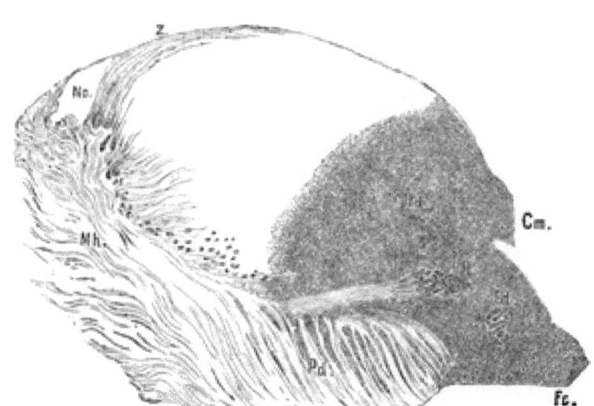

Frontaler Querabschnitt aus dem menschlichen Sehhügel.
Nc. Nucleus caudatus. *Mh.* Hemisphärenmark. *Pd.* Hirnschenkelfuss. *Z.* Stratum zonale thalami optici. *Cm.* Commissura media. *Fa.* Fornix ascendens. *Fd.* Fornix descendens. *Lp.* Querschnitt und Strahlung des *Fasciculus longitudinalis posterior.* *Fc.* Tuber cinereum.

schnitten bogenförmigen Juxtaposition von Längsbündeln geformt. Der Eindruck von dichtem Mark, welchen die *Laminae medullares* machen und welcher die Continuität laufender Bündel vorspiegelt, wird wahrscheinlich durch den Durchtritt querer Stabkranzbündel aus dem Scheitellappen unterstützt. Sie flechten sich zwischen den juxtaponirten Haubenbündeln aus dem Stabkranz in der Richtung gegen den dritten Ventrikel durch. Diese füllen dabei die Lücken zwischen jenen, und jene die Lücken zwischen diesen zu einer compacten Markformation aus. Longitudinale Schrägschnitte durch den Sehhügel lassen auch concentrische Bogenformationen mit vorderer Convexität erscheinen, die nach hinten offen sind, im Gegensatze zur Formation der *Striae medullares* im Längsschnitt (Fig. 36). Doch bilden diese Bogen kein compactes Mark. Sie sind der Ausdruck einer nach der dritten Kammer hin convex und zugleich concentrisch geschichteten Aufblätterung des vorderen Stieles im Sehhügel. Diese Blätter gehören einer vorderen Region des *Thalamus* an, in welcher sie und die zusammensetzenden Bündelchen noch mit Schichten grauer Substanz abwechseln, in der sie endigen und neu entspringen (Fig. 53).

Dieses ganze Bündelsystem, welches in den *Thalamus* als vorderer Stiel eindringt, und ihn als eine äussere Abtheilung der Haubenbündel wieder verlässt, bildet zwei, hinter der Mitte der Sehhügellänge, mit ihren Grundflächen aneinander stossende geschichtete Kegel. Der vordere davon ist weit ansehnlicher als der hintere, der zugleich hohl ist, und nach innen durch eine Art Scharte offen steht. Die innerste mediale Breite des Sehhügels ist nämlich durch das System des, in die hintere Commissur laufenden inneren Sehhügelstieles, und nach hinten vom *Fasciculus retroflexus* eingenommen. Dadurch wird die mediale Scharte des Haubenkegels im *Thalamus opticus* bedingt.

<small>Zugleich sind die äusseren concentrischen Blätter, welche die *Lamina medullaris* umgeben, zu niedrig, um sich concentrisch auch über deren oberes Segment zu erheben. Diese Niedrigkeit erklärt sich daraus, dass nicht nur die Höhe des Hirnstammes vom Sehhügel zur Haube abfällt, sondern die Haubenbündel zugleich aus einem Verlauf ihres Ursprunges von vorne nach hinten, entsprechend der Scheitelbeuge, in einen Verlauf übergehen, der von oben nach abwärts zur Brücke führt.</small>

4. Die Haube des Hirnschenkels wird auch durch die hintere Commissur noch mit Bündeln bereichert, welche unterhalb des (von Forel Meynert'sches Bündel genannten) *Fasciculus retroflexus* und ihm parallel zuerst aus der hinteren Commissur nach vorne laufen, um sich dann medullarwärts umzubeugen (Fig. 35 *Cp*). Die *Commissura media* der Sehhügel hat in so ferne einen der *Commissura posterior* verwandten Bau, als sich durch Abfaserung zeigen lässt, dass auch durch diese Commissur Bündel des inneren Sehhügelstieles in den entgegengesetzten Sehhügel laufen (Fritsch, Holländer). Sie scheinen im Sehhügel eine Strecke weit in schiefem, longitudinalem Verlauf nach aufwärts zu steigen.

Aus der *Retina* tritt in den Sehhügel ein vorderes starkes Bündel des *Tractus opticus* ein, welches zwischen dem *Corpus geniculatum externum* und dem Fuss des Hirnschenkels vor dem Polster des Sehhügels aufsteigt und, pinselartig zerfahrend nach innen in den Sehhügel einstrahlt. Diese Einstrahlung liegt weit genug entfernt von den Verbindungen des *Tractus opticus* mit dem *Discus lentiformis* um Verwechslung auszuschliessen.

III. Von der Gehirnbasis aus werden die Ganglien des Vorderhirns und des Zwischenhirns von Markbildungen umgürtet, welche in einem ungefähren Parallelismus zum *Tractus opticus* verlaufen. Sie bilden die *Substantia innominata* Reil's. Dieses Marklager befindet sich vor dem *Tractus opticus*, der Tiefe nach zwischen ihm und dem Hirnschenkelfuss. Nach Wegnahme des *Tractus opticus* (Fig. 23) sieht man, dass dieser basale Gürtel die *Lamina perforata anterior* unterminirt, somit den *Nucleus caudatus*, gleich der vorderen Commissur, aber mehr basalwärts durchsetzt.

Der morphologische Grund für die Bildung dieser Gürtel ist darin gegeben, dass ihre Bündel von den äussersten Regionen des Stammes (grösstentheils aus der Stabkranzstrahlung des Schläfelappens und der *Capsula externa*) über den Hirnschenkel weg zu medialen Kreuzungsstellen (mittlere und hintere Commissur, Schnopfhagen's Kreuzung) gelangen. Soweit es sich um Ursprünge dieses Marks, der *Ansa peduncularis* (Gratiolet) aus dem Schläfelappen handelt, verursacht die Durchflechtung von Bündeln der *Ansa peduncularis* mit den Schläfestrahlungen in das *Pulvinar* und in die äussersten Bündel des Hirnschenkelfusses (Fig. 23 *Tm*) den Anschein, als wenn die äussersten Hirnschenkelbündel gürtelförmig unter dem hinteren Rand der *Lamina perforata anterior* zur innern Hirnschenkelfläche verliefen (Fig. 23 vor *Pd*). Dies ist begreiflich, weil die Schläfelappenstrahlungen in den Gehirnstamm sich nach rückwärts in Sehhügel und Hirnschenkel, nach vorne in die Hirnschenkelschlinge begeben, beide Richtungen aber von gleichen Stellen des Durchschnittes der Schläfeneinstrahlung ausgehend, in Durchflechtungen zusammenstossen. An Abfaserungspräparaten lassen sich diese Durchflechtungen in ausgezeichneter Weise trennen, und der Uebergang ihrer Bündel nach den geschiedenen Richtungen verfolgen (Fritsch, Holländer).

Die gesammten Bestandtheile der basalen Umgürtungen des Hirnstammes sind folgende:

1. Der *Tractus opticus*, dessen Abfaserung nicht nur durch Kreuzungsbündel des *Chiasma* in den entgegengesetzten *Nervus opticus*, sondern auch ungekreuzt hintere Bündel in den gleichzeitigen Sehnerv führt. Soweit der *Tractus opticus* dem *Tuber cinereum* anliegt, ist er an seiner oberen Fläche (Fig. 31 *g o b*) im Zusammenhang mit dem *Ganglion opticum basale* (Wagner). Das *Chiasma* ist an diesem Ganglion gleichsam aufgehängt, weil letzteres sich hier frei basalwärts erhebt. Es schickt dem Sehnerv hier ungekreuzte Bündel zu.

2. Vor dem *Chiasma* verläuft der *Pedunculus septi pellucidi* als oberflächliche Schicht der *Lamina perforata anterior*, unter dem *Nucleus caudatus*, nach aussen.

Zwischen dieser oberflächlichen Strahlung und den parallelen tieferen Durchstrahlungen des *Nucleus caudatus*, welche, wie oben bemerkt, sich von der *Ansa peduncularis* aus in den *Nucleus caudatus* eindrängen, findet sich eine besondere Schichte querliegender dichter, den Strahlungen paralleler Ganglienzellen, welche nach aussen bis in die *Capsula externa* verfolgbar sind. Sie bilden eine flache gut begrenzte besondere Ganglienbildung, deren Ausdehnung der Grösse der *Lamina perforata anterior* gleichkommt. Sie erscheint mit ihren Zellen dem Verlauf der *Ansa peduncularis* parallel und von deren Bündeln durchstrahlt, *Ganglion ansae peduncularis*.

3. Unmittelbar über dem *Tractus opticus* findet sich die *Commissura inferior* (Fig. 6, II'), deren Mittelstück in der Convexität des *Tuber cinereum* liegt, deren, nach rückwärts laufende Seitentheile hart aussen vom Hirnschenkel, den sie unmittelbar umgürten, nach oben in die Tiefe treten.

4. Die *Ansa peduncularis*. Ueber die Structur des Stammes kann ohne vor Augen Halten der Abfaserungspräparate im Allgemeinen kein zusammenhängendes Bild gewonnen werden. Die Schichtung der Hirnschenkelschlinge insbesondere leuchtet nur aus der freien Präparation des Stammes auf einen Blick hervor, während die durchsichtigen Abschnitte einen ausgezeichneten Erweis für die Richtigkeit jener Präparation abgeben. Die hintere Fläche der *Ansa peduncularis* überhängt rinnenförmig die *Commissura optica* (Fig. 22 rechts neben dem durchschnittenen *Tractus opticus*). Die *Ansa* besteht aus drei Schichten, dem *Stilus internus thalami optici*, dem hinteren Markblatte der Haube (sogenanntes hinteres Längsbündel) und der Linsenkernschlinge, welche einen ganz differenten Verlauf nehmen.

a) Der innere Stiel des Sehhügels bildet die basalste Schichte. Er wurde schon pag. 81 und 82 c beschrieben und es ist dem Obigen nur hinzuzufügen, dass auch durch die mittlere Commissur Antheile seiner Bündel über die Mittellinie treten. (Fritsch, Holländer.)

b) Das hintere Längsbündel, *Fasciculus longitudinalis posterior*. Diese Schichte liegt, von der Basis gesehen über dem *Stilus internus* und unter der Linsenkernschlinge. Nach aussen decken sich die drei Schichten zu, nach innen lassen sie sich stufenweise scheiden, weil der innere Stiel am wenigsten, die Linsenkernschlinge am meisten nach hinten reicht. Das hintere Längsbündel tritt am plastischen Präparate innerhalb der *Ansa* durch eine grauere Färbung hervor, und ist weicher als die beiden anderen Schichten. Im Verlauf, welchen innerer Stiel und hinteres Längsbündel parallel dem dritten Ventrikel nach hinten nehmen, müssen sie um die Höhe des *Aquaeductus* auseinander weichen, weil der Sehhügelstiel hinter demselben in die hintere Commissur, das Längsbündel aber in das Grau vor dem *Aquaeductus* eingeht. Zu den Bündeln, welche aus der *Ansa peduncularis* stammen, treten noch andere aus dem *Tuber cinereum*, welche der inneren Oberfläche des *Ventriculus tertius*, beziehungsweise des Trichters nahe liegen, während die *Commissura inferior* der äusseren Oberfläche des *Tuber cinereum* näher liegt. Diese Bündel wurden von Schnopfhagen auch an vergoldeten Frontalschnitten beschrieben. Dieselben gehen, rückwärts laufend wenigstens theilweise in die Schnopfhagen'sche Kreuzung ein, welche über den rothen Kernen und hinter den *Corpora mammillaria* in der hinteren Wand des dritten Ventrikels liegt. Nach abwärts von der Kreuzung laufen sie mit über den rothen Kern (Fig. 31) und durch das Mittelhirn (Fig. 40 und 41) wahrscheinlich als medialste Bündel des Querschnittes. Dieser, aus dem centralen Höhlengrau stammende Theil des hintern Längsbündels scheint ausschliesslich den aufsteigenden Gewölbschenkel zu bedecken, zu dessen Durchlass in die Sehhügelmasse das hintere Längsbündel eine Strecke weit doppelblättrig ist.

Der Ausdruck *Fasciculus longitudinalis posterior* ist nur bezeichnend für das von anderen Autoren, besonders seit Stilling gekannte untere Verlaufstück dieses Marksystemes vor dem *Aquaeductus Sylvii* des Mittelhirns und vor dem grauen Boden der Brücke (Fig. 40, 41, 42, 43 *L*). Der Theil, welchen ich vor ein Dutzend Jahren als Continuität zwischen der *Ansa peduncularis* und dem *Fasciculus longitudinalis posterior* entdeckte (Fig. 31 von *rfx* zum basalen *Flp*) ist nur die innerste Kante einer mächtigen Markstrahlung, welche die gesammte hintere Fläche des Hirnschenkelsystemes bedeckt, *Radiatio fasciculi posterioris*. Der blattförmige, nach aussen verdünnte Querschnitt des bekannten *Fasciculus longitudinalis posterior* ist nur die untere, am wahrscheinlichsten unvollständige Fortsetzung dieser Markstrahlung.

Die Strahlung des hinteren Längsbündels ist ein Projectionssystem aus dem Hemisphärenmark (aus der Grosshirnrinde) in das centrale Höhlengrau, welches gleichsam den Boden der Ganglien und zugleich die Decke des Hirnschenkels bildet.

Von centraler Seite her convergiren die gesammten radiären Faserrichtungen nach dem inneren dickeren Rande der Strahlung, längs welchem sie sagittale Richtungen nach abwärts verfolgen. Solche Richtungen fallen unter dem Sehhügel hin auch in rein frontale Schnittebenen (Fig. 37, Abbildung aus dem Jahre 1866,

L p) was auch später Forel erkannte. Die Strahlungen des hinteren Längsbündels aus dem Stirnende des Grosshirnlappen verlaufen durch die innere Kapsel in die Markmasse über und vor des *Discus lentiformis*, welche mit zur Längsbündelstrahlung gehört. (Fig. 33 die kurzen durchflochtenen Bündel im *Fasciculus Arnoldi*. Fig. 54 vor *L b*.)

Die Strahlungen aus dem Schläfelappen mit denen der äusseren Kapsel biegen sich von unten her hinauf, in der Hirnschenkelschlinge gleich den übrigen Strahlungen unter dem *Thalamus opticus* weiterlaufend. (Fig. 31.) Sie sind aber als Bestandtheil der Hirnschenkelschlinge kein blosser Strang, sondern ein breites und dickes Blatt, dessen äusserste Bündel von den medialen so weit nach aussen liegen, dass sie weit nach aussen noch über dem *Tractus opticus* aufsteigen (vergl. Fig. 31 *Lp* und Fig. 29, wo es ohne Bezeichnung über *II* gegen die innere Kapsel aufsteigt). Die innere Kapsel umbiegt der über dem *Tractus opticus* aufsteigende Antheil mit nach aussen gerichteter Concavität, so dass an sagittalen Durchschnitten die innere Kapsel den Verlauf des vor dem Hirnschenkel aufsteigenden vorderen Segmentes der Strahlung (Fig. 29) in das über dem Hirnschenkel fortlaufende Segment unterbricht.

Kein Bestandtheil der Haube des Hirnschenkels reicht so hoch hinauf im Hirnstamme als der *Fasciculus posterior*. Zuhöchst liegt die Strahlung vor dem Hirnschenkelfuss (Fig. 31 *fl.p*), dann vor der Zwischenschicht, deren Bündel weiter aussen mit dem Linsenkern verbunden sind, darauf erhebt sie sich über die Linsenplatte, *Discus lentiformis* (welche in Fig. 31 den Raum *NR*, *fl p* und den Bündeln von *S.S.* ausfüllen sollte), und weiter abwärts ist das hintere Längsbündel auch noch durch den rothen Kern der Haube weit vom Hirnschenkelfuss abgedrängt. Um über den Bindearm zu gelangen, stieg das Längsbündel von der medialen Seite der Bindearmstrahlung her auf jenen hinauf. Ueber der Linsenplatte war die Strahlung des Längsbündels umgekehrt von der Bindearmstrahlung bedeckt (Forel), letztere als fünfte Schicht der inneren Kapsel hart unter dem Sehhügel gelegen. (Fig. 33, 5.) In dieser Figur sind die Linsenplatte und die Radiation des Längsbündels confluent. Fig. 54 und 55 zeigen die Längsbündelstrahlung als dunklen Markquerschnitt, vor und über der Linsenplatte *L b* und *L. lf*. Die darüber wegziehenden Bündel gehören zur Bindearmstrahlung.

c) Die Linsenkernschlinge wurde bereits pag. 75 dargestellt.

C. Das Mittelhirn.

Der Region des Mittelhirns gehören jederseits vier Ganglien an, nämlich 1. eine Hälfte des oberen, 2. des unteren Zweihügels, 3. der äussere, und 4. der innere Kniehöcker. Bei Säugethieren muss man vom oberen und unteren Kniehöcker sprechen (Forel). Beide Vierhügelmassen verbinden sich einerseits mit den Hemisphären, andererseits mit der, dem *Bulbus olfactorius* homologen *Retina*.

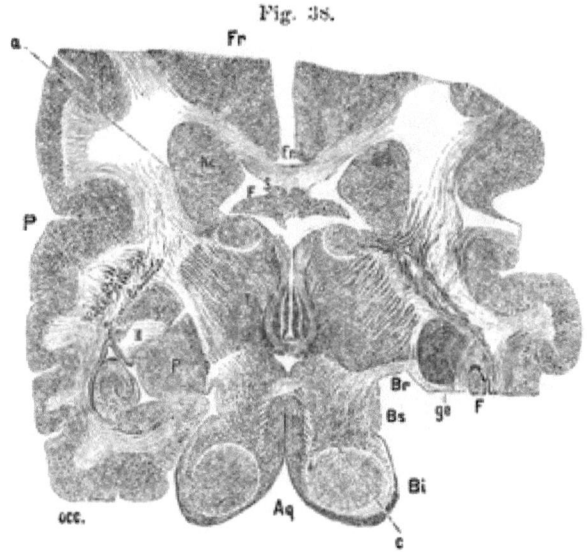

Fig. 38.

Horizontaler Querabschnitt aus dem Gehirne des Hundes. Die rechte Hälfte aus basaleren Schichten als die linke.

Fr. Stirnlappen. *P.* Scheitellappen. *Occ.* Hinterhauptlappen. *F. r.* Balken. *S. Septum pellucidum.* *F.* Absteigendes Gewölbe. *a.* Vorderer Stiel des *Thalamus.* — *Nc. Nucleus caudatus.* *Th. Thalamus opticus*, an dessen medialer Fläche neben dem Grau des dritten Ventrikels Bündel in der *Habenula* und aussen von ihr, welche in die Kreuzung der hinteren Commissur eingehen vor einem Fragment der Zirbel und mit dem inneren Rand des *Stratum zonale* zusammenhängen. Von letzterem ist der *Plexus chorioideus medius* abgerissen. *ge.* Aeusserer Kniehöcker. *II. Tractus opticus.* *Bs. Bi.* Oberer und unterer Zweihügel. *Br. Brachium corporis bigemini superioris.* *c.* Querbündel im Dache des *Aquaeductus*, an die hintere Commissur anschliessend. *Aq. Aquaeductus Sylvii.*

Während aber die Verbindung jenes mit der Grosshirnrinde eine unmittelbare ist, verbindet sich die *Retina* erst mit dem Zweihügel. Von der *Retina* aus gehen Bündel des *Tractus opticus* unmittelbar in Zwischenganglien ein, welche erst durch Antheile der sogenannten Vierhügelarme mit der Grosshirnrinde zusammenhängen.

1. Verbindungen mit dem *Tractus opticus*. Der Zusammenhang des *Tractus opticus* mit dem *Corpus geniculatum externum* (Fig. 26, 30, 32, 38) ist evident. Dieses Ganglion bildet keinen Klumpen, sondern besteht aus grauen Blättern, die mit weisser Masse abwechseln. Der äussere Kniehöcker ist eigentlich eine gefaltete graue Membran,

welche nicht wie das Grau der *Retina* ihre ganze Oberfläche entspannt, sondern in einer Markkapsel eingeschlossen ist. Die Fasern der Kapsel hängen nicht durchwegs mit den Kniehöckerzellen zusammen. Der obere Zweihügel verbindet sich mit dem *Corpus geniculatum externum* durch Bündel, welche im menschlichen Hirnstamme als hinterer Antheil des oberen Zweihügelarmes, insbesondere als dessen oft plastische hintere Kante vom *Pulvinar* überdeckt sind. Dieselben Bündel liegen bei Säugethieren mit schwach entwickeltem *Pulvinar* um so mehr frei an der Oberfläche, als hier der äussere Kniehöcker auf dem Sehhügel liegt. (Forel.) Diese Einstrahlung in das obere Zweihügelganglion aus dem äusseren Kniehöcker verläuft unter der oberflächlichen Neurogliaschichte, welche Schicht grauer Substanz in Säugethierhirnen ihres typischen Reichthums an Bindesubstanz wegen im Vergleiche zum Menschen auch hier sehr mächtig ist. (Fig. 39 *R*. Rindenschicht, Forel.) Die Kniehöckerbündel, *Fasciculi bigemino-geniculares*, des oberen Zweihügels umzeichnen beiderseits dessen schrägovale Ganglien, welche durch Aufliegen auf der Schleifenschicht nach vorne abgeplattet sind. Daher sehen sie im Querschnitt wie planconvexe Linsen aus. Die Axen des oberen Zweihügels schneiden sich nahe hinter demselben und divergiren nach vorne, die hintere

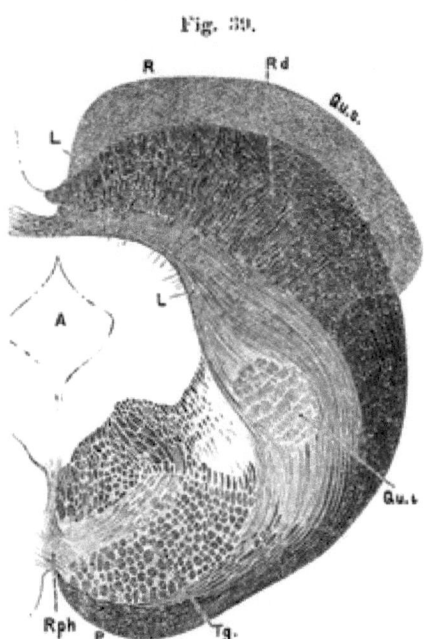

Fig. 39.

Schrägschnitt aus dem Gehirne des Löwen.
Goldchloridkaliumpräparat.

Qu. s. Corpus bigeminum superius. R. Graue Substanz seiner Oberfläche. *(qu. i.* Schräger Durchschnitt des *Corpus bigeminum inferius. Rd.* Radiäre Bündel aus dem Vierhügel in die graue Umgebung des *Aquaeductus Sylvii. L.* Formation des *Lemniscus* (der Zeiger des oberen *l.* sollte auf die Kreuzung weisen). *A. Aquaeductus Sylvii. Rph. Raphe. P.* Fuss. *Tg.* Haube des Hirnschenkels. Die Schräge des Schnittes bedingt das Vorkommen von äussersten (dunklen) Schleifenbündeln aus darüberliegenden Höhen des oberen Zweihügels.

Commissur frei lassend. (Fig. 17.) Im Vergleiche zu der bestimmter quer verlaufenden Schleifenschichte lassen sich die Kniehöckerbündel des oberen Zweihügels, welche längs seines ganzen oberen Randes eintreten, als Längsbündel desselben bezeichnen. (Fig. 39.) Dies gilt im strengsten Sinne von den am inneren Rande des Ganglions verlaufenden Bündeln.

Der Vierhügel verbindet sich auch mit dem inneren Kniehöcker, welcher 1. mit dem oberen Zweihügel in einer schon der Oberfläche abzusehenden Verbindung steht und 2. auch mit dem unteren Zweihügel durch Bündel, welche ihn vom *Brachium corporis quadrigemini inferius* aus durchlaufen.

Die Einstrahlung des *Tractus opticus* in den inneren Kniehöcker scheint aber ihren Weg durch den *Discus lentiformis* zu nehmen, mit dem sich der *Tractus* verbindet (Stilling). Der *Discus* verbindet sich nach rückwärts durch eine stielförmige Markbildung mit dem *Brachium corporis quadrigemini inferius*, in Sagittalschnitten des Sehhügels vor, in dessen Frontalschnitten innen vom Sehhügel gelegen. Es ist allerdings nicht abzuweisen, dass der innere Kniehöcker auch Verbindungen des unteren Vierhügelarmes mit dem oberen Zweihügel vermittelt, aber allerwenigstens nicht minder fest stehen seine Verbindungen mit dem unteren Zweihügel, so dass der *Tractus opticus* durch die Linsenplatte wohl mit dem unteren Zweihügel verbunden erscheint. Die quere Lagerung der Bündel, welche das Ganglion des unteren Zweihügels umschreiben, lässt es nicht zu, die mittelbaren Einstrahlungen aus der *Retina* von den Hemisphärenbündeln des unteren Vierhügelarmes zu scheiden, wie dies bei dem longitudinalen Verlaufe der Opticusbündel im oberen Zweihügel angeht.

Dass die inneren Bündel des *Tractus opticus* direct mit dem inneren Kniehöcker zusammenhängen, scheint zwar bei oberflächlicher Betrachtung nahe zu liegen, wird aber durch feinere Untersuchung nicht erwiesen.

Es wird sich empfehlen, eine vierfache Strahlung aus dem *Nervus* und *Tractus opticus* zu unterscheiden. 1. Die vordere Strahlung in das *Ganglion basale*. Dieses hängt durch aufsteigende Bündel noch mit anderen Regionen des Ventrikelgrau zusammen. 2. Die obere Strahlung in den, oberhalb der Kniehöcker gelegenen *Discus lentiformis*. Diese Linsenscheibe geht anscheinend auch Verbindungen mit der Strahlung des hinteren Längsbündels ein. (?) 3. Die äussere Strahlung, i. e. in den äusseren Kniehöcker. 4. Die innere Strahlung in den *Thalamus*, welche nach innen und vorne vom äusseren Kniehöcker zur Bildung seiner Kapsel beiträgt und Stabkranzbündeln ähnlich, von aussen vor dem *Pulvinar* in den *Thalamus opticus* eintritt. Dass diese Bündel nach Unterbrechung im *Thalamus* sich nach dem Vierhügel fortsetzen, ist nicht nachweisbar.

2. Die Verbindungen des Vierhügels mit der Grosshirnrinde sind mächtig und von zweierlei Art.

a) Die Vierhügel empfangen **unmittelbare** Einstrahlungen der Rinde (oberes Glied ihrer Projectionssysteme). In den oberen Zweihügel verläuft die Rindeneinstrahlung in der Bahn des oberen Zweihügelarmes und zwar bildet sie dessen tiefere, vordere Schichten, welche von der Verbindung des oberen Zweihügelarmes mit dem äusseren Kniehöcker bedeckt sind. (Fig. 38 links zwischen *T* und *GP*.)

Der obere Zweihügelarm bedeckt die Kniehöcker und einen zwischen sie eingeschobenen Keil von Sehhügelmasse, im Frontalschnitt ein Dreieck, *cuneus thalami optici intergenicularis*.

Mit dem unteren Zweihügel verbinden die Grosshirnrinde die Bündel des *Brachium corporis bigemini inferius*.

b) Der obere und der untere Zweihügel nehmen aber auch mittelbare Verbindungen mit der Grosshirnrinde auf, und zwar dadurch, dass ihre Nebenganglien, ihre Annexe, die Kniehöcker, besondere Einstrahlungen aus der Grosshirnrinde empfangen. Die Rindenstrahlungen, welche in das *Corpus geniculatum internum* eintreten, können möglicherweise auch in den oberen Zweihügel gelangen, weil, wie oben gesagt, diese Ganglien mit einander markig verbunden sind. Die Verbindungen des äusseren Kniehöckers mit der Grosshirnrinde strahlen auch von oben her als eine starke Markmasse in den äusseren Kniehöcker ein. Indem diese Strahlung längs der Aussenfläche des Sehhügels verläuft, trägt sie zur Bildung der Gitterschicht des Sehhügels bei. (Siehe pag. 81 Fig. 32 oberhalb *Ge*.)

Mit dem kleinen Gehirne sind vielleicht beide Zweihügel durch das *Frenulum*, welches *Processus cerebelli ad corpus quadrigeminum* heissen sollte, verbunden.

Die peripheren Verbindungen des Vierhügels führen 1. **unmittelbar** in das centrale Höhlengrau der Umgebung des *Aquaeductus*, indem sich aus der Fasermasse des oberen Zweihügels beziehungsweise aus seiner grauen Substanz sehr zahlreiche, feine, radiäre Bündel entwickeln, welche nach aussen von der Schleifenschichte an Goldpräparaten das Bild der Vierhügelstructur beherrschen, dann die Schleifenschichte durchbohren und noch weiter in der grauen Wand des *Aquaeductus* verfolgbar sind, als dies aus Fig. 39 *Rd* erhellt. Die Endigungsmasse des *Tractus opticus* verbindet sich so mit dem centralen Höhlengrau, aus welchem feine Markbündel, die zum Ursprung des *Nervus oculomotorius* gehören, einen mit dem Trochleariskern confluenten Kern herauszeichnen. Fig. 39 *Rd* 40 III.

2. Der Vierhügel verbindet sich **mittelbar** mit dem centralen Höhlengrau, indem er durch den Ursprung der Schleife einen Antheil des Rückenmarkursprunges abgibt. Die Bündel der

Schleife treten aus tieferen Schichten des *Brachium corporis bigemini superius* und des *Brachium inferius* in die Ganglien ein. Die ersteren Antheile erreichen, sich im Absteigen zur medialen Basis eines Dreiecks verbreitend, die Mittellinie, in welcher sie durch Kreuzung in die entgegengesetzte Schleife, *Lemniscus*, als in ein tieferes Stratum, übergehen. Die letzteren Antheile bilden einen dreieckigen Bündelfächer mit oberer medialer Basis, welcher dem medial ausgebreiteten *Brachium anterius* nach unten anliegt. (Fig. 54 *Br.*) Die Schleifenbündel ordnen sich für den Verlauf nach abwärts so an, dass die in der Kreuzung obersten am meisten gegen die Raphe hingeschoben werden. Der obere Zweihügel zeigt bei durchfallendem Lichte concentrische Lagen, welche 1. seiner Neurogliaschichte; 2. einer Schicht mehr senkrechter Bündel aus dem äusseren Kniehöcker; 3. der zwischen solchen Bündeln radiär durchflochtenen Schichte; 4. der transversalen Schleifenschicht im Allgemeinen entsprechen (Fig. 39).

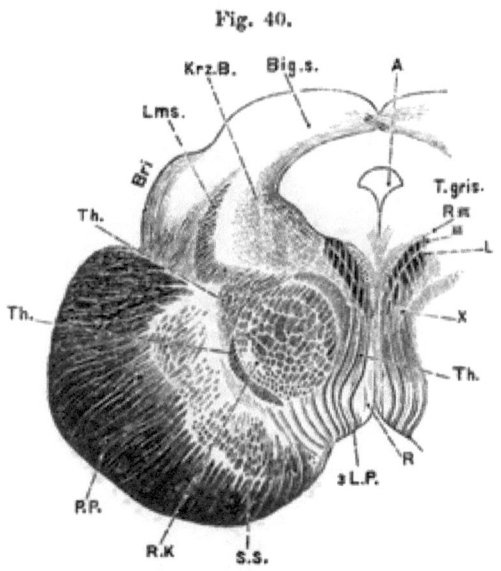

Fig. 40.

Querabschnitt auf die Längsaxe des menschlichen *Corpus bigeminum superius*.

Big. s. Oberer Zweihügel. *A. Aquaeductus. Lms. Lemniscus* aus der Kreuzung hinter dem *Aquaeductus. Bri.* Innerer Kniehöcker und Bündel seines *Brachium. Krz. B. Fasciculi anterioris cruciati.* Vordere Kreuzungsbündel des Vierhügels. X weist gegen die Kreuzungsstelle hin. Th. Schhügelbündel der Haube. L. Hinteres Längsbündel. *T. gris.* Centrales Höhlengrau. *R III, III.* Kern- und Wurzelursprung des *Nervus oculomotorius.* 3 L.P. Wurzel des *Nervus oculomotorius* und *Lamina perforata posterior. R. Raphe. P.P. Pes pedunculi. S.S. Stratum intermedium* mit der *Substantia Soemmeringi. R.K.* Rother Kern der Haube.

Der vorderen Fläche der Schleife schliessen sich Bündel an, deren Herkunft nicht klar ist und deren Theilnahme an der Schleifenkreuzung hinter dem *Aquaeductus* sehr unwahrscheinlich ist, weil sie sofort vor dem *Aquaeductus* ihre Rückkreuzung fänden. Diese Bündel umkapseln den *Aquaeductus Sylvii*, liegen nach aussen der Schleife an, zu welcher Forel sie rechnet (*Fasciculi decussationis anticae*), schwellen im vorderen Umfang des *Aquaeductus* convex an (Fig. 40 *Krz.*), wegen Durchflechtung mit Längsbündeln, in welchen ich den Querschnitt der hinteren Commissur erkenne.

Mir scheinen diese Bündel aus den grossen runden, von Jacubowitsch und Virchow sympathischen Zellen verglichenen traubenartig gruppirten Zellen hervorzugehen, welche zugleich der absteigenden Quintuswurzel (Fig. 41 5) den Ursprung geben. Ich habe diese Bündel der Kapsel des *Aquaeductus* Quintusstränge genannt, vielleicht ist der Name *Fasciculi marginales aquaeducti* unbefangener. Sie fahren aus einem schmalen dem *Aquaeductus* parallelen Saume in der Querschnittsebene pinsel- oder fontainenartig auseinander zur Durchflechtung obgedachter hinterer Commissurenbündel, erreichen als ein zwischen hinterem Längsbündel und rothem Kern (Fig. 40 *L. R. K.*) zur Mittellinie laufendes Band ihre Kreuzungsstelle, von welcher aus sie den rothen Kern innen umgreifend, vor demselben nach aussen sich verlieren.

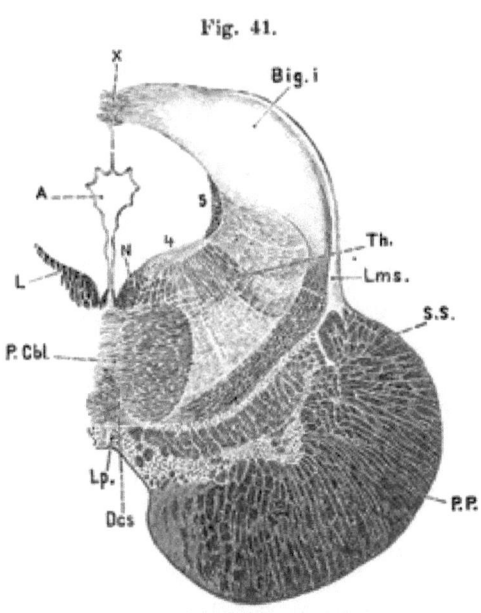

Fig. 41.

Querabschnitt aus dem unteren Zweihügel des Menschen.

Big. i. Corpus bigeminum inferius. X. Gekreuzter Uebergang des unteren Zweihügelarmes in den *Lemniscus.* *A. Aquaeductus* (dessen Contour unnütz verschnörkelt und nach vorne verlängert ist). *L.* Hinteres Längsbündel. *IV.* Trochleariskern (der Zeiger soll weiter nach aussen auf das Oval mit den kleinen Kreisen [Zellen] deuten). *4.* Trochleariswurzel. *5.* absteigende Quintuswurzel. *P. Cbl. Dcs.* Der Bindearm, in Kreuzung begriffen. *Th.* Sehhügelbündel der Haube. *Lms.* Schleife. *Lp.* Hintere perforirte Platte. *S. S. Stratum intermedium* mit der Sömmering'schen Substanz. *P. P. Pes pedunculi.*

Der untere Zweihügel ist in seinem Bau übersichtlicher als der obere. Die Bündel des unteren Vierhügelarmes, welche unter dem inneren Kniehöcker weg laufen, geben ihm eine weisse Oberfläche, durchziehen das Ganglion und grenzen es nach unten zur Form einer biconvexen Linse ab. Nachdem die Bündel dieses Armes sich im Dache des *Aquaeductus* kreuzten, gehen sie in den unteren Theil der Vierhügelschleife über. (Fig. 41, Fig. 54 *L II.*) Der Querschnitt der hinteren Schleifenkreuzung reicht an Sagittalschnitten in der Mitte des unteren Zweihügels nur bis zur Mitte seiner Länge und hört ungefähr am Beginn des *Frenulum* auf.

Der Aufbau des Mittelhirnes zeigt, wie schon die hintere Hälfte des Zwischenhirnes vier Etagen: **1.** nach hinten das

Ganglion; *Big. s.*, *Big. i.*; 2. den Durchschnitt der Haube (Fig. 40 und 41 *Th, Lms, L, R. K., P. Cbl.*); 3. das *Stratum intermedium* (*S. S.*, in Fig. 41 ist der Zeiger zu kurz); 4. den Hirnschenkelfuss (*P. P.*). Die Haube vor dem oberen Zweihügel durchsetzt der Bindearm oberhalb seiner Kreuzung, die Haube vor dem unteren Zweihügel während seiner Kreuzung. Die Bündel der Haube sind durch den Raum, welche die Kreuzung beansprucht, vor dem unteren Zweihügel von innen nach aussen gedrängt worden. Die Markquerschnitte des *Stratum intermedium* reichen weniger weit nach aussen, aber mehr nach der Mitte, als die Markquerschnitte der Schleifenschichte. (Fig. 41.)

In den oberen Schichten der Brückenquerschnitte zeigt sich die Haube fast unverändert vorderhalb des gesammten Vierhügels. Nur treten die Bindearmbündel wieder aus der Bindearmkreuzung hervor, nach aussen, und formiren das hintere Stück des Bindearmsystems, das aus der Kreuzungsstelle in das Kleinhirn zieht. (Fig. 22, 42.)

Dieser an die Aussenfläche tretende Bindearm ist von keulenförmigem Durchschnitt. (Fig. 42—45.) In den queren Brückenebenen, welche unterhalb des Vierhügels liegen, ist die Entwicklung dieses Bindearmquerschnittes schon weit gediehen. An seiner Aussenfläche liegt die Schleife, welche aus Bündeln besteht, die im Verlauf nach abwärts gleich Querschnitten, dunkel erscheinen und aus anderen Bündeln, deren Verlauf sowohl von aussen als nach innen von jenen in die Schnittebene fällt. Die äusseren dieser fliessenden Bündel dürften noch dem Schleifenursprung aus dem unteren Zweihügel angehören. Die inneren aber gehören jedenfalls der unteren Schleife an, welche aus dem Oberwurm des Kleinhirns durch die Hirnklappe aufsteigt, über den Bindearm gelangt, und im Rückenmark ein Seitenstrangbündel hart vor dem Hinterhorn wird (Fig. 23 und 54 *L II*). Die Querschnitte der Thalamusbündel erscheinen von den Bindearmen eingeschlossen und verdienen den Namen Sehhügelfeld der hintern Brückenabtheilung.

Vor der Darstellung unserer heutigen Kenntniss über den Verlauf der Stammfaserung bis zum Rückenmarke sollen die Beziehungen der grauen Substanz, welche in den Vergoldungspräparaten vom kindlichen Gehirn (Fig. 43—46) als leeres Grundgewebe erscheint, zu den Nervenwurzeln bis zum Acusticusaustritt hinab betrachtet werden.

Schon in den Schnittebenen des oberen Zweihügels zeigte sich der *Aquaeductus Sylvii* von einer grauen Substanz umgeben und liess sich diese graue Substanz seiner vorderen Wand mit dem

Vorderhorn des Rückenmarkes vergleichen, in welches die Flucht dieser grauen Substanz nach unten übergeht.

Die Umzeichnung der Oculomotoriuskerne (Fig. 40 *III*) macht sich durch Bündel, welche durch die Raphe vom anderen Hirnschenkel her zu dem zentralen Höhlengrau gelangen, und in feinen, nach hinten convexen Bogen eine schräg-ovale Gruppe von Nervenzellen umgeben und durchsetzen. Aus diesem Oculomotoriuskerne, welcher durch die Umzeichnung seine Confluenz mit dem übrigen Grau des *Aquaeductus Sylvii* nicht einbüsst, treten nach vorn gewendet viel stärkere, gegen die Raphe leicht concave Wurzelbündel des *Nervus oculomotorius* (Fig. 40, *3*) aus, welche den rothen Kern der Haube zum Theil umgeben und theilweise an seiner inneren Seite liegen. Die innersten der in die Raphe getretenen Bündel aber treten zwischen den Oculomotoriuskernen mehr gegen den Aquaeductus heran, sich pinselartig zerstreuend. Sie sind ebenso wenig zu ihren Endigungen verfolgbar, als die aus dem Vierhügel ihnen gleichsam entgegenkommenden feinen Radiärbündel. Den innersten der, in die Kreuzung vor dem *Aquaeductus Sylvii* in der Haube eintretenden Randbündel (pag. 96) liegen Querschnitte absteigender Quintuswurzeln an, welche aus grossen, zu Träubchen geordneten blasenförmigen Zellen hervorgehen. Die Form dieser Zellen, welche auch Hüllen besitzen, war den Zellen der Sympathicusganglien vergleichbar. Vielleicht betheiligen sie sich nicht an dem grauen Fasernetze um den Aquaeductus, in welches Opticusantheile und die Fortsätze der Oculomotoriuszellen eingehen.

In den Querschnittebenen, welche durch den unteren Zweihügel gelegt sind (Fig. 41, *L IV*), erscheint die Stelle, welche der Oculomotoriuskern einnahm, in eine hintere Rinne des hinteren Längsbündels eingebettet (Trochleariskern). Aus diesem Kerne treten Bündel nach aussen, den *Aquaeductus Sylvii* an seinem Rande umkreisend, welche von seiner vorderen Peripherie an dessen hintere gelangen, in einem schräg absteigenden Verlaufe. In einer Phase dieses Verlaufes bilden sie nothwendig kreisförmige Querschnitte an den Seitenrändern dieses Höhlengrau. Diese liegen nach innen von der Quintuswurzel auch im Grau des *Aquaeductus Sylvii*. Endlich treten sie hart unterhalb des Vierhügels gekreuzt in die Hirnklappe, aus welcher sie frei hervorgehen (Fig. 42, *4, 4*). Der Quintushalbmond wird durch immer zuwachsende neue Bündel aus den runden Zellen im Gebiete des unteren Zweihügels bereits scharf erkennbar (Fig. 42, *5*) und bildet in den Ebenen des Trochlearisaustrittes den äussersten Theil der vorderen Umrahmung des *Aquaeductus*. Medial wird derselbe von den hinteren Längsbündeln umrahmt.

Nach hinten ergänzt sie die Hirnklappe. In diesen Ebenen erscheint in der grauen Substanz eine neue Formation von Zellen, die *Substantia ferruginosa* (Fig. 43, *S. foa*). Diese hängt mit Bündeln zusammen, welche in querer Richtung dem grauen Boden parallel bis zur Raphe verlaufen. Hier findet eine breite Um- und Durchflechtung der hinteren Längsbündel statt mit reichlicher Einstreuung grosser Nervenzellen. Diese Zellen scheinen mit einander durch eine quere Commissur oder Kreuzung verbunden. Ganz sicher aber verbinden

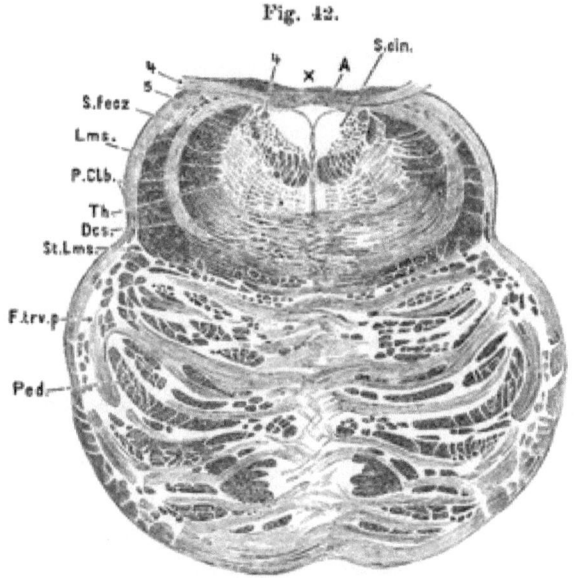

Fig. 42.

Querabschnitt aus der Brücke in der Höhe des Trochlearisaustrittes.
x Kreuzung der Trochleariswurzeln in dem *Velum medullare* 4, 4 Trochleariswurzeln. 5 Absteigende Quintuswurzel, vorne an den *Fasciculus longitudinalis posterior* Th, gränzend. *P. Clb* Der Bindearm. *S. fcz* Seine übereinander liegenden Fascikel. *Des* Bindearmkreuzung. *Lms Lemniscus*. *St. Lms* Schleifenschichte mit dem *Stratum intermedium*. *F. trv. p* Quere Brückenbündel. *Ped.* Hirnschenkelbündel. *S. cin.* Grauer Boden.

sich durch das Geflecht hindurch die schwarzen Zellen unter dem *Locus coeruleus* der Rautengrube (Fig. 23) mit Fasern der Raphe, welche aus der vorderen Brückenabtheilung stammend, die Raphe der hinteren Brückenabtheilung ganz markig erscheinen lassen. Letztere dürften aus der Pyramidenbahn hervorgehen.

Die *Substantia ferruginea* ist eine mächtige Masse, vom unteren Zweihügel bis nahe an die untere Brückenhälfte reichend (Stilling). Perifer hängt sie mit der grossen Quintuswurzel zusammen und zwar mit ihren innersten Bündeln. Der Ursprungskern der kleinen Quintuswurzel liegt nach hinten und nach innen von der grossen Wurzel (Fig. 43, *nucl. m*). Es gehen aus ihr die innersten Bündel

7*

der gesammten Quintuswurzel hervor (Fig. 43, sm). Die Ursprungskerne jenes mächtigen Theiles der grossen Quintuswurzel, für welche Austrittsebenen und Ursprungsebenen zusammenfallen, haben eine traubenförmige Anordnung aus kleinen Häufchen der kleinzelligen grauer gelatinösen Substanz (Fig. 43, s, gl).

In den Schnittebenen des ganzen Quintusaustrittes (Fig. 43 und 44, 5) unterscheiden sich von innen nach aussen: 1. Der innere

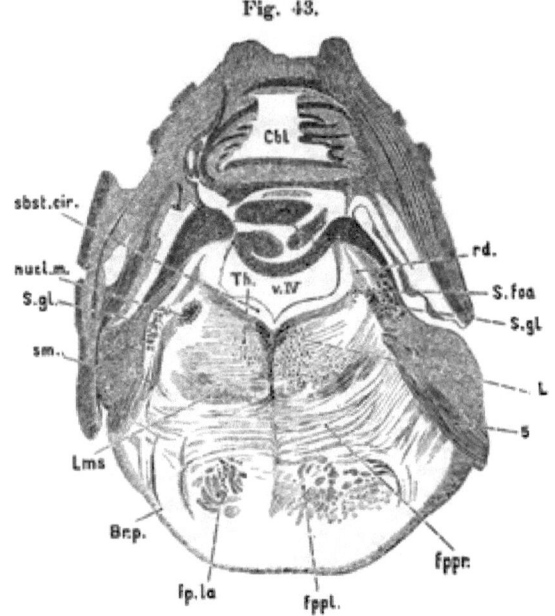

Fig. 43.

Chlorgoldkaliumpräparat. Neugeborner.

Querabschnitt aus der Brücke in der Höhe des Austrittes der kleinen Quintuswurzel. (Die rechte Schnitthälfte liegt höher.)

Cbl Cerebellum. v. IV Ventriculus quartus. sbst. cir. Substantia cinerea. nucl. m. Kern der kleinen (inneren) Quintuswurzel. *S. gl* Häufchen gelatinöser Substanz mit *sm*, Bündeln der grossen Wurzel. *Lms* Schleifenschicht und *Stratum intermedium. Br. p* Bündel aus dem Brückenarm. *Fp. la* Vordere Längsbündel der Brücke. *Fppl* Durchflochtene Brückenquerbündel. *Fppr* Tiefe Brückenquerbündel. *5* Grosse Quintuswurzel. *Th* Sehhügelfeld der hinteren Brückenabtheilung. *L* Hinteres Längsbündel. *S. fog Substantia ferruginosa. rd* Absteigende Quintuswurzel. (Die dunklen keulenförmigen Querschnitte der Bindearme sind nicht bezeichnet.)

grosszellige Quintuskern mit der kleinen Wurzel, darnach 2. von innen nach aussen auch zwischen den Querschnitten des hintern Längsbündels hervortretende Bündel, die gekreuzt aus der *Substant. ferruginia*, stammen und zu den absteigenden Wurzeln gehören; 4. die obere absteigende Quintuswurzel (der bekannte kleine Halbmond, Fig. 43, *rd*, 44, *r. dest.*); 5. die Bündel der aufsteigenden Quintuswurzel, deren Herkunft aus einem unterhalb des Quintusaustrittes gelegenen Kern klar ist, welcher bis zum unteren Ende des *Tuberculum cinereum Rolando* der Oblongata reicht. Diese Quintuswurzel umgibt ihren grauen Kern mit nach unten zu immer dünnerem Marke, bis derselbe sich in den spinalen Kopf des Hinterhornes fortsetzt (Stilling). Diese Wurzel ist sehr mächtig; 6. treten unleugbar Kleinhirnbündel zur grossen Wurzel des Quintus, die unmittelbar den Bindearm nach aussen umgeben (Stilling), vielleicht auch durchflechten.

Unterhalb der Quintusaustrittsebenen, ja schon innerhalb derselben beginnt der Ursprung des *Nervus facialis* und *Abducens*. Zu oberst gehen Bündel gekreuzt aus der Raphe in die Wurzel des *Facialis* (Fig. 45 rechts). Hinter den Raphebündeln liegt ein rundlicher spindelförmiger Querschnitt, das **Facialisknie**, dessen Bündel aus einem, mehr vorn und unten gelegenen Kerne, **vorderer Facialiskern** (Fig. 45, *ncl.* 7) entspringen. Das Knie des *Facialis* kommt aus Wurzelbündeln, welche mit einer, nach oben sehenden Convexität den Facialis-abducenskern umbiegen. Desshalb erscheint es in Schnitt-

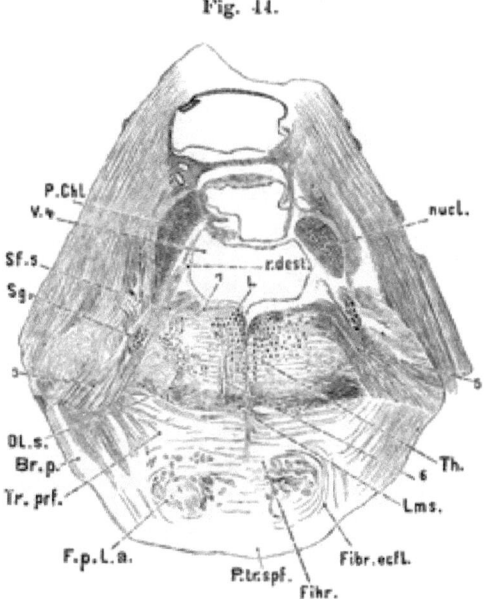

Fig. 44.

Aus derselben Schnittreihe, wie Fig. 43.

Querabschnitt aus der Brücke durch die Austrittsebenen der grossen Quintuswurzeln.

P. Chl und *nucl*. Die Bindearme. *V.4 Ventriculus quartus.* *r. desc. Radix descendens n. trigemini. Sf.5* Quintuswurzel aus der *Substantia ferruginosa. Sg* Substantia gelatinosa. 5 Grosse Quintuswurzel. *Ol.s* Obere Olive. *Br.p Brachium pontis. Tr. prf.* Tiefe Querbündel des Brückenarmes. *F.p.t.a.* Vordere Längsbündel. *P. tr. spf* Oberflächliche Querbündel. *Fibr. ccfl Fibrae circumflexae pontis. Lms* Schleifenschicht mit dem *Stratum intermedium.* 6 Abducenswurzeln. *Th* Sehhügelfeld der hinteren Brückenabtheilung. *L Fasciculus longitudinalis posterior.* 7 Facialiswurzeln.

ebenen, die unterhalb dieses Verbindungsbogens der Continuität zwischen Knie und dem Austritte der Wurzelstücke liegen, wie in Fig. 45 (links *g*) von dem austretenden Wurzelstücke abgetrennt. Weil das Knie senkrecht herabsteigt, erscheint es im Querschnitt coupirt. Der Facialis-abducenskern liegt zwischen beiden Wurzelstücken. Seine Zellen gleichen denen im Oculomotorius-trochlearis- und im motorischen Quintuskern. Sie sind gross und vielstrahlig. Die Abducenswurzeln biegen sich nach auswärts in denselben und sind wohl zweifellos mit seinen Zellen verbunden (Deiters). Doch verbindet sich auch mit einer geringeren Höhe dieses Kernes die Facialiswurzel, wobei ihr Austritt aus dem Kern dessen Seitenrand ganz einnimmt, ihr Verlauf nach vorn ein viel schmaleres Bündel darstellt. Dieser Kern ist wie alle sogenannten Nervenkerne, eigentlich nur der compactere Theil einer ihm noch zugehörigen zerstreuteren gleichen umgebenden Zellenformation (Deiters). Aus

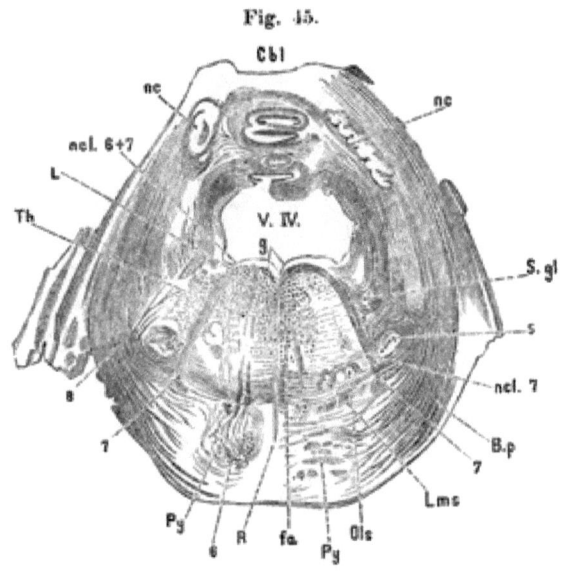

Fig. 45.

Goldchloridkaliumpräparat.
Querabschnitt durch die Austrittsebenen des *Nervus facialis*.
(Die rechte Seite stellt eine höher gelegene Schnittebene dar.)

Cbl Kleinhirn, *nc* *Nucleus dentatus cerebelli*, *ncl. 6+7* Facialis-abducenskern, *g* Facialisknie. *L* Region des *Fasciculis longitudinalis posterior*. *Th* Sehhügelfeld der hinteren Brückenabtheilung. *s* Faden des *Nervus acusticus*. *7* Facialiswurzel, *6* Abducenswurzel, *Py* Pyramidenbündel, *R* Raphe, *fa* Vorderstrang, *Ols* Obere Olive, *ncl. 7* Vorderer Facialiskern, *Lms* Schleifenschicht mit dem *Stratum intermedium*. *Bp* Brückenarm, *5* Aufsteigende Quintuswurzel. *S.gl Substantia gelatinosa* in der aufsteigenden Quintuswurzel. *V. IV Ventriculus quartus*.

dem Kerne gehen gebogene Bündel (*Fibrae arcuatae*) in die Raphe ein, welche ihn wohl mit höher gelegenen Centren verbinden. Auch Commissuren, welche zwischen beiden Kernen verlaufen, scheinen vorhanden zu sein. Der vordere Facialiskern tritt schon hoch oben im Gebiete der Facialisebenen hervor, nimmt nach abwärts an Grösse zu und ist von Fasergeflechten, den Wurzelfäden des *Genu* (Fig. 45, *ncl. 7*, und Fig. 46, *ncl 7* und rechts nach innen von *7*), durchsetzt. Dieser Kern liegt dem Facialisstamm nahe an, welcher zwischen ihm und der aufsteigenden Quintuswurzel verläuft. Das Knie sammelt sich aus dem vorderen

Kern durch eine Zahl feiner parallelläufiger Bündel, und wird in seinen wesentlichsten Ursprungsebenen noch kein compacter Querschnitt vor dem grauen Boden (Fig. 46, vergleiche rechts und links). Die Bündel aus dem unteren Kerne verschmälern sich nämlich nicht sofort zum Knie, sondern die äusseren bilden eine lockere Kapsel an der unteren Fläche des hinteren Kernes. Vielleicht treten auch vom unteren Kerne unmittelbare Wurzelbündel schief nach aussen und vorn in das Austrittsstück der Facialiswurzel.

Analog den absteigenden, geraden und aufsteigenden Quintuswurzeln stellen die Bündel des *Facialis*, die aus der Raphe kommen, absteigende, vielleicht aus der inneren Kapsel, sicher aus dem Linsenkerne stammende Wurzeln dar. Für die Wurzeln, welche in den hintern Kern eingehen, fallen Ursprungs- und Austrittsebenen zusammen. Die Wurzel aber, die aus dem unteren Facialiskern kommt, das Knie, ist eine aufsteigende Wurzel (wie in Fig. 56 ersichtlich ist). Die aus dem untern Kern austretenden Bündel ziehen gegen den grauen Boden, vor diesem als das Knie des *Facialis*

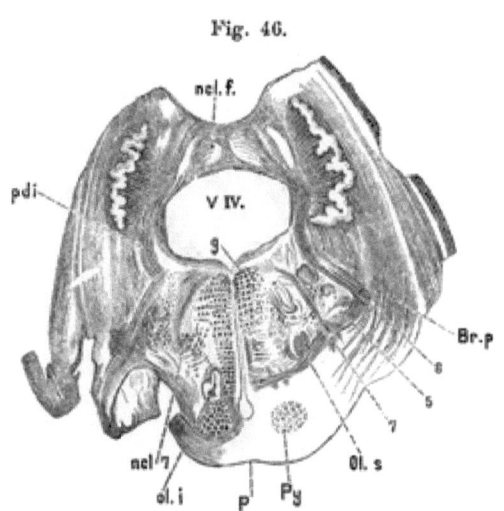

Fig. 46.

Goldchloridkaliumpräparat.

Querabschnitt aus den obersten Ebenen des Acusticusaustrittes.
(Die rechte Hälfte des Präparates liegt höher.)

ncl. f Nucleus tecti (Stilling). *V IV* Ventriculus quartus. *g* Facialisknie. *pdi* Innere Abtheilung des Kleinhirnschenkels. *ncl 7* Unterer Facialiskern, welcher die Bündel des Facialisknie aufnimmt. *ol. i* Untere Olive. *P* Pons Varoli. *Py* Pyramis. *Ol. s* Obere Olive. *7* Facialiswurzel. *5* Aufsteigende Quintuswurzel. *8* Acusticuswurzel, links unbezeichnet. *Br. p* Brückenarm.

nach aufwärts, welches in die austretende Wurzel übergeht. Das Knie des *Facialis* bildet ein Hufeisen, dessen unterer Schenkel vom unteren Kerne gegen den grauen Boden läuft, dessen oberer Schenkel von der Mitte des grauen Bodens nach vorne läuft. Die beiden übereinanderliegenden Schenkel des Hufeisens sind durch ein von oben nach unten verlaufendes Mittelstück, das Knie des *Facialis*, miteinander verbunden. Die Hufeisen liegen gleichsam diagonal je in einer hinteren Brückenhälfte. Ihre Bogenstücke convergiren nach innen und hinten. Der *Facialis* läuft nicht parallel den vorderen Wurzeln des Rückenmarkes, wie der *Oculomotorius*, der

Abducens und *Hypoglossus*, welche die Region des Vorderstranges nach aussen begränzen, sondern liegt nach aussen vom Seitenstrang neben dem *Analogon* des Hinterhornes, das ist die gelatinöse Substanz in der aufsteigenden Quintuswurzel.

In den Schnittebenen des Facialisursprunges besteht der graue Boden aus zwei Facetten. Die innere Facette, die *Eminentia teres*, ist durch den Abducens-facialiskern emporgehoben. Die äussere Facette bildet der Acusticuskern (Fig. 45). Der Acusticusursprung (?) ist aber nur im Zusammenhalten mit der ganzen umgebenden Organisation einschliesslich des kleinen Gehirnes verständlich.

Fig. 47.

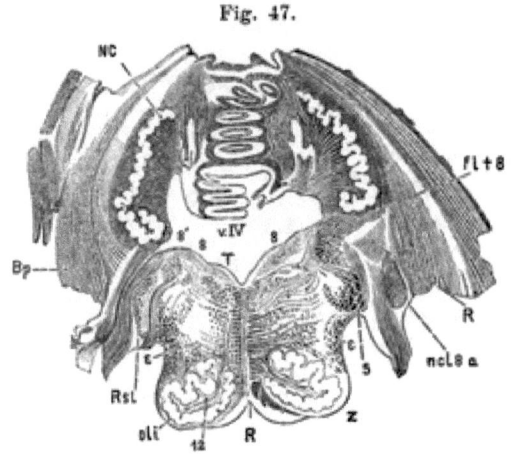

Chlorgoldkaliumpräparat. Neugeborner.
Querabschnitt aus den unteren Ebenen des Acusticusaustrittes.
(Die rechte Hälfte gehört einer höher gelegenen Schnittebene an.)

NC Nucleus dentatus cerebelli. Bp Brückenarm. *R Rst* Strickkörper. *ξ Fibrae arcuatae* aus dem Strickkörper. *5* Aufsteigende Quintuswurzel. *oli* Untere Olive. *R* Raphe zwischen den Pyramiden beginnend. *Z Mentum* zweite, *nclsa* Vorderer Acusticuskern. *v. IV Ventriculus quartus. 8'* Aeusserer Acusticuskern. *8* Innerer Acusticuskern. *T Eminentia teres. Fl+8* Ungeschiedene Bündel des Flockenstieles und der äusseren Acusticuswurzel.

Das Kleinhirn und der Acusticus.

Das Kleinhirn wird hier in seinem feineren anatomischen Baue nicht erschöpfend geschildert, weil seine Kenntniss durch die noch des Abschlusses harrende grosse Monographie Stilling's wohl vollständig werden wird, und ich es für keine gebotene und eine nutzlose Arbeit ansehe, die Darstellung dieses grossen Forschers unterlaufen zu wollen.

Wir sind den Kleinhirnbündeln schon in der inneren Kapsel als einer Strahlung aus dem Grosshirne in den rothen Kern der Haube begegnet. Wir sahen aus letzterem den *Processus cerebelli ad cerebrum* gekreuzt hervorgehen. Wir sahen das *Frenulum* durch das vordere Marksegel sich in den Oberwurm entfalten, und im *Velum medullare* verlief der Kleinhirnantheil der Schleife.

Die Bündel des *Brachium pontis* bestehen: 1. aus der oberflächlichen Schichte, 2. aus der durchflochtenen Schichte, welche das Areal des Hirnschenkelfusses in secundäre Bündel theilt, 3. aus den tiefen Querbündeln. Sie verlaufen vor dem *Stratum intermedium*, zu welchem die innersten Hirnschenkelbündel aus der *Ansa lenticularis* sich gesellen. Durch graue Substanz mit Ganglienzellen, welche die ganze vordere Brückenabtheilung durchsetzt, wird die Masse des Hirnschenkels benagt, indem seine Bündel unter Vermittlung der Zellen und allmähligem Schwund des Hirnschenkels zum Querschnitt der Pyramide in den Brückenarm übergehen. Die Bündel des Brückenarmes sind schon darum nicht Commissurenfasern, sondern Umbeugungen der Hirnschenkelbündel.

Ferner erscheinen sie dadurch nicht als Commissurenfasern, weil ein grosser Theil der Brückenarmbündel Convolute von Hirnschenkelbündeln von aussen her schleuderförmig umgreift (Fig. 43, 44). Beide Enden der Schleuder wenden sich gegen den ungleichseitigen Brückenarm und gehören verschiedenen Tiefen der Brücke an, indem sie aus der oberflächlichen Schicht in die durchflochtene, oder aus dieser in die der tiefen Querfasern übergehen. Jeder solcher schleuderförmige Faserbogen besteht aus zwei Schenkeln, deren einer in den Hirnschenkel aus dem gekreuzten Brückenarm oberflächlich verlaufend eintritt, der andere aus dem *Pedunculus* nach Verbindung in grauer Substanz wieder durch den gekreuzten Brückenarm austritt.

Das Kleinhirn, in dessen *Meditullium* der Brückenarm als ein ansehnlicher Antheil zu äusserst liegt, ist, sowie das Grosshirn von einer, seinem Gesammtmark zum Ursprung dienenden gefalteten grauen Blase, der Kleinhirnrinde umgeben. Es bildet die hintere Wand des hintern foetalen Gehirnbläschens.

Zwischen den Enden der grossen Horizontalspalte liegt der *Hylus*, welcher die vier Markfortsätze in die graue Blase der Kleinhirnrinde eintreten lässt. Der Oberwurm gewinnt durch die in den *Hylus* eintretenden Markmassen des Marksegels und der Bindearme eine weisse Vorderfläche (Fig. 5).

Bis zu Stilling's grossartig angelegter Darstellung des kleinen Gehirns waren als graue Substanzen desselben die Rinde und der gezackte Körper bekannt. Stilling verdanken wir die Kenntniss der in der Medianlinie beiderseits zusammenstossenden Dachkerne, *Ganglia tecti*, und noch anderer Kerne, auf welche er in einer vorläufigen Anzeige des „Centralblattes für die medicinischen Wissenschaften" hinweist.

Die Rinde des kleinen Gehirnes besteht aus drei Schichten: die äussere, die rein graue genannte, und die innere, die grauröthliche, welche schon makroskopisch sich scheiden. Bei mikroskopischer Anschauung erscheint zwischen beiden die Schichte der Purkynje'schen Zellen. Die Grundsubstanzen der Grosshirnrinde der Ganglien und der Kleinhirnrinde, sind gleich. Sie wird nach Obersteiner beim Kinde durch eine Schichte von Bildungszellen bedeckt, welche sich zu spindelförmigen Fibrillen als einem innersten Stratum der *Pia mater* umwandeln. Die rein graue Schichte zeigt sehr kleine Nervenkörper, deren zerstörbares Protoplasma oft die Trennung von nicht gangliösen Elementen erschwert. Ausser diesen zumeist dreieckigen Körperchen finden sich nahe an der grauröthlichen oder Körnerschichte querliegende Spindeln, welche um die Furche zwischen den Windungen diesen parallel laufen, aber darin der Spindelzellenschichte der Grosshirnrinde unähnlich, dass sie nach aussen statt nach innen von der körnerartigen Schichte liegen. Die Zellen der körnerartigen Schichte betrachte ich mit Stilling als multipolare Ganglienzellen. Ihre durch grössere Abstände umschriebenen Aggregirungen aber möchte ich nicht als Brutstätten sich erneuernder Elemente auslegen, sondern in Beziehung zum Verästelungsbezirk der inneren Fortsätze Purkynje'scher Zellen setzen, wobei ich allerdings der Ansicht von Koschewnikoff nicht beitrete, dass von der inneren Seite der Purkynje'schen Zellen nur ein unverästigter Nervenfaserfortsatz abgehe. Die grossen Purkynje'schen

Fig. 48.

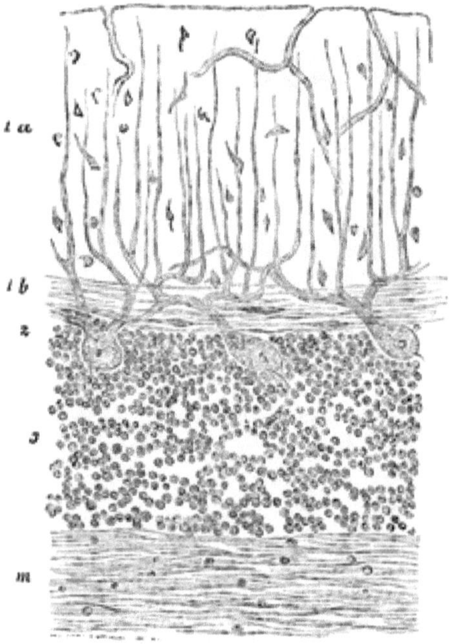

Durchsichtiger Abschnitt aus der Kleinhirnrinde des Menschen.
1 a und *1 b* rein graue Schicht (*1 b* mit Spindelzellen und Querfasern). *2* Purkynje'sche Zellen. *3* Körnerschicht. *m* Mark.

Zellen welche oft in grossen Distanzen von einander, und nahezu einreihig vorkommen sind in Verbindung mit der äusseren und inneren Schichte der Kleinhirnrinde gesetzt. Nach aussen treten mächtige Fortsätze ab durch die allmählige Verjüngung des Protoplasma. Sie theilen sich dichotomisch, um die Furche zwischen den Windungen zuerst fast unter einem Winkel von 180 Graden. Von diesen Haupttheilungsästen laufen oft unter rechtem Winkel bei einer hirschgeweihartigen Verästelung zahlreiche Fortsätze in die äussere Schichte und geben ihr eine parallele Streifung. Sie scheinen sich in einer Ebene von Rindenantheilen zu verästeln, welche einem der feinen, spaltbaren Blättchen des Markes angehören. Nach Hadlich beugen diese Fortsätze nahe der Rindenoberfläche um und werden rückläufig. Wahrscheinlich bezieht sich die Umbeugung mehr auf die Endspitzen der Verästlungen, weil es den grössten Anschein hat, als ob feinere Theilungsäste auch mit den dreieckigen Zellen der äusseren Schichte sich verbänden. Die inneren Hälften der Purkynje'schen Zellen sind mehr blasenförmig. Purkynje verglich diese grossen Zellen mit Feldflaschen *Ampullae*, wobei der eben beschriebene starke Fortsatz aus dem Flaschenhals hervorging. Die vom Grund der Flasche abgehenden Fortsätze sind viel feiner und als directe Ursprünge, wenn nicht, wie Purkynje meinte, nur auf einen Fortsatz beschränkt, jedenfalls wenig. Sie zerfallen rasch in ein mit den Körnern zusammenhängendes Netzwerk. In der Kleinhirnrinde finden wahrscheinlich die Fasern des Kleinhirnmarkes zunächst zwei Ursprungsformen: 1. durch Umbeugung der verästigten äusseren Fortsätze der Purkynje'schen Zellen und 2. aus den Netzwerken der Körnerschichte, in welche die inneren Fortsätze der Purkynje's eingehen.

Der gezackte Kern des Kleinhirnes, *Nucleus dentatus*, zeigt sich von radiären Fasermassen durchsetzt, welche bei dem Durchschnitte der Bindearmfasern wahrscheinlich deren Verbindung mit den Zellen dieses Körpers dienen. In den Facialisebenen und den oberen Acusticusebenen ist der gezackte Kern vom Bindearm noch getrennt und liegt nach seiner Erhebung aus der Stammorganisation der *Oblongata* der Seitenwand noch sehr nahe. In den Acusticusebenen aber wird der Bindearm 1. durch Bündel, welche zum Theil offenbar gekreuzt die Stilling'schen Dachkerne durchsetzen, von der Seitenwand der Rautengrube abgedrängt. Andere Bündel, welche den *Nucleus dentatus* bedecken (Fig. 46, links aussen von *Pdi*), auch solche, welche höher oben zwischen *Nucleus dentatus* und Bindearm gelegen waren (Fig. 45, *Cbl*), lagern sich 2. als Strickkörper nach aussen vom Querschnitte der aufsteigenden Quintuswurzel. In den Ebenen des Dachkernes (Fig. 46) treten die ersteren Bündel ungekreuzt aussen von ihm und gekreuzt durch den Dachkern einwärts gebogen zur *Oblongata* herab. Sie erscheinen nach aussen vom Acusticuskerne des grauen Bodens abgeschnitten. Dabei durchkreuzen sie sich mit Bündeln der Acusticuswurzel, welche in umgekehrter Richtung von der vorderen Stammfläche eindringend, sich aussen von der aufsteigenden Quintuswurzel nach einwärts biegen, und vermengt mit den ersteren abgeschnitten sind. Die Convergenz dieser, vom Kleinhirn und der Acusticuswurzel her convergirenden Bündel lässt nach aussen einen Winkel offen. In diesen Winkel drängt sich der Strickkörper hinein, der aus der Umgebung des *Nucleus dentatus cerebelli* herabsteigt, jenen Winkel erfüllend. Die erstbeschriebenen, in dem grauen Acusticuskerne innen vom Strickkörper eingetragenen Bündel liegen im Felde des äusseren Acusticuskernes Clarke's.

Stilling hat in seinen Abhandlungen über das Züngelchen und das Centralläppchen gezeigt, dass die benachbarten Kleinhirnwindungen durch guirlandenartige Bündel miteinander verknüpft sind und dass nach verschiedenen Richtungen hin im Sagittalschnitte des Wurmes in kürzeren und längeren, abgestuften Distanzen bogenförmige Bündel die einzelnen Rindengebiete mit einander verknüpfen. Diese bogenförmigen Bündel liegen der Rindenoberfläche näher, als bestimmte von Stilling als querlaufend und sich kreuzend beschriebene Fasersysteme. Der Bau des Kleinhirnes weist dieselben einzelnen und allgemeinen Systeme von Associationsbündeln seiner Rinde auf, wie der des Grosshirnes.

Den Strickkörper muss man in den Strickkörper der Brücke und den der *Oblongata* scheiden. Soweit bogenförmige Bündel beider Hälften der hinteren Brückenabtheilung nicht von deren Nervenkernen ausgehen und die graue Substanz in der Raphe vertreten, wird die untere Brückenabtheilung von dessen queren *Fibrae arcuatae* durchsetzt. Oberhalb der Acusticuswurzel gehen sie deutlich aus einem Theile des Strickkörpers hervor, der zwischen Bindearm und *Nucleus dentatus* gelegen ist, in der Gegend der oberen Olive den Quintusdurchschnitt durchzieht und das oberflächliche Stratum von Bündeln abgibt, welches dem *Corpus trapezoides* der Thiere entspricht (Fig. 45, *Ols, Lms, 5*). Diese Bündel scheinen zuerst vor der oberen Olive zu verlaufen, und nachdem sie sich in der Raphe unter spitzen Winkeln durchkreuzten, in die obere Olive einzugehen. An Thieren ist es klar ersichtlich, schwieriger beim Menschen, dass die obere Olive nach innen von den aufsteigenden Quintuswurzeln stielartige Bündel aussendet, welche zwischen Acusticuskern und Acusticuswurzel nach rückwärts verlaufen. Dieses Verhältniss hat mit den Beziehungen des Strickkörpers zur unteren Olive grosse Aehnlichkeit. Mit der oberen Olive sind auch Längsbündel der Seitenstrangregion verbunden, welche, wie der Längsschnitt des Gehirnstammes zeigt, hinter der Schleifenschichte gelegen sind, in welche die untere Olive sich einbettet. Die untere Abtheilung des Strickkörpers, die der *Oblongata* ist von der ersteren im Kleinhirn durch den gezackten Kern getrennt. Dieser untere Strickkörper, welcher der plastische Strickkörper der Oblongatenoberfläche mit deren *Stratum zonale* ist, wurde in seinem Hereintreten zwischen die Kleinhirnbündel und die Acusticusbündel in den Querschnitt des äusseren Acusticuskernes schon beschrieben. Jene innersten Kleinhirnbündel, die zur *Oblongata* treten, steigen mit der vorderen Acusticuswurzel im Felde des äusseren Acusticuskernes in der *Oblongata* tief nach abwärts. Ihr Feld liegt innen vom Strickkörper (Fig. 49, *Rsl*, *8'*, *R*). Verständlich sind diese Bündel in ihrer Beziehung zu Acusticuswurzel.

Die Untersuchung ergibt, dass auch diese Kleinhirnbündel im Acusticuskern Theile der Acusticusbahn sind. In den Verlauf zwischen Kleinhirnursprung und Wurzel schaltet sich noch ein drittes Verlaufstück ein in Form von *Fibrae arcuatae*. Die *Fibrae arcuatae* überschreiten die Mittellinie und legen zwischen einen grossen Antheil von Acusticuswurzeln und das Kleinhirn eine Decussation. Es lassen sich füglich die Acusticusbündel in solche eintheilen, welche in der *Oblongata* gekreuzt sind und in (mindest bezüglich der *Oblongata*) ungekreuzte Bündel.

Gekreuzte Acusticusbündel.

a) Aeussere Acusticusbündel, *Striae medullares*. Sie treten entweder schon aussen ersichtlich direct zur Raphe, der Kreuzungsstelle, um durch *Fibr. arcuat.* in den Clarke'schen Kern (Fig. 49, *8'*) überzugehen, oder treten von aussen in Querschnitte desselben ein (wie in Fig. 50 und 52 links), welche, ersichtlich in *Fibrae propriae* übergehend, zum Clarke'schen Kerne der anderen Seite geführt werden (Fig. 52 rechts). Die äusseren Acusticusbündel umranden auch die inneren Gränzbündel des Clarke'schen Kernes und lösen sich mit hintersten Bündeln, die einen Theil oder den ganzen inneren Acusticuskern bis zur Raphe durchlaufen, auch mit nach vorne ziehenden Bündeln in der Raphe weit nach vorn treten, in Bogenbündel auf (Fig. 49 rechts und links).

In den obersten Ebenen der *Oblongata* gehören fast sämmtliche *Fibr. arcuat.* der Acusticusbahn an. Die Raphe erscheint durch ihren Durchzug in ihrer ganzen Höhe markig und selbst das

Strat. zonale leitet sich aus Bündeln des Clarke'schen Kernes her (Fig. 49, *z z*).

b) Die inneren gekreuzten Acusticusbündel bilden mit den Kleinhirnbündeln Querschnitte des Clarke'schen Feldes. Sie steigen bis zur halben Höhe des Hypoglossusdreieckes herab. In dieser ganzen Höhe hängen die Bündel mit den *Fibrae arcuatae* γ zusammen. Unter den beiden möglichen Annahmen, dass die Acusticusbündel sowohl, als die Kleinhirnbündel, nachdem sie so weit

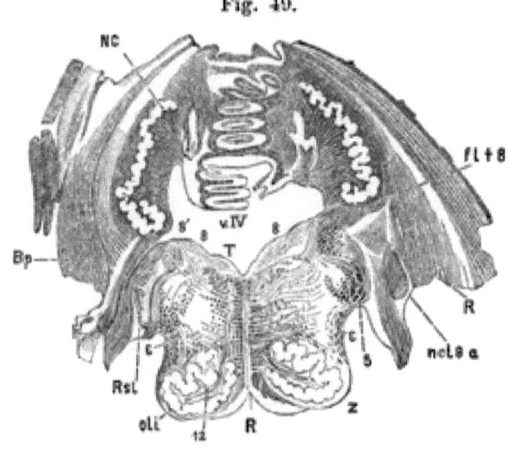

Fig. 49.

Goldchloridkaliumpräparat.
Ebenen des Acusticusaustrittes aus dem Gehirn des Neugebornen.
(Die rechte Hälfte des Präparates entspricht einer höher gelegenen Schichtebene.)

Bp Brachium pontis. *NC* *Nucleus dentatus cerebelli*. Derselbe umgibt den Bindearm. Nach einwärts von der Bindearmausstrahlung in dieses graue Blatt ein gezacktes Ganglion, von mir als Nebenkern des *Nucleus dentatus* bezeichnet. *v. IV* Ventriculus quartus. *8* Innerer Acusticuskern. *8'* Aeusserer Acusticuskern Clarke's. *Fl 8* Mark der Flocke und einer äusseren Acusticuswurzel. Links ist der Flockenstiel von der äusseren Acusticuswurzel getrennt sichtbar. *Rst* Linker Strickkörper, dem nach innen die innere Acusticuswurzel anliegt. *5* Aufsteigende Quintuswurzel. *ncl 8 a* Stilling's vorderer Acusticuskern. *oli* Untere Olive. *12* Hypoglossuswurzel. *R* Raphe. *c* Die vordersten *Fibrae arcuatae*. *T* Eminentia teres.

herabgestiegen, durch die Bogenfasern gleichnamige Commissuren bilden, oder dass sie über die Raphe weg in ungleichnamige Kreuzungen von Kleinhirnbündeln und Acusticusbündeln eingehen, verdient die letztere unbedingt den Vorzug. Commissurenbündel der Raphe sind hier überhaupt nicht nachgewiesen. Das Herabsteigen der inneren gekreuzten Acusticusbahn reicht vom Ursprungsgebiet des *Nervus facialis* durch das Vagusgebiet bis in das des *Hypoglossus*. Die Raphe sowohl als die Zonen der Acusticusbogen γ enthalten Ganglienzellen, welche mit dem grauen Fasernetze der Ursprungskerne der genannten motorischen Wurzeln zusammenhängen, nach Deiters als Ausstreuungen von Ganglienzellen der Wurzelkerne aufzufassen sind.

Die ungekreuzten Ursprünge von Acusticusbündeln sind folgende:

Die inneren Acusticusbündel[1]) hängen mit dem Kleinhirn auch durch gerades Aufsteigen von Bündeln gegen den Dachkern unter Durchsetzung und Bedeckung des Bindearmes zusammen (Fig. 46, rechts). Dabei findet eine mindest theilweise Unterbrechung der Fibrillen durch die Nervenkörper im äusseren querschnittlosen Theile des Clarke'schen Kernes (Fig. 49, zwischen *8'* und *Rsl* links) statt. Acusticusbündel biegen auch direct in den Strickkörper um, besonders nahe an dessen unterem Rande.

Endlich liegt zwischen den inneren Acusticusbündeln, dem Strickkörper und der Flocke (beziehungsweise dem Kleinhirnmark, Fig. 49, *ncl 8 a*), der vordere Acusticuskern Stilling's, welcher nach aussen laufende Antheile der Bündel in sich aufnimmt und andererseits zweifellos mit dem Kleinhirnmarke verbunden ist.

Austritt des 9., 10., 11. und 12. Gehirnnervenpaares.

Durch den Wegfall der Brückenbündel liegen die Pyramiden unmittelbar, aber nicht scharf abzugränzen, vor den Vordersträngen. Der graue Boden zerfällt in drei Facetten: 1. die *Eminentia teres*, 2. die hintere Ursprungssäule des 9., 10. und 11. Gehirnnervenpaares als *ala cinerea*, Vaguskern, 3. den inneren Acusticuskern (Fig. 50, 51).

Die *Eminentia teres* enthält allerdings die Kernhaufen, aus welchen durch schlingenförmige Bündel, welche ihre Ursprungszellen umkreisen, der *Nervus hypoglossus* hervorgeht (Fig. 50, 51). Der oberflächliche Saum der *Eminentia teres* jedoch enthält viel kleinere Zellen, durch welche bestimmte Theile der Vaguswurzel, die Hypoglossuszellen nach hinten convex umbiegend, sich in die Raphe begeben. Die Masse des Vago-accessoriuskernes, welcher in der Ebene der Rautengrube mit oberer Spitze sich nach innen vom Acusticuskerne verlor, ist in den Ebenen unmittelbar unter den *Striae transversae* noch gar nicht an der Oberfläche und bildet auf dem Durchschnitt hier eine in Carmin sich mehr hellroth, als das beiderseits benachbarte Grau (*Eminentia teres*, Acusticuskern), färbende Masse, aus welcher zunächst die Wurzeln des *Nervus glossopharyngeus* theilweise hervorgehen. Weiter unten (Fig. 50, links) tritt schon ein kleiner Vaguskern hervor. Ein mächtiger Theil des Hirnnervs geht aus einem Querschnitt hervor, der, rinnenartig

---

[1]) Ich spreche lieber von Acusticusbündeln als Acusticuswurzeln, weil ihre Stellung als Nervenwurzeln, wie schon Kölliker beleuchtet, so unwahrscheinlich als beim *Nervus opticus* und dem sogenannten *Nervus olfactorius* ist.

im Carminpräparate kleine Zellen im Innern einschliesst (Fig. 50, links die Glossopharyngaeuswurzel). Dieser Markquerschnitt ist eine aufsteigende Wurzel nicht bloss des *Nervus glossopharyngeus*, sondern auch des *Nervus vagus*, welcher feine Fäden in der ganzen Höhe seines Verlaufes von diesem Querschnitte gleichsam abwickelt, unter Einstreuung kleiner Zellen. Diese aufsteigende Wurzel liegt hart am grauen Boden, hinter der Quintuswurzel (Fig. 50, rechts, 51, 52). Die aufsteigende Quintuswurzel wird mit Recht einer hinteren Rückenmarkswurzel verglichen und ebenso der

Fig. 50.

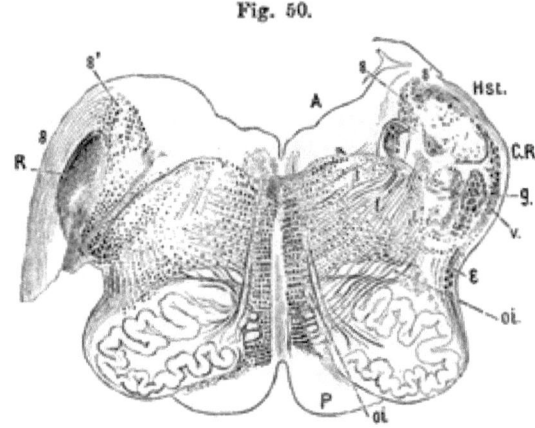

Chlorgoldkaliumpräparat.

Querabschnitt aus der *Oblongata* des Neugebornen.
(Die linke Hälfte des Präparates ist die höher gelegene Schnittebene.)

A Innerer Acusticuskern. *8′ 8* Aeusserer Acusticuskern, äussere und innere Acusticuswurzel links. *R. C. R Corpus restiforme.* *V* Aufsteigende Quintuswurzel aussen von der gelatinösen Substanz. Der Quintusdurchschnitt ist von Glossopharyngeuswurzeln durchzogen. *oi oi* Olive und Nebenoliven. In der Olive verlieren sich scheinbar die aus Kernen in der *Eminentia teres* hervorgehenden Hypoglossuswurzeln. α *Fibrae arcuatae* aus den Vaguskernen. (Die Vaguskerne bilden die, zwischen *Eminentia teres* [Hypoglossuskern] und innerem Acusticuskern gelegene Erhebung, welche links noch sehr schmal ist.) *Fibrae arcuatae* aus der aufsteigenden Vago-glossopharyngeowurzel. γ *Fibrae arcuatae* aus den äusseren Acusticuskernen. ζ *Fibrae arcuatae* aus dem Hinterstrang. *Hst* Der Hinterstrang.

Nervus hypoglossus einer vorderen. Somit liegt das Gebiet des *Vagus* zunächst zwischen diesen, Rückenmarkswurzeln analogen Nerven. Da es weiterhin den Seitenstrang mit seinen Fäden durchsetzt, wird es den Namen des seitlichen Systemes verdienen. Im Seitenstrange findet sich eine kleine Kernmasse, welche der Lage nach die entschiedene Fortsetzung des unteren Facialiskernes ist, auch wohl des motorischen Quintuskernes und auch die grosse multipolare Zellenform enthält. Motorischer Vaguskern, vordere Ursprungssäule des seitlichen gemischten Wurzelsystemes. Letzterer Ausdruck: seitliches gemischtes System ist für das Glossopharyngeovago-Accessoriussystem wohl anzuwenden und stammt von Deiter's.

Eigentlich ist der vordere Ursprungskern des Vagus bereits der Accessoriuskern, und geht nach abwärts in den reticulären grauen, Lateralfortsatz des Vorderhorns über, aus welchem noch die untersten Accessoriuswurzeln hervorgehen. Die hinteren Rückenmarkswurzeln gleichen Bündel des Systemes durchsetzen die gelatinöse Substanz des Quintus und kommen aus der hinteren Ursprungssäule dieses Systemes, der *Ala cinerea* (Fig. 51, 8). Die aufsteigende Wurzel geht in tiefer gelegenen Schnittebenen ersichtlich durch Bogenfasern aus der Raphe hervor (Fig. 52, links β).

Fig. 51.

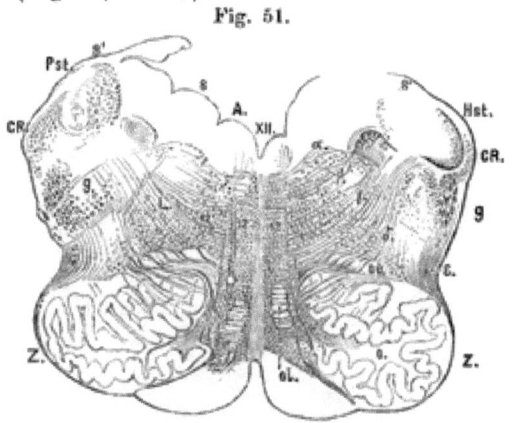

Goldchloridkaliumpräparat. Neugeborner.
Durchsichtiger Querabschnitt aus der *Oblongata*.
(Die linke Hälfte ist die höhere Ebene.)

XII Hypoglossuskerne, *12* Hypoglossuswurzeln. Die seitliche *12* links zeigt Fäden aus dem Kern XII, welche sich in der grauen Substanz des Seitenstranges verlieren. *L* Seitenstrang. *A* (sollte mehr aussen stehen) *Ala cinerea*, Vaguskern. *8* (sollte mehr aussen stehen) innerer Acusticuskern. *8' 8'* Aeussere Acusticuskerne. *Pst., Hst.* Hinterstränge. *CR., CR. Corpora restiformia*. *g* Gelatinöse Substanz, umgeben von der aufsteigenden Quintuswurzel. Links nach aussen und innen von *g* Vaguswurzeln. *O., ol., oe.* Olive mit der inneren und äusseren Nebenolive. α *Fibrae arcuatae* aus dem Vaguskerne; β aus der aufsteigenden Vago-glossopharyngeuswurzel; γ aus dem äusseren Acusticuskerne; δ aus dem Hinterstrange; ε aus dem Strickkörper. *Z Stratum zonale*.

Vaguswurzeln aus der Raphe laufen hinter dem Hypoglossuskerne als Bündel der *Eminentia teres*, während Bündel aus der *Ala cinerea* vor den Hypoglossuskernen und an den hinteren Ursprungssäulen vorbei direct in die Wurzel gehen (α). Die Bündel aus der vorderen Ursprungssäule biegen am grauen Boden knieförmig in den Vagus um, und aus diesem Kern scheinen auch directe Wurzeln nach vorne (Fig. 51, links vor dem Quintus) zu entspringen. (Radiärfasern. Lenhossek.)

Die Gebiete, in welchen der motorische Vaguskern und der Hypoglossuskern liegt, so sehr diese ein Centrum gesammelter Zellen darstellen, sind noch ohne scharf umschriebene Grenzen, wie höher oben das Gebiet des Facialiskerns von Ausstreuungen ganz übereinstimmender Zellformen umgeben. Diese zu einem zusammenhängenden grauen Fasernetz beitragenden Zellen sind von *Fibris arcuatis* durchsetzt, welche sich in die Bündel des äusseren Acusticuskernes verfolgen lassen (Fig. 50, 51, 52 γ).

Querschnitt der Oblongata und ihr Uebergang in das Rückenmark.

Aussen von den medialen Vordersträngen und dem Pyramidenfelde der *Oblongata* erstreckt sich der Seitenstrang bis zum Quintusdurchschnitte und unterscheidet sich durch mindere Dichtigkeit und theilweise minderes Faserkaliber von den sehr dichten und groben Bündeln des Vorderstranges. Er bildet das Segment des Oblongataquerschnittes zwischen den Wurzeln des *Hypoglossus* und des *Quintus*.

Fig. 52.

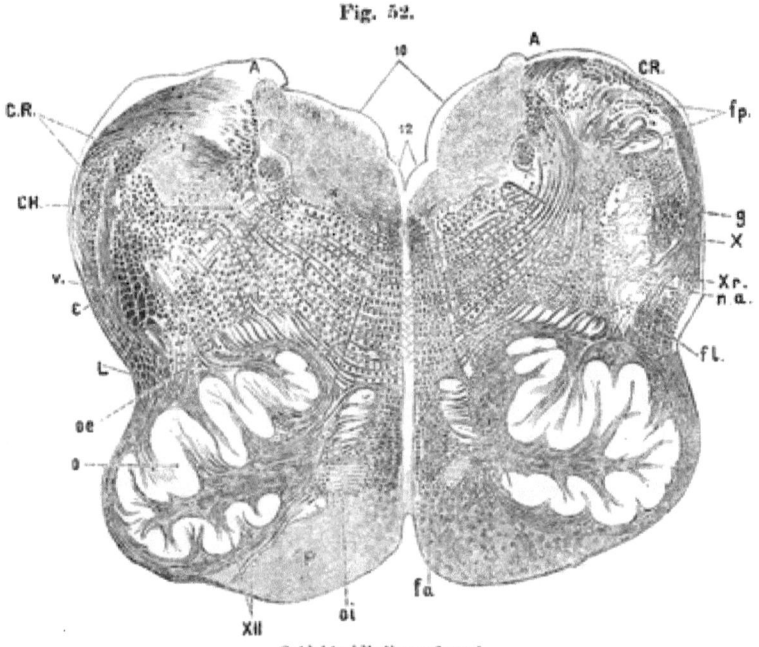

Goldchloridkaliumpräparat.
Durchsichtiger Abschnitt aus der *Oblongata* des Neugebornen.
12 Hypoglossuskerne. *10* Vaguskerne. *A A* Aeusserer Acusticuskern mit äusseren Wurzeln. *CR Cr* Strickkörper. *fp. Funiculus posterior.* *r.* Quintuswurzel. *g* Gelatinöse Substanz, *fl. Funiculus lateralis.* *L* Aeussere Seitenstrangbündel, welchen innen tiefe *Fibrae arcuatae* des Strickkörpers anliegen. *oe* Aeussere Nebenolive. *o* Olive. *oi* Innere Nebenolive. *XII Nervus hypoglossus.* *P* Pyramide. *fa* *Funiculus anterior. CH.* (links) Vaguswurzeln. *n. a.* Gegend des *Nucleus anterior cogi*, *Xr*, *Radix recurrens cogi*. *X* Vaguswurzel. *z Fibrae arcuatae* der Vaguskerne, *β* der gemeinsamen ansteigenden Wurzel, *γ* der Acusticuskerne, *δ* des Hinterstranges, *ε* des Strickkörpers.

Er schliesst die untere Olive ein und verbindet sich mit ihr durch Längsbündel (Fig. 57, *o*). Hinter dem Seitenstrang liegt zunächst die Quintuswurzel, und hinter dieser noch nach aussen der sichelförmige Durchschnitt des Strickkörpers (Fig. 45 und 50 *R, Cr*), sowie von ihm nach innen der äussere Acusticuskern. Dieser schliesst als Clarke'scher Kern seitlich den grauen Boden ab. Der rinnenförmige Durchschnitt der Quintuswurzel schliesst eine graue Säule, die gelatinöse Substanz, ein, welche, so wie im Rückenmarke an deutlichen

Präparaten eine Zacke oder Welle bildet. Diese Organisation ist von transversalen bogenförmigen Fasern durchsetzt, die theils von den Nervenkernen, theils von dem Strickkörper ausgehen.

1. Die hintersten der *Fibrae arcuatae* verbinden die Vaguskerne des grauen Bodens mit der Raphe (Fig. 50, 51, 52 z) und schneiden dabei die Hypoglossuswurzel von ihrem Kern ab.

2. Folgen Entbündelungen der aufsteigenden Wurzel des 9. und 10. Paares. (Ebenda β.)

3. Entstehen *Fibrae arcuatae* aus den Bündeln des Acusticuskernes, welche tief hinab in die *Oblongata* reichen und erst nahe über dem Schluss des Centralkanales ganz verschwinden. (Ebenda γ.)

Das Gebiet der Bogenbündel aus den Nervenursprüngen ist sehr wohl von den weiter nach vorne liegenden Systemen der *Fibrae arcuatae* geschieden und durchsetzt weder die Oliven, noch die Nebenoliven.

Der Strickkörper verliert rasch eine Summe seiner Bündel, welche an die Oberfläche der *Oblongata* als *Stratum zonale* sich begeben, die Olive bedeckend und durchsetzend. Die Anschauung der Oblongatenoberfläche ergiebt schon, dass das *Stratum zonale* keineswegs in lauter transversalen Ebenen verläuft, sondern schräg absteigt. Diese Bündel liegen aussen auf der Quintuswurzel. Tiefere Schichten aus dem Strickkörper durchsetzen zunächst den Quintusdurchschnitt in gröberen Bündeln, jedoch immer aussen von der *Substantia gelatinosa*. Die auf dem Quintus aussen liegenden oberflächlichen Bündel des Strickkörpers verlängern öfter das *Stratum zonale* selbst bis zur Bedeckung der Pyramiden. Wenn solche Bündel sich mit grauen Inseln im Pyramidenquerschnitt verbinden, so sind sie den Strickkörper durchsetzende Brückenbündel. Es kommen in den untersten Brückenschichten schon solche Verläufe von Brückenbündeln, statt in den Brückenarm in den Strickkörper vor, welche sich erst im Kleinhirn typisch auseinander begeben. Das *Stratum zonale* lässt dagegen meist eine äussere Schichte des Seitenstranges oberflächlich, den es von innen her umbiegt (Fig. 52, links *L*). Werden solche Bündel hinter der Olive plastisch hervorgedrängt, so entsteht ein äusserer Hülsenstrang. Ebenso können Längsbündel nach innen von der Olive durch tieferen Verlauf des *Stratum zonale* frei aussen liegen, als innerer Hülsenstrang (Fig. 15). Gewöhnlich bleiben die Pyramiden frei. Schon die oberflächliche Schicht des Strickkörpers bedeckt nicht bloss als *Stratum zonale* die gleichseitige Olive, sondern durchsetzt sie bereits. Denselben Weg durch die Olive und die inneren Nebenoliven nimmt auch das tiefe *Stratum* des Strickkörpers. (Fig. 50, 51, 52 z.)

Die Strickkörperbündel laufen in der Raphe zum Theil ziemlich quer von einer Seite zur andern, indem sie aus dem Hilus der gleichseitigen Olive austreten und in den Hilus der entgegengesetzten eintreten. Dieser Verlauf kann keine Commissur der Oliven darstellen, weil die laufenden Bündel ungleichnamige Enden haben. Aus der entgegengesetzten Olive gehen nämlich die Strickkörperbündel in eine, im Querschnitt strangartig dichte Bildung von *Fibrae arcuatae* über, welche nach innen von der gelatinösen Substanz verlaufen und nicht wieder in den Strickkörper, sondern in den Hinterstrang auslaufen.

In Durchschnitten, welche vom Glossopharyngeusaustritt ab nach unten in das Vagusgebiet fallen, schiebt sich zwischen den Strickkörper und das Feld der Acusticuswurzel ein neues Feld ein. Dieses Feld ist der Hinterstrang der *Oblongata*, der in die Hinterstränge des Rückenmarkes jederseits durch den zarten und Keilstrang übergeht (Fig. 50, 51, 52, *Hst., Pst., fp.*). Der Hinterstrang ist geflechtartig gebaut und die Schlingen, welche seine Fasern bilden, schliessen in sich Ganglienmassen aus Zellen mittleren Kalibers ein. Sie bilden ein höchst charakteristisches Gegenstück zum äusseren Acusticuskerne, wo die distincten Querschnitte von Bündeln in einen Grund von grauer Substanz eingebettet sind. Hier Bündel in grauer Substanz, dort graue Substanz in Bündelgeflechten. Diese Hinterstränge sammeln ihre Fasern aus jener Kategorie von *Fibrae arcuatae* (Fig. 50, 51, 52 ?), welche zwischen denen aus dem Clarke'schen Acusticuskerne und denen aus dem Strickkörper gelegen ist. Diese Bogenbündel durchsetzen gleichfalls die Olive, wohl bemerkbar auch die äussere Nebenolive.

In den bogenförmigen Verlauf der Strickkörperhinterstrangbündel sind keine zerstreuten Zellen eingetragen, aus welchen die Hinterstränge entspringen könnten. Die Ursprünge der Bündel, die den Hinterstrang bilden, wären nicht zu enträthseln, wenn nicht der Umstand ein klares Licht auf die Ursprungsmasse derselben würfe, dass der Strickkörper in dem Masse durch Abgabe von *Fibrae arcuatae* (Fig. 50, 51, 52 Zone ε) verschwindet, als durch Aufnahme der mehr nach hinten gelegenen *Fibrae arcuatae* (Fig. 50, 51, 52 Zone ?) die Hinterstränge sich entwickeln, so dass es wohl keinem Zweifel unterliegt, dass der Strickkörper gekreuzt (nach Durchsetzung beider Oliven) in den Hinterstrang übergeht. Die Oliven sind die Endigungsmasse des Strickkörpers sowohl als die Ursprungsmasse des Hinterstranges. Von der Olive weiss man (Deiters), dass sie theils von gröberen Bündeln des Strickkörpers nur durchsetzt wird, und dass sehr feine Bündelchen sich in ihr vertheilen. Die Strickkörperbündel sind es, welche die gleichseitige Olive mit gröberen Bündeln nur durchsetzen, in der ungleichseitigen Olive aber endigen. Dies ergiebt sich aus einem Beweis, der darin gelegen ist, dass, wenn eine Hälfte des Kleinhirns und zugleich der Strickkörper atrophirt, die Olive der entgegengesetzten Seite verödet.

Die Bildung des Hinterstranges hat zunächst zur Folge, dass der Uebergang des Oblongataquerschnittes in den Rückenmarksquerschnitt sich wesentlich vorbereitet und zwar durch den Uebergang der Rautengrube in die Umgebung des Centralkanales. Der Strickkörper ist in den Höhen, wo er neben dem Beginne des Hinterstranges vorkommt, nach aussen gelegen. Der Hinterstrang bildet sich seiner inneren Seite an (Fig. 50—52), indem von aussen immer mehr Strickkörper verschwindet, nach innen immer mehr Hinterstrang zuwächst. So muss das gemeinschaftliche Strickkörper-Hinterstrangareal sich verschieben und zwar gegen die Seite des Bündelzuwachses, nach der Mittellinie zu. Dies hat zur Folge, dass in den nebeneinander liegenden beiden Hälften des grauen Bodens, an welche medianwärts nach Verschwinden der Acusticuskerne der Hinterstrang gleichsam andrängt, die Vaguskerne eine immer medialere Stellung bekommen. Der Hypoglossuskern, der Repräsentant des vorderen Kernes des Rückenmarkes, verändert seine Lage nicht, weil der Hinterstrang rückwärts von ihm seine Drehung nach innen vollzieht. Bestimmte Vaguswurzeln durchsetzen die gelatinöse Substanz im Quintuskerne, so wie ihre Fortsetzung im Rückenmark von hinteren Wurzeln durchsetzt wird. Das Hinterhorn des Rückenmarkes ist im Vaguskern und diesen Vaguswurzeln schon vorgebildet. Die gelatinöse Substanz ist das *caput* des Hinterhornes, die Vaguswurzeln sind dessen *cervix* und der Vaguskern, welcher mit dem Vorderhorn (Hypoglossuskern) zusammenhängt, gegen den Hals die Spitze eines Dreiecks wendet, entspricht dem *Trigonum cervicale* Goll's, dem dreieckigen Durchschnitt der Verschmelzung des Hinterhorns mit dem gesammten grauen Kerne. Dieses Hinterhorn der *Oblongata* liegt schon zwischen dem Seitenstrange und Hinterstrange und der Unterschied liegt nur in der Bedeckung mit Quintusbündeln, sowie in dem Winkel, den diese beiden Hinterhörner mit einander bilden. Es würden nämlich die fortgesetzten Wurzeln des Vagus der *Oblongata* sich hinter derselben schneiden, während die hinteren Rückenmarkswurzeln sich nach vorne schneiden würden. Erstere divergiren nach vorne, letztere nach hinten. Erleidet nun durch das Einwärtsrücken der Vaguskern eine Drehung, welche bis zur Verschmelzung in der Mittellinie führt, so schliesst sich der Centralkanal.

Die Rautengrube ist verschwunden. Die nach der Mitte drängenden Massen der Hinterstränge nähern sich hinter den verschmolzenen Vaguskernen gleichfalls der Mittellinie, nur die Hinterspalte zwischen sich lassend. Der Drehung der Vaguskerne nach einwärts ist aber das ganze Hinterhorn gefolgt, so dass die Hinterhörner, aus denen die 1. und 2. Halsnervenwurzel unterhalb des Vagus entspringt, nicht mehr convergent nach hinten sind, sondern zunächst in einem Winkel von 180° nebeneinander liegen und nach dem Verschwinden der *Fibrae arcuatae* sammt den, mit ihnen verbundenen Kernmassen

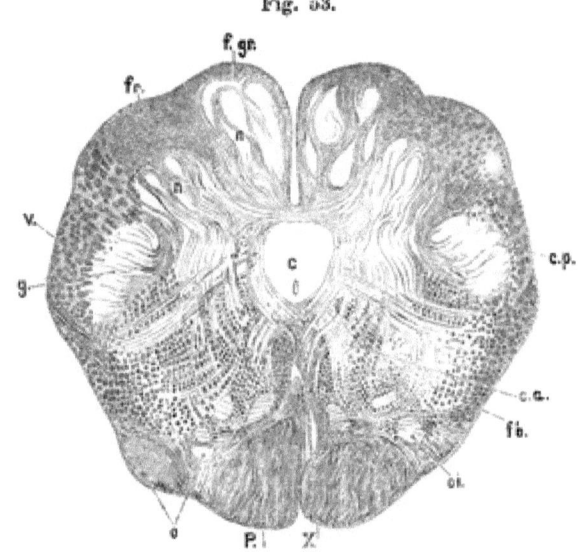

Fig. 53.

Goldchloridkaliumpräparat
Querabschnitt aus der *Oblongata* des Neugeborenen.
C Canalis centralis, *P*. Pyramide, *N* Kreuzungsbündel, *o*, *oi*. Olivargegend, *g*. Gelatinöse Substanz, *v*. Quintusbündel, *c. p. Caput cornu posterioris*, *fb. Fibrae arcuatae*, *c. a. Cornu anterius*, *n Nucleus fasciculi cornuti*, *fr. Fasciculus cornuti*, *f. gr. Fasciculus gracilis*.
(NB. Die Commissur hinter *c* existirt nur fälschlich im Holzschnitt.)

im Keilstrang und im zarten Strang immer weniger auseinander getrieben werden, und sich einander unter Convergenz nach vorne nähern. Die Vorderstränge drängen sich durch das Verschwinden der *Fibrae arcuatae* und durch das der inneren Olive auf ein viel kleineres Areal zusammen, nicht minder der Seitenstrang, der nach Ausfall der Olive, statt durch sie convex zu sein, eine Abflachung hinter den Pyramiden darstellt (Fig. 53). Hinter dem Seitenstrang tritt der nicht mehr von *Fibrae arcuatae* bedeckte Quintus als die Region des Rolando'schen Körpers convex hervor (Fig. 54 *V, SR*). Hinter diesem bedingt die in den Hinterstrang eingestreute graue

Masse zwei wohlbegrenzte convexe Bildungen, den Keilstrang und den zarten Strang (Fig. 53 *fr, fgr*), welcher der Hinterspalte anliegt. Ehe es zum Verschwinden der inneren Nebenolive kommt, deren untere Grenze Stilling mit der unteren Grenze der Hypoglossuswurzeln zusammenfallen lässt, bekommt der Hinterstrang noch einen Zuwachs durch eine viel starkbündligere Kreuzung zwischen den Vordersträngen, als die Kreuzungen der *Fibrae arcuatae* oberhalb. Clarke und ich leiteten sie nach dem Augenschein aus den äusseren Pyramidenbündeln her. Es kann aber die Unsicherheit dieser Thatsache nicht in Abrede gestellt werden, indem die innere Nebenolive diesen von aussen her transversal in die Kreuzung verlaufenden Bündel anliegt. Dieses Ganglion durchsetzend, wären sie noch aus dem Strickkörper herzuleiten. Dem widerspricht der Augenschein an Goldpräparaten nicht (Fig. 53 *oi, X, f.gr.*). Sie zeigen unter dieser Voraussetzung einen Unterschied von der übrigen Hinterstrangsbildung darin, dass die Kreuzung nicht diesseits der eingeschlossenen Olive von Strickkörperbündeln formirt würde, sondern jenseits der eingeschlossenen inneren Nebenolive von Bündeln, die in den zarten Strang laufen.

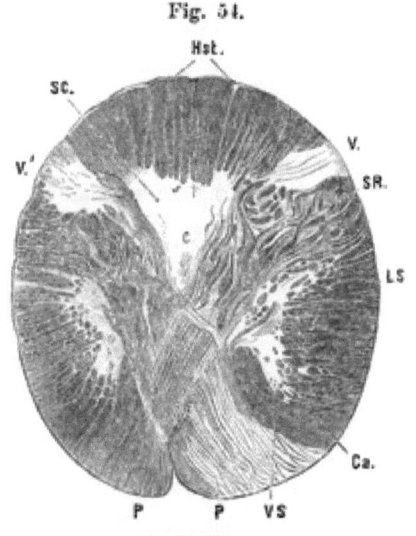

Fig. 54.

Carminpräparat.
Pyramidenkreuzung vom Erwachsenen.
Hst Hinterstrang. *C* Centralkanal. V, V, SR Kopf des Hinterhorns, *Substantia Rolandi*, links mit Resten aufsteigender Quintuswurzeln. *LS Fasciculus lateralis.*
VS Fasciculus anterior. PP Pyramiden. *VS* Vorderstrang.

Die gesammten Pyramiden verlieren sich von der vorderen Spalte der *Oblongata* durch die grosse Pyramidenkreuzung, wobei sie die Vorderstränge von der Raphe, welche sie ausfüllen und ausdehnen, weit abdrängen, die Vorderhörner von der grauen Substanz abschneiden, aber so sehr sie das Hinterhorn nach rückwärts drängen, doch sämmtlich und zwar ohne Unterbrechung durch graue Substanz in ein Areal des Seitenstranges übergehen, welches neben dem Hinterhorne nicht bis zur Aussenfläche der hintersten Partie des Seitenstranges reicht. Die Stelle, in welche die Pyramidenbündel nach ihrer Kreuzung als Längsfasern im Seitenstrange eingehen, behalten sie, allmälig in vordere Wurzeln übergehend, in der ganzen Länge des Rückenmarkes bei (Fig. 54 *PP*).

Rückenmarksquerschnitt.

Es wurde geschildert, wie der Querschnitt des Stammes am untersten Abschnitte des Mittelhirns drei übereinander liegende, nach abwärts ziehende Fasermassen enthält, welche die Haube, die Zwischenschicht und den Fuss des Hirnschenkels darstellten. Dieser Querschnitt des Hirnschenkels nahm in der *Oblongata* noch einen Zuwachs vom Kleinhirn auf, welcher sich noch hinter der fortgesetzten Haube anlegte, so dass hier vier Schichten bestanden: der Strickkörper, beziehungsweise Hinterstrang, die Haube, die Zwischenschichte und die Pyramide.

Zur Gestaltung des Rückenmarks treten Bündel aus allen Centren des Grosshirns, sowie aus dem Kleinhirn zusammen, von welchen man keinen Grund hat, anzunehmen, dass sie — möge auch ihr Faserreichthum sich verändert haben — in eine wesentlich andere Lagerung zu einander treten, als die ist, die sie im Hirnschenkel und in der *Oblongata* eingenommen hatten. Indem der Fluss ganzer Bündel am besten auf sagittalen Schnitten ersichtlich gemacht werden kann, sind die Fig. 55, 56 und 57 hier noch als Ergänzung der obenstehenden Darstellung des Gehirns eingeschaltet.

1. Die Haube des Hirnschenkels setzt sich aus vier Kategorien von deutlich verfolgbaren Ursprungsbündeln zusammen.

Das hintere Längsbündel scheint am unteren Brückenrande und in der *Oblongata* nicht eigentlich abzuklingen und würde in jenen hintersten Bündeln des Vorderstranges im Rückenmarksquerschnitte zu suchen sein, welche theils hart vor der grauen Rückenmarkscommissur, der Fortsetzung des grauen Bodens, gelegen sind; theils von den weissen Bündeln der vorderen Commissur durchflochten werden (Fig. 58). Die Strahlung des hinteren Längsbündels aus der Grosshirnrinde tritt aber bereits mit einem nur geringen Faseranteil in den Hirnschenkel-Querschnitt desselben ein, und es ist keine Frage, dass seine Bündel im Hirnstamme durch graue Massen unterbrochen sind, so dass sie im Allgemeinen mindestens in jedem Hirnnervenursprungskern ein *Internodium* haben. Dennoch bildet das hintere Längsbündel die directeste Verbindung zwischen dem Rückenmarksgrau und der Gehirnrinde, indem die grauen Internodien zu höchst im Gehirne, wie das *Ganglion opticum basale*, schon mit dem centralen Höhlengrau des Rückenmarks gleichwerthig sind. (Fig. 18, 21, 31, 37, 40—44, 55 und 56; lies pag. 88 u. ff.)

2. Die Bündel des vorderen Sehhügelstieles, die als *Laminae medullares* des Sehhügels sich zum pinselförmigen Austritt aus

demselben anordneten und in der Haube unter den nach aussen vom rothen Kern gelegenen Bündeln verfolgbar waren. (Fig. 29, 34 bis 36, 38, 54; lies pag. 82, 84 u. ff.)

3. Der *Fasciculus retroflexus*, welcher die Fortsetzung des Antheils vom *Stratum zonale* an der Hirnschenkelschlinge sein dürfte, verläuft weiterhin durch den Zirbelstiel in die hintere Commissur.

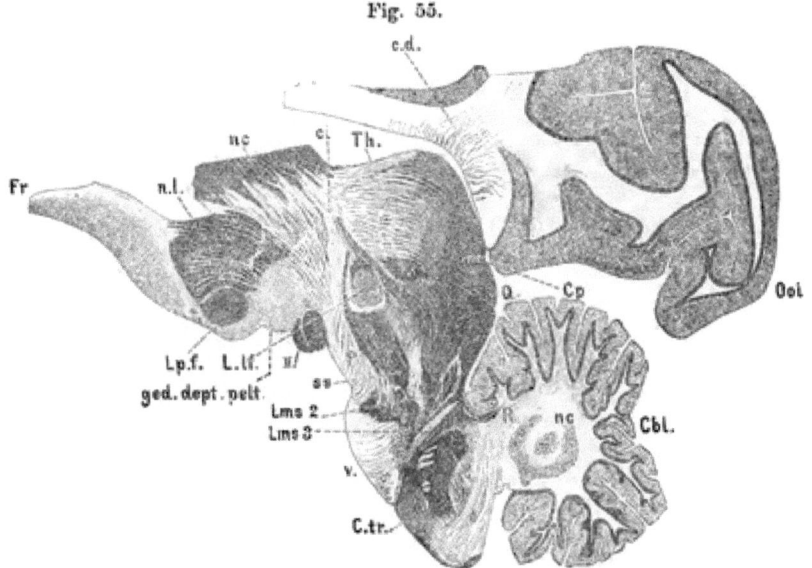

Fig. 55.

Durchsichtiger sagittaler Abschnitt aus dem Affengehirne.
(Lateraler als Fig. 56 und 57.)

Fr Frontales Ende. *Occ* Hinterhauptspitze. *c.d.* Balken. *n.l.* Nucleus lenticularis. *nc* Nucleus caudatus. *Lp.f.* Lamina perforata anterior. *ged. dept. pell.* Region des Pedunculus septi pellucidi. *II.* Tractus opticus, darüber die Commissura optica. *ci* Capsula interna. *Th.* Thalamus opticus. *L.lf.* Discus lentiformis; der schwarze Querschnitt, welcher dessen vorderes Ende <förmig umgibt, ist die Strahlung des hinteren Längsbündels. Zwischen dieser Formation und dem *Thalamus* ist die Strahlung des rothen Kernes gelegen. *Cp.* Hintere Commissur. *Q* Corpus quadrigeminum, in welchem, nach unten und hinten gerichtet der obere Zweihügelarm, nach unten und vorne gerichtet die Schleifen (*Lms 2*, *Lms 3*) verlaufen, deren unterstes weisses Bündel die Kleinhirnschleife aus der Hirnklappe ist (*Lms 3*). Hinter *Lms 3* die Quintuswurzel. *ss* Substantia Soemmeringi mit ihrem Mark. *P* Fuss des Hirnschenkels. *v.* Pons Varolii. *C.tr.* Oblongata. *R* Corpus restiforme. *Cbl.* Cerebellum. *nc* Nucleus dentatus cerebelli.

Eine Ependymverlöthung mit der hinteren Fläche des Gewölbes spiegelt einen Zusammenhang der Zirbelstiele mit der hinteren Gewölbsfläche vor.

Dieses Bündel biegt derartig um, dass es in der Haube die innersten vordersten Bündel gestalten dürfte und gegenüber von dem hinteren Längsbündel mit an der Bildung des Vorderstranges der Haube sich betheiligt. (Fig. 34, 35, 38 und ein Fragment in 56; lies pag. 83.)

4. Die Bündel aus der hinteren Commissur, welche durch die Hirnschenkelschlinge als innerer Stiel des Sehhügels

längs seiner inneren Masse eintreten und mit dem *Fasciculus retroflexus* die gekreuzten Sehhügelursprünge des Rückenmarkes darstellen. (Fig. 17, 18, 31 und 57.) Dieselben erscheinen in Fig. 57 sehr deutlich in die Haube eintretend, liegen nach Fig. 34 hinter dem Abgange des *Fasciculus retroflexus* und scheinen mir insbesondere nach dem Verfolge an Raubthiergehirnen nach aussen von dem hinteren Längsbündel (im Mittelhirn) vor der grauen Substanz als ein durch Opacität umschriebener Strang zu liegen, welchen dort die *Fasciculi marginales aquaeducti Sylvii* durchflechten. Seine

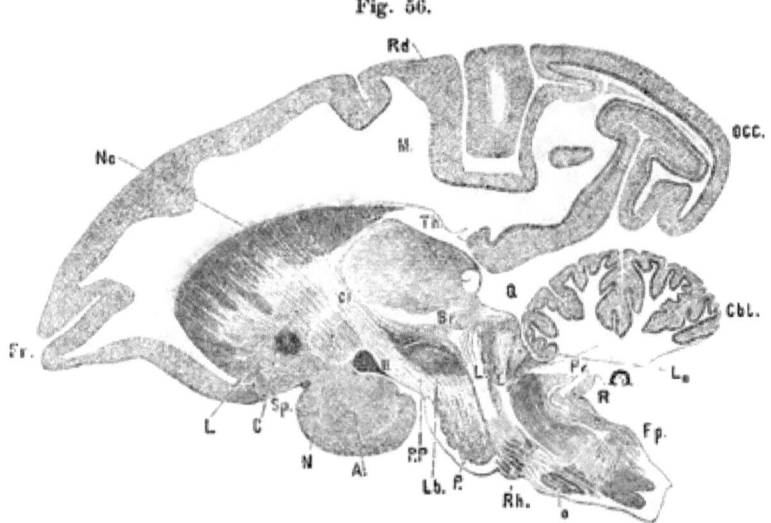

Fig. 56.

Durchsichtiger Längsabschnitt aus dem Gehirne des Affen.

Fr. Frontalende. *Occ.* Hinterhauptspitze. *Rd* Grosshirnrinde. *M.* Vorderhirnmark. *Nc.* Nucleus caudatus. *L* Nucleus lenticularis. *C* Commissura anterior. *N* Globus pallidus. *A* Amygdala. *H* Tractus Opticus. *Cl.* Capsula interna. *Th.* Thalamus. *Br.* Vierhügelarm. *Lb.* Discus lentiformis. (Durch einen Fehler des Holzschnittes mit dem *Stratum intermedius* verschmolzen). Die schwarze, frontalwärts zugespitzte dreieckige Masse davor ist die Strahlung des hinteren Längsbündels. Unter ihr die Strahlung des rothen Kernes.) *L, L₁, L₁₁* Laminae des oberen, des unteren Zweihügels und der Kleinhirnklappe. *P.P.* Pedunculi. *P.* Pons Varolii. *Rh.* Corpus Rhomboideum. *O* Untere Olive. *Cbl.* Kleinhirn. *Fr.* Bindearm. *R* Corpus restiforme. *Fp.* Funiculus posterior.

Lage im Rückenmark ist demnach, unter der Voraussetzung geraden Herabsteigens, etwa neben dem äusseren Rande des Vorderhornes im Seitenstrange zu suchen. (Fig. 58 *f*, pag. 29, 82, 88 und 95.)

5. Der Vierhügelursprung des Rückenmarkes ist durch die Schleifen repräsentirt, welche in den Figg. 54 und 55, besonders in der ersteren, bis nahe zum Rückenmarke verfolgbar sind; sie bilden die vorderste Schichte des Seitenstranges, lassen sich von den Querbündeln des *Corpus rhomboideum*, je nach dem Bau eines Thierhirnes in oder unter der Brücke durchflechten und schliessen in

der *Oblongata* die untere Olive ein, in deren Zellen vielleicht ein
Antheil ihrer Bündel endigt, wenn er sie nicht mit einer Lageveränderung
nach hinten durchsetzt. Im Rückenmarke würde der
Schleifenschichte das äussere *Stratum* des Seitenstranges zuzumessen
sein (Fig. 58), wobei die vorderste Schichte des Vorderstranges
zum Theil nicht sicher ausgeschlossen werden kann. Diese Schleifenschichte
aus dem Vierhügel im Rückenmarke würde nicht bis an

Fig. 57.

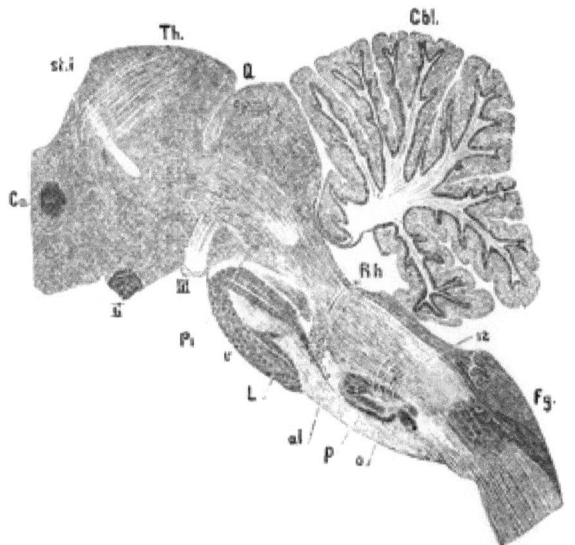

Sagittaler Abschnitt aus dem Affengehirn.
(Von den Fig. 50, 51, 55, 56 die medialste Abbildung 1.)

Co Commissura anterior. *II* Opticus. *Th.* Sehhügel. *st. i.* Sulcus internus thalami, den aufsteigenden
Gewölkschenkel (weiss) bedeckend. *cp* Commissura posterior. *III* Nervus oculomotorius. Zwischen *cp*
und *III* die Haube, auf deren Rücken die Trochleariswurzeln. *Pr* Bindearmkreuzung. Zwischen *Pons*
und *Oculomotorius* innerste Hirnschenkelbündel, welche vom Fuss bis in die hintere Brückenabtheilung
ziehen, und im Lauf nach der Mitte zu abgeschnitten sind. *L.* Schleifenschichte. *Rh* Fossa Rhomboidea,
davor Abducenswurzeln. *12* Hypoglossuswurzeln. *v* Pons Varolii, hinter den basalen Querbündeln
die Pyramidenbahn. *al* Hinter der Pyramidenbahn läuft, weil der Abschnitt unten mehr nach
aussen abfällt, die Schleifenbahn durch die Olive (o), nachdem sie oben vor den Abducenswurzeln von
den Querbündeln des *Corpus Rhomboideum* durchzogen war. *Cbl.* Kleinhirn mit der Klappe zum
Vierhügel. *Fg.* Funiculus gracilis.

den Kopf des Hinterhornes reichen. (Fig. 17, 22, 40—45, 55 und
56; l. pag. 18, 32 und 94.)

Die Lücke, welche die Schleifenschichte des Vierhügels im
Rückenmarke lässt, wird durch die Kleinhirnschleife, oder untere
Schleife, welche aus dem oberen Wurm des Kleinhirns durch die
Hirnklappe sich der ersteren anschmiegt, ausgefüllt. Es ist aus dem
ganzen Vorschieben der Schleifenschichte verständlich, dass dieser
letzte Zuwachs die hintersten (beziehungsweise in der Brücke äusser-

sten) Bündel der Schleife darstellt, indem in dem Schleifenquerschnitte deren Vierhügelursprünge sich so anordnen, dass die obersten Ursprünge am meisten medialwärts geschoben werden, die unteren Bündel, in der Reihenfolge ihres Herabsteigens weiter nach auswärts liegen. Daraus ist ersichtlich, dass der unterste Zuwachs der Schleife das äusserste Bündel derselben darstellt. Im Rückenmarke aber kann die Schleife sich nicht so der Quere nach ausbreiten, wie im Hirnschenkel und der Brücke. Ihre Bündel liegen mehr hintereinander und das äusserste Bündel wird zum hintersten (Fig. 58).

Genetisch würde sich dieser Antheil der äusseren Schichte des Seitenstranges auch nach vorne abgrenzen lassen, indem sich der Rückenmarksmantel um das Vorderhorn und Hinterhorn herum als ein Vorderseitenstrang und als ein Hinterseitenstrang entwickelt. Letzterer liegt dem Hinterhorn an. Das hinterste Schleifenbündel bildet im Rückenmarke wohl unbezweifelt den Antheil des Hinterseitenstranges der nach vorne das *Caput cornu posterioris* begrenzt. (Fig. 17, 55 und 56, lies p. 32.)

6. Das *Stratum intermedium*, welches den Linsenkern im Rückenmarke vertritt, insofern seine Hirnschenkelbündel nicht etwa auch in die Pyramide eingehen, lag im Hirnschenkeldurchschnitte in der Sömmering'schen Substanz, nach aussen von den äussersten Bündeln des Hirnschenkelfusses begrenzt, in der Mittellinie zusammenfliessend. Es setzt sich aus der *Ansa lenticularis*, als den innersten Bündeln des Hirnschenkelfusses und aus andern Linsenkernursprüngen zusammen, welche mittelst Durchflechtung des Hirnschenkelfusses, beziehungsweise der inneren Kapsel, in die lateralen Partien der Sömmering'schen Substanz eintreten. An der *Oblongata* liegt dieses *Stratum* noch in derselben Querlage unmittelbar hinter den Pyramiden; sobald die Pyramide sich verkleinerte, wurde der Winkel von 180°, den die Fortsetzung des *Stratum intermedium* bildet, kleiner, weil die Hälften desselben als die hinteren Grenzmassen eines verkleinerten Pyramidenstranges näher aneinander rücken mussten. Mit der Zunahme der Decussation spitzt sich dieser Winkel zu, und mit dem Verschwinden des letzten Pyramidenbündels lagern sich beide Hälften des *Stratum intermedium* als innerste Bündel der Vorderstränge längs der vorderen Spalte des Rückenmarkes aneinander. (Fig. 22, 23, 31, 34, 36, 37 und 58; lies pag. 41, 47—48, 50, 51, 75 und 97.)

7. Der Fuss des Hirnschenkels entspringt als Arnold'sches Bündel der inneren Kapsel aus der Rinde des Stirn-Scheitelhirnes und als Gratiolet'sche Bündel aus dem Hinterhaupt- und Schläfelappen.

Fig. 58

Markregionen im Querschnitt des Rückenmarkes

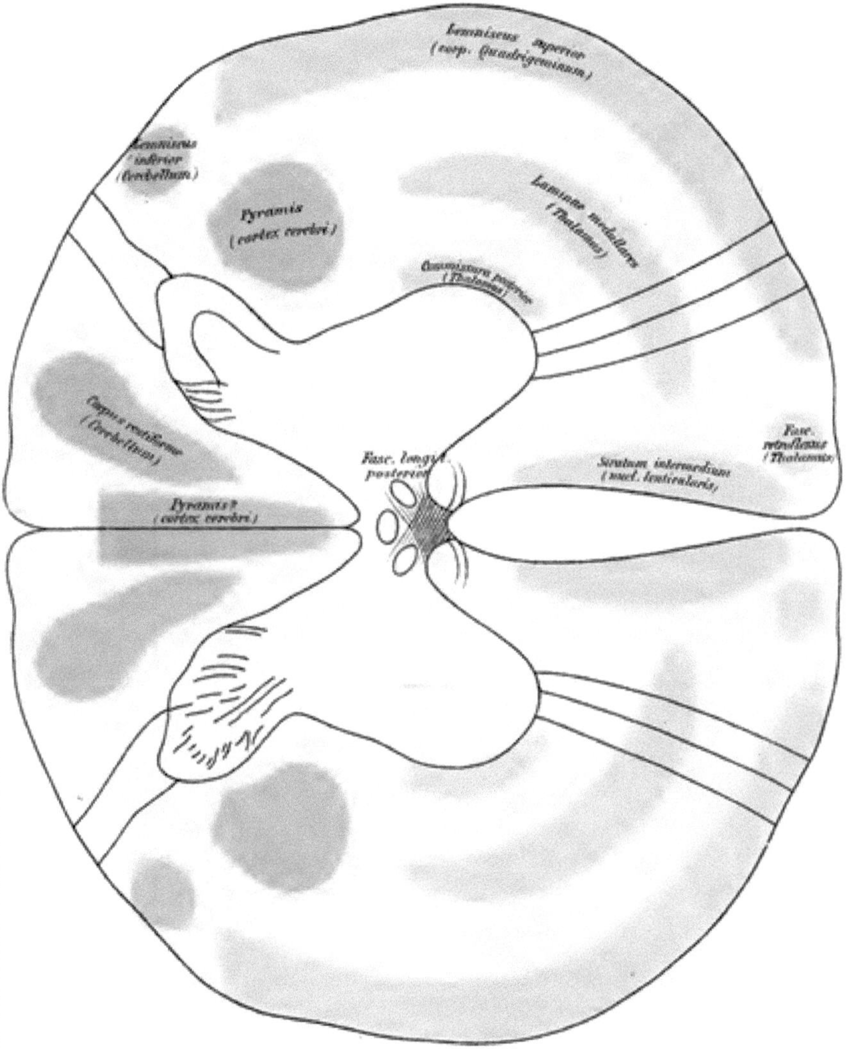

Lemniscus superior
(corp. Quadrigeminum)

Lemniscus inferior
(Cerebellum)

Pyramis
(cortex cerebri)

Lamina medullaris
(Thalamus)

Commissura posterior
(Thalamus)

Corpus restiforme
(Cerebellum)

Fasc. retroflexus
(Thalamus)

Pyramis?
(cortex cerebri)

Fasc. longit. posterior

Stratum intermedium
(nucl. lenticularis)

Sein Querschnitt im Mittelhirn ist so zusammengesetzt, dass die innersten Bündel dem Verlaufe des *Stratum intermedium (ansa lenticularis)* angehören, dass die äussersten Bündel, die von Gratiolet und mir beschriebenen sind, und dass die grösste Masse zwischen diesen beiden Antheilen, die übrigen Pyramidenbündel und die Brückenarmbündel des Hirnschenkels gemengt enthalten. Dem Caliber nach ist der Linsenkernantheil der kleinste, die Masse der Gratiolet'schen Bündel eine weit ansehnlichere, und der letztgenannte Antheil der überwiegendste. Im Rückenmarke finden die Pyramidenbündel ihre Lagerung nach vorne von dem Hinterhorn, weder an die, den *Lemniscus* repräsentirende Aussenfläche des Seitenstranges, noch an die vorderen Antheile des Hinterhornes reichend (Stilling, Flechsig).

Die Schichte des Rückenmarkquerschnittes, welche die graue Substanz des Vorderhornes bis zum Kopfe des Hinterhornes unmittelbar von aussen her bedeckt, enthält, wenn nicht noch unverstandene Rückenmarksursprünge, so doch jedenfalls den gesammten Sehhügelantheil des Rückenmarkes. (Fig. 15, 17, 22, 23, 30, 31, 33, 34, 36, 37, 40 und 41, ferner über die Gratiolet'schen Bündel Fig. 3, lies pag. 25, 46, 75, 78 und 79.)

8. Die äusserste Area des Hirnstammes, der Strickkörper, wächst der *Oblongata* aus dem Kleinhirn durch das, unmittelbar den gezackten Körper desselben umhüllende blättrige Mark zu und tritt durch das *Stratum zonale* unter Vermittlung der beiden vordersten Kategorien der *Fibrae arcuatae* in den Hinterstrang. In der Terminologie des Rückenmarks kann das Wort Goll'scher Keilstrang beirren, welcher, in Carminpräparaten sich durch Röthung hervorhebend und besonders im Fötus-Rückenmarke plastisch von den seitlichen Keilen den Keilsträngen der *Oblongata* geschieden, die Fortsetzung des zarten Stranges, keineswegs des Keilstranges, in das Rückenmark ist.

Dass die Gratiolet'schen Bündel der Pyramiden auch einen Antheil an der Bildung der Hinterstränge, resp. der inneren Keile derselben, nehmen, ist keineswegs ausgeschlossen. (Fig. 15, 17, 22, 23, 45—47, 52 und 53; lies pag. 26, 34, 108, 115 u. ff.)

Anatomische Corollarien und Physiologie des Gehirnbaues.

Im vorhergehenden Abschnitte wurde der Gehirnbau geschildert. Dessen Mechanismus wird durch anatomische Corollarien vielfach auch in Punkten seiner Leistung verständlich, welche das physiologische Experiment bis heute nicht klargelegt hat, und dieses Verständniss wird durch die allerhäufigsten pathologisch-anatomischen Erfahrungen noch gefördert.

Ein Mechanismus kann vor uns spielen, ohne dass wir die Abhängigkeit des Spieles von seinem Baue erkennen. Umgekehrt aber können wir, wenn die Principien, nach welchen der Mechanismus wirkt, einen einfachen Ausdruck zulassen, die Folgen seines Baues für ein Spiel erkennen, welches nicht vor unseren Augen im Gange ist.

Diese Art der Beurtheilung ist auf das Gehirn anwendbar, wenngleich das Princip seiner Wirksamkeit ganz unbekannt wäre. Wir haben es aber schon aus dem Grunde mit einer Einfachheit zu thun, weil die Bauelemente des Gehirns ohne grossen Fehler überall als gleichartig angesehen werden können.

Ein einziges, dem physiologischen Experiment entnommenes Princip ist für anatomische Corollarien unerlässlich. Dies ist das Bell'sche Gesetz von der centripetalen Leitungsrichtung der hinteren Rückenmarkswurzeln und der centrifugalen Leitung der vorderen Rückenmarkswurzeln. Ein entbehrliches Erklärungsmittel ist aber die Joh. Müller'sche Annahme, dass verschiedenen Theilen des Gehirns von vornherein verschiedene functionelle Energien anhaften. Nur eine functionelle Energie, welche einfach ist, wenngleich ihr Princip uns unbekannt, d. h. nicht bekannter als alle physiologischen Kräfte erscheint, kommt der Gehirnzelle zu als Empfindungsfähigkeit. Zur wirklichen Empfindung kommt es erst durch eben so unbekannte Kraftentwicklungen in der Aussenwelt, welche wir für sehr verschiedenartig anzusehen haben.

Diese Verschiedenheiten finden auch einen anatomischen Ausdruck, aber nicht im Gehirn, sondern an den Endorganen der Nerven. Das einfachste Beispiel dafür ist die sogenannte motorische Leistung der vorderen Wurzeln, welche nur darum existirt, weil die Endorgane der aus den vorderen Wurzeln stammenden Nerven mit Muskeln verbunden sind. Nur letztere sind motorisch zu nennen. Den Nerven und der Nervenzelle wohnt kein motorisches Princip inne. Es ist im Gegentheil die allerbestimmteste Wahrnehmung, welche wir dem Spiel des Gehirnorganismus entnehmen, dass die centripetal leitenden Nerven immer als die Schlüssel des zu den Muskeln führenden Apparates anzusehen sind, welche das Spielwerk aufziehen.

Die differente functionelle Energie der Gehirnzellen, die mit verschiedenen Sinnesapparaten zusammenhängen, ist schon darum unerweislich, weil wir die begünstigenden physiologischen Verhältnisse für die Wirkung der Kräfte der Aussenwelt kennen und weil leicht darzuthun ist, dass diese Bedingungen an den Endorganen der Nerven erforderlich sind. Würden die Gehörnerven eine specifische Energie zum Sehen haben, so wären doch die Medien zwischen *Acusticus* und Lichtwelle absolut ungeeignet, Licht zu leiten.

Die specifischen Energien fallen also ganz mit den Differenzen der Endorgane zusammen und die einzige specifische Energie der Gehirnzellen ist die Empfindungsfähigkeit.

Am unbezweifeltsten wird die Empfindungsfähigkeit innerhalb des Vorderhirns zur actuellen Empfindung.

Wie der Bau des Vorderhirns sich zum Plane des Gehirnmechanismus verhält, ist nicht unklar. Man kann hier das Bild der *Retina* heranziehen, welche eine Höhlung bildet, darin die Lichtstrahlen des gesammten Raumbildes gleichsam eingefangen werden. Ebenso verstehen wir, dass die Rinde des Vorderhirns, jederseits eine gefaltete Höhle darstellend, die gesammten Nerven als die Bahnen der Einstrahlung aller äusseren Eindrücke überkleidet, so dass hier die Gesammtheit des Wahrnehmungsmateriales in das Phänomen der Empfindung umgesetzt werden kann. Indem die Zellen der Hirnrinde die ganz unbekannten physikalischen Anstösse ihrer Phänomenologie assimiliren, gleicht die Hirnrinde als ein zusammengesetztes protoplasmatisches Wesen dem *Protoplasma* der einfachen Amöbe, welche einen Körper, dessen Bestandtheile sie sich assimiliren will, überzieht, indem sie sich zu einer Höhle umgestaltet. So wie die Weichthiere Fühlfäden gegen die Aussenwelt ausstrecken und andererseits durch Fangarme sich ihrer Beute bemächtigen, so erscheint auch das zusammengesetzte protoplasmatische Wesen, die Rinde des

Vorderhirns durch ihre centripetal leitenden Fortsätze, welche in der Faserung des Nervensystems die Empfindungsnerven bilden, mit Fühlhörnern und in den Bewegungsnerven mit Fangarmen versehen. Der gesammte übrige Leib mit seinen empfindenden Oberflächen, seinen Muskeln, dem Skelette, an welchem die Muskulatur sich fixirt, ist nur eine Armirung der Fühlhörner und Fangarme, welche dem Leben des Vorderhirns die Bedingungen gewährt, das Bild der Welt in sich aufzunehmen und auf dasselbe einzuwirken. Vergleicht man die Anordnung der grauen Substanz im Rückenmarke mit der des Vorderhirns, so besteht der Unterschied, dass das Grau des Rückenmarks durch die periphere Auflagerung seiner Markstränge zusammengedrängt wird; dadurch sind die Träger der Fühlfäden und der Fangarme mit einander unmittelbar verschmolzen und zeigen functionell die Wirkung dieser Zusammendrängung in den Reflexacten, welche das Rückenmark, wenn es durch Wegnahme höherer Gehirntheile gleichsam seine eigenen Lebenserscheinungen unbehindert entwickelt, mit überschaubarer Nothwendigkeit auslöst. Im Vorderhirn aber steckt die graue Substanz nicht in der weissen, sondern die weisse in der grauen und jene drängt die Rinde auseinander. Daraus ergibt sich bei der bekannten Erschwerung der Leitung im Fasernetz der grauen Substanz, dass diese vergrösserte Oberfläche von einander unabhängigere Leistungen vollziehen kann, dass z. B. eine Sinneswahrnehmung ohne unmittelbare Bewegungswirkung zu Stande kommen kann. Jeder Rückenmarksquerschnitt umfasst die gesammte Masse der grauen Substanz, die Querschnitte durch die Hirnrinde können immer nur einen kleinen Antheil der Rindensubstanz betreffen. Es begreift sich aus diesem Verhältniss der grauen Substanz, dass die Grosshirnrinde an einer solidarischen Betheiligung ihrer ganzen Ausdehnung für ihre Leistungen behindert ist, dass dagegen isolirte Leistungen getrennter Territorien der Rinde begünstigt wären. Die Irradiation der Leistungen im Rückenmarksgrau ist erleichtert, die im Rindengrau erschwert. Indem der anatomische Bau der Rinde weiterhin ergeben hat, dass in verschiedenen Rindengebieten eine verschiedene Anordnung der Elemente statthabe, zeigt die Rinde einen local verschiedenen Bau. Welche Territorien der Rinde bei der berechtigten Zulassung einer Theilung der Arbeit innerhalb verschiedener Provinzen zunächst im Sinne des Bell'schen Gesetzes der centrifugalen Leitung zufallen, lässt sich im Allgemeinen aus rein morphologischen Thatsachen und unter Begünstigung durch eine der häufigsten pathologisch-anatomischen Thatsachen herausfinden. Die Zerstörung der Ganglien des Vorderhirns, am häufigsten und sichersten die des Linsenkerns setzt Hemiplegie.

Diese Ganglien bilden in ihrer Massenentwicklung einen nach vorne breiten Kolben *(Nucleus caudatus)* und einen mit seiner Breitseite nach vorne gewendeten Keil *(Nucleus lenticularis)*. Indem von der Zahl der Rindenzellen die Zahl der in Ganglien einstrahlenden Rindenfasern abhängt, müssen die vorderen Antheile des Vorderhirnganglions die überwiegendste Zellenanzahl für die Endigungen von Rindenfasern enthalten, und es drängt sich somit der Schluss, das morphologische Corollarium auf, dass mehr Fasermassen aus den vorderen Regionen der Rinde mit Zellen dieser Ganglien sich verbinden können, als aus den hintern, untern Regionen der Hemisphäre, gegen welche hin die in ihrer Masse abklingenden Ganglien viel weniger Zellen für Rindeneinstrahlungen bereit halten. Andererseits nahmen Gratiolet und ich wahr, dass die Rinde des Hinterhaupts- und Schläfelappens mit Fasern aus den Ganglien verbunden ist, mit denen sich der *Tractus opticus* verbindet. Ferner treten in diese letztern Regionen der Rinde jene Bündel der inneren Kapsel ein, deren Zerstörung Türck mit *Hemianaesthesie* verbunden fand, und es war bekannt, dass die vordere Commissur, deren Bedeutung als ein Riechchiasma geschildert wurde, ebenfalls nicht mit der Rinde der vorderen Hirnlappen, sondern nach Arnold mit jener der Schläfelappen, nach Burdach und mir auch mit der Rinde der Hinterhauptslappen zusammenhängt. Diese Auseinanderhaltung von Sinnesterritorien und Territorien der Bewegungsinnervation auf der Hirnrinde ist durch physiologische Experimente nachträglich bestätigt worden.

Ehe ich an die Darlegung dieser physiologischen Experimente gehe, mache ich noch darauf aufmerksam, dass schon anatomisch vorzüglich dreierlei Thatsachen bestehen, welche die Functionsdifferenzen verschiedener Rindenbezirke unmittelbar vor Augen führen. Die erste dieser Thatsachen besteht in den grossen vergleichend anatomischen Verschiedenheiten des Riechlappens. Diejenigen Thiere, welche dem Erdboden, einer Hauptquelle der Geruchsstoffe, deren Spur sie folgen, mit der Nase nahe kommen, haben einen hochentwickelten mächtigen Riechlappen, wie in Fig. 7 und 10 ersichtlich. Der Mensch, der sich durch den aufrechten Gang dieser Sinneseinwirkung mehr begibt, gleich den Kletterthieren, den Affen, besitzt mit diesen einen verkümmerten Riechlappen, und ebenso die Wassersäuger, unter welchen der Seehund, der theilweise zu Lande lebt, einen Riechlappen etwa in den Dimensionen des menschlichen besitzt, während Cetaceen den Riechlappen ganz entbehren. Zweitens finden sich in den Massverhältnissen der medialen Oberfläche und der convexen zwischen Thieren mit starkem Riechlappen und dem Menschen derartige Unterschiede, dass bei dem Menschen der *Gyrus fornicatus* durchaus von den Windungen der convexen Oberfläche überragt wird, während der, mit den Riechlappen zusammenhängende *Gyrus fornicatus* bei den entsprechenden Thieren eine ungemein entwickelte Masse bildet, welche mit der äusseren Riechwindung als Hakenwindung an der convexen Oberfläche hervortritt, und welche die Bildung des Amonshorns bis unter die Hälfte der Balkenlänge fortsetzt, während sie beim Menschen nur hinter dem Balken wegstreicht. Drittens. Von den Windungsbezirken der Convexität sind endlich beim Menschen am höchsten entwickelt die Wände der Sylvi'schen Grube, sowohl ihr Grund, die Insel, als auch der von oben her sie bedeckende Klappdeckel, die von unten her sie bedeckende erste Schläfewindung und die, den vorderen Rand der Insel zudeckende Uebergangswindung mit dem hinteren Rande der Orbitalfläche. Demgemäss besitzt der Mensch die ausgebreitetste Vormauer. Ich habe aber gezeigt, dass die Störungen des psychischen Sprachvermögens, welche als Aphasie und ihr nahestehende Zustände bezeichnet werden, von Zerstörung im Bereiche der Vormauer *implicite* der Wände der Sylvi'schen Grube abhängen. Man kann sagen, dass der Mensch durch Entwicklung dieses psychischen Sprachbezirkes an Ausdehnung, sowie an Zahl der Windungen die Thiere mit Riechlappen so übertrifft, wie diese den Menschen in der Masse des Riechlappens. Daraus geht unzweifelhaft hervor, dass gegensätzliche Entwicklungen bestimmter psychischer Leistungen mit gegensätzlichen Quantitäten der Entwicklung von Antheilen des Vorderhirns einhergehen.

Es sei gleich angeführt, dass auch die Massenverschiedenheiten an den Stammgebilden von der Massenverschiedenheit des Vorderhirns bei Mensch und Thier abhängig sind. Hierüber gibt der Anblick der Hirnbasis Aufschluss. Der sich hier natürlich aufdrängende Gedankengang ist pag. 76 wiedergegeben, wo gezeigt wird, dass neben der Massenentwicklung des Vorderhirns die Gebilde, welche mit dessen centrifugalen Bahnen zusammenhängen, wie der Hirnschenkel mit Ausschluss der Haube, die aus ihm aufgebaute Brücke, die Pyramiden des verlängerten Markes beim Menschen am ansehnlichsten sind, so dass in der That eine harmonische Abhängigkeit der Formen des Stammes von dem Entwicklungsmasse des Vorderhirns klar hervortritt.

Diese sicheren, wenn auch allgemeinen und lückenhaften Anhaltspunkte lassen vom morphologischen Standpunkte aus die Frage: ob eine Localisation der Leistungen auf der Hirnrinde stattfinde, als bejahend gelöst erscheinen.

Bezüglich der sich widersprechenden Experimente der Physiologen berechtigt dieser sichergestellte anatomische Standpunkt, zunächst jene Resultate mit dem grössten Interesse ins Auge zu fassen, welche die Localisation von Leistungen auf der Hirnoberfläche bestätigen. Die Verfolgung dieses Principes hat bei physiologischen Autoren, allerdings in ungleicher Weise, sogar eine sehr detaillirte Ausführung erlangt. Während die älteren Gehirnexperimentatoren keine Beantwortung von auf die Gehirnrinde einwirkenden Reizen beobachteten, ist durch Hitzig[1]) mittelst electrischer Reize und durch Nothnagel[2]) mittelst mechanischer Reize, hauptsächlich durch Einstiche dargethan worden, dass bestimmte Abschnitte der Gehirnoberfläche auf Reize durch Bewegungen der entgegengesetzten Körperhälfte antworten. Auch Ferrier[3]) hat darüber ausgedehnte Angaben gemacht.

Eine kritische Sichtung der miteinander blos im Principe, keineswegs aber in der Ausdehnung der psychomotorischen Functionsherde für besondere Muskelgruppen übereinstimmenden Experimente lässt sich kaum geben, indem Nothnagel an Kaninchenhirnen weniger Centra als Hitzig bestimmen konnte, wenn auch die für die vordere Extremität die gleiche Lage mit den betreffenden Hitzig'schen Centren einnahm, und Nothnagel wieder ein von Hitzig nicht aufgefundenes, vielleicht motorisches (Spring-)Centrum fand, weil ferner Hitzig in Widerspruch mit sich selbst steht, da er nach seinen Untersuchungen am Affen alle Centren auf die vordere Centralwindung verlegen will, was seinen Angaben über die Centren am Hunde vollkommen widerspricht, indem dort die *Facialis-centra*, sowie das Centrum für die geraden Augenmuskeln hinter der Centralspalte gelegen sind.

Die Art der Auffassung der vorderen Centralwindung beim Hunde, welche Hitzig sehr complicirt, wird von Niemandem getheilt werden, und trotz dieser unnatürlichen Ausbreitung der vorderen Centralwindung auf mehrere Windungen des Hundes erscheint doch immer das allerdings beim Affen nicht mehr aufgeführte Centrum für die Nacken- und Rumpfmuskulatur vor der vorderen Centralwindung, selbst im Hitzig'schen Sinne, gelegen, wie auf pag. 17 des vorigen Capitels berührt wurde. Ferrier umfasst mit seinen Centren das weiteste Gebiet, nämlich von der mittleren Stirnwindung über beide Centralwindungen hinweg bis zur Hinterhauptspalte mit Einschluss der ersten Schläfewindung. Vorgreifend bemerke ich, dass auch Munk eine Linie, welche vom hinteren Ende der Sylvi'schen Spalte zum Hemisphärenrande gezogen wäre, als hintere Grenze der motorischen Erregbarkeit der Rinde bezeichnet. Die Einstrahlungen, welche man an Längsschnitten des Gehirns zum Linsenkern und in die innere Kapsel gelangen sieht (Fig. 30), würden den Eindruck von Einstrahlungen der Rinde mindestens noch aus der hinteren Centralwindung in diese centrifugalen Leitungsapparate wahrscheinlich erscheinen lassen. Die Hitzig'schen Centren gehören lediglich dem Stirnlappen an, wenn er gleich

---

[1]) Fritsch und Hitzig. Ueber die elektrische Erregbarkeit des Grosshirns. Dubois-Reymond's Archiv, 1870. Hitzig. Untersuchungen zur Physiologie des Gehirns. Ebenda, 1873. Hitzig. Untersuchungen des Gehirns. Berlin, 1874.

[2]) Virchow's Archiv. B. 57 und 58.

[3]) *Experimentales recherches in cerebral physiologie 1873.*

willkürlicher Weise, wie dies im vorigen Capitel dargethan wurde, die vordere Centralwindung zur Scheitelgegend schlägt.

Die Reihenfolge der von Hitzig auf die vordere Centralwindung des Affen verlegten Centren lautet von oben nach unten gezählt: 1. Centrum für die hintere Extremität, 2. Centrum für die vordere Extremität, 3. Facialis-Centrum, 4. Centrum für die Fressbewegungen. Die Verschiedenheit in der Zutheilung psychomotorischer Centren auf verschiedene Rindenfelder, innerhalb der einzig die Ferrier'schen Zutheilungen von allen andern Autoren als nicht nachweisbar bezeichnet werden, lässt es am wichtigsten erscheinen, das Wesen der motorischen Störungen, über welche die Autoren einiger sind, darzulegen.

Hitzig drückte die Bewegungsstörung nach Ausschneiden von Rindenpartien bezüglich der vorderen Extremität (welche ein so operirter Hund in die unbequemste Stellung bringen lässt, z. B. mit dem Fussrücken gegen den Boden, während er das Vorderbein bei Willensimpulsen noch gut gebrauchen kann), dahin aus, dass den Thieren das Gefühl der Lage ihrer Gliedmassen zu fehlen scheine. Nothnagel nannte die Wirkung der sogenannten psychomotorischen Rindenpartien eine ataktische und er gibt Leyden Recht, dass er die Ataxie, d. h. jenen Zustand, in welchem bei Erkrankung der grauen Hinterstränge des Rückenmarkes die Bewegungen eine ungeregelte Intensität im Heben, im Vorwärts- und Seitwärtswerfen der Füsse zeigen, für eine durch Unterbrechung der Leitungsbahnen vom Gehirne abhängige Störung erklärte.

Ich selber glaube der Erste gewesen zu sein, welcher (über den zweifachen Rückenmarksursprung im Gehirne, 1869) sich dahin äusserte, dass die Innervationsvorgänge von den Hemisphären aus, welche man Willensacte nennt, nichts weiter seien als die Wahrnehmungs- und Erinnerungsbilder der Innervationsgefühle, indem solche, jede Form der Reflexbewegungen begleitend, in die Hirnrinde übertragen werden, als die primäre Grundlage secundär von dem Vorderhirn ausgelöster ähnlicher Bewegungen. Diese Erinnerungsbilder bekommen dann durch Associationsvorgänge die Intensität der Kraft zugeführt, durch welche sie für die vom Vorderhirn ausgehenden secundären Bewegungen als Arbeitsanstoss längs centrifugalen Bahnen wirken. Ich bringe darüber mehr.

Munk hat nach seinen Versuchen der Bedeutung der ganzen Rindenregion für die Bewegungsvorgänge einen klaren Ausdruck gegeben. Munk schliesst sich meinen Anschauungen an, dass, um die bewussten Bewegungsacte, den Willen der Psychologen, zu erklären, die Annahme der Innervationsgefühle genüge, und indem derselbe fast die ganze Rindenoberfläche mit sensoriellen Feldern bedeckt, nennt er dies Gebiet vom Hinterhauptlappen des Affen bis nahezu an seinen Stirnrand die Gefühlssphäre des Gehirns; er bezeichnet den Inhalt der Gefühle als Berührungs- und Druckgefühle über welche ihn das Experiment nicht orientire, und als Innervationsgefühle. Die Berührungs- und Druckgefühle seien eine wesentliche Regulirung für die Auslösung der richtigen Innervationsgefühle, was Spiess und Lotze schon vor Langem in zu einseitiger Auffassung ausführten, weil ihnen für die Erscheinungen des Muskelsinnes die Berührungs- und Druckempfindungen der Haut, sowie der Gelenksoberflächen, zureichend erschienen.

Somit gelangt auch ein experimenteller Forscher zu der Auffassung, dass der Ganglienzelle keine andere specifische Energie als die Empfindungsfähigkeit zukomme, und wir sind demnach zu einer Localisation lediglich sensorieller Eindrücke gelangt, mit welcher die Localisation der sogenannten motorischen Rindencentren dem Gesagten nach zusammenfällt.

Gleichwie schon Hitzig nach Rindenabtragungen am Hinterhauptslappen Blindheit beobachtet hatte, sah Munk nach dem Ausschneiden einer ungefähr 15 mm. breiten und 2 mm. dicken Stelle Erscheinungen auftreten, welche ihn bestimmten, die Thiere als seelenblind anzusehen. Nach Exstirpation einer anderen gleich grossen Stelle etwa in der Mitte des Schläfelappens stellten sich Erscheinungen ein, die Munk in demselben Sinne wie die Seelenblindheit mit Seelentaubheit in Zusammenhang brachte.

Der Hund, welchem die erstere Region ausgeschnitten, und, weil die Rindenwirkung eine kreuzweise ist, das sehende Auge der verletzten Seite verbunden wurde, „sucht jetzt nicht mehr in der früheren Weise an den Stellen des Zimmers nach, an welchen er sein Futter fand, und setzt man ihm selbst Futternapf und Wassereimer mitten in den Weg hinein, er geht oft und immer wieder um sie herum, ohne ihrer zu achten. Nahrungsmittel, vor die Augen gesetzt, lassen ihn unbewegt, so lange er sie nicht riecht, Finger und Feuer dem Auge genähert, machen ihn nicht mehr blinzeln, der Anblick der Peitsche, die ihn sonst regelmässig in die Ecke trieb, schreckt ihn nicht mehr im Mindesten. Er war abgerichtet, wenn man die Hand an seinem Auge vorbeibewegte, regelmässig die Pfote zu geben; jetzt kann man die Hand vorbei bewegen so viel man will, die Pfote bleibt ruhig, bis man ‚Pfote' ruft, und derart sind der Beobachtungen mehr." Ein solcher Hund kann aber wieder sehen lernen wie in der Jugend und seine Handlungen nach den gesehenen Dingen einrichten; er ist also nicht blind, sondern nur seelenblind, er hatte nur die Erinnerungsbilder von der früheren Erziehung her verloren. Diese Erscheinung, das Wiederauftauchen der Erinnerungsbilder erklärt Munk daraus, dass der Sehbezirk grösser als die exstirpirte Stelle sei, dass aber bisher nicht von seinem ganzen Umfange ein functioneller Gebrauch für die Festsetzung von Erinnerungsbildern gemacht wurde, und dass nun nach Ausschneidung der früher functionirenden Stelle andere, mit der *Retina* zusammenhängende Partien mit den neuerworbenen Erinnerungsbildern besetzt werden. Schneidet man die ganze Rinde des Hinterhauptlappens aus, dann folgt Rindenblindheit, das Thier zeigt sich nicht mehr sehend, obgleich die subcorticalen Centren des Sehens erhalten sind, es sich demnach nur um den Ausfall von Rindenfunction handelt.

Diese **Sehsphäre** der Rinde hat Munk später auf den ganzen beim Affen so vorzüglich begrenzten **Hinterhauptlappen einschliesslich seiner medialen Fläche** ausgedehnt. Munk erwähnt noch, dass wenn die Seelenblindheit nach einer Zeit von 4—6 Wochen geheilt ist, der Hund auf die vor ihm liegenden Fleischstücke nicht in der Richtlinie losgeht, sondern sie erst durch Kopfbewegungen für den Moment des Ergreifens wieder sichtbar macht; er schliesst daraus, dass durch die Ausschneidung des Rindencentrums ein neuer blinder Fleck der *Retina* entsteht, indem ein bestimmter Umkreis ihrer Elemente nicht mehr mit den Rindenzellen zusammenhängt, auf welche die Retinaleindrücke sich projiciren, und er nimmt ferner an, dass die Rindenelemente in ihrer Anordnung die Anordnung der Elemente in der *Retina* um die Stelle des deutlichsten Sehens herum wiederholen.

Die durch Exstirpation eines Theiles der Rinde des Schläfelappens gesetzte Seelentaubheit setzt im Benehmen des Hundes folgende Veränderungen:

„Der Hund hört noch, jedes ungewöhnliche Geräusch zieht ein gleichmässiges Spitzen der Ohren nach sich, allein er versteht nicht mehr was er hört; die Bedeutung des **Pst, Komm, Hoch, Schön, Pfote** und worauf er sonst noch früher eingeübt worden war, ist ihm vollkommen verloren gegangen, so dass nunmehr die Bewegungen ausbleiben, welche er früher fast maschinenmässig vollführte." Ganz allmälig lernt aber der Hund wieder hören, so dass er nach 4—5 Wochen gerade so wie vor der Operation sich darstellt. Auch hier nimmt Munk einen um die exstirpirte Stelle vorhandenen peripheren Hörkreis an, welcher von den neugelernten Eindrücken wieder besetzt wird, dessen Ausschneiden aber bei Belassung der concentrisch innern Sphäre des Hörkreises keinerlei Folgen nach sich zieht, weil jener von Erinnerungsbildern noch nicht besetzt ist, sowie dies auch bezüglich des Sehcentrums der Rinde der Fall war. Es erklärt sich durch diese Auffassung nicht nur das Wiedererlernen innegehabter Dinge, sondern natürlich auch jede Vermehrung des Wissens von den Dingen, welches functionell noch unbesetzte Gehirnstellen vorfindet.

Der unverkümmerten Wiedergabe von Munk's Anschauungen möchte ich beifügen, dass nur die Seelentaubheit durch dieselben verständlich ist. Das Einmengen der Projection der *Macula lutea* auf ein innerstes Projectionsfeld der Sehsphäre führt ins Unbegreifliche. Da das Wiedererlernen dem Eintritt späterer Erinnerungsbilder gleichkommt, die sich in der Umgebung des ausgeschnittenen Bezirkes festsetzen, müsste man glauben, dass überhaupt die späteren Eindrücke undeutlich seien, weil sie nicht auf den Rindenbezirk der *Macula lutea* fallen. Munk hält Wahrnehmungsbilder und Erinnerungsbilder für identisch. Dass das Erinnerungsbild der Rinde gar keine sinnliche Klarheit in sich schliesst, wird an anderer Stelle erörtert. Auch die Finsterniss hinterlässt ein Erinnerungsbild. Der Ausdruck Seelenblind würde eigentlich genügen und der bezeichnete Zustand sich von Rindenblindheit nur durch die Unheilbarkeit der letzteren unterscheiden.

Dass die taktilen und Druckgefühle wegen ihrer Beziehung zum Muskelsinn gleichen Sitz mit den Innervationsgefühlen der Rinde haben, ist keine zwingende Annahme, und zwar wegen des getrennten Verlaufes der äusseren Bündel des Hirnschenkels (Türk-sche Bündel), welche Tastgefühl vermitteln, und darum, weil die Associationsbündel das Zusammenwirken nicht gleichörtlicher Rindenbezirke vermitteln.

Kommen wir nun auf jenen Theil der Fühlsphäre zurück, welche als Sitz der Innervationsgefühle von den Autoren vor Munk psychomotorisch genannt wurde, so hat Munk dieser anfangs auf dem Hundegehirn Grenzen gegeben, welche, auf das Gehirn des Bären (Fig. 7) übertragen, eine functionell unbestimmte Region leer lassen. Diese nimmt die Mitte der Wölbung beider Scheitelbogen und das darüber gelegene Stück der Randwindung ein, als unbestimmte Grenze zwischen der Fühlsphäre nach vorne, sowie der Seh- und Hörregion nach hinten. Vom oberen Rand an liegen zwischen dieser Grenze und dem Riechlappen übereinander das Centrum für das Hinterbein, das Vorderbein und die Kopfregion. In einem späteren Aufsatze (December 1878, ebenda) hat Munk die Felder dieser, das Innervationsgefühl einschliessenden Fühlsphäre vermehrt und derselben auf dem Gipfel des zweiten Scheitelbogens des Hundes eine Region für den Schutz- und Bewegungsapparat des Auges, eine Augenregion, und auf dem Scheitel des ersten Scheitelbogens eine Ohrregion hinzufügt, deren Exstirpation die Bewegungen und Gefühle der Ohrmuschel stört oder vernichtet. Die Kopfregion, von welcher er glaubt, dass sie sich in mehrere Centren für Zunge, Facialis etc. zerlegen lasse, lässt er den ganzen Klappdeckel bis zum vorderen Schenkel des Scheitelbogens einnehmen. Die Centren für das Vorderbein und das Hinterbein liegen vor der Centralfurche, zusammen nicht grösser als die Kopfregion. Das Centrum des Hinterbeins liegt näher am Hemisphärenrande. So wie die Extremitätenregionen schon dem Stirnlappen angehören, so verlegt er die Nackenregion, gleich Hitzig, noch weiter nach vorne auf den Stirnlappen in die Region, welche vor der Leuret'schen Querspalte liegt, die Rumpfregion aber auf den vordersten Theil des Stirnendes, der auf dem Riechlappen aufruht. Auch die entsprechende Länge der medialen Fläche, welche beim Menschen und Affen vor der Hinterhauptsspalte beginnt, wird mit Ausschluss des *Gyrus fornicatus* und des Riechlappens dieser die Muskelregion umfassenden Fühlsphäre beigezogen. (Verh. der physiol. Ges., Berlin, 1878.)

Beim Affen (Fig. 8) bildet die Sehsphäre den Hinterhauptlappen; der Schläfelappen ist der Hörsphäre eingeräumt, was ich vielleicht unnütz wiederhole. Innerhalb der Fühlsphäre liegt die Augenregion auf dem hinteren Scheitelbogen, die Ohrregion auf dem vorderen Scheitelbogen. Die Kopfregion reicht vom Klappdeckelrande nach oben bis über den unteren Theil der Centralfurche, nach vorn bis zur Präcentralfurche, in deren Concavität die Nackenregion liegt. Zu beiden Seiten der Centralfurche erfüllt das Centrum des Vorderbeines die Länge zwischen Präcentralfurche und Interparietalfurche oberhalb der Kopfregion, nach vorn bis zum oberen Rande. Darüber und zum Theil dahinter liegt das Hinterbeincentrum längs des hinteren Randes bis zum *Sulc. occ. ext.* Der Stirnlappen vor der Präcentralfurche und der hintere Theil der Orbitalfläche bilden die Fühlsphäre des Rumpfes.

Munk unterscheidet consequenter Weise parallel seiner Seh- und Hörsphäre bei Zerstörung der sogenannten motorischen Centra auch eine Seelenlähmung. Diese Seelenlähmung, die heilbar ist, tritt bei kleineren Defecten ein, während bei Vernichtung des ganzen Umkreises eines Muskelcentrums die bleibende Rindenlähmung sich einstellt.

Die Grenzen und Oertlichkeiten der Munk'schen Centren der Gefühlssphäre zeigen keinen bestimmten Bezug auf Windungsabgrenzungen. Ein klarer Vorzug liegt aber in seiner Anschauung, indem er den ganzen Stirnlappen für seine Gefühlssphäre occupirt. Andere Autoren haben die Stirnregion ihren Versuchsergebnissen zufolge, Hitzig jedoch nach einer unrichtigen Einschränkung der eigenen Versuchsergebnisse als ein für die Intelligenz frei bleibendes Feld betrachtet. Munk bemerkt über diese Resultate seiner Untersuchungen mit Recht: „Die Intelligenz hat überall in der Grosshirnrinde ihren Sitz und nirgends im Besonderen". Ich möchte noch hinzufügen, dass diese Wahrheit schon dadurch erklärt ist, als ein besonderer Sitz des Gedächtnisses wohl von keinem Autor mehr gesucht wird, sondern dasselbe eine allgemeine Eigenschaft der, jedwede Erregung aufnehmenden und leitenden Rindenzelle und Rindenfaser ist.

Das Bewusstsein und somit die Intelligenz, welche im Vorderhirnbewusstsein ihren Spielraum findet, findet im Vorderhirn einen Mechanismus, welcher das Gebundensein der Intelligenzäusserungen an dieses Organ aus der feineren Zusammensetzung des Vorderhirns begreifen lässt. Dies wird uns sowohl nach den, hierüber Grundlagen liefernden Experimenten, als auch im Sinne meiner schon im Jahre 1865 (Leidesdorf's Lehrbuch der Psychiatrie, pag. 45 ff.) ausgesprochenen morphologischen Ansichten hierüber sofort zu beschäftigen haben.

Wenngleich, wie oben gesagt, die Localisation bestimmter Eindrücke und Leistungen in der Vorderhirnrinde und somit die Vertheilung derselben auf die Fasern des Gehirnmarkes noch von physiologischen Autoren bezweifelt wird, so entfallen diese Zweifel gänzlich über den einen Punkt, dass die Intelligenz des Thieres nach Exstirpation des Vorderhirns verschwindet. Die Autoren, welche das Vorderhirn abschnitten, oder es durch Kältemischungen gefrieren liessen, oder, wie Goltz, mit einer Spritze durch Trepanöffnungen herausschwemmten, stimmen in dieser einen Aussage überein. Am reichsten an schlagenden und gesichteten Beobachtungen ist Goltz (Ueber die Verrichtungen des Grosshirns, in Pflüger's Archiv, B. XIII und XIV), obgleich er das Vorderhirn am unvollkommensten beseitigte, da sein Angriffsobjekt nur die graue Rinde war, soweit sie ungefähr nach Entfernung des Schädeldaches sichtbar wird. Gerade dadurch hat er mitbewiesen, dass eine Localisation der Sinnesoberfläche auf der Hirnrinde stattfindet, weil er nur Herabsetzung der Hautempfindung, des Innervationsgefühls durch die Erscheinungen von Ataxie und Beeinträchtigung des Gesichtssinnes erzielte, während wegen Schonung der Basis und der medialen Oberfläche der Geruch und das nach Munk und Ferrier dem basal gelegenen Schläfelappen zugehörige Gehör unbeeinträchtigt blieb. Schon der einseitige Verlust von einigen Gramm Gehirnmasse setzte nach Goltz einen Grad von Blödsinn, den dieser an geistiger Ausbeute seiner Beobachtungen so reiche Forscher schon im Aussehen, dem Blicke der operirten Hunde wahrnimmt. Der Blödsinn geht so weit, dass operirte Hunde in ihre Fleischschüssel treten und in ihr eigenes Bein beissen, dies aus Gedächtnisslosigkeit am andern Tage wiederholen, aus Mangel an räumlicher Orientirung auf den Zuruf des Herrn ohne Richtung umherirren, nicht mit der Schnauze eine, durch *Serres fines* gequälte Hautstelle auffinden, sondern wegen des Schmerzes nur unruhig und rathlos umhergehen, ihre in der Nähe winselnden Säuglinge nicht aufzufinden und aufzuheben wissen.

Das Mark der Hemisphären ist, abgesehen von den, pag. 52 ff. dargelegten Differenzen der Anordnung ihrer nervösen Rindenelemente, eine allörtlich ganz gleichartig gebaute Masse, von welcher dargelegt wurde, dass jede einzelne Hemisphäre 1. aus den Projektions-Systemen, welche die Rinde unter Einschaltung verschiedenartiger Internodien von grauer Substanz in den Verlauf ihrer Markfasern mit den empfindenden Flächen und bewegenden Massen verknüpfen, und 2. aus den Associations-Systemen, d. i. aus den bogenförmigen Bündeln besteht. Die Fülle der letztern und ihre Variation in den Längen der Verbindung naher oder entfernter gelegener Rindenregionen kann wohl, ohne eine anatomische Hypothese zu machen, als genügend angesehen werden, um jede Stelle der Rinde mit jeder anderen in Verbindung zu setzen (Fig. 18, 19 und 21 des vorigen Abschnittes). Schon die Erscheinung der Seelenblindheit hängt damit zusammen, dass das Thier den Anblick der Peitsche nun nicht mehr mit dem Vorgang der Züchtigung verbinden kann, dass ferner, um ein Beispiel von Goltz herbeizuziehen, ein Hund, dem die rechte Hemisphäre ausgeschwemmt ist, wenn ihm zugleich das rechte Auge, das mit der unverletzten Hemisphäre zusammenhängt, verdeckt ist, auf einen vor ihn gestellten mit einer Larve und rothen Lappen behangenen Mann nicht losfährt, während er, wenn das rechte Auge, das mit dem unversehrten Vorderhirn zum überwiegenden Theile verbunden ist, freigemacht wird, ganz nach Hundeart wüthend auf den Popanz losspringt. Ist das Thier nur seelenblind gemacht und das gesunde Auge verschlossen, so regt es der Knall der Peitsche auf, nicht jedoch ihr Anblick.

Wir sehen also, dass auch hier eine Localisation der mit einem bestimmten Sinnesbezirke der Rinde zusammenhängenden intellectuellen Thätigkeit mit der Localisation der Sinnesbezirke zusammenhängt. Schon Longet führt an, dass ein Hund, dem man

Coloquinthen zu verschlucken gibt, alles Missbehagen und diejenigen Würgbewegungen, die ein schlechter oder bitterer Geschmack erzeugt, auch nach dem Wegnehmen der Hemisphären noch kund gibt, so dass an einer vom Vorderhirn unabhängigen Sinneswahrnehmung nicht zu zweifeln ist. Aber Schiff, der breiter von dem Experimente der Bepinselung der Zunge mit Coloquinthen spricht, macht aufmerksam, dass man das Oeffnen des Mundes, das Zeigen der Werkzeuge (des Pinsels etc.), deren Einwirkung dem Thiere quälend wird, endlos wiederholen kann, ohne dass das Thier Abwehrversuche macht, während die jungen Katzen durch ihr Mienenspiel den widerwärtigen Geschmackseindruck unzweifelhaft verrathen. Nachweislich fehlt demnach ein Sinneseindruck nicht, wohl aber fehlen Erinnerung an die vorhergegangene Pein, Wiedererkennen der Vorbereitungen, sogenannte Willensbewegungen, vermöge deren das Thier die Flucht ergreifen würde.

Um nun nicht in der Intelligenz ein *Abstractum* zu behandeln, wollen wir in der einfachsten naturwissenschaftlichen Zerlegung deren Inhalt oder einen nachweisbaren Theil ihres Inhaltes feststellen und damit den Gehirnmechanismus vergleichen. Dies letztere zu dem Zwecke, um zu finden, inwiefern ein Gehirnmechanismus mit den Erscheinungen der Intelligenz, die vor seiner Zerstörung bestand, sich deckt.

Zunächst zeigen die, gewisser Rindenregionen (Munk) oder ganz des Vorderhirns beraubten Thiere kein Wiedererkennen schon stattgehabter Eindrücke; der Hund erkennt nicht den Ruf seines Herrn, die Katze nicht die Vorbereitungen zur Beleidigung ihrer Geschmacksnerven. In diesem Nichtwiedererkennen ist der Verlust des Gedächtnisses eingeschlossen, und zwar jenes bestimmten Gedächtnisses, welches durch das Aneinanderreihen von nacheinander aufgetretenen Erscheinungen sich speciell als das Gedächtniss des Vorderhirns, als eine corticale Leistung ansehen lässt.

Es kann hier nicht unsere Sache sein, auf andere, den ganzen Organismus betreffende, von den Leistungen des Vorderhirns abliegende Erscheinungen von Erinnerung einzugehen, die, um beim Nervensystem zu bleiben, auch das Rückenmark bei den Abwehrbewegungen kundgibt, deren Formen es nach der Form und Natur eines einwirkenden Schmerzerregers in zweckmässiger Weise variiren lässt.

Lotze hat, wovon später, diese Erscheinung als eine Nachwirkung der von den Hemisphären auf bestimmte Reize hin immer zusammen eingeleiteten Innervirung motorischer Rückenmarksnerven angesehen, womit auch Brücke übereinstimmt. Das Rückenmark

Neugeborner würde demnach solche Erscheinungen nicht zeigen. Ich habe schon 1867 in einem Aufsatze „Ueber den Bau der Rinde und seiner örtlichen Verschiedenheiten", die Eignung der Grosshirnrinde zum Sitze des Gedächtnisses in der Weise zu erklären versucht, dass die Anzahl von mehr als einer Milliarde in der Rinde enthaltener Nervenkörper es gestatte, dass nacheinander eingetretene Eindrücke ausreichende functionelle Träger, Nervenzellen, für ein dauerndes Nebeneinander finden, während auf der *Retina*, in welcher das Ueberdauern des normal gesetzten Reizes durch längere Erregung in den Nachbildern sich kundgibt, die Bilder nicht den Sitz eines bleibenden Verharrens finden, weil dort jede nachfolgende Reihe von Bildern die *Retina* wieder in ihrer Gänze besetzt und die Nachwirkung des Inhaltes ihres früheren Raumbildes verlöscht. Die Untersuchungen von Munk haben diese Voraussetzung über das Wesen des Rindengedächtnisses bestätigt. Sie haben gezeigt, dass es bei Thieren in der Umgebung der Sehsphäre und der Hörsphäre functionell noch unbesetzte Gebiete gibt, deren Ausschneiden keine Nachwirkung in Bezug auf Seelenblindheit und Seelentaubheit hat, welche aber nach Ausschneiden der functionirenden mittleren Sphäre ein neues Besetzen mit Gesichts- und Gehörseindrücken gestatten.

Es folgt hieraus natürlich, dass im physiologischen Gange der Occupation der Hirnrinde durch Erinnerungsbilder eine wachsende Ausbreitung der Besetzung von Rindenzellen stattfindet, auf welcher die weitere Entwicklung des kindlichen Anschauungskreises durch Vermehrung von Gedächtnissbildern beruht. Es ist sehr wahrscheinlich, dass dem Gedächtniss als der Grundlage aller intellectuellen Leistungen auch eine Grenze der Aufnahme durch die Zellen der Rinde gesetzt ist.

Das Wiedererkennen, welches den vorderhirnlos gemachten Thieren fehlt, bedingt aber die Verbindung irgend einer Erscheinung mit bestimmten anderen, für den Hund z. B. die Erscheinung des Peitschenknalles mit Körperschmerzen. Da nun die Territorien der Erinnerungsbilder für verschiedene Sinne auf der Rinde von einander nicht nur durch Abgrenzung, sondern sogar durch functionelle Lücken getrennt sind, darf die Structur der Hemisphären zwanglos dahin ausgelegt werden, dass die (pag. 40) Associationsbündel genannten *Fibrae propriae* der Rinde, sowie sie die differenten Oertlichkeiten der Rinde anatomisch miteinander verbinden, auch physiologisch deren Erregungszustände, die Erinnerungsbilder associiren. Nachdem die Natur der Markbündel als Leitungsbahnen keinem Zweifel unterliegt, handelt es sich hier durchaus nicht um eine Hypothese.

In dem Wiedererkennen aber ist zugleich ein Schlussprocess enthalten.

Wundt hat mit Recht in seinen Vorlesungen „Ueber Menschen- und Thierseele" den Schluss die logische Grundfunction genannt. Ich habe in dem, in Leidesdorf's Lehrbuch wörtlich abgedruckten, Aufsatze „Anatomie der Hirnrinde als Träger des Vorstellungslebens und deren Verbindungsbahnen etc. 1865" den anatomisch im Vorderhirn vorliegenden associirenden und schlussbildenden Mechanismus zuerst aufgewiesen. Die Associationssysteme sind mit ihren beiden Enden central, d. i. nur mit Rindenzellen verbunden, die pag. 39 und 40 Projectionsbündel genannten, grösstentheils als Stabkranzfasern radiär im Vorderhirnmark verlaufenden Bündel dagegen führen der Rinde die Erregungen der Aussenwelt zu und vertheilen sie in ihre Sinnesbezirke. Alle Gegenstände, deren Erscheinung zweierlei Sinnesbezirke anregt, sind geeignet, uns die einfachsten Beispiele über die Bedeutung der Rinde mit ihren Associations- und Projectionsbündeln als eines in den Hemisphären allörtlich vorhandenen schlussbildenden Apparates vorzuführen. Ohne das anatomische Verständniss berühren zu können, führt Stuart Mill ein einfaches Beispiel für Schlussbildung an: Ein Mensch, der eine ganz unbekannte Insel beträte und dort eine Uhr vorfände, würde sogleich darüber gewiss sein, dass hier nicht blos eine Fauna und Flora herrsche, sondern dass diese Insel von Menschen betreten wurde, weil eine Uhr von der Vorstellung des Menschen nicht trennbar ist. Ich will hier aber auch mein einfaches Beispiel aus Leidesdorf's Lehrbuch wieder heranziehen. Stellen wir uns eine Hirnrinde als *Tabula rasa* vor und stellen wir derselben eine Erscheinung gegenüber, welche von zwei Sinnesoberflächen aus durch den Stabkranz zweierlei Gebiete der Hirnrinde erregt. Die Erscheinung sei ein Lamm und dieses Lamm gibt einen Laut von sich, es blökt. Durch das Bild des Lammes werden Zellen in der Sehsphäre der Rinde erregt, durch den Laut solche in der Hörsphäre. Das Lamm entschwindet, die beiden Arten von Erinnerungsbildern, die es geweckt, müssen verdunkeln. Wird nun nach Ablauf einer gewissen Zeit eines der beiden Erinnerungsbilder wieder angeregt, z. B. durch das Blöken des, dem Anblick etwa im Stalle verborgenen Lammes, so wird in der Hirnrinde nicht nur das Lautbild, sondern auch das Gesichtsbild des Lammes in Erinnerungsbildern reproducirt. Es wird in der Hirnrinde ein Schluss erzeugt von dem Tone auf die Gestalt, von welcher der Ton auszugehen schien. Diese Schlussbildung ist erklärlich, wenn wir in der ursprünglichen Erregung beider Sinnesgebiete die Miterregung von Bogenfasern eingeschlossen annehmen, welche die erregten, andererseits mit Projectionsbündeln verbundenen Zellen im Seh- und Hörgebiete der Hirnrinde vereinigen. Dadurch sind beide Erinnerungsbilder associirt, und wenn das eine durch Reproduction wieder erregt wird, so verbreitet sich diese Erregung durch die Associationsfasern auf die schon früher gleichzeitig aus dem Ruhezustande gebrachten Zellen des andern Gebietes. Diese Associationsbündel sind einem verbindenden Faden vergleichbar, mit dessen Hilfe das eine Erinnerungsbild durch das andere gleichsam über die Schwelle des Bewusstseins emporgezogen wird.

Diese Erschliessung des einen Merkmales einer Erscheinung aus der Reproduction eines anderen Merkmales derselben Erscheinung ist eine Schlussbildung, sie ist eine Erkenntniss im Sinne der Causalität, indem das Vernehmen des Blökens als die Wirkung der Gegenwart eines Lammes erkannt wurde. Hiezu muss noch bemerkt werden, dass die Verbindung dieser Sitze von Erinnerungsbildern mit allen möglichen anderen Rindengebieten noch nicht zur Folge hat, dass alle anderen Associationsbündel functionell mit anklingen. In der allerdings hier künstlich gemachten ersten Voraussetzung, es beträfe diese Wahrnehmung, dieses Wiedererkennen, dieser Schluss ein nur von diesen Erinnerungsbildern besetztes Gehirn, würden die anderen Rindengebiete noch gar keine Erinnerungsbilder inne haben. Dann könnte schlechthin nur diese eine Association zu Stande kommen.

Der zweite, der Wirklichkeit schon näher kommende Fall ist der, dass von den vorhandenen Associationsbündeln, welche die betreffenden Zellgruppen mit anderen Rindentheilen vereinigen, noch nicht alle durch etwa gleichzeitige Eindrücke mit anderen Rindengebieten functionell associirt wurden. Setzen wir auch vielseitige, schon wirksame Verbindungen dieser Hirnstellen mit anderer Rinde voraus, so entsteht das Wiedererkennen durch das Anregen von Nebeneindrücken (Mitempfindungen), die gleichzeitig mit dem reproducirten Eindrucke vorhanden waren und deren besondere Gruppirung nur mit dem wiedererkannten Bilde verknüpft war. Wenn oben aus dem Laute auf das Gesichtsbild des Lammes geschlossen wurde, so erklärt sich dieses Wiedererkennen dadurch, dass das Bild eine Nebenwahrnehmung oder Mitempfindung beim Vernehmen des Blökens war. Es beruht also wohl auch in complicirteren und thatsächlichen Fällen vielseitiger Associationen jeder Rindenregion das Wiedererkennen auf dem Wiederauftauchen von Mitempfindungen, die Erinnerungsbilder combinirten. Inmitten der vielseitigen Associationen ist jedes Erinnerungsbild eine besondere Gruppe mit einander erregter Empfindungen. Wir werden sehen, dass dies analog dem Wiedererkennen der einzelnen Netzhautstellen durch Mitempfindungen, durch die Localzeichen ist, deren Inhalt Innervationsgefühle sind, durch welche in der Rinde das räumliche Sehen zu Stande kommt.

Erkennt ein Mensch auf einer weiten, gleichartigen Wiese die Stelle wieder, an welcher er einmal ein aufregendes Ereigniss erlebt, so ist es zweifellos, dass er alle anderen Stellen der Wiese nicht in dieser Weise wiedererkennen würde. Mit der einen haben sich aber Eindrücke und Nebenvorstellungen associirt, welche inmitten des Continuums der Wiese als Localzeichen für das Wiedererkennen dieser Stelle dienen. Eine wohl gestützte Voraussetzung für die gesammten Schlussbildungen ist die, dass sich in den betreffenden Associationsbündeln bestimmte Hindernisse, aus dem Ruhezustande in den Erregungszustand zu gerathen, mit der einmaligen, immer eine Verknüpfung des Erregungsinhaltes zweier Rindenpartien erzeugenden Erregung und noch mehr mit der wiederholten identischen Erregung verringern, während die Ueberleitung auf Associationsbahnen solcher Hirnstellen, die noch nie eine Verbindung der, bereits mit anderen Hirnstellen associirten Zellen vermittelt haben, im Gegentheile bis zur Unwirksamkeit erschwert ist. Uebrigens hat Wundt in seinem grossen psychologischen Werke [1]) die Benennung Associationsbündel acceptirt.

Ein weiteres Merkmal an den, der Rinde beraubten Thieren ist ihr Mangel an sogenannten spontanen Bewegungen, das ist nicht reflectorischen, sondern von der Hirnrinde eingeleiteten Bewegungen, welche dadurch die Erscheinung der Freiheit an sich tragen, dass sie nicht durch anschauliche momentane Reize hervorgebracht werden, sondern durch die unüberschauliche Zahl von Erinnerungsbildern der Rinde, welche Nachwirkungen einst abgelaufener unmittelbarer Bewegungsreize sind.

Wir wissen aus den physiologischen Experimenten, dass die Thiere, welche Goltz durch Ausschwemmung von Hemisphärenmark beraubte, gehen konnten, dass daher subcorticale motorische Apparate in Wirksamkeit blieben. Longet, Schiff und Goltz sprechen von dem Fliegen und Schwimmen der ihrer Hemisphären beraubten Thiere, und Goltz fand am Frosche, dass die Centren der Vorwärtsbewegung des Thieres so lange ungestört wirken, als nebst dem Mittelhirn noch das Kleinhirn erhalten ist. Wir sehen daher, dass Bewegungen in coordinirten Formen auch von subcorticalen Centren ausgelöst werden, und wir wollen diese durch augenblickliche Reize, wohin auch das Bild auf der *Retina* gerechnet

---

[1]) Grundzüge der physiologischen Psychologie. 1873.

werden muss, ausgelösten Bewegungen den primären Bewegungsmodus nennen.

Es wurde schon oben berührt, dass alle Erregungszustände des Vorderhirns secundär seien. Durch die anatomischen Verbindungen der Rinde mit subcorticalen Centren irgend welcher Höhe entstehen Innervationsbilder als eine Folge der Vorgänge in den letzteren. Geht ja doch jedes Erinnerungsbild von Empfindungen aus, welche zunächst den subcorticalen Centren zugeleitet werden.

Wählen wir zum einleuchtenden Beispiel den Act des bewussten Lidschlusses. Wenn (Fig. 59) ein stechendes Instrument die Bindehaut des Auges (O) verletzt, so wird dieser Eindruck zunächst auf das Quintuscentrum in der Brücke durch die Bahn $Va\,5$ übertragen. Ein subcorticales Centrum des *Facialis* (7) ist mit dem ersteren durch eine Klammer verbunden, welche das Ueberleiten des Reizes auf einen Ast des *Facialis* in der Bahn $VIIa$ vermittelt, und zwar auf einen Facialisast für den *Sphincter palpebrarum* (*Sph*). Dabei wird die Rinde durch drei Eindrücke erregt:

1. durch das Bild des stechenden Instrumentes mittelst der Bahn $IIa\,a\,EII$;
2. durch die Empfindung des Quintusastes der *Conjunctiva* auf dem Wege $a\,5\,EV$, und
3. durch die Innervationsgefühle, welche aus dem Reflexacte des Lidschlusses der Rinde zugeführt werden, und zwar durch die Bahn $7\,a\,J7$.

Hiebei werden die gesammten gleichzeitig erregten Rindencentren durch Associationsbündel verknüpft, und zwar erstens das Sehcentrum, welches das Bild der stechenden Nadel aufnahm, mit dem Quintuscentrum des gereizten Conjunctivalnerven, zweitens das Bild der gesehenen Nadel mit dem Herde des Innervationsgefühles für den zum *Sphincter palpebrarum* führenden Facialisast, und drittens das genannte Quintuscentrum mit demselben Facialis-Innervationscentrum ($J7$).

Es ist hier die schematische Voraussetzung gemacht, dass dies der erste Eindruck einer conjunctivalen Reizung beim Kinde war und dass dadurch die Erinnerungsbilder in der Rinde erweckt und untereinander associirt wurden, welche durch die genannten Bahnen entstehen mussten.

Wenn nun die Nadel der *Conjunctiva* des Kindes ein andermal nur genähert wird, ohne sie zu verletzen, so wird mit dem Erinnerungsbilde der Nadel das Schmerzgefühl der *Conjunctiva* associirt sein und weiterhin auch unmittelbar mit dem Bilde der Nadel das Innervationsgefühl des Facialisastes, so dass das blosse Sehen der Nadel ganz innerhalb des Vorderhirns den Innervationsact wieder aus, indem es durch das Associationsbündel $EIIJ7$ von der Lichtquelle stammende Arbeitskraft dem Innervationscentrum zuführt, welche durch die, mit dem Quintuscentrum verknüpfte Leitung zu $J7$ noch verstärkt werden kann. Es genügt aber das Wiedererkennen der Nadel und ein Schlussprocess auf den, von ihr abhängigen Schmerz, um ohne neue Insulte den Lidschluss durch die centrifugale Bahn $J7\,b\,7$ von der Rinde aus durch einen bewussten Bewegungsact auszulösen.

Wir sehen daher in der Rinde und den subcorticalen Centren einen Mechanismus, in welchem zwei, durch Zeitlängen getrennte

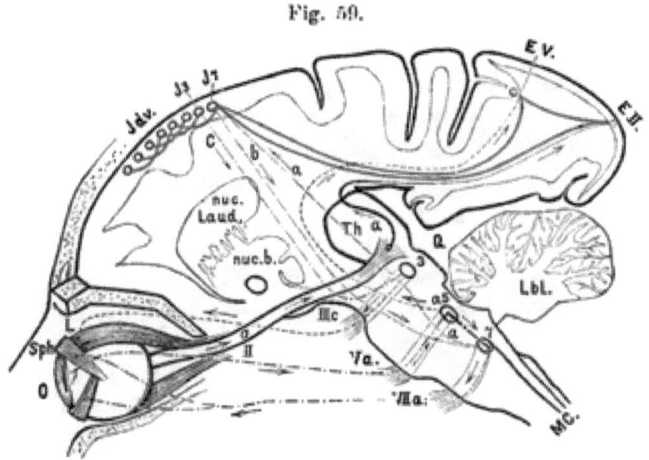

Fig. 59.

Schema für die Entstehung des bewussten Lidschlages.

O Augapfel. Sph Sphincter palpebrarum. L Levator palpebrae superioris. nuc. Laud. Nucleus caudatus. nuc. b. Nucleus lenticularis. Th Thalamus. Q Corpus quadrigeminum. Lbl. Cerebellum. MC Medulla spinalis. 3, 5, 7 Ursprungskerne des Nervus oculomotorius, Quintus und Facialis. II Nervus opticus. III Nervus oculomotorius. V Nervus quintus. VII Nervus facialis. Jdv. Individualität J3, J7 Innervationscentrum der Rinde für Oculomotorius und Facialis. EV Rindencentrum des Quintus. EII Rindencentrum des Opticus. Die mit a bezeichneten Linien sind centripetal leitende, die mit b und c bezeichneten centrifugal leitende Projectionsfasern; die rothen Linien bedeuten Associationssysteme.

Bewegungsacte in verständlicher Weise zusammenhängen. Eine bewusste Bewegung wäre ohne diesen Mechanismus nicht denkbar. Die Rinde, deren Zellen nur Empfindungsfähigkeit für das Entstehen von Innervationsgefühlen inne haben, könnte niemals Bewegungen erregen, wenn ihr durch die primäre Form der Bewegung von subcorticalen Centren aus nicht die Innervationsgefühle bestimmter Bewegungsformen zugeführt würden. Indem aber die Rinde durch die Verbindung mit den subcorticalen Centren ein Zuschauer der in denselben ablaufenden Reflexacte durch die Innervationsgefühle wird, so können bei normalem Gehirn die Reflexacte auch nicht ablaufen, ohne das Spiel des zweiten Actes dieses Mechanismus auszulösen, nämlich die secundäre bewusste Bewegung, die keiner Einwirkung des Reflexactes mehr bedarf.

Die Innervationsgefühle sind hier für ihre Wirksamkeit auf centrifugale Bahnen als corticale Erinnerungsbilder aufgefasst und sind in dem Sinne erwiesen, als wir auf gelähmte Muskeln intensive Willensversuche einwirken lassen können, ohne dass der Muskel dabei in Contraction geräth, daher das hier in Frage kommende Innervationsgefühl nicht aus einer Wahrnehmung der Muskelcontraction, sondern nur aus Sensationen stammen kann, welche die Reflexcentren zugleich als subcorticale Sinnescentren für Bewegungsgefühle der Hirnrinde zuleiten.

Das Innervationsgefühl, welches in die Rinde gelangt und von ihr aus centrifugale Bahnen innervirt, wird die zu Grunde liegenden Bewegungsbilder nicht anschaulich machen, weil die Erinnerungsbilder und die sinnlichen Eindrücke ganz incommensurabel sind, und, wenn wir für Erinnerungsbilder den Ausdruck Vorstellung setzen, in diesen secundären Erregungszuständen des Vorderhirns auch in der Vorstellung des intensivsten Sinneseindruckes nicht im entferntesten das den Sinneseindruck wiedergebende Bild enthalten ist. Dies gilt auch für die Sinnesbilder des Innervationsgefühles, die als Bewegungsvorstellungen die Territorien der Rinde erfüllen.

Der mittelbare Impuls auch der entferntesten Wirkung der, von der Hirnrinde ausgehenden Bewegungen ist in den centripetal leitenden Sinnesnerven zu suchen. Wenn ich auf den früheren Vergleich der lebendigen Wesen, welche die Ganglienzellen der Centralorgane bilden, zurückgreife, so kann man sagen, dass es immer die von deren Fühlfäden aufgenommenen Reize sind, welche deren Fangarme in Erregung, die Musculatur in Bewegung setzen. Der Sonnenschein setzt einen Muskel der Iris, den Verengerer der Pupille, und wenn er grell ist, den Schliessmuskel der Augenlider in Bewegung. Dies geschieht von den Empfindungsfasern des Sehnerven aus durch Nervenzellen und Bewegungsfasern, die mit den Muskeln verbunden sind, wobei der Lichtreiz über diese Nervenzellen hinauswirkt. Die primären Bewegungsimpulse und zugleich die Begründer der Innervationsgefühle in der Rinde waren die Sehnerven. Bewusste Lidschläge sind also auch eine Nachwirkung des grellen Sonnenscheines, der den Sehnerven traf. Die motorische Wirkung unseres Bewusstseins nach aussen wird also im Gehirne nicht von einer ihm unmittelbar innewohnenden Kraft erzeugt. Das Gehirn strahlt gleichsam nicht eigene Wärme aus, wie ein Fixstern, sondern die Gehirne erwerben alle, ihren Erscheinungen zu Grunde liegende Kraft von aussen.

Die bisher betrachtete secundäre Ordnung der Bewegungen umfasste nur Nachahmungen der von den Reflexen vorgebildeten

Fig. 60.

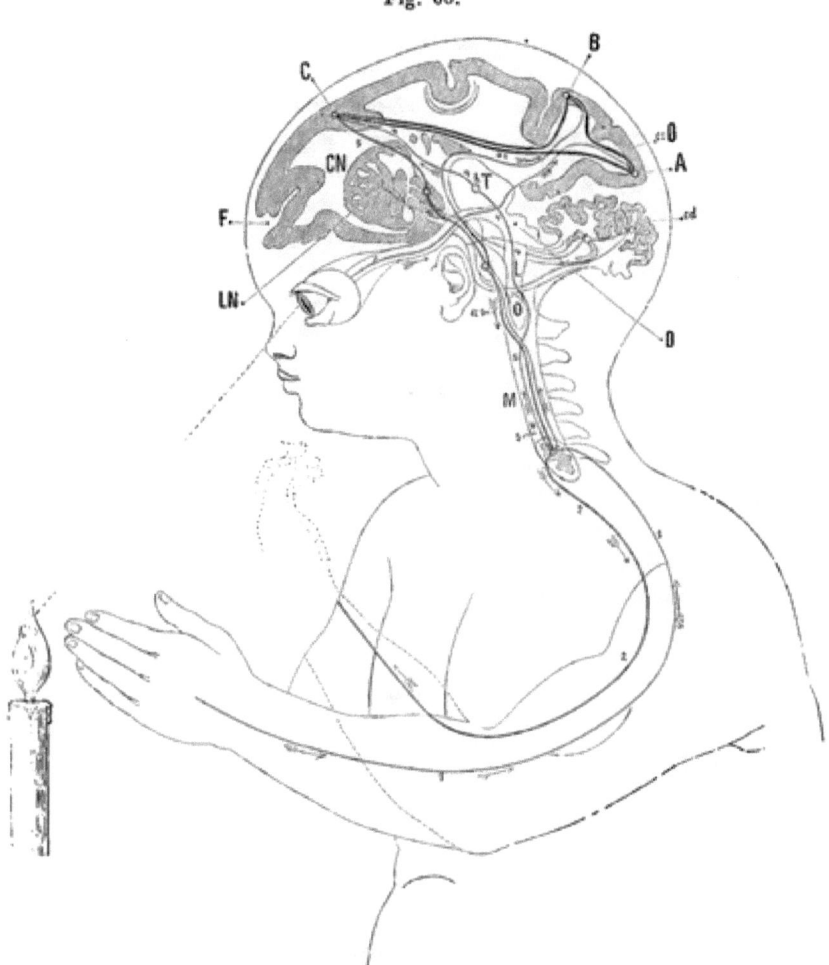

Schema für die Entstehung einer bewussten Armbewegung.
F Frontalrinde. *ccO* Occipitalrinde. *CN Nucleus caudatus.* *LN Nucleus lenticularis.* *hT Thalamus opticus.* *D* Mittelhirn. *L Pons Varoli.* *O* Oblongata, durch die Olive gekennzeichnet. *M Medulla spinalis* mit einem Querschnitt des Halsmarkes endigend. *cd Cerebellum.* Die blauen Linien sind centripetal leitende, die rothen Linien centrifugal leitende Bahnen; die rothen und blauen Kreise im Rückenmark und Vorderhirn sind die grauen Ursprungsmassen. Die schwarzen Linien bezeichnen Associationsbahnen. *1aI* Bahn der Empfindung des Armes. *B* Eine Stelle des Hautempfindungscentrums. *2* Bahn der Bewegung des Armes. *3 A* Leitungsbahn des *Opticus.* *A* Eine Stelle des Sehcentrums. *4C* Im *Thalamus* unterbrochene Leitungsbahn des Innervationsgefühles. *C* Eine Stelle im Gebiete der Innervationsgefühle. *5* Centrifugale Leitungsbahn, welche in der Rindenstelle *C* entspringt.

Bewegungsformen. Die Reflexe wurden in das Vorderhirn übertragen, nur die Auslösungsmittel im Vorderhirn wurden andere; sie gingen

10*

nämlich von Associationsbündeln aus. Da sich im Vorderhirn nun eine unbestimmte Zahl von Associationen mit der betreffenden Bewegungsform bilden können, so wurde der Mechanismus, welchen die Reflexe zu seinem Spiele gleichsam aufgezogen haben, dem Associationsmechanismus eingefügt, und wird die Auslösung seines Bewegungsspieles nun von vielen andern Triebfedern aus erfolgen.

Es scheint mir für das Verständniss des Verhältnisses der primären zu den secundären Bewegungsvorgängen die Versinnlichung durch ein zweites Beispiel nicht überflüssig, weil in dem früheren Beispiele die Leistungen der subcorticalen Centren in Bezug auf Innervationsgefühle und Bewegungsimpulse nicht genügend anatomisch versinnlicht wurden.

Eine Flamme beleidige die Hand eines Kindes und dasselbe ziehe die Hand aus der Flamme zurück. Dieser Vorgang wird ohne Impuls des Bewusstseins durch ein Centrum des grauen Rückenmarkskernes bewirkt, in welchem die centripetale Leitung 1 von der versengten Stelle durch Nervenzellen in eine centrifugale Bahn 2 übergeht, welche die Hand aus dem Bereiche der Flamme zieht. Diese Bewegung ist durch die punktirte Armstellung versinnlicht. Hiebei werden der Rinde durch die Projectionssysteme folgende Erregungen zuwachsen: Erstens das Flammenbild der Kerze durch das Auge, in der Bahn 3 A; zweitens das Empfindungsbild, von der beleidigten Hautstelle ausgehend, in der Bahn 4 B. Diese Bahn verläuft ohne Unterbrechung in den Hirnganglien durch die innere Kapsel nach dem Hinterhauptslappen, wie die anatomische Verfolgung der äussersten und hintersten Bündel der inneren Kapsel an die Hand gibt (pag. 4, Fig. 5 POM; pag. 78, Fig. 22 Th).

3. Das aus der reflectorisch ausgelösten Bewegungsform stammende Innervationsgefühl. Die Unterbrechung dieser Bahn im *Thalamus opticus* entspricht der physiologischen Thatsache, dass von diesem Ganglion die Bewegung der oberen Extremitäten beeinflusst wird, ohne dass die Zerstörung des *Thalamus* die Bahn zwischen den Rindenimpulsen und der Armmuskulatur unterbräche.

Das Innervationsgefühl C wirkt durch die, im Linsenkern unterbrochene centrifugal leitende Bahn 5 auf den Ursprungsherd derselben vorderen Wurzeln, welche, reflectorisch angesprochen, den Arm vor der Flamme sicherten. Es ist somit dieser Ursprungsherd der vorderen Wurzeln 1. dem Impulse der primären Bewegungen durch die Bahn hinterer Rückenmarkswurzeln und 2. dem von der Hirnrinde ausgehenden secundären Bewegungsimpuls unterworfen. Indem das Centrum C mit den Associationsbündeln CB, CA und letztere unter sich durch die Associationsbündel BA verknüpft sind, bedarf es keineswegs mehr einer wirklichen Versengung der Hand, sondern das Erinnerungsbild der Flamme und das Wiederkennen ihrer Wirkung durch die Association mit dem Herde, in welchem die schmerzhaften Empfindungen als Erinnerungsbilder verblieben, wird von der einen und der anderen Association aus zu einer, der Flamme ausweichenden Bewegungsstellung des Armes künftighin führen.

Das Beispiel betrifft, wie schon bemerkt, Bewegungen der oberen Extremität, weil für diese ein Gehirnorgan, welches in die Bahn die Innervationsgefühle eingeschaltet ist, mit Sicherheit bezeichnet werden kann. Dieses Gebilde ist der *Thalamus opticus*.

Der Sehhügel ist kein Ganglion des Vorderhirns. Alle pathologisch-anatomischen Zerstörungen beweisen, dass ein Ganglion des Vorderhirns, der Linsenkern, mit der Leitung der Rindenimpulse der entgegengesetzten Hemisphäre auf die vorderen Wurzeln zusammenhängt. Am präcisesten hat dies Nothnagel in seinen Experimenten ausgedrückt, nachdem er das Verhalten von Kaninchen, denen er durch Einspritzung von Chromsäure die Linsenkerne beider Seiten zerstört hatte, beobachtete. Dieselben verhielten sich nämlich so, als ob ihnen die Hemisphären abgetragen worden wären. Es fehlte jede Spur einer spontanen Bewegung, doch erzeugte die Reizung der Haut noch ein ungestörtes Fortspringen. Ferner stellte Nothnagel fest, dass vollständige Zerstörung des Sehhügels gar keine Aenderung im motorischen Verhalten des Thieres setze, dass demnach die centrifugalen Leitungsbahnen zwischen der Rinde und den vorderen Wurzeln den Sehhügel nicht passiren. Ich habe Cysten von Haselnussgrösse symmetrisch in beiden Sehhügeln bei einer rechtsseitigen Hemiplegie gesehen. Die symmetrischen Zerstörungen des Sehhügels konnten die Hemiplegie nicht erklären, wohl aber fand sich dabei noch ein einseitiger Herd im linken Linsenkern. Dieses Verhalten zeigt klar, wie belanglos die Zerstörung der Sehhügel in Bezug auf die Lähmung, und von welcher Bedeutung die einseitige Zerstörung des Linsenkernes war. Doch entnahm Nothnagel seinen Versuchen, dass die Sehhügelexstirpation, gleichwie das Ausschneiden der Gebiete der Innervationsgefühle in der Hirnrinde den Anschein erzeuge, als ob die Thiere von der Stellung ihrer Glieder nicht mehr unterrichtet wären, so dass die Sehhügel eine Station für „Signale" (Wundt) der Innervationsgefühle sind, gleichwie bestimmte Rindenabtheilungen Centren derselben sind.

Unvollständige und einseitige Zerstörungen der Sehhügel haben nach Longet's, Schiff's und Nothnagel's Versuchen Einfluss auf die Stellung des Kopfes und der oberen Extremitäten. Die Muskeln der Wirbelsäule drehen dieselbe so, dass der Kopf nach der Seite des unverletzten Sehhügels gewendet ist, während an der Seite des unzerstörten Sehhügels zugleich die Beuger der oberen Extremität

Fig. 61.

Basale Fläche eines Hirnstammes mit rechtsseitigem tuberculosem Tumor.
J Insel. *T* Das durchschnittene temporale Ende des Stabkranzes. *F* Dessen durchschnittenes Frontalende. *II* *Nervus et Tractus opticus*. *P* Der Hirnschenkelfuss, welcher rechts breiter ist und unabgegrenzt in die Gegend der *Lamina perforata posterior* übergeht, während er die rechte Brückenhälfte nach rückwärts drängt. *V* *Pons Varoli*. *O* *Oblongata*. *Cb* und *Cbl*. *Cerebellum*. Die linke Hälfte des *Cerebellum* ist durch einen darin eingeschlossenen Tumor grösser.

an der, mit dem zerstörten Sehhügel gleichseitigen oberen Extremität jedoch die Strecker contrahirt erscheinen.

Aus der im vorigen Capitel gegebenen Beschreibung des Ursprunges der Haube aus dem Sehhügel (pag. 83 ff. und 121) ergibt sich, dass sowohl gekreuzte als ungekreuzte Sehhügelursprünge in das Rückenmark übergehen, und zwar die gekreuzten durch die hintere Commissur, die ungekreuzten durch die *Laminae medullares*, welche einen pinselartigen Ursprung aus dem Sehhügel nehmen.

Fig. 62.

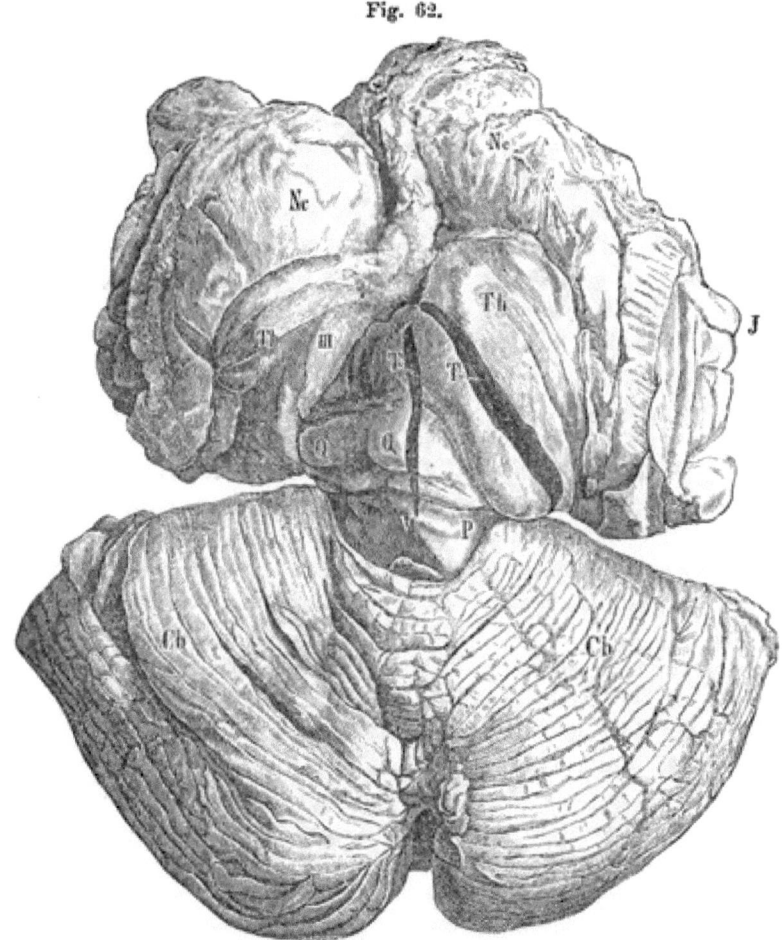

Dorsale Oberfläche eines Hirnstammes mit rechtsseitigem tuberculosen Tumor. *J* Insel. *Nc* *Nucleus caudatus.* *Th* *Thalamus.* *III* Dritter Ventrikel. *Q* Vierhügel. *V* Hirnklappe. *P* Gegend des *Lemniscus et processus cerebelli ad cerebrum.* Der rechte Vierhügel ist abgeflacht, der linke von der Mittellinie verdrängt; ebenso ist der verbreiterte *Thalamus* nach links vorgedrungen. Der dritte Ventrikel ist nicht medial. Durch zwei Einschnitte liess sich vom Vierhügel aus und in der Sehhügelmasse die convexe Oberfläche des Tumors, welcher die Grösse eines Taubeneies überschritt, wahrnehmen.

Beziehen sich nun Rückenmarksursprünge aus dem Sehhügel auf die obere Extremität, so ist es begreiflich, dass die ungleichseitigen oberen Extremitäten in einem und demselben Sehhügel vertreten sind. Die Deviation der oberen Extremitäten, sowie die

Beugung des Kopfes nach einer Seite hin haben den Kreisgang, die Manègebewegungen der verletzten Thiere zur Folge; aber dieser Kreisgang verliert sich nach wenigen Tagen und die Versuchsthiere zeigen weiterhin keinerlei Lähmung.

Ich hatte 1872 einen fünfjährigen Knaben zu beobachten Gelegenheit, welcher einen (in Fig. 61 und 62 abgebildeten) Tumor von bedeutender Grösse, einen Hirntuberkel, im Mittelhirn und Sehhügel sitzen hatte. Die Diagnose war leicht zu machen, indem der Knabe rechtsseitige intensive Oculomotoriuslähmung mit leichten linksseitigen Lähmungen des *Facialis* und der Extremitäten zeigte. Der Aufbau des Mittelhirns (Fig. 41) und besonders die Ursprungsweise des dritten Gehirnnervenpaares macht klar, dass eine solche Gruppirung gekreuzter Lähmungen, wie bekannt, immer Läsionen des rechten Hirnschenkels und *Nervus oculomotorius* voraussetzt. Ausserdem war der Kopf dieses Knaben nach der linken Seite gebogen, und in Ruhelage hielt er die linke obere Extremität in gebeugten, die rechte obere Extremität in gestreckten Stellungen, welche sich nur bei einem verhältnissmässigen Widerstand ausgleichen liessen. Dieser Umstand liess die Diagnose auf Mitzerstörung des rechten Sehhügels durch den Tumor erweitern. Den anatomischen Befund gibt die Tafelerklärung. (Fig. 61 und 62.)

Wenn dieser Knabe beschäftigt war, so hörte die sogenannte Zwangsstellung des Kopfes und der oberen Extremitäten vollständig auf und trotz der linksseitigen Facialis- und Extremitätenparese spielte er ungestört und heiter mit den Gegenständen, die ihn anregten.

Indem die Zerstörung der Sehhügel keine Lähmung erzeugt, so ist nach ihr nicht, wie Schiff meinte, Drehung des Kopfes nach rechts von Lähmung der linksseitigen Rotatoren der Wirbelsäule, Beugung des Armes rechts von Lähmung der Strecker des rechten Armes und Streckung der linken Extremität von Lähmung der Beuger des linken Armes bedingt. Wohl aber ist diese typische pathologische Stellung nach Sehhügelverletzung erklärbar, wenn der Knabe durch Mangel an Innervationsgefühl in Betreff der linksseitigen Dreher der Wirbelsäule veranlasst wurde, das vermisste Innervationsgefühl durch willkürliche Drehung zu provociren, das nicht fühlbare Innervationsgefühl in den Beugern des linken Armes durch forcirte Beugung desselben hervorzurufen, und unter denselben Umständen das gestörte Innervationsgefühl der rechtsseitigen Strecker durch willkürliche Streckung wieder zu gewinnen.

Die Störung der Innervationsgefühle setzte Wahnideen über die Haltung seiner Glieder, und es entstanden dadurch Motive zu den willkürlichen Bewegungen, durch welche er das typisch-pathologische Bewegungsbild, die sogenannte Zwangsstellung, annahm. Diese Stellung hätte, wenn er ein Vierfüssler war, auch den Reitbahngang nach sich ziehen müssen. Wir lernen die erkannten ungleichseitigen anatomischen Ursprungsverhältnisse von Rückenmarksbündeln im Sehhügel dahin verwerthen, dass wir den Rotatoren der Wirbelsäule und den Muskeln der Beugeseite der oberen Extremität eine Vertretung durch unter dem Sehhügel gekreuzte Bündel, den Streckern der oberen Extremität aber einen directen Verlauf nach dem Rückenmark zuschreiben. Ich habe im Jahre 1869 in der Schrift „Ueber den zweifachen Rückenmarksursprung im Gehirne" dargelegt, dass die Ursprünge der Haube und die Ganglien des Zwischen- und Mittelhirns nicht mit den centrifugalen Leitungsbahnen des Vorderhirns zusammenhängen, sondern dem Zustandekommen der primären Bewegungsformen, wie sie unten aufgefasst wurden, dienen; dass dagegen der Linsenkern mit keinerlei centripetalen Bahnen, die ihm reflectorische Reize zuführen könnten, zusammenhängt und auch den pathologischen Thatsachen nach die Bewegungsimpulse des Grosshirns leitet, daher er, mit der Grösse der Hemisphären wachsend, im Menschen seine bedeutendste Grösse erreicht. Dem entsprechend habe ich den Querschnitt der Haubenregion, welche die Rückenmarksursprünge aus dem Zwischen- und Mittelhirn enthält, relativ und auch absolut bei Thieren stärker entwickelt gefunden als beim Menschen. Die Bahnen für die zweite Ordnung der Bewegungen, welche vom Vorderhirn innervirt werden, durchlaufen demnach den Linsenkern. (Siehe Wiener med. Jahrb. 1872.)

Eine physiologische Thatsache, welche die Nothwendigkeit, eine Genesis der bewussten Bewegungen zu finden, postulirt, hat Soltmann (Jahrb. f. Kinderkrankh. N. F. IX. Exprt. Stud. über d. Funct. d. Grossh. d. Neugebornen) darin gegeben, dass er die Regionen der Hirnrinde, von welchen aus im erwachsenen Thiere durch Reize Muskelbewegungen ausgelöst werden können, bei jungen Thieren unerregbar und „noch nicht motorisch" fand. Nachdem die Reflexbewegungen bei selben jungen Thieren von Geburt an ablaufen, vermehrt dies die Berechtigung des Schlusses, dass sie die primären Bewegungen sind und dass die Herde für die Innervation der secundären Bewegungsformen in der Rinde erst später von den, aus jenen abzuleitenden Innervationsgefühlen eingenommen werden. Dass die Verbindung der Rinde durch centripetale Bahnen mit subcorticalen Entstehungsherden der Innervationsgefühle, wie die Sehhügel das anatomische Zwischenglied für dieses Entstehen der secundären Bewegungen sei, ist meine wohl gestützte, weiterhin auch durch Soltmann's Entdeckung berechtigte Folgerung.

Der Sehhügel hat sich in Bezug auf die obere Extremität als ein Bewegungsmechanismus gezeigt, in welchem die theils gekreuzten, theils ungekreuzten Vertretungen von Theilen der Muskulatur bestimmte Bewegungsformen zu Stande bringen. Dies wurde in den Leitungsbahnen des in Fig. 60 gewählten Beispiels veranschaulicht. Der Linsenkern, welcher mit seinem zweiten Gliede des Projectionssystems (pag. 24) den Hirnschenkelfuss theils als *Ansa peduncularis* nach innen umgreift, die innersten und hintersten seiner Bündel darstellend, theils denselben durchflicht, um in das hinter ihm gelegene *Stratum intermedium* mit der Sömmering'schen Substanz zu gelangen, löst dagegen nur gekreuzte Bewegungen aus. Die Kreuzungsstelle für diese Wirkung liegt nicht in der Pyramidenkreuzung, sondern bei dem Umstande, als ich im Einklange mit den von Türck verfolgten Degenerationsprocessen nach Linsenkernzerstörungen anatomisch erwies (siehe pag. 124), dass das *Stratum intermedium* im Rückenmarke zu den innersten Bündeln der Vorderstränge wird, in der, diesen zunächst gelegenen vordern Commissur.

Eine dritte Stufe oder Ordnung der Innervation von Körperbewegungen muss noch angenommen werden. Die Bewegungen derselben sind, wie bei der zweiten Bewegungsordnung, von den Innervationsherden der Rinde aus durch das Associationsspiel ausgelöst. Sie unterscheiden sich aber von den Bewegungen der zweiten Ordnung durch den Umstand, dass die Bewegungsformen nicht Nachahmungen der, von den Reflexen her überkommenen Bewegungen sind, sondern, dass unter Umständen oder auf Reize, unter welchen ein Reflex eine bestimmte Bewegung auslöst, und unter welchen bezüglich der zweiten Ordnung der Bewegungen von der Rinde aus die vom Reflexe vorgezeichneten Formen der Bewegungen ausgelöst würden, andere, ja ganz entgegengesetzte Formen der Bewegungen von der Rinde innervirt werden. So vermag ein besonnener Mensch, der einer Augenoperation sich unterzieht, statt dass er beim Herannahen des verletzenden Staarmessers den *Sphincter palpebrarum* wirken lassen sollte, durch Innervation des *Levator palpebrae superioris* das Auge weit offen zu halten. Der sagenhafte Mucius Scaevola hielt seinen Arm in die Altarsflamme hinein, statt ihn, den Reflex nachahmend, sicherzustellen.

Das erste der beiden Beispiele ist auch in Fig. 59 versinnlicht. Vom Rindencentrum für die Innervation des *Nervus levator palpebrae superioris* ($J 3$) wird durch die Bahn $J\,3\ C3$ eine Innervation auf die Wurzel des *Nervus oculomotorius* bei Reizung der Conjunctiva ausgelöst, während durch Reizung der Conjunctiva nur der Reflex auf den *Sphincter palpebrarum* als primäre Bewegungsform die secundäre

Bewegung des bewussten Lidschlusses fundirt. Der Innervationsherd des Oculomotorius steht also auch unter der Herrschaft von Erregungsbahnen, für deren Richtung das Reflexspiel kein Vorbild abgibt. Der Innervationsherd des Oculomotorius steht in anatomischer Verbindung mit einer in Fig. 59 ganz willkürlich localisirten Menge von untereinander verbundenen Herden, welche als über die ganze Rinde zerstreute Regionen dargestellt sein sollten. Diese an einander durch alle möglichen Längen von Associationsbündeln gebundenen Herde sind nichts besonderes, ihre Erinnerungsbilder sind durch die oben gewürdigten Localisationen bestimmt. Ihr Complex ist die Individualität, welche die abstracten Psychologen das „Ich" nennen. Ich lege aber Werth auf das Wort Individualität, weil es sich klar auf den anatomischen Bau und den im Princip einfachen physiologischen Vorgang, der hier in Frage kommt, bezieht. Individualität drückt die, unter gewöhnlichen Lebensumständen festesten Associationen aus, die in eine schwer lösbare Verbindung miteinander traten, Massen von Erinnerungsbildern, welche im Leben des einzelnen Menschen so constant als Verbindungen hervortreten, sich wie untheilbar, d. i. individuell zeigen, dass in Bezug auf sie die bewussten Bewegungsacte gesetzmässig berechenbar erscheinen. Dieses bei allen Menschen nach Inhalt und Umfang ungleiche diffuse Gebiet der Vorderhirnthätigkeit, die Individualität, wird auch als der Charakter des Menschen bezeichnet. Mit Recht wird gesagt, dass, wenn (die Individualität) der Charakter eines Menschen vollkommen bekannt wäre, seine Gedanken und seine Handlungen in jeder Combination vorausgesagt werden könnten.

Nach der oben citirten Bemerkung von Munk, und sonst vom experimentell-physiologischen Standpunkte aus wird der Anschauung beigestimmt, dass die Intelligenz ihren Sitz nicht in besonderen Rindenbezirken haben könne, sondern auf den Wahrnehmungen fussend, einschliesslich der Innervationsgefühle im ganzen Vorderhirn vertreten sei. Vom anatomischen Standpunkte aus geht die Allgegenwärtigkeit intellectueller Vorgänge in der Rinde aus dem allerorts gleichen Baue des Vorderhirnes hervor, der jede Stelle des Gehirns zum Herde von Schlussprocessen macht und überall mit dem Schaffen von Erinnerungsbildern begabte Nervenkörper enthält. Dasselbe gilt für die Individualität, welche ihre Motive in den, am öftesten wiederholten Eindrücken jeden Inhalts findet. Diese stehen in sogenannt causalen (ursächlichen) Verbindungen mit einander und verbinden durch Nervenbogen Erinnerungsbilder als Bewegungsmotive causal mit bestimmten Bewegungsacten. Um klar zu werden, will ich genetisch von einfachsten Verhältnissen ausgehen.

Es hat Kussmaul in scharfsinniger Art argumentirt, dass Wahrnehmungen und Bewegungen schon der intrauterinalen Frucht angehören, dass die Frucht sich schon durch Verschlucken von Amniosflüssigkeit gleichsam ernähre, dass sogar besondere Motive für deren Verschlucken bestehen können, wie der reizendere Geschmack, welcher dem Schafwasser durch die Entleerung der Allantois zeitweilig ertheilt wird, so dass auch hier schon zwei Möglichkeiten auseinander gehalten werden, nämlich dass der *Foetus* verschlucke oder nicht verschlucke. Es wird dabei ein schon der Frucht zukommendes Bewusstsein vorausgesetzt, welches allerdings nur in sehr begrenzten Empfindungsgebieten zu Stande kommt.

Das neugeborene Kind findet sofort Kennzeichen, welche eine Gruppe von Wahrnehmungen von anderen scheiden. Eine Gruppe der Wahrnehmungen führt zur Umgrenzung des eigenen Leibes, eine andere Gruppe gehört einer Aussenwelt an.

So stumpf auch die Wahrnehmung, anfangs vielleicht nicht einmal räumlicher Eindrücke und ihre Sonderung gedacht werden muss, so vollzieht sich diese grobe Umzeichnung des Leibes ganz sicher im frühesten Kindesalter. Die unterscheidenden Kennzeichen der Eindrücke, die einerseits von der Aussenwelt, andererseits von dem eigenen Leibe ausgehen, bestehen darin, dass z. B. jede Berührung durch einen fremden Finger nur ein Berührungsgefühl auf der Haut des Kindes auslöst, dass aber die Berührung durch eine Stelle des eigenen Leibes zwei Berührungsgefühle, das der berührenden und das der berührten Stelle bedingt (Wundt), dass eine Menge von Schallempfindungen an das Ohr dringen, aber nur der Schall der eigenen Stimme von Muskelgefühlen begleitet ist, und ebenso unter allen vor den Augen des Kindes gaukelnden Bewegungen sich nur die Bewegungen der eigenen Glieder mit Muskelgefühlen verbinden. Die Reihe solcher Beispiele wäre nicht unschwer zu vermehren. Ausserdem aber übertreffen die von dem eigenen Leibe ausgehenden Eindrücke durch ihre stete Gegenwart, wie z. B. die Anschauung der eigenen Hand, die fort und fort durch Bewegungen erwachenden Muskelgefühle, bald an Befestigung im Bewusstsein, an Intensität durch Wiederholung alle im Gegensatze hiezu discontinuirlichen Eindrücke der Aussenwelt.

Indem wir mit den Erinnerungsbildern der Rinde durch die bleibende Erleichterung der Leitung in schon gebrauchten Associationswegen auch ein Gedächtniss der Nervenfasern zusammenwirken sehen, so ist zu erwarten, dass diese so häufig gleichzeitigen Sensationen, die von dem eigenen Leibe ausgehen, sehr feste Verbindungen gewinnen, in diesen Verbindungen gleichsam untheilbar werden und beispielsweise aus den Grenzen des eigenen Leibes eine allerprimärste Individualität schaffen.

Hiebei will ich gleich bemerken, dass eine Ordnung von Bewegungen, welche wir zwischen die Reflexe und die bewussten Bewegungen als Trieb setzen könnten, nicht existirt. Der erste Trieb des Kindes wäre der Nahrungstrieb: derselbe hat aber seine Genesis. Im Hungergefühl ist absolut Nichts gelegen, was den Neugeborenen mit der Möglichkeit einer Abhilfe gegen diesen Schmerz, mit einer dazu tauglichen Bewegungsform bekannt macht. Es gewinnt nur die Vorstellung dieses Schmerzes. In etwaiger allgemeiner Bewegungsunruhe und in zuletzt aus der Anämie hervorgehenden Krämpfen liegt Nichts, was einem Triebe zur Ernährung gleichkäme. Bleibt das Kind sich nicht hilflos überlassen, sondern wird ihm die Brustwarze in den Mund gesteckt, so schliesst diese hervorgerufene Empfindung das reflectorische Spiel des Saugens auf. Das Kind wird darnach um die Vorstellung reicher sein, dass an den Saugact sich das Gefühl der Sättigung geknüpft hat, und diese beiden sensoriellen Erinnerungsbilder sind nun mit den Innervationsgefühlen beim Saugacte associirt, wahrscheinlich auch mit Gerüchen der Mutterbrust. Dass das Kind an jedem Finger saugt, kann noch immer auf das reflectorische Spiel gesetzt werden. Dass das Kind aber auch im Traume saugt, beweist, dass der Saugact Erinnerungsbilder geschaffen hat. Wenn darauf das Kind durch Wendungen des Kopfes an der Brust der Mutter die Warze sucht, so bewegen es weder Reflexe, noch liegt das geringste logische Motiv vor, den Vorgang nicht als bewusste Bewegung anzusehen, welche, wie in den obigen Beispielen der Lidschluss und Armbewegungen, auf Associationen peinlicher Empfindungen mit den Innervationsgefühlen, welche der von der Pein erlösende Reflexact in das Vorderhirn übertragen hatte, basirt sind. Für das Wort Trieb bleibt keine Lücke zwischen den Reflexen und den bewussten Bewegungsacten übrig.

Der Inhalt auch dieser, *in abstracto* hingestellten primären Individualität ist gar kein bestimmter. Es wird wohl kaum einem Kinde das Hungergefühl fehlen, aber die Schaffung von Erinnerungsbildern aus irgend einem Sinnesbezirke kann fehlen durch Taubheit, durch Blindheit, durch Empfindungslähmung, und es wird sich aus den gegebenen Entstehungsmomenten für irgend welche Wahrnehmungen und Erinnerungsbilder eine der Ausbreitung ihres sinnlichen Inhaltes nach defecte Individualität entwickeln, welche aber noch immer durch intensivere Benützung anderer Sinne — wie die Erziehung von Taubstummen, die zugleich blind waren, zeigt — eine ausgezeichnete Orientirung, einen verhältnissmässigen Reichthum an

Erinnerungsbildern entwickelt. Diese Schärfung der Sinne für eine enorme Ausbildung, den räthselhaft weitgehenden Gebrauch derselben bei Menschen mit einer defecten Zahl von Sinnen verstehen wir vielleicht auch unter Benützung der Munk'schen Anschauungen. So wie die einzelnen Sinnesbezirke nicht das ganze mit den Sinnesnerven verbundene Feld der Rinde besetzt hatten, so dass ihre Eindrücke in den äusseren Zonen eines Centrums noch Felder zu späterer Festsetzung fanden, so kann man sich wohl denken, dass, durch Verschliessung von Wahrnehmungsquellen functionell leergebliebene Rindenfelder durch eine Solidarität der Rindenoberfläche, so weit sie etwa im grauen Fasernetz gegeben ist, und weiterhin durch deren Heranziehung an einen Sinnesherd mittelst der associirenden Marksysteme für die Benützung der noch ermöglichten Erinnerungsbilder in ausgedehnterer Weise zur Verfügung stehen.

So erfahren wir von Blinden, dass bei ihnen die Abstufungen des Luftdruckes, die Reflexe der Luftströmungen auf der Haut des Kopfes und der Glieder eine so reiche Abstufung von Eindrücken und Schlussbildungen veranlassen, dass sie aus diesen Sensationen das Vorhandensein eines grösseren ruhenden Gegenstandes in ihrer Nähe und noch leichter das Vorhandensein bewegter Gegenstände wahrnehmen. Es ist hier nur der erste Fall von Belang, weil bei den bewegten Gegenständen wohl meistens auch Gehörsempfindungen im Spiele sind.

Dieselbe erhöhte Leistung von Sinneswahrnehmungen, welche bei einem normalen Menschen eine sehr untergeordnete Rolle spielen, zeigt sich für denselben Fall bei den Fledermäusen. In Autenrieth's Archiv findet sich eine Darstellung über Experimente mit Fledermäusen, welchen die Augen ausgestochen, die Nasenhöhlen mit eingegossenem Siegellack verstopft, die Ohren ebenfalls verschlossen wurden. Diese Fledermäuse waren noch im Stande — blind, taub und geruchlos — durch ein Netz aus nach allen Richtungen gespannten Bindfäden hindurchzufliegen, ohne die Bindfäden zu berühren. Nach Neigung der damaligen Zeit schloss man daraus, dass hier allein ein sechster Sinn, wie er den Wahrnehmungen im Somnambulismus(?) zu Grunde liege, die Erscheinung erklären könne. Fasst man aber ins Auge, dass die Fledermäuse vermöge ihrer Flügel und ihrer feinen, empfindlichen Spannhäute die grösste Hautoberfläche zur Verfügung haben, so werden zweifellos, wie bei den Blinden, auf dieser ausgebreiteten Empfindungsfläche die Luftdruckverhältnisse und die Wellen, welche von dem Luftzuge entgegenstehenden Körpern aus sich bilden müssen, empfunden und für das Mass und die Richtung ihrer Bewegung verwerthet.

Die Natur der Individualität haftet an gar keiner bestimmten Form von Erinnerungsbildern, und sie ist einzig an die am meisten festgewordenen Erinnerungsbilder geheftet. Uebertragen wir diese Bildung der Individualität auf complicirtere Verhältnisse, so werden wir hier in Berechnung ziehen, dass auch bei solchen das Einbeziehen von Erinnerungsbildern in die Individualität einzig auf der dauernden Intensität, welche sie gewinnen, und auf ihrer Verkettung mit andern, gleichfalls sehr intensiv gewordenen Erinnerungsbildern beruht. Die Individualität ist in sofern ein an sich künstlicher, wenn gleich praktisch zu beachtender Begriff, als die Abstufung der Intensität, mit welcher die Erinnerungsbilder haften, und die ihrer Verbindungen keinen Gradmesser aufweisen lässt, um sagen zu können, bei dieser Intensität bilde eine Vorstellung einen Bestandtheil der Individualität, bei jener noch nicht. Wir gebieten nur über den einen richtigen Gesichtspunkt, dass man dem nicht begrenzbaren Begriffe der Individualität solche Vorstellungsreihen zuschlägt, welche bei Kenntniss des „Charakters" eines Menschen seine Handlungen voraussehen lassen, woraus die Gesetzmässigkeit der Handlungen der Individualität hervorgeht. Andererseits müssen gerade dieselben bewussten Acte bei der Unbekanntheit des Charakters der Menschen, weil sie nicht Abklatsche bekannter, die Reflexaction nachahmender Acte sind, unverständlich sein, und stellen in dieser Unverständlichkeit den höchsten Ausdruck der Erscheinung der Freiheit dar.

Wenn es nun als feststehend zu betrachten ist, dass die primäre Ordnung der Bewegungen vom Zwischenhirn, dem Mittelhirn und den, vom Grosshirn noch entfernter liegenden Centren ausgelöst wird, welche erstgenannten Massen einen erweislichen Theil der Rückenmarkstränge durch ihre, in der Haube des Hirnschenkels fortgesetzten Bündel liefern, so liesse sich für die vordere Bahn des Stammes vielleicht die Frage erheben, ob die Reflexe nachahmende zweite und die, durch eine Individualität erklärbare dritte Stufe der Bewegungen, welche beide corticale Bewegungsleistungen sind, auch von einander getrennte Centren oder Leitungsbahnen finden. Charcot behauptete, dass die Lähmungen des Linsenkerns durch ihre bei minder grossen Herden vorübergehende Dauer von den Lähmungen des Hirnschenkels, so weit derselbe durch die innere Kapsel direct aus der Hemisphäre entspringt, unterschieden wären, und dass Zerstörungen des Hirnschenkels dauernde Lähmungen setzten. Nachdem aber die Anatomie darthut, dass ein sehr ansehnliches Stück der inneren Kapsel und der Fuss des Hirnschenkels durch den Hirnschenkelantheil des Linsenkerns, die Bündel des *Stratum intermedium* durchflochten werden, so vernichtet eine Zerstörung des Fusses auch die Bahnen aus den Linsenkernen. Die Durchsetzung der Hirnschenkelfasern war nothwendig, damit der vor dem Hirnschenkel gelegene Linsenkern die hinter dem Hirnschenkel gelegene Sömmering'sche Schichte erreichen konnte.

Die Charcot'sche Angabe wird einzig dadurch verständlich, dass schon im Rückenmarke die graue Substanz nach Unterbrechung des Zusammenhanges der weissen Vorderstränge bewegungsleitend wirkt, indem alle weissen Bündel in die graue Substanz übergehen und in dem grauen Fasernetze derselben, allerdings unter einer verlangsamenden Schwierigkeit, sich Leitungsbahnen herstellen. So etwas könnte vielleicht auch bei einem mässigen Substanzverluste der grauen Substanz im Linsenkern stattfinden und der Leitungsdefect für die Bewegungen einen gewissen Ausgleich finden. Da wo sich aber Linsenkernbündel und Rindenbündel des Hirnschenkels im Hirnschenkel durchflechten, kann wegen Mangel der grauen Substanz ein solcher Flickapparat nicht zu Stande kommen. Die Zerstörung des Hirnschenkels ist demnach von der Zerstörung der Leitung aus dem Linsenkerne nicht zu trennen. Allerdings bietet der Verlauf der Pyramidenbahnen von dem des *Stratum intermedium* den Unterschied, dass einzig die Rindenbündel der erstern in der Brücke als vordere Längsbündel mit dem Kleinhirn in Verbindung gesetzt sind. Es lässt sich zwar eine solche Verbindung für das intermediäre *Stratum* nicht geradezu ausschliessen, denn letzterer könnte, statt vom Brückenarme, von der oberen Abtheilung des Strickkörpers durchflochten werden. Doch ist nur die Durchflechtung der Hirnschenkelfasern und ihre Verbindung mit Kleinhirnfasern ausser Zweifel. Es könnte daher der Unterschied der Leistungen des Hirnschenkels von den Bündeln des *Stratum intermedium* darin liegen, dass die Bündel aus dem Hirnschenkel für coordinirtere Bewegungen durch Vermittlung der Kleinhirnarme zusammenwirken, während der Linsenkern an sich ein coordinirendes Centrum darstellt. Sonach würde die Coordination von Bewegungen für das *Stratum intermedium* schon in den grauen Massen des Vorderhirns vollzogen. Ich will daraus noch keine Schlüsse auf die Bedeutung der einen oder anderen, die Bewegungsimpulse der Rinde leitenden Bahnen ableiten.

Ueber die Art, wie der Brückenarm dem Kleinhirn einen coordinirenden Einfluss auf die bewussten Bewegungsinnervationen verschafft, scheint das Vorkommen der schleuderförmigen Bündel der Brücke einiges Licht zu verbreiten. (pag. 105, Fig. 43, 44.)

Diese schleuderförmigen Bündel, welche in der Substanz der Brücke sich mit Hirnschenkelfasern verbinden, laufen mit beiden

Enden in den gleichseitigen Brückenarm aus. Ich stelle mir vor, dass der eine Schenkel der Schlinge eine Bahn darstellt, welche den Bewegungsimpuls der Rinde durch den Hirnschenkelfuss dem Kleinhirn zuführt, ihm das, durch Association ausgelöste corticale Innervationsgefühl signalisirt, während der andere Schenkel der Schlinge durch die graue Substanz der Brücke rückläufig dem Hirnschenkel den Einfluss des Kleinhirns zuleitet. Pag. 26 wurde gezeigt, dass die Mächtigkeit des Hirnschenkelfusses als Leitungsbahn für die motorischen Rindenimpulse ein Ausdruck für die Mächtigkeit des Vorderhirns überhaupt sei, und dass desshalb alle Dependenzen des Hirnschenkelfusses, die Brücke, die Pyramiden, beim Menschen hervorragend entwickelt sind. Dort wurde auch die Sichtbarkeit der Olive, des *Corpus trapezoides*, die gegensätzlich bei Menschen und anderen Säugethieren auftritt, in Beziehung zu dem, die ganze Hirnstammformation gestaltenden Ausmass des Vorderhirns gesetzt, als ob, wenn einem Thiere das Erwerben eines grösseren Vorderhirns möglich wäre, zugleich die gesammten Stammgebilde seiner Hirnbasis das Bild der menschlichen Formation gewinnen müssten.

Zur Durchschnittsfläche der vorderen Bahn des Stammes, welche beim Menschen den Durchschnitt der Haube so sehr überwiegt, muss zweifellos auch das *Stratum intermedium* gerechnet werden, welches aus dem Linsenkern, der seine mächtigste Entwicklung beim Menschen findet, und weiterhin aus dem Hirnschenkelfuss, den es durchflicht, hervorgeht. Es wird also auch die Entwicklung des *Stratum intermedium* in geradem Verhältnisse zur Entwicklung des Vorderhirns stehen, soweit es sich um die Leitungsbahnen handelt. Aber die bedeutungslose, eingestreute graue Bindesubstanz, welche bei Thieren mächtiger ist, vereitelt diesen Eindruck.

Ein in seinen Beziehungen noch nicht klar erkanntes System ist die Strahlung des hinteren Längsbündels, welche ihre motorischen Beziehungen zweifellos durch Verbindungen mit den Hirnnervenkernen — wie schon bezüglich des Oculomotoriuskerns klar ersichtlich wurde — ausweist, während dasselbe andererseits allerdings auch mit sensiblen Bahnen, denen des *Quintus*, des *Acusticus*, durch das Basalganglion des *Opticus* möglicher Weise auch mit der *Retina* Verbindungen hat.

Zerstörung des Linsenkernes setzt Hemiplegie, ohne dass dessen Vorderstrangbündel mit dem Coordinationsorgan des Kleinhirns anders als unten im centralen Höhlengrau durch den dort stattfindenden Zusammenfluss mit der Pyramidenbahn verbunden erscheinen. Die complicirten Einzelacte der Coordination durch das

Kleinhirn werden nicht bewusstermassen angeregt. Blosse Ataxie durch Ausfallen des Kleinhirneinflusses stört dagegen nicht die bewusste Innervation einfacher Bewegungen, und die klinische Beobachtung spricht dafür, dass bei sehr coordinirten Bewegungen im hypnotischen Zustand, bei der *Chorea magna* wenig Bewusstsein und schwierige Rückerinnerung statthaben kann. Coordinirte Bewegungen und bewusste Bewegungen sind innerhalb des entwickelten Gehirnlebens also einigermassen trennbar. Nachdem die coordinirten Bewegungen kein Kriterium für die Thätigkeit des Linsenkernes sind, ferner das Bewusste an den Bewegungen deren Einleitung, Richtung und Hemmung ist, welche Leistungen auch bei vorhandener Ataxie durch Verlust des Kleinhirns, wenn der Linsenkern erhalten ist, übrig bleiben, so muss man glauben, das Kriterium für eine bewusst angeregte Bewegung sei für die Hirnrinde die Miterregung des Linsenkernes. Derselbe steht übrigens genetisch als graue Substanz des Vorderhirns sammt dem *Nucleus caudatus* überhaupt der Rindensubstanz näher, als die andern, im stricteren Sinne subcorticalen Ganglien.

Ich komme nun wieder in keineswegs erschöpfender Weise, weil in den klinischen Studien dieses Buches noch viel passender darauf zurückgekommen wird, auf die Erscheinung der Individualität zu sprechen, welche durch die Hirnrinde und ihre Markmassen entwickelt wird. Wir nehmen an, um die Ausdrucksweise an ein festes Bild zu heften, es sei gleichsam ein primäres „Ich", ein Kern der Individualität in der Abgrenzung des kindlichen Körpers aus der Aussenwelt gegeben. Im Allgemeinen wird das primäre Ich-Bild mit der Centralvorstellung des eigenen Leibes, ich möchte sagen, gleichsam als der Kern der Individualität anzusehen sein. Es werden aber die meist wiederholten Wahrnehmungen der Aussenwelt, sowie die am öftesten reproducirten Erinnerungsbilder und hauptsächlich die mit Affecten verbundenen Erinnerungsbilder gleichfalls sehr feste Vereinigungen bilden, Kerne einer secundären Individualität, deren Reproduction und psychomotorischer Einfluss allen vorübergehenden Eindrücken und minder intensiven Empfindungen gegenüber ungemein erleichtert ist. Der Stoff der secundären Individualität liegt aber aussen von den Grenzen des Leibes. Die Individualität wird also eine ganz decentralisirte, viel von der Aussenwelt einschliessende Function.

Das primäre Ich erweitert sich durch dauernd und intensiv mittelst der Associationssysteme an dasselbe geknüpfte Mitvorstellungen, durch welche innig verbundene Personen, Besitz, die durch unzählbare Wiederholung befestigten Fertigkeiten in der ausgeübten Kunst, Wissenschaft, eine oft gehegte Lebensaufgabe, Ueberzeugungen, Vaterland, Ehre zum Ich geschlagen werden. Wenn nun von diesen Bestandtheilen des Ich durch Aufopferung des eigenen Leibes in irgend welcher Weise gerade das primäre Ich bewusster Weise aufgegeben wird, so liegt der Grund davon darin, dass Bestandtheile des secundären Ich eine psychomotorische Intensität im

Associationspiele gewinnen, die sie zu wirksameren Motiven macht, als das mächtige Motiv, welches in der Erhaltung des primären Ich eingeschlossen liegt. Es glaubt ein Mensch, welcher aus Aufopferung sein Leben preisgibt, wirklich seine Individualität, welche so viele von den Leibesbestandtheilen unabhängige Bestandtheile in sich schliesst, bei diesem Opfer zu erhalten. Welchen Ausdruck man immer zur Erklärung dieser Thatsache wählen wollte, vielleicht wird der einfachste immer der sein: es sei bei den complicirtesten, räthselhaften und schwerverständlichsten Handlungen der Menschen das Vermeiden der grösseren Unlust das leitende Motiv.

Eine mächtige Vorstellung des Kindes ist in der Stillung des Hungers gegeben. Wollte man aber einem höchst ausgehungerten Kinde eine mit Essigsäure imprägnirte Masse in die Mundhöhle bringen, so würde sich zum Hunger die Wahrnehmung eines momentanen, noch erschreckenderen Schmerzes gesellen und es würde ein Reflexapparat für, dem Verschlucken und Behalten des ätzenden Gegenstandes im Munde entgegengesetzte Bewegungen in Wirksamkeit treten. Wenn später nur die Annäherung einer, stark nach Essig riechenden Masse sich wiederholte, wobei das kindliche Gehirn also bereits mit Erinnerungsbildern, mit Associationen, einfachen Denkvorgängen arbeitet, welche die Wahl dieser oder jener Bewegungen einleiten, so wird es nicht schlucken, es wird ausspucken, würgen, schreien, stossen, es wird primär reflectorisch eingeleitete **Abwehrbewegungen** bewusst wiederholen. Diese **Abwehrbewegungen** sind der Gegensatz zu den im Saugen, im Festhalten der Mutterbrust gegebenen **Angriffsbewegungen**. Wenn das Kind an das Verschlucken von Gegenständen immer die Folgerung knüpft, es könne die Lust der Sättigung damit verbunden sein, so wird dieses sogenannte Lustgefühl für das Kind nicht das bestimmende Motiv sein, sondern während es zwei Schmerzen zugleich ausgesetzt ist — dem Hungergefühl und dem Schmerze der Verätzung — ist das bestimmende Motiv die Wahl der geringeren Unlust.

Mit der Abhandlung über die Individualität bin ich aus dem Rahmen dessen, was das anatomische Gesammtbild über den Bau des Vorderhirns in die Hand gibt, und dessen, was Sache des physiologischen Experiments sein kann, hinausgetreten.

Eine viel bestimmtere, wenn auch in einen vagen Ausdruck eingekleidete Beobachtung sprechen die experimentellen Physiologen darin aus, dass sie sagen, mit dem Verluste des Vorderhirns erlösche die Intelligenz der Thiere. Will man sich unter dem Worte Intelligenz etwas Fassbares vorstellen, so möchte ich sie dahin characterisiren, dass unter der Herrschaft der gleichsam als ein symbolischer Ausdruck aufzufassenden Intelligenz innerhalb der anatomisch möglichen Verbindungen der Erinnerungsbilder und der Vorstellungen solche Verbindungen vorherrschen, welche sich mit den Verbindungen der Dinge, mit ihrem gesetzmässigen Zusammenhange decken. Der Sitz aller Vorstellungen hängt durch ein anatomisch nachweisbares und nothwendiger Weise functionell wirksames Band in allen Theilen zusammen. In dem anatomischen Gehirnmechanismus und dem Erweis der allerorts sich wiederholenden Construction von Schlussapparaten ist eben nur die höchste Wahrscheinlichkeit ausgesprochen, dass alle nebeneinander und im continuirlichen Nacheinander im Gehirne eintretenden Ereignisse in Beziehung zu einander gebracht werden. Diese Verbindungen begründen die Beziehungen getrennt von einander aufgenommener Eindrücke zu einander. Unsere Sprach- und Denkweise hat diese Beziehungen als Causalität bezeichnet, welch letztere eine reine Gehirnthätigkeit ist, indem den causalen Verbindungen im Gehirne, wie gesagt, ein Band der Dinge in der Aussenwelt nicht entsprechen muss. Intelligenz im obigen Sinne ist dadurch nicht gegeben. Die sogenannte logische Anordnung im Ablaufe der Associationen des Gehirns, welche erst den Inhalt der Intelligenz bildet, wird durch verschiedene Momente in verschiedenen Gehirnen in sehr ungleichem Masse herbeigeführt.

Zu diesen Momenten gehört erstens die Intensität, welche den entstandenen Verbindungen anhaftet und die von dem wiederholten Auftreten dieser Verbindungen im Bewusstsein abhängt. Ein zufällig herbeigeführtes Neben- oder Nacheinander von Dingen wiederholt sich nie oder kaum, und die so geschaffenen Verbindungen verlöschen wieder im Gehirne. Aber da, wo sich das subjective Band der Causalität mit dem gesetzmässigen Band der Dinge deckt, wird die Verbindung durch Wiederholung ihrer äusseren Anstösse auch im Gehirne eine bleibende. So gestalten sich immer, vorwiegend durch die Erneuerung der Wahrnehmungen, Verbindungen als Elemente des inductiven logischen Denkens. Das deductive Schliessen kommt für diese genetischen Betrachtungen nicht in Frage, weil es sich erst aus jenem entwickelt.

Zweitens verpflanzt sich eine Fülle richtiger Verbindungen auf dem Wege der Sprache, durch Mittheilung und Lehre von einem Individuum auf das andere. Je nach der Culturstufe und nach der Absicht der Mittheilung so wie der eigenen Logik der, sie auf andere überpflanzenden Menschen wird natürlich auch die Masse der so übermittelten Vorstellungsverbindungen von der Intelligenz mehr oder weniger abweichen. Die Befestigung der durch Wiederholung im Gehirne herrschenden Associationen zeigt sich auch in der negativen Seite des Gehirnlebens, nämlich in dem Untergehen der Verbindungen im Bewusstsein. Beim Verluste des Gedächtnisses im Greisenalter werden die Erinnerungen, welche am längsten vergangen sind, am besten erhalten, weil sie durch häufige Reproductionen im Ablaufe der Gedanken durch mehr als ein halbes Jahrhundert immer wieder aufgefrischt und befestigt wurden, während die erst vor einer kurzen Zeit erworbenen Verbindungen vor dem nahen Tode des Greises nicht mehr in einer auch nur entfernt so reichen Zahl von Wiederholungen in der Erinnerung reproducirt werden konnten. Beim Vergessen von Sprachen durch krankhafte Affectionen des Gehirnes kommt es nie vor, dass die, selbst mit dem Erlernen fremder Sprachen immer mit reproducirten ältesten Laute der Muttersprache vergessen werden, sondern es handelt sich hier immer um später acquirirte Sprachkenntnisse. Es drängt sich hiebei auf, dass auch die Individualität, welche — soweit es sich nicht um Affecte handelt — wohl die am häufigsten im Leben wiederholten Verbindungen in sich aufnimmt, in der Festigkeit ihres Zusammenhaltes und in dem Aufgeben von Bestandtheilen sehr wesentlich durch die mächtigere Befestigung, welche die frühesten Bestandtheile derselben in sich gewonnen haben, beherrscht wird.

Je weniger die Intelligenz und die Individualität aus eigenen Gedankenverbindungen hervorgegangen sind, je mehr die Motive der Richtung der Gedankengänge, sowie der daran geknüpften Handlungen nur Nachahmungsbilder und von anderen Menschen entnommene psychische Verbindungen sind, desto mehr schränkt sich Intelligenz, Ausdehnung und Zusammengesetztheit der Individualität nach unten ein.

Die Bewegungsbilder spielen aber als Mitempfindungen der Sinnesanschauungen eine sehr grosse Rolle schon bei den einfachsten Vorgängen im Vorderhirn, bei den Wahrnehmungen und innerhalb der Wahrnehmungen zunächst im Raumbild. Die räumliche Anschauung hängt keineswegs von dem Gesichtssinne allein ab, da die Orientirung auf der Körperoberfläche bei den Blinden um Nichts schlechter ist als bei den Sehenden. Bei dieser Orientirung wirken Mitempfindungen, welche sich an die Betastung der differenten Hautstellen knüpfen, wesentlich mit, und Lotze führt an, wie different das Berührungsgefühl der Haut über dem Sternum von dem auf dem Oberschenkel sei, er führt ins Feine aus, wie bezüglich der Finger die Berührung der Fingerglieder und der Hautbrücken zwischen den Fingern bei der Dehnbarkeit der letzteren und dem Mangel an einer Unterlage, verschieden gefühlt wird, wie am Handrücken die Empfindung der Verschieblichkeit der Haut über der glatten Sehne, die Zusammendrückbarkeit der Hautbrücken zwischen den Sehnen locale Unterschiede setzen, wie am Nagelgliede die Compression der Volarfläche gegen den Nagel, deren Wahrnehmung durch die Form der Widerstände an den beiden Enden des Nagelrandes modificirt wird, von der Berührung des Nagels selbst ganz verschiedene Mitempfindungen setzt, wie nach Spiess' Erwägungen noch mehr Verschiedenheiten von localen Zeichen der Mitempfindungen durch die Bewegungen selber entstehen, durch den wechselnden Druck auf die Gelenksflächen, die Hautspannung und Entspannung während der Beugung und Streckung, ferner durch wechselnde Contacte verschiedener Hautflächen.

Um aber das Raumbild der Körperoberfläche durch das Getast bis zu virtuoser Orientirung auszubilden, werden die Verschiedenheiten der Intensität der Innervationsgefühle, welche bei der Berührung näherer und entfernterer Körperstellen entstehen, und die Gefühle, welche sich auf die Verschiedenheit der dabei in Thätigkeit tretenden Muskeln beziehen, als Mitempfindungen von grösstem Belang sein. Eine solche Mitempfindung wirkt gewiss auch als Mitvorstellung, wenn eine Stelle des Körpers durch einen fremden Körper gedrückt wird und wir, ohne die Hand nach der gedrückten Stelle auszustrecken, doch aus den Erinnerungsbildern der mit den Innervationsgefühlen combinirten Localzeichen der berührten Stelle gewiss sind. Diesem Zusammenwirken liegt aber die Verbindung von Thätigkeiten der Projection und Association im Vorderhirn zu Grunde, es ist ein Schlussprocess. Die räumliche Beurtheilung der Quelle von Geräuschen und Tönen findet sich klar in Funke's Physiologie dargestellt (II. pag. 177). Bei Thieren werden die Empfindungen der reflectorischen Bewegungen der Ohrmuschel, sowie auch die andersartigen Gefühle, welche die Reflexion der Schallwellen von Seite der Convexität oder Concavität der Ohrmuschel setzt, zu localisirenden Schlüssen verwendet.

Für das Raumbild des Auges hat Helmholtz und sein Schüler Wundt eine genetische Entwicklung der räumlichen Wahrnehmung im Gegensatze zu dem hier nicht nothwendig zu berührenden nativistischen Standpunkt Anderer aufgestellt. Wie sich durch die Thätigkeit der *Retina* ein Raumbild gestalten sollte, welches als solches einfach von der Hirnrinde aufgenommen würde, ist anscheinend leicht, in der That aber gar nicht begreiflich. Das kürzeste Nachdenken bringt jeden eine Fläche Anschauenden zum Bewusstsein, dass er diese etwa ganz einförmige Fläche doch wie aus musivischen Feldern zusammengesetzt oder als in Felder zerlegbar ansieht, und wenn auch andererseits die mannigfaltigsten Felder einer Fläche vor seinen Blicken lägen, es würde ihm doch zugleich klar sein, dass die angeschaute Fläche ein Continuum sei. Erkennt man auch an, jede Faser der *Retina* habe eine besondere Empfindung für besondere Farben, für besondere Abstufungen derselben, so kann dies niemals zu einem Raumbilde führen, denn diese distincten, localen Empfindungsweisen müssten auf der *Retina* sich wechselnd so vertheilen, dass immer die Anordnung aller nebeneinander liegenden, verschieden oder nicht gefärbten Theile einer Fläche dem Nebeneinander der different empfindenden Nervenfasern entspräche, was Niemand für möglich halten kann.

Stellen wir uns vor, die einzelnen Stellen der angeschauten Fläche würden auf verschiedene Zellen der *Retina* geleitet, so könnte daraus der Zerfall der Fläche in Parzellen erklärt werden, nicht aber die Auffassung der Parzellen als ein Continuum. Stellen wir uns andererseits die Stellen der *Retina* als miteinander verknüpft vor, so dass deren Zellen wegen dieser Verbindung zusammen wirken, so begreifen wir die Anschauung eines Continuums, nicht aber die untrennbare Mitvorstellung einer musivischen Zerlegbarkeit dieses Continuums. Es muss daher daran gedacht werden, dass jede einzelne Stelle der *Retina* auf andere Weise ihre Localzeichen erhalte, und es ist begründet, anzunehmen, dass, sowie bei der Bildung des Raumbildes durch das Betasten Muskelinnervationsgefühle und Tastempfindungen zusammenwirkten, auch die Entstehung des Raumbildes der *Retina* auf Verbindungen von Innervationsgefühlen der Augenmuskeln und Eindrücken der Retinalfasern zurückzuführen sei. Nicht um gegen andere Meinungen zu polemisiren, sondern weil wir für unseren Zweck mit dieser Einfachheit auslangen, will ich hier auf die Auffassung Lotze's über die Natur der Localzeichen zurückgreifen.

Es ist selbstverständlich, dass das, was hier über die Unzulänglichkeit der Netzhaut zur Entwicklung eines Raumbildes gesagt wird, sich auch auf die Unzulänglichkeit der Hirnrinde bezieht, soferne bei Wahrnehmung des Raumbildes sich ihre Thätigkeit lediglich auf die Aufnahme der Projection von Netzhautbildern beschränkte.

Die Netzhaut hat zwei Zonen: eine kleinere, die Zone des deutlichen Sehens, den gelben Fleck, und eine grössere, die Zone des undeutlichen Sehens, den Horopterkreis. Das deutliche Sehen wird von Bewegungen des Augapfels begleitet, durch welche die distincten Stellen des Horizontes in das deutliche Sehen gelangen, und dadurch werden im Schacte Innervationsgefühle auf die Rinde projicirt, welche aus dem Spiel der Augenmuskeln hervorgehen. Die Projectionsgebiete der Netzhaut und die der Innervationsgefühle sind in der Grosshirnrinde durch Associationssysteme verbunden.

In der nebenstehenden Zeichnung reicht die Projection der Netzhaut vom *Bulbus* durch den Sehnerven bis zu einem Segment der Rindenoberfläche, das aussen am Schädel als die Region 1, 2, 3 bezeichnet ist. (Fig. 63.)

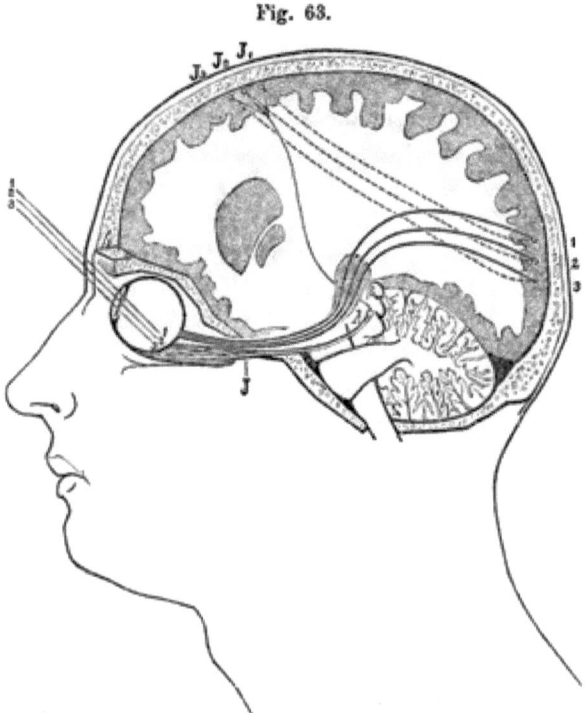

Fig. 63.

Das räumliche Sehen.

Drei leuchtende Punkte 1, 2, 3, welche vor dem *Bulbus* gelegen sind, fallen auf verschiedene über einander liegende Stellen der *Retina* 1, 2, 3. (Die Reihenfolge wurde irrig beziffert, was das Verständniss des Schemas nicht zu stören braucht.) Stünden diese nun über dem gelben Fleck auf der *Retina*, so muss letzterer, damit die Punkte auf den gelben Fleck fallen, so weit hinaufgehoben werden, dass der Reihe nach jeder der leuchtenden Punkte auf den gelben Fleck fällt, und die Wirkung des unteren geraden Augenmuskels *(J)* ist geeignet, den gelben Fleck nacheinander durch verschiedene Intensitäten seiner Contraction bis zum Zusammenfallen mit den leuchtenden Punkten zu erheben. Bei einer geringen Contraction des unteren geraden Augenmuskels vertauscht der gelbe Fleck seine Lage mit jener Netzhautstelle, welche der leuchtende Punkt 3 gereizt hat, bei einer stärkeren Contraction mit jener Stelle der Netzhaut, auf die der Punkt 2 eingewirkt hatte, und bei einer noch stärkeren Contraction mit der Netzhautstelle, die der Einwirkung des obersten der leuchtenden Punkte, des Punktes 1, ausgesetzt war. Fasern des *Tractus opticus* vertreten in irgend einem Gebiete der Hirnrinde die drei Punkte 1, 2, 3 und auf einer anderen Stelle der Hirnrinde ist jener Zweig des *Oculomotorius* vertreten, welcher den unteren Augenmuskel innervirt. Eine Faser hängt im Schema mit drei Zellen J_1, J_2, J_3, zusammen und diese drei Zellen sind im grauen Fasernetz miteinander verbunden. Der Inhalt der Sinneswahrnehmungen besteht bei 3, 2, 1 in der Rinde in Lichteindrücken, bei J_1, J_2, J_3 in Muskelinnervationsgefühlen. Der Leitung im grauen Fasernetz stehen gewisse Widerstände entgegen, vermöge deren die Nervenleitung zu den Zellen J_1, J_2, J_3, bei einer geringen Intensität nur die eine Zelle J_1 erregt, bei einer grösseren Innervationsintensität die Irradiation auch auf die Zelle J_2 bewirkt, und bei einer noch grösseren Intensität der Innervation die Irradiation auf alle drei Zellen hervorruft, so dass die Zeichen J_1, J_2, J_3 zugleich der Innervationsintensität entsprechen. Die geringste Innervationsintensität entsteht durch Erhebung des gelben Fleckes bis zu der Stelle, welche der Netzhautstelle 3 entspricht, eine grössere bei Erreichung der Stelle 2 und die grösste bei Erreichung der Stelle 1. Es kommt an einem anderen Orte zur Sprache, dass die Innervationsintensität, z. B. bei Affecten, in der Erinnerung immer mit reproducirt wird. Die verschiedensten Entfernungen zwischen Netzhautstellen und dem gelben Flecke in jedem Meridian- oder Parallelkreise der Retinabalbkugel sind je durch diese Localzeichen von abgestuften Innervationsgefühlen charakterisirt, welche für verschiedene Lageveränderungen der *Macula lutea* verschiedenen Muskelindividuen angehören. Das Innervationsgefühl, welches sich mit dem Lichteindrucke, der jede einzelne Retinastelle trifft, verknüpft, ist ein nach den wirksamen Muskeln und nach den unzähligen Abstufungen der Intensität verschiedenes.

Diese Eindrücke der Innervationsgefühle und der Opticusstellen werden in der Hirnrinde mit einander associirt, und durch einen Schluss von der Art der Mitempfindung auf die Retinastelle, der sie immer zugehört, wird die richtige Einfügung jeder von einem Reize getroffenen Parzelle der Retina in das Raumbild vermittelt. Durch diesen Schlussprocess wird nämlich das räumliche

Nebeneinander der Netzhautstellen in dem zugehörigen Hirnrindenfelde constituirt und dieses gestaltet das Raumbild. Wenn ich die drei an der nebenstehenden Figur gezeichneten leuchtenden Punkte als Sterne ansehe, so empfindet die *Retina* zwischen den drei Sternen noch Raum. Der dunkle Weltäther kann aber als kein Reizmittel der *Retina* aufgefasst werden, er ist für die Wahrnehmung ein Nichts. Dass aber dieses Nichts zwischen den Sternen als Raum ausgefüllt wird, beweist, dass der Raum keine directe Wahrnehmung ist, sondern durch Schlussprocesse subjectiv entsteht, und dass nicht der substanzlose Weltraum dabei ausgemessen wird, sondern dass durch die Schlussprocesse, welche das Raumbild gestalten, die Distanz zwischen den drei als Sterne leuchtenden Punkten auf der *Retina* ausgemessen wird. Soweit das gesehene Raumbild zugleich durch unser Tasten benutzt wird, associiren sich mit den Innervationsgefühlen der Augenmuskulatur auch die Intensitäten der Innervationsgefühle der obern Extremität. Das Greifen nach seitlich von uns gelegenen Gegenständen verknüpft ein Ausstrecken der Hand mit Innervationsgefühlen des *nerv. Abducens*, der die Blickrichtung nach aussen lenkt. Provocirt Parese des *Abducens* ein stärkeres Innervationsgefühl, so löst die Association auch stärkere Handbewegungen aus, so dass über den gesehenen Gegenstand bekanntlich hinausgegriffen wird.

Die subjective Macht des Gehirns, Raum aus Nichts zu schaffen, werden wir in pathologischer Richtung bis zu jener Fähigkeit erweitert sehen, welche aus nichts anderm, als aus Gehirnerregungen den Raum erfüllende Bilder zu schaffen vermag.

Ich knüpfe an diese Darlegung der ausgedehnten Thätigkeit, welche das Vorderhirn nicht zum Aufnehmen, sondern zum Schaffen von Wahrnehmungen befähigt, die Erinnerung, dass es die kühnste Hypothese ist, welche der gemeine Verstand, dessen Beschränktheit auch der Realismus in der Wissenschaft theilt, annimmt, dass nämlich die Welt so besteht, wie sie dem Gehirne erscheint, dass dasselbe einem Spiegel zu vergleichen wäre, welcher die unabhängig von ihm gegebenen Gestaltungen dieser Welt einfach abspiegelt, dass die Welt, welche den Gehirnen erscheint, auch vor und nach dem Bestehen von Gehirnen bestände. Es scheint mir in der That eines der unbedingtesten Reactionsmittel auf die Denkfähigkeit eines Menschen zu sein, ob derselbe die Unwirklichkeit der Welt in den Formen, wie sie durch unsere Gehirnthätigkeit geschaffen werden, begreifen könne oder nicht. Dazu will ich nur erneuert bemerken, dass die Idealität des Weltbildes durch physiologische Thatsachen und sehr einschneidend durch die erörterten anatomischen Thatsachen des Gehirnbaues gestützt wird.

Die Erinnerungsbilder aber würden überhaupt kein zulängliches Motiv der Bewegungen und Handlungen sein, wenn ihnen nicht die Erscheinung des Gefühls inhärirte. Den Reflex des Saugens konnten wir einen Reflex der Aggression, des Angriffs, den des Herauswürgens einen Reflex der Rejection, der Abwehr nennen; die darauf begründeten, identischen, bewussten Bewegungen Angriffs- und Abwehrbewegungen. Diese erfolgten durch Association mit Vorstellungen des Sättigens und der Verätzung. Diese Vorstellungen erhoben sich nicht als ruhige Reproductionen von Erinnerungsbildern, sondern von einer Intensität begleitet, welche wir Ergriffenheit, Affect nennen. Die Ergriffenheit hatte in beiden Fällen eine verschiedene Färbung, welche man mit Lust und Unlust zu bezeichnen pflegt. Der lustvoll gefärbte Affect ist mit Angriffsbewegungen, der unlustvolle mit Abwehrbewegungen associirt. Vielleicht lässt sich in das Wesen dieser verschiedenen Färbungen der Affecte oder Gefühle, wenn auch durch einen complicirteren, gleichwohl physiologischen Gedankengang mehr Einblick gewinnen als durch psychologische Definitionen, von welchen ich ganz absehen will. Es kann uns zu diesem Verständniss eine Kette von Thatsachen führen, welche nicht unmittelbar nur den Körperschmerz und seine Folge, den Abwehrreflex, zum Inhalt hat, da wir noch eine den letzteren begleitende Mitbewegung an den Arterien des Centralorgans und den Zusammenhang dieser Mitbewegung mit den, alle Nervenerscheinungen fundirenden Schwankungen chemischer Verhältnisse in Betracht ziehen. Diese chemischen Verhältnisse sollen für unsern Zweck von dem abgekürzten Ausdruck Athmung der Nervenzellen gedeckt sein.

Die Lösung dieser Aufgabe wird dann in der Richtung des schon bis hieher von mir verfolgten Gedankenganges damit abschliessen, dass die genannten zusammenwirkenden Vorgänge auch innerhalb des Associationsspieles der Erinnerungsbilder im Grosshirn als secundäre Vorgänge nachgewiesen werden.

Wenn ein geköpfter Frosch auf Hautkneipen eine stossende Abwehrbewegung macht, so setzen wir keineswegs Schmerzgefühl voraus. Wir sind aber auch nicht genöthigt, lediglich das Ueberleiten des Hautreizes auf Muskeln als den alleinigen Vorgang anzusehen, dem sich bei Vorhandensein des Gehirns nur noch die Empfindung angeschlossen hätte. Vielmehr ist jeder Empfindungsact noch mit mehreren Nebenwirkungen auf das Centralorgan verbunden, welche Nebenwirkungen wir auch bei fehlendem Vorderhirnbewusstsein als Folge eines zur Schmerzerregung geeigneten Reizes für vorhanden ansehen.

Erstens. Nach den Experimenten von Schiff und Anderen wissen wir, dass Hautreize bei Thieren, welche experimentell der Leitung durch die graue Substanz beraubt wurden, nur tactil oder thermisch empfunden werden, während Schmerzgefühl auch bei dazu geeigneten Reizen (Verbrennung) und bei vorhandenem Vorderhirn fehlt. Dieser veränderte Zustand der Reizfähigkeit heisst Analgesie. Wir wissen ferner, dass die Leitung durch das Fasernetz der grauen Substanz Widerstände setzt, die sich schon durch die Zeitmessung ergeben. Je mehr Muskelgruppen durch einen Reflexreiz in Thätigkeit treten, desto mehr Widerstände hemmen die Fortleitung. Die Irradiation des Reizes auf mehr Muskelgruppen, z. B. auf die dem Hautreiz entgegengesetzte Seite, hängt von der Dauer und Intensität des Reizes ab, und zusammen mit der Grösse des Schmerzgefühls. Dem Schmerzgefühl geht also neben dem Bewegungsreflex noch zunächst eine Hemmung der Leitung in der grauen Substanz des Rückenmarkes parallel, die Grösse der bei der motorischen Irradiation zu überwindenden Widerstände wächst auch beim bewusstlosen, geköpften Frosch mit Dauer und Intensität des Reizes. Die Hemmung durch Leitungswiderstände begleitet also auch den scheinbar einfachen Reflexvorgang, während das Bewusstsein diese Hemmung wesentlich im Schmerze zum Ausdruck bringt. Ich will bezüglich der Hemmungen nur auf die Verlangsamung der Leitung bei Reflexen hinweisen. Die Nervenleitung braucht beim Durchgang durch graue Substanz nach Helmholtz etwa 12 mal so viel Zeit als bei Erregung der Nerven. Die Reflexzeit wächst durch die Querleitung, wenn gekreuzte Reflexe ausgelöst werden, am meisten (Rosenthal in Berlin). Nach Exner wird die Reflexzeit durch stärkere Reize abgekürzt.

Zweitens. Die Reizung des Empfindungsnerven löst bei dem geköpften Thiere nicht nur eine Abwehrbewegung in der Skelettmuskulatur aus, sondern wirkt auch, je mehr sie ausstrahlt, desto extensiver und intensiver reizend auf die Ringmuskulatur der Gefässe ein, deren Centren sich im Rückenmarkgrau finden. Bei Fröschen erweitern sich die Gefässe der Froschschwimmhaut um so mehr, je mehr Rückenmark schichtweise abgetragen wird (Lister); bei Säugethieren hat Golz die Wirksamkeit der spinalen Gefässcentren und ebenso W. Schlesinger dieselbe durch Strichnin zur Anschauung gebracht (Stricker, med. Jahrb. 1879). Die Abwehrbewegung dürfte daher auch im Rückenmarke von einer reflectorischen Verengerung der Arterien begleitet sein, wie sie bei nicht Enthaupteten durch Steigerung des Blutdruckes in der Carotis nach starken, sensiblen Reizen hervortritt. Das Ansteigen des Gefässdruckes bei

Empfindungsreizen ist in der Carotis durch das Manometer von Owsjannikow und Dittmar direct gemessen worden. Diese Steigerung beruht aber (siehe unten pag. 191) auf reflectorischer Arterienverengerung. Auf diesem Wege bewirkt Körperschmerz Ohnmachten, und bewirkte, als im Gerichtsverfahren noch die peinliche Frage gestellt wurde, das sogenannte Einschlafen unter den Schmerzen der Folter. Nach Dittmar besitzen wir kein sicheres Mittel, um bei Thieren auf Empfindungsvorgänge zu schliessen, als den Nachweis einer auf den Reiz erfolgenden Steigerung der Blutsäule im Manometer durch die reflectorische Gefässverengerung, welche die erregten sensiblen Nerven hervorrufen.

Drittens. Muss die Arterienverengerung durch Herabsetzung der Athmung in den Nervenelementen eine dispnoëtische Phase ihrer Ernährung hervorrufen, den Chemismus verändern, wodurch der Empfindungsreiz sich noch mit dem Reize verbindet, welchen ein Grad dispnoëtischer Intoxication setzt. Die Dispnoë der Gewebe ruft aber auch an sich schon Abwehrbewegungen hervor. Die Inspiration ist die geregeltste Form der Abwehrbewegung auf dispnoëtischen Reiz, welcher weithin auf die Muskulatur ausstrahlen kann. Dieser dispnoëtische Reiz wird aber nicht nur durch Athmungsmangel, sondern auch durch erhöhten arteriellen Gefässdruck bei Krämpfen oder durch Arterienenge wegen Anämie hervorgerufen, wofür die Krämpfe der Verblutenden ein Beispiel sind. Die Athmungscentren reichen nach Procop Rokitansky bis in den Halstheil des Rückenmarkes.

Die Abwehrbewegung zeigt nach dem Gesagten also schon im Rückenmark geköpfter Thiere einen Zusammenhang mit sensibler Reizung, Leitungshemmung, erhöhtem Arteriendruck und dispnoëtischer Reizung der Nervenzellen.

Auch die aggressiven Bewegungsformen lassen sich einigermassen schon an Thieren ohne Vorderhirn und Zwischenhirn, ja selbst aus dem Rückenmark allein exemplificiren.

Golz sagt in seinen Beiträgen zur Lehre von den Functionen der Nervencentren des Frosches: „Wenn wir an schönen Sommerabenden das Gequack der Frösche hören, so nehmen wir mit Recht an, dass es den Sumpfbewohnern wohl ist in der lauwarmen Fluth." Nicht minder denken wir an solches Wohlbefinden, wenn Katzen in spielenden Angriffsbewegungen eine Kugel oder eine Maus vor sich herjagen und wiedergewinnen, Thiere im Freien und Grünen in steter Bewegungsflucht sich tummeln, oder die Vögel in fröhlicher Unruhe ihren Gesang hören lassen und dabei ihre Aggression auf Krumen, Körner oder Würmer richten. Wird ein Stein in den Tümpel der

Frösche geworfen, so verstummt vor der Gefahr das Quacken, erscheint vor dem Blicke frisch umhertreibender Thiere ein Feind, so verbergen sie sich oder wenden sich zur Abwehrbewegung der Flucht. Die freie, zwecklose Bewegung des unermatteten Thieres, der Gesang, das fröhliche Bellen sind Aggression zu nennen, ein Sichgeltendmachen in der Natur bei zweifellosem Lustgefühl. Golz hat an enthaupteten Thieren Aeusserungen der Aggressionsbewegung auf reflectorischem Wege hervorgerufen und zwar bei Fröschen das Quacken und die Aggressivbewegung der Umarmung des Weibchens bei der Begattung. Die Natur der Reize, welche Golz dabei anwenden musste, waren von den Reizen für Abwehrbewegungen verschieden. Die wirksamen Reize waren leise, nie unter der Fiction einer Empfindung des Thieres schmerzerregend. Streicheln zwischen den Schulterblättern löste am vorderhirnlosen Frosche das Quacken, Druck und Reiben an der Brust und den Beugeflächen der Arme das Umarmen dazu hingehaltener Gegenstände aus. Die Durchleitung so leiser Reize durch reflectorische, graue Substanz kann keine bedeutenden Widerstände überwinden und setzt ein localisirtes, unmittelbar angesprochenes Reizcentrum voraus. Das Centrum für den Quackversuch liegt im Mittelhirn, während das reflectorische Centrum für den sogenannten Umarmungskrampf der männlichen Frösche im Cervicaltheile des Rückenmarkes liegt. Das Wort Umarmungskrampf entspricht der sehr kraftvollen Muskelaction, erklärbar aus einer Hyperästesie, in welche das Rückenmark der Frösche nur zur Brunstzeit durch die Nerven der Hoden geräth, die aber auch noch durch eine Zeit nach der Entfernung der Hoden andauert. Der auslösende Hautreiz braucht aber nur die oben bezeichnete geringe (unschmerzhafte) Intensität.

Also schon bei dem, in Bezug auf Bewusstsein enthirnten Frosch zeigen sich andere Nebenwirkungen im Centralorgan bei den Angriffsbewegungen als bei den Abwehrbewegungen, andere begleitende Umstände, als welche mit dem im Bewusstsein ausgedrückten Schmerz sich verbinden. Diese Nebenwirkungen können im allgemeinen gegensätzlich genannt werden. Erstens. Die Reize sind leiser, nicht schmerzhafter Art, müssen in directer Leitung ohne Widerstände, ohne Ueberwindung von Hemmungen, ohne Irradiation zu umschriebenen Centren gelangen. Bei dem Umarmungskrampf war die Leitung auch noch durch eine periodische, höhere Erregbarkeit des Centrums erleichtert, statt gehemmt. So wie dem Eindruck von Schmerz im Bewusstsein Hemmung der Nervenleitung zu Grunde lag oder ihn begleitete, so ist der Eindruck von Lustgefühl im Bewusstsein von einer Ungehemmtheit der Nervenleitung begleitet.

Zweitens. Wenn die Irradiation eines zur Schmerzerregung geeigneten Reizes die Centren für Gefässverengerung erregte, somit erhöhter Gefässdruck (active arterielle Anämie), mit der Abwehrbewegung einhergeht, so fehlt bei dem ungehemmten, keine Irradiation erzwingenden Reize für die Angriffsbewegungen der erhöhte Gefässdruck, und ich werde weiter unten darthun, dass im Gegentheil deren Begleitung durch einen verminderten Gefässdruck, einem Masse arterieller Erweiterung, der sogenannten Functionshyperämie sich begründen lässt. Der Ausspruch Dittmar's, dass erhöhter Gefässdruck dem Empfindungsvorgang parallel gehe, bezieht sich demnach nicht auf die Auslösung der Aggressivbewegungen.

Drittens. Die functionelle Arterienerweiterung muss durch Erhöhung der Gewebsathmung der Nervenelementen einen mehr apnoëtischen Zustand in denselben hervorrufen, ihren Chemismus verändern, und zwar in anderer Weise als der Schmerzreiz, welcher die Elemente in eine dispnoëtische Athmungsphase versetzte.

Diese Antithesen sind keineswegs künstlich gesucht, sondern ergeben sich auch daraus, dass die Aggressionsbewegungen und die Abwehrbewegungen wegen der begleitenden differenten Vorgänge in den Auslösungscentren sich gegenseitig hemmen, wie dies Golz nachweist für den Quackversuch, welcher bei gleichzeitigen schmerzhaften Einwirkungen resultatlos bleibt, so wie auch für den Versuch mit dem Umarmungskrampf, der beispielsweise durch Bestreichen einer Hautstelle des Frosches mit Essigsäure vereitelt wird. Andererseits kann die unter dem Einfluss der Hodennerven des brünstigen Frosches gesetzte hohe Erregung des Centrums für den Umarmungskrampf auch die Abwehrbewegung bei schmerzhaften Eingriffen auf den in Begattung begriffenen Frosch vereiteln.

Welche Thatsachen aber können uns zur Beantwortung der Frage leiten, ob das secundäre Spiel der bewussten Bewegungen, welches durch die subcorticalen Reflexacte eingeleitet und ausgelöst wird, welches die Erinnerungsbilder der Rinde, die Vorstellungen zum Inhalt, die Associationsbahnen zum Triebwerk hat, sich mit demselben Geleite von Gefässinnervationen, von chemischen Ernährungsdifferenzen verbindet, ob wir auch hier innerhalb der Impulse eines Ich, im Rahmen der Erscheinung der Freiheit mit dem Durchbruch von Leitungshemmungen verbundene Reihen von Abwehrbewegungen und aus ungehemmten Leitungsvorgängen hervorgehende Angriffsbewegungen wiederfinden und unterscheiden können.

Wenngleich über die Rinde pag. 128 die Ausführung voranging, dass ihre breite flächenhafte Entfaltung local getrennte Leistungen begünstige, so trägt sie doch, von der Association durch die Bogenbündel abgesehen, unter Voraussetzung eines grauen Fasernetzes als graue Substanz, wie im Rückenmark und dem übrigen centralen Höhlengrau auch die Bedingungen für Irradiation starker Reize in sich. Association und Irradiation sind sehr zu sondern. Es wird sich ergeben, dass die Associationen erschwert werden, wenn Irradiationsvorgänge sich in der Rinde ausbreiten. Wie im Rückenmark wird ein irradiirender Empfindungsreiz in der Rinde auch Nerven für die Gefässverengerung erreichen. Von deutschen Autoren haben (Centralbl. f. d. med. Wiss. 1876) Eulenburg und Landois sowie Hitzig die Thatsache erbracht, dass die entgegengesetzten Extremitäten bei Reizung der Rinde sich (durch Arterienverengerung) abkühlen und nach Exstirpation der Rinde sich so stark erwärmen (Hitzig), dass die Erwärmung (durch Gefässerweiterung) schon genügend beim Befühlen der Extremitäten eines so operirten Hundes hervortritt, um das Thermometer entrathen zu können. (Weitere Literatur hierüber bei Exner, Grosshirnrinde. Hermann, Handbuch d. Physiol., B. VI., pag. 318.)

Uebertragen wir nun das Beispiel von pag. 171 ff., welches einen enthirnten Frosch unter den Bedingungen eines intensiven Sinneseindruckes (Kneipen mit der Pinzette) bezüglich der Hemmung, welche der Reiz überwindet, bezüglich der Einwirkung auf die Gefässnerven und auf die mittelst Abwehrreflex reagirenden, motorischen Nerven vor Augen führte, auf ein Thier mit Vorderhirn.

Es handle sich um einen mit Zangen gekneipten oder durch eine Operation gefolterten Menschen, so wird er sich des intensiven Reizes wie einer unmöglichen (unerträglichen) Arbeit seiner Wahrnehmung bewusst. Offenbar muss die Irradiation hier schwere und ausgebreitete Leitungswiderstände, wie im centralen Höhlengrau, so auch im Grosshirnrindengrau überwinden. Der Schmerz ist nach dieser Richtung hin ein Hemmungsgefühl. Die Hemmung, welche der schwer irradiirende Reiz nun vorfindet, erfordert ein erschöpfendes Erregungsmass und bewirkt Hemmungen anderer Leistungen der Rinde, beschränkt die Rindenarbeit, die Aufmerksamkeit, das Denken, die Associationen sind gehemmt. Es treten secundäre (vide pag. 171 ff.) bewusste Abwehrbewegungen auf, Fortstossen der peinigenden Hände und Instrumente werden hervorgerufen. Es tritt Erblassen, Uebelkeit, Verdunkelung des Bewusstseins mit Pulsverlangsamung mit oder ohne Krämpfe, oder Bewusstlosigkeit mit schnellem Puls, auch mit allgemeinen Krämpfen ein. Die Verdunkelung des Bewusstseins mit Uebelkeit und Pulsverlangsamung kann allerdings Irradiation auf den cerebralen Herznerven den Vagus bedeuten, wobei das Gehirn durch Unterdrückung der Systole anämisch wird. Wenn ich aber an dieser Stelle mich auch nur auf die oben angezogene, experimentell physiologische Thatsache von der gefässverengernden Einwirkung der gereizten Rinde beschränke, andere schlagende Erweise derselben (Kussmaul, Nothnagel), den klinischen Darstellungen dieses Buches vorbehaltend, so geht doch aus der Bedeutung der Rinde als Gefässcentrum und aus der kurz vorher dargelegten Beziehung von starken Empfindungsreizen zur Steigerung des Gefässdruckes hervor, dass auch die Uebertragung starker Empfindungsreize in das Bewusstsein (in das Rindengrau) den Gefässdruck, die Arterienverengerung erhöht, dadurch active Anämie setzt, und sei es, dass diese zur Bewusstlosigkeit führe oder nicht, das Schmerzgefühl mit erhöhter Arterienverengerung verknüpft. Mit der Arterienverengerung ist aber auch die chemische Folge derselben, die dyspnoëtische Athmungsphase des Vorderhirnes gegeben und das Unlustgefühl des Schmerzes mit dieser combinirt. Dies ist um so sicherer, als auch von aussen einwirkender Chemismus bei Athmung in schwer respirabler Luft das dyspnoëtische Gefühl mit Unbehagen, Bewegungsunruhe als Abwehräusserungen, Verdunkelung des Bewusstseins bis zur Ohnmacht mit Krämpfen hervorruft. Es zeigte sich also, dass schwere sensible Reize, die bewusste Abwehrbewegungen auslösen, mit dem Schmerzgefühle zugleich die Hemmung, die Arteriencontraction, die Dispnoë der Vorderhirnelemente einführen.

Aber nicht allein der wirkliche Schmerz, dessen Eindruck in die Abwehrbewegung ausläuft, sondern der Anblick, das Hören, die Berührung von Gegenständen, welche mit dem Schmerz, mit Gefahr und Tod im Vorderhirn associirt sind, laufen, wie der gefühlte Schmerz selbst, in die Abwehrbewegung aus und rufen in der Grosshirnrinde alle Bedingungen einer, dem Schmerz analogen subjectiven Pein hervor, wie sie im Vorigen aufgezählt wurden. Wenn ein Mensch bei dem Anblick einer Messerschärfe, eines geladenen Gewehres, eines freien Raubthieres, eines Brandes, einer Leiche, einer Operation an Anderen, bei dem Anblicke von Blut einerseits unter dem Gefühl von Gedankenhemmung die Besonnenheit verliert, oder ohnmächtig wird, oder in Unklarheit die Flucht ergreift, so haften an den reproducirten Erinnerungsbildern dieser Gegenstände schon Vorstellungen von Schmerz und diesem vorgestellten Schmerz wohnt die genügende Intensität inne zur Hervorrufung aller den Schmerz begleitenden physiologischen Miterregungen: **Hemmung, erhöhter Gefässdruck, dyspnoëtische Ernährungsphase und Abwehr**. Wir sehen also, auf das frühere Beispiel der Folgen eines intensiven Empfindungsreizes auf das Rückenmark zurückblickend, dass das gesammte complicirte, primäre Spiel der Reflexapparate secundär in das Vorderhirn übertragen wird. Die unmittelbar vorher angezogenen Beispiele bezogen sich auf Associationen, welche noch durch sinnliche Anschauung von qualenbringenden Objecten vermittelt waren, doch fehlte der momentane schmerzende Reiz. Dieser trägt physiologisch ein besonderes Kennzeichen an sich, welches von der Miterregung der peripheren Empfindungsnerven, meist ihrer Endapparate ausgeht durch Hautreize, grelles Licht, ungewöhnliche Schallstärke und so weiter. Man rechnet den **Schmerz** zu den **Gefühlen**, wobei der Unterschied von der **Sinnesanschauung** in der verbreiteten, die Localisation einschränkenden Irradiation besteht.

Die Gefühle ohne Körperschmerz werden als **Affecte**, als **Ergriffenheit** bezeichnet. Die hier in Rede stehenden sind die peinlichen Affecte, Seelenschmerz. Dass die peinlichen Affecte nur auf Associationen beruhen, auf Schlussprocessen, die auf das Schmerzgefühl hinzielen, ergibt sich aus einer sehr einfachen Analyse der die Pein erregenden Objecte. Das Netzhautbild eines zahmen Thieres und eines wilden, einer gleichgiltigen oder einer gefürchteten Person besitzt keine andere Erregungsfläche, keine anderen Farben, keine andere Lichtstärke. Eine indifferente, rothe Flüssigkeit und Blut gleichen sich ganz. Die Anschauungen selbst sind gar keine Erreger des Affectes, sondern nur die mit ihnen verknüpften Associationen. Es ist also hier schon einzig das Hemisphärenspiel, der Denkprocess, welcher den Seelenschmerz und die Abwehrbewegungen hervorruft, aber auch die Miterscheinung der selbst bis zur Ohnmacht ansteigenden Arterienverengerung unter Reproduction der Hemmung als Furcht, als Unmöglichkeitsgefühl.

Es bedarf aber gar keiner Sinneseindrücke zur Anknüpfung von Associationen mit Affecten, die Erinnerungsbilder peinlicher Eindrücke wirken dasselbe.

<small>Es sei hier des Zeugnisses von Boerhave gedacht, welcher an einer Stelle vorbeiging, wo ihn einst vor Jahren der Gestank eines Pferdecadavers zum Erbrechen erregt hatte, und durch die Erinnerung an Wiederholung der lebhaften Uebelkeit zu leiden hatte. Ohne weiter auf dieses Zeugniss einzugehen, sei nur bemerkt, dass mit peinlichen Affecten einhergehende Reflexe analog, wie die Erregung des Reflexherdes für Gefässverengerung durch Erinnerungsbilder hervorgerufen werden, wie das Weinen. Mehr über den Zusammenhang von Affecten mit Reflexen (bei Domrich: Die psychischen Zustände. Jena 1849) Erklärendes darüber folgt weiter unten.</small>

Ganz gleichwerthig den Erinnerungsbildern sind die mit ihnen associirten Symbole der Sprache. Die Nachricht vom Tode einer Person, deren Erinnerungsbild in unserm Gehirn durch die vielfachsten Associationen immer hervorgerufen wurde, deren Vorstellung die vielfachsten Mitvorstellungen und freudige Affecte in Fluss brachte, so dass ein reichlicher Antheil unserer Gedanken mit ihr verknüpft war, wird bewirken, dass alle diese Associationen stocken, gehemmt werden, dass an Stelle dieser bisher durch Wiederholung in der Gewohnheit flüssigen, ungehemmt aufgetretenen Associationen andere noch unflüssige, gehemmte sich bilden sollen. Ein hohes Mass von Hemmung der Vorderhirnleitung wird empfunden und ruft, wie die gehemmte Leitung schmerzhafter Empfindungsreize oder die Vorstellung von Foltern, zunächst eine Vorstellung von der Unmöglichkeit ihrer Bewältigung hervor, welche auch die weitgehendste Abwehrhandlung, den Selbstmord, herbeiführen kann. Der allmäligen Einfügung der Todesnachricht in das Associationsspiel geht jedenfalls ein physiologischer Process von Auflösung der objectlos gewordenen Associationen, von Anknüpfung neuer voran, der lange Zeiträume bedarf. Mit der Hemmung geht der Affect, der Seelenschmerz einher. Mit der Hemmung und dem Seelenschmerz hängt der erhöhte Gefässdruck zusammen, welcher im Affect auch durch blosse Vorstellung Ohnmacht herbeiführen kann. Die Hemmungen oder Widerstände in der Leitung durch die graue Substanz, sowie der durch starke Empfindungsreize erhöhte Gefässdruck sind physiologische Thatsachen.

Dass endlich jede Verarmung der Gehirnsubstanz an Sauerstoff (Hermann) als ein chemischer Reiz wirkt, welcher in der Oblongata dyspnoëtisches Athmen, im sogenannten Krampfcentrum epileptische Wirkungen auslöst, ist gleichfalls in der Physiologie festgestellt. Weil der erhöhte Gefässdruck auch bezüglich der Hirnrindensubstanz eine Verarmung an Sauerstoff setzt, so ist ein dyspnoëtischer Ernährungsmodus in der Rinde vorhanden, sobald die Bedingungen schmerzlicher Gefühle eintreten. Das Gefühl selbst ist in letzter Linie die subjective Wahrnehmungsform der Summe dieser physiologischen Vorgänge, es ist gleichsam der Ausdruck eines Sinnes für die Ernährungszustände der Rinde.

Die Reize und Auslösungen, um welche es sich hier handelt, treten in allen erdenklichen Abstufungen auf. Nur die höheren Intensitäten der Gefühle können als Ergriffenheit, Affect bezeichnet werden, die geringen Intensitäten aber als Stimmungen, Temperationen.

Nennen wir die letzteren gebundene und ungebundene Stimmungen, so sind sie am klarsten den Bedingungen analogisirt, welche in das motorische Resultat einerseits der Abwehr- und andererseits der Angriffsbewegungen auslaufen.

Wenn uns die geeigneten Motive leiten, einen sehr zusammengesetzten Gedankengang zu entwickeln, wechselt die Stimmung sehr rasch, je nach der Hemmung und Förderung desselben. Wenn ein Anfänger z. B. eine Pflanze nach dem natürlichen Systeme bestimmen will, so hat er alle diejenigen Kennzeichen durch die Anschauung zu associiren, welche in seinem Vorderhirn als Erinnerungsbilder so associirt sind, dass sie ihn sein Object an die richtige Stelle im botanischen Systeme setzen lassen. Findet er dabei ein Merkmal nicht deutlich entwickelt, so hemmt dieser Umstand seine Association, ist ihm für ein anderes Merkmal der Terminus entfallen, so hemmt dies den Fluss der Associationen abermals, stimmt ein anderes Merkmal nicht mit einer schon gewonnenen Summe von Merkmalen, die er bereits zur geglaubten richtigen Bestimmung der Pflanze vereinigt hatte, so hemmt auch dies die weitere Bestimmung, kann er sich nicht in der Erinnerung die gesammten Merkmale der Familie aufrollen, der mit Wahrscheinlichkeit die Pflanze anzugehören scheint, so ist der ganze vorangegangene Associationsprocess im Abschluss gehemmt. Eine Verworrenheit (Ausdruck des gehemmten Gedankenablaufes) tritt ein. Ein Missbehagen verbindet sich mit den Gedankenhemmungen, die Vorstellung einer Abwehrbewegung, die Pflanze zu verlassen oder wegzuwerfen, wird wahrscheinlich darauf folgen. Die gebundene Stimmung wird um so intensiver sein, je intensiver das Motiv, etwa eine morgige Botanikprüfung gewesen. Wären die Associationen ungehemmt geblieben, dann hätte sich gleichsam ein abgeschlossener Kreis aus den Associationen gebildet, dessen Ausgangspunkt die Anschauung der Pflanze, dessen Bahn eine ungehemmte Associationskette, deren Endpunkt wieder die Deckung der wirklichen mit der in Gedanken construirten Pflanze geworden wäre. Während des fördernden Gedankenganges wäre ein Behagen aufgetreten und ein Grad von Glücksgefühl hätte den ungehemmten Abschluss der Associationskette begleitet. Jeder wissenschaftliche Forscher, der sich getrieben fühlt, auf Fragen die Antwort zu finden, eine Deckung zweier Hirnleistungen, z. B. einer Erscheinung in der Natur mit dem Abschluss seiner Gedankenketten zu gewinnen, durch welche er die Bedingungen der Erscheinung so entwickelt, dass sie als Schlussresultat in seinem Geiste wieder hervortritt, jeder, der an einen Abschluss für sein *quod erat demonstrandum* gelangt, empfindet eine psychische Euphorie schon während seiner Gedankenverbindungen, welche zweifellos einem arteriellen Affluxus zu den beschäftigten Vorderhirntheilen entspringt, der functionellen Hyperämie. Die functionelle Hyperämie ist die Begleitung der Denkvorgänge, und im folgenden Abschnitt wird ein Versuch gemacht werden, die Relationen beider Vorgänge zu einander im Feineren zu begreifen. Wie sie im Allgemeinen durch den Denkact provocirt wird, diese Frage will ich auch nicht auf die blosse Analogie der Vorderhirnfunction mit anderen functionirenden Organen verweisen, sondern auf physiologischer Basis zu erklären suchen.

Golz erklärt die Hemmung des reflectorischen Quackens beim Frosche durch schmerzhaftes Umschnüren eines Beines aus der Confluenz der reflectorischen Centren zu einem zusammengesetzten Apparate und sagt: weil ein Mechanismus um so unbehinderter arbeitet, je weniger gleichzeitige Aufgaben er zu besorgen hat, so wird der Quackreflex durch die Irradiation eines andern Reizes in das confluente reflectorische Grau gehemmt.

Die Grosshirnrinde leistet zwei active Arbeiten: 1. die Innervation von Gedankengängen und mit ihnen associirten Bewegungen, 2. die Innervation der arterienverengernden Muskeln. Je unthätiger das Gehirn in der ersten Beziehung ist, desto intensiver wird die Gefässverengerung besorgt. Diese Leistung wird aber gehemmt, wenn die erste Reihe der Rindenleistungen in Function tritt, so dass die Verengerung der Arterien während der Innervation von Gedankengängen abnimmt. Hierin ist die functionelle Hyperämie gegeben.

Wenngleich die verschiedenen Sinneserregungen in localisirte Felder der Rinde eingehen, so wurde oben schon das reproducirte Erinnerungsbild für den Act des Wiedererkennens als ein mit Nebenvorstellungen, die aus den verschiedensten Stellen der Rinde ihre Quellen beziehen, verknüpfter Complex dargestellt. Die meisten Denkacte setzen sich aus Reproductionen zusammen, deren Bestandtheile sehr verschiedene Stellen der Rinde functionell herbeiziehen. Daher wird die functionelle Hyperämie immer entlegene Localisationsherde betreffen, das heisst mehr minder vollständig einer allgemeinen arteriellen Hyperämie des Vorderhirns sich nähern.

Ein psychischer Zustand, welcher sich mit zahlreichen Aggressivvorstellungen verbindet, bei welchen ein ungehemmter Fluss von Associationen auftaucht, verbindet sich mit einem Glücksgefühl. Einen gewöhnlichen Menschen beglückt sicher ein Haupttreffer. Es ist der freie Associationsfluss, worin das Beglückende des Eindrucks liegt. An eine Summe begehrenswerther Dinge findet er durch seinen Besitz Anknüpfungen, er findet keine Hemmung mehr in weitgreifenden Associationen durch eine Schranke, welche seine Individualität von der Verknüpfung mit den zahlreichsten Dingen abschlösse, eine Fülle möglicher Aggressionen wird in seinen Gedanken flüssig, eine mühelose, wenig ermüdende, von apnoëtischer Ernährungsphase begleitete Functionsfülle geht in seinem Gehirn vor, ganz im Gegensatze zu den Hemmungen sonst flüssiger Verbindungen durch einen Verlust an Personen oder Gütern.

Wir wissen, dass die Vorstellung von Bewegung, die Reproduction von Innervationsgefühlen im Flusse der Associationsketten auch ohne Bewegen und Handeln auftaucht. Es drängt sich auf, dass zunächst höhere Erregungsphasen und Ernährungsreize für die Ausführung von Bewegungen erforderlich sind. Diese Intensitäten der Bewegungsmotive werden durch die Gefühle aufgebracht. Der Bestand eines Thierlebens wäre sehr schwer ohne die Gefühle als ermöglicht zu denken, und weiterhin nicht ohne die beiden Reihen von Gefühlen, welche als Motive der Abwehrbewegung und andererseits der Aggressionsbewegungen wirken. Ohne Abwehrvorstellungen und Repulsion des Handelns würde ein, bloss mit den Vorgängen der Aggression ausgestattetes Thier den feindseligen Einwirkungen durch fühlende und fühllose Naturwesen erliegen, ohne Aggressivvorstellungen und Aggression des Handelns würde das behirnte Thier die Lebensbedingungen in der Natur sich nicht zu Nutze machen.

Die Erscheinung der Freiheit durch die Vielfältigkeit der möglichen Handlungen tritt am imposantesten in den Impulsen hervor, welche die Gefühlsintensität der secundären Individualität verleiht. Während die excessivste Abwehrvorstellung im Bereiche des primären Ich die Vernichtung des Leibes, der Tod ist, können die intensivst wirkenden Gefühle aus dem secundären Ich heraus dahin leiten, die Herbeiführung des Todes als eine Abwehrbewegung gegen Vernichtung anderer Bestandtheile der Individualität zu gebrauchen, wie im Falle der Aufopferung zur Erhaltung eines fremden Lebens, das ein Bestandtheil der Individualität wurde als eine geliebte Person. Pflichten, Ehre sind Bestandtheile der Individualität geworden, welche an Intensität des Hervorrufens von Repulsion oder Aggression die Bestandtheile des primären Ich übertreffen. Endlich geht die Complication der Individualität so weit, dass die Spiegelung derselben in den Hirnen anderer Menschen zum beherrschenden Motive wird, so dass die Erhaltung des primären Ich der Erhaltung eines den Bedürfnissen der secundären Individualität entsprechenden Bildes von ihr, das sich in den Köpfen der Ueberlebenden erhalten soll, geopfert wird. Hierin liegt das Hinzielen nach sogenannter Unsterblichkeit.

Wir wenden nun unsere Darstellung den anatomischen Corrolarien und den experimentellen physiologischen Thatsachen über die subcorticalen Ganglienmassen zu, welchen ihre obere Grenze im Zwischenhirn gesetzt werden soll. Das Vorderhirnganglion geht nämlich in seinen Erregungsverhältnissen als ein Knoten in den centrifugalen Leitungsbahnen des Cortex ganz mit den corticalen Erregungszuständen parallel. Zwischen den im *Thalamus* beginnenden Stammganglien und dem Vorderhirn besteht das Verhältniss, dass zwar deren Erregungen die Sinnesanschauung im Cortex wachrufen, dass dagegen, je höher mit dem selbständigen Spiel der Erinnerungsbilder im Cortex, mit den Associationen, dem Denkakt die corticale Erregung steigt, um so mehr jene Einwirkung der subcorticalen Centren intensiv herabgesetzt wird. Das ist die corticale Hemmung. Ich betone hier noch als wichtig und massgebend für alle weiteren Anschauungen die Incommensurabilität der Erinnerungsbilder mit sinnlichen Wahrnehmungen. Die sinnlichen Wahrnehmungen werden stets auf die Aussenwelt bezogen, selbst wenn die peripheren Sinnesoberflächen, wie beim Blinden, beim Amputirten fehlen. Dies geschieht durch einen Analogieschluss, welcher, von der Erfahrung ausgehend, dass die mit der Sinneswahrnehmung zusammenhängenden subcorticalen Leitungsbahnen und grauen Massen, wenn sie Empfindung veranlassten, immer von der Aussenwelt Reize empfingen, mit den Erregungszuständen dieser Massen und Bahnen nach dem Causalitätsgesetze immer die Voraussetzung der Aussenwelt associirt. Nie entsteht aber die Erfahrung, dass der Cortex direct von der Aussenwelt gereizt wurde, daher die Erregungen lediglich des Cortex, die Erinnerungsbilder, nie die Färbung sinnlicher Eindrücke erlangen können.

Das Vorderhirnganglion wurde bezüglich des Ausdruckes, welcher in seinen Formen für die hervorragende Verbindung mit den vorderen Rindenpartien gegeben ist, schon pag. 129 beleuchtet. So confluent aber Schweif- und Linsenkern sind, so sehr selbständig sind sie in ihren gegenseitigen Proportionen. Man kann ohne grossen Fehler annehmen, der Schweifkern sei in seiner intracameralen Ausdehnung im Verhältnisse zum Hirnstamme bei allen Säugethieren von nahezu gleicher Grösse, während sein Basaltheil über der *Lamina cribrosa anterior* beim Menschen flach ist, an Thieren mit entwickeltem Riechlappen aber convex ist, den des Menschenhirns übertrifft. Letztere partielle Mehrentwicklung hängt in ersichtlicher Weise mit von Bahnen des Riechlappens im basalen Theile des Schweifkernes zusammen. Schon Magendie sah im Streifenhügel ein Organ, das mit der Ortsbewegung zusammenhängt, und Nothnagel hat im Streifenhügel des Kaninchens einen das Thier auf Reize hin zum Vorwärtslaufen bestimmenden *Nodus cursorius* gefunden. Da die Ortsbewegung der Thiere mit mehr Riechlappen vorwiegend von Geruchseindrücken beherrscht ist, so werden diese beiden Beziehungen des *Nucleus caudatus* im Zusammenhange mit einander verständlich.

Der Linsenkern ist bei den Säugethieren gegenüber dem des Menschen und der Affen auffallend verkümmert. Im Gehirne des Maulwurfes und der Fledermaus, welche vorwiegend mächtig entwickelte und für besondere Bewegungsformen bestimmte Vorderbeine haben, ist der *Nucleus lenticularis* stark entwickelt. Bei den durch Linsenkernzerstörung gesetzten Hemiplegien überwiegt die Intensität der Lähmung an der oberen Extremität jener an der unteren. Affen und Menschen, welche als Kletterthiere ursprünglich für die Ortsbewegung schon einen complicirteren Gebrauch von den vorderen Extremitäten machen, während der Mensch im psychischen Gebrauche derselben Allen voransteht, ragen durch die Masse des Linsenkernes hervor. In letzter Zeit wurden drei Fälle von Encephalitis der rechten Insel beobachtet, welche Monoplegie der linken oberen Extremität begleitete (Brodeur, Raymond). Schwere Lähmungen sind im Allgemeinen Rindenverletzungen überhaupt nicht zuzuschreiben, und das nach Munk der oberen Extremität zugehörige Rindenfeld ist entlegen von der Insel, daher zweifellos diese Monoplegie auf den mit der Insel in Contiguität stehenden Linsenkern bezogen werden muss. Nach alledem wird er nebst seinen bekannten Beziehungen zum *Nervus hypoglossus* und *facialis*, die sich in den Hemiplegien kundgeben, vorzugsweise Bewegungen der oberen Extremitäten dienen.

Die übrigen grauen Massen gehören nicht dem Vorderhirn an, sondern liegen innerhalb der Wandungen des schon ursprünglich nur bis in das vordere Hirnbläschen reichenden Medullarrohres.

Der mächtigen Ganglien des Zwischenhirns, der *Thalami optici*, wurde schon pag. 149 gedacht. Ihre Verbindung mit dem *Tractus opticus* ist anatomisch mächtig. Die experimental-physiologischen Beziehungen des Thalamus zu den oberen Extremitäten wurden dort gewürdigt und die Einwirkung eines und desselben Thalamus, als eines von Retinaleindrücken in Bewegung gesetzten Mechanismus auf ungleichnamige Muskelgruppen beider Arme, auch anatomisch durch den Abgang einestheils gekreuzter, anderentheils ungekreuzter Rückenmarksbahnen aus dem Thalamus verstanden. Ich will es nicht unerwähnt lassen, dass die, alle Säugethiere übertreffende Ausdehnung des menschlichen Thalamus nach hinten zu dem Spiele der oberen Extremitäten im Verhältniss stehen könnte.

Das vordere Ganglion des Sehhügels ist beim Menschen nicht mächtiger als bei Säugern entwickelt. Dies ist begreiflich, weil hier die Verbindung mit dem *Gyrus fornicatus* stattfindet, dessen Rinde (in Uebereinstimmung mit seinen Riechlappenverbindungen und Massenverhältnissen) Munk zum Geruchsinne in Beziehung setzt. Auch dieser vordere Höcker ist, wie die Anatomie lehrte, ein *Nucleus caudatus*. Der menschliche Sehhügel gewinnt seine Grösse durch die Ausbildung des Pulvinar, welches sich über den äusseren Kniehöcker hinauswölbt, während, von den Affen abgesehen, bei Säugethieren der äussere Kniehöcker sich auf den Thalamus hinaufschwingt; dagegen steht bekanntlich der Vierhügel an Massenentwicklung beim Menschen zurück. Kein Ganglion hat eine gleich allseitige und allseitig mächtige Verbindung mit der Hirnrinde, als der *Thalamus opticus*, so dass der oberflächliche Anschein ihm die Verbindung mit dem gesammten Stabkranze beimessen liesse. Weil die mit dem Sehhügel verbundenen ausgedehnten Gebiete der Rinde fast allen Functionsinhalt der Rinde in sich schliessen müssen, so muss man daran denken, dass auch der Functionsinhalt des Thalamus ein sehr vielfacher sei. Das Thier, welches noch den Thalamus besitzt, hat eigentlich an Leistung nichts eingebüsst, ausgenommen die centrifugalen Impulse durch Erinnerungsbilder. So ist die Wahrscheinlichkeit, dass im Thalamus und Vierhügel alle Formen der Sensibilität repräsentirt seien, eine sehr hohe. Dies beweist schon die allseitige Einwirkung von Sinneseindrücken auf Bewegungserfolge, die bei erhaltenem Thalamus noch stattfindet. Vor Allem muss die Projection der Retina im Sehhügel anerkannt werden, und wie aus den von Nothnagel angeführten pathologischen Ergebnissen hervorgeht, verbinden sich Störungen des Gesichtssinnes mit den Läsionen des hinteren Sehhügelabschnittes, was vollkommen mit den anatomischen Thatsachen übereinstimmt. Nur wenn der Sehhügel noch erhalten ist, weichen nach Renzi die Thiere Hindernissen aus und verhalten sich Vögel, in die Luft geworfen, so, als könnten sie die Distanz und Richtung des Bodens, auf den sie zurückkommen, mit den Blicken messen. Im Besitze des Thalamus kriechen sie durch eine Spalte in einem vor ihnen gelegenen Hindernisse hindurch, was schon Magendie beobachtete, oder springen, wie dies Goltz bei Fröschen bemerkte, an einem vor ihnen stehenden Hindernisse, wenn sie zur Flucht gereizt werden, vorbei. Auch Bewegungsvorgänge des Facialis scheinen in reflectorischer Weise vom Thalamus abzuhängen. Einestheils hat man pathologische Fälle gesammelt, in welchen bei Facialislähmung das reflectorische Bewegungsspiel beim Lachen, Weinen, Schmerz und der Lidschluss bei äusseren Bewegungen vor dem Auge noch erhalten war (Nothnagel, Topische Diagn. der Gehirnkrankheiten), und hiebei wurde bemerkt, dass die betreffenden Zerstörungen niemals den *Thalamus opticus* oder die ihm zugehörigen Markstrahlungen getroffen hatten. Andererseits beschreiben Longet und Schiff die adäquaten Grimassen, welche Katzen ohne Hemisphären bei Einwirkung von Coloquinthen-Tinctur auf die Zunge äussern. Es liegt mir ferne, hier den Ausdruck „psychische Reflexe" gerechtfertigt zu finden in dem Sinne, als ob ich glaubte, dass die vom Bewusstsein innervirte Projection im Thalamus unterbrochen würde. Im Gegentheil steht von negativen physiologischen Wahrheiten bezüglich des Thalamus keine fester, als dass sogenannte Willenslähmungen von seiner Zerstörung unabhängig sind. Aber dass der Thalamus einen Mechanismus höheren Ranges für Reflexe darstellt, die so viel vom Anscheine des Psychischen haben, dass Goltz der Ausdruck Reflexe nicht genügend erschien, sondern von ihm für die complexen Leistungen solcher im Gehirne höher gelegener physiologischer Mechanismen der Ausdruck „Anpassungsvermögen" gewählt wurde, muss ins Auge gefasst werden, um den Feinheiten der Thatsachen nicht gar zu grosse Einfachheit der Auffassung entgegen zu bringen. Ueberhaupt kann die Auffassung, welche ich der Genesis der Willenslähmungen gab, dass sie nämlich die primären Bewegungsbilder als Grundlage ihrer Bewegungsformen von den Reflexen beziehen, nicht als eine Negation der Thatsache aufgefasst werden, dass das Vorderhirn durch seine Coordination nicht gleichsam auch einen erziehlichen Einfluss auf die Reflexe ausübe.

So hat Lotze mit Recht die von Pflüger angesprochenen psychischen Leistungen des Rückenmarkes dahin erklärt, dass vom Rückenmarke des kindlichen Thieres die Erscheinungen der Zweckmässigkeit, ähnlich wie bei den corticalen Bewegungsacten noch nicht ausgehen, sondern dass gewisse Coordinationen, für die der Gehirneinfluss eine Zeit des Lebens hindurch spinale Leitungsbahnen benützte, eine Nachwirkung des Vorderhirns hinterlassen, durch welche nach Wegfall des Gehirns diese Rückenmarksbahnen noch in einer, von den Hemisphären geschaffenen Gruppirung reflectorisch innervirt werden. Dies lässt sich anatomisch allerdings weit leichter für das Rückenmark, als für den Thalamus begreifen, da ersteres mit den centrifugalen corticalen Bahnen zusammenhängt, der Thalamus aber nicht. Für die centrifugalen Bahnen in der Hirnschenkelhaube, die vom Thalamus ausgehen, ist er das Centrum, die Ursprungsmasse, sie werden durch die, auf ihn übertragenen Reize innervirt. Nach dem, was ich Eingangs dieses Abschnittes über die Zwangsstellung der vorderen Extremitäten bei Thalamusverletzung sagte, sind die Einstrahlungen des Cortex in den Thalamus centripetal laufende

Bahnen, welche nur die, durch im Sehhügel umschrieben eingeleitete Bewegungsvorgänge erweckten Innervationsgefühle zum Cortex geleiten. Allerdings müssen wir voraussetzen, dass die centrifugalen corticalen Bahnen im Vorderhirnganglion und in der inneren Kapsel für Einleitung derselben Bewegungsformen aus denselben Stellen der Rinde hervorgehen, in welche die Thalamusstrahlung die Innervationsgefühle solcher Bewegungsformen übertrug. Wenn die coordinirenden eigenen Bahnen des Cortex diese Bewegungsformen nun verfeinern, variiren, so könnte dies auf das Spiel des Thalamus nur dann zurückwirken, wenn wir die von Dubois im ausgeschnittenen Nerven nachgewiesene doppelsinnige Leitung als actuell auch innerhalb des Verbandes im Gehirne zulassen. Diese Actualität der doppelsinnigen Leitung innerhalb des Vorderhirnes ist zweifellos vorhanden bezüglich der Associationsbahnen, welche von zwei mit einander in Verbindung gesetzten Erinnerungsbildern nach beiden Richtungen eines durch das andere auslösen. Ich finde nun keineswegs, dass sich ein Widerspruch gegen die Zulassung einer doppelsinnigen Leitung auch in den, die Innervationsgefühle zur Rinde leitenden Projectionssystemen des Thalamus aufdrängte, welche nun einen rückwirkenden Einfluss der durch Coordination der Rinde weiter gebildeten Bewegungsformen vermitteln können. Doch kommt dies in diesem Buche noch zur Erörterung. Gerade in Bezug auf den physiognomischen Ausdruck, der keineswegs die Domäne des *Nervus facialis*, sondern eine Leistung des gesammten körperlichen Muskelspieles ist, hat Darwin den paradox erscheinenden Satz als Princip hingestellt, dass die Formen der Willensbewegungen der Ascendenten sich als Reflexe auf die Descendenten vererben. Ich halte Vererbung physiognomischen Ausdrucks nicht für gewiss. Jedenfalls hätte Darwin seine Auffassung nur dadurch berechtigen können, wenn er die Genesis bewusster Bewegungsformen aus den Reflexen voranstellte. Dann wird die Wechselwirkung möglich, dass die Reflexe ursprünglich die Wurzeln des bewussten Bewegungsspieles in den einfacheren Formen waren, und dass später durch die Coordination des Cortex complicirtere Bewegungsformen entstehen, welche durch doppelsinnige Leitung ihre Rückwirkung auf das motorische Spiel subcorticaler Centren äussern könnten.

Die Vielfachheit der Beziehungen des Thalamus als reflectorisches Bewegungscentrum und in dieser Eigenschaft seine Beziehung auf Innervationsgefühle, seine Beziehung zum Geruchssinn (localisirt in seinem vorderen Höcker) und zum Gesichtssinn decken sich auch anatomisch mit den im ersten Abschnitte dargethanen Thatsachen (pag. 30, 45, 86, 93, 129). Die Abhängigkeit des physiognomischen

Spieles von der Hautsensibilität verweist uns auf den Versuch, auch diese mit den Nervenbahnen des Thalamus in eine mögliche Deckung zu bringen. Hier muss ich eine Lücke der anatomischen Darstellung ausfüllen, indem ich anführe, dass der Lemniscus, die Schleife, nicht allein, soweit sie aus den Hirnstammganglien entspringt, dem Vierhügel, sondern in Bündeln, die schon vor dem obern Zweihügel (Fig. 55, 56 hinter *ss*) dem Lemniscus angehören, und die zum Theile nicht wohl zu trennen sind von den innersten Bündeln des unteren Zweihügelarmes, ihren zweifellosen Ursprung im Thalamus nehmen. Versucht man anatomische Gründe für die mögliche sensible Natur des Lemniscus zu entwickeln, so drängt sich der Vierhügelursprung der Schleife aus dem Arme des oberen Zweihügels auf. In der Bahn des *Brach. sup.* (pag. 94) bilden die Schleifenbündel den vordern Antheil, sein hinterer Rand enthält die Verbindungsfasern des äusseren Kniehöckers mit dem Vierhügel. Diese Schleifenbündel laufen in der innigsten Contiguität mit den letzteren, centripetal aus einem Sinnesorgane leitenden Bündeln und entspringen aus denselben Regionen der Rinde, in welchen Sehstrahlungen enthalten sind und mit ihnen die sensibeln Türk'schen Bündel der inneren Kapsel und des Hirnschenkelfusses. Die lediglich Auffassung des Hinterhauptlappens als Herd des Gesichtssinnes lässt sich anatomisch nicht festhalten; wohl aber gestatten andere mit dieser Rinde verbundene Markstrahlungen, wie schon Eingangs dieses Abschnittes entwickelt wurde (pag. 129), den berechtigten Schluss auf ihren Zusammenhang mit dem Hautorgan. Verfolgt man nun den Lauf der Schleife in das Rückenmark, so gehört sie dem äusseren Querschnitte der Seitenstränge an (pag. 122), welche am schlagendsten nach den Untersuchungen Mischer's sensible Bahnen führen.

Der Thalamus würde demnach zugleich mit dem Vierhügel in den Schleifen, mit den reflectorischen Einflüssen der tactilen Reize zusammenhängende Bahnen führen. Man könnte anatomisch auch noch auf die Verknüpfung der Schleife mit den Oliven hinweisen (pag. 122), welche ja zugleich das Ursprungsgebiet der Hinterstränge sind. Frösche, welche noch die Sehhügel besitzen, verdrehen nach Renzi's Angaben nach Detonationen die Augen; es wären also auch Beziehungen zum Gehörsinne zu beachten. Gedenkt man des Eintrittes centraler Acusticusbahnen innerhalb des Kleinhirns in den Bindearm und andererseits der von Wernicke entdeckten Verbindungen des Thalamus mit dem rothen Kerne des Bindearmes, so ständen, wie rückhaltend ich auch noch die Bindearme als mögliches Chiasma des Labyrinthes beanspruche, Verbindungen des Thalamus mit dem Labyrinthe nicht ausser dem Kreise der wahrscheinlichen anatomischen Thatsachen. Es wird sich finden, dass in der Oblongata Centren für die Stimmbildung und das Gehör hart an einander liegen. Vielleicht bedingt eine weitere, von Bechterew für den Sehhügel in Anspruch genommene motorische Leistung, welcher dort ein Schreicentrum findet, während Goltz das Quackcentrum des Frosches in die Mittelhirnregion verlegte, auch hier Verknüpfungen von Bahnen des achten Paares und der tonbildenden Apparate. Indem die thierischen Stimmäusserungen eigentlich den akustischen Theil der Physiognomik darstellen, würde zwischen dieser Leistung des Sehhügels und den oberwähnten für die reflectorischen mimischen Ausdrücke ein physiologischer Connex gedacht werden können. Vielleicht sind die Abweichungen zwischen Goltz und Bechterew über das Stimmcentrum dahin zu deuten, dass Thalamus und Mittelhirn in ihren Leistungen nicht zu streng auseinander gehalten werden sollen.

Unterhalb des Mittelhirns beginnt die, von der Brücke nicht wohl abtrennbare Oblongatenregion, welche nicht eigentlich mehr den Centren für Ortsbewegung, sondern nur für beschränkte Bewegung beizuzählen ist. Goltz schrieb den, des Mittel- und Kleinhirns beraubten Thieren als auffallenden Unterschied von den Bewegungsäusserungen des Rückenmarkes nur noch die Verkehrung der Rückenlage in die Bauchlage zu. Zweifellos aber ist jener eminente Einfluss von Empfindungen auf Körperbewegungen, welche ein Centrum für die Erhaltung des Gleichgewichtes voraussetzen lässt, an die Sehhügelregion und das Mittelhirn gebunden, vermöge welches Centrums ein vorderhirnloser Frosch, der auf der Hohlhand sitzt, bei Wendung derselben nach abwärts schrittweise seine Position verändert und auf den Handrücken kriecht. Wir müssen demnach im Zwischen- und Mittelhirn nach einer Richtung die subcorticalen Sinnescentren suchen, welche zugleich alle möglichen Bewegungsformen oberster Ordnung durch ihre Eindrücke, beispielsweise durch Retinabild und Hautempfindung zur Vollendung bringen. In dem Regulativ, welches den Bewegungsformen hier durch die Retinaeindrücke anhaftet, muss man aber auch schon eine Anbahnung räumlicher Gesichtseindrücke erblicken, wenngleich für das Vorderhirnbewusstsein dieselben erst durch das Associationsspiel sich gestalten.

Der Bau des Vierhügels zeigte (Fig. 38, 39), dass die ihm aus der äusseren Hauptendigungsmasse des *Tractus opticus*, dem *Corpus geniculatum externum* durch den hinteren Rand des oberen Vierhügelarmes zugeführten Bahnen im Mittelhirn zunächst einen longitudinalen Verlauf nehmen, durch welchen sie sich an der Schleifenbildung nicht betheiligen. Diese longitudinalen Bündel vereinigten sich aber mittelst eines radiären Verlaufes, den sie nach Einschaltung von Vierhügelzellen annehmen, die Schleifenschichte durchsetzend, mit dem Grau des *Aquaeductus Sylvii*, in welches die Centren der Augenmuskelursprünge eingebettet sind. Dies lässt auf Erregungen der Augenmuskulatur durch die retinalen Eindrücke schliessen, und es fällt dieser Mechanismus noch in die einfache Gestaltung eines Reflexapparates. Indem das Vierhügelgrau sammt den motorischen Augenmuskelnerven in die Hirnrinde projicirt ist, findet dort eine Verbindung zwischen den Innervationsgefühlen der Augenmuskulatur und den Eindrücken der verschiedenen Retinastellen statt, wie dieses pag. 168 durch Fig. 72 versinnlicht wird. Die Innervationsgefühle der Augenmuskeln bildeten dort in ihrer Verknüpfung mit der Projection der einzelnen Retinastellen die Localzeichen für räumliche Orientirung. Der anatomische Bau spricht nun für die älteste, von ihm selbst aufgegebene Auffassung Wundt's, dass dieser Schlussmechanismus zur psychischen Gestaltung des Raumbildes durch Reflexvorgänge angeregt werde. Ich erblicke in diesem Uebersprigen der Retinaleindrücke auf Muskelinnervationen innerhalb des Vierhügels, ganz nach dem Schema, wie ich es für den reflectorischen Connex zwischen Bindehautreizung und Lidschluss, pag. 146, Fig. 59, hinstellte, den primären reflectorischen Vorgang für die Gestaltung des Raumbildes der Retina, welcher sich durch Projectionssysteme für einen Act von Sinnesempfindung und für Innervationsgefühle secundär in die Hirnrinde überträgt. Es gilt also für das gesammte Zwischen-Mittelhirn der Ausspruch Eckhardt's: „Alle Erfahrungen machen es wahrscheinlich, dass in den Sehhügeln die Gesichtswahrnehmungen zu einer gewissen Vollendung gebracht werden." Dass der Thalamus aber ausser seiner Betheiligung an einem durch Gleichgewichtsverhältnisse geordneten Centrum für die Ortsbewegung, das sich vielleicht mit dem Functionsspiele des Vierhügels combinirt, auch noch die durch Fig. 61 und 62 an einem pathologischen Falle illustrirten hervorragenden Beziehungen zu den Bewegungen der oberen Extremitäten hat, dafür spricht nebst dem weit oben Ausgeführten auch noch die Beobachtung Nothnagel's, dass nach Thalamusvernichtung die ausgestreckten Vorderbeine nicht mehr zurückgezogen werden; es würde eben ein Herd der Innervationsgefühle für diese Gliedmassen entfallen sein.

Die graue Substanz am hinteren Rande des dritten Ventrikels und im *Aquaeductus Sylvii* wurde von Adamück, ferner von Hensen und Völkers gewürdigt. Nach Letzteren sollen sich Centren für die intra- und extraoculäre Augenmuskulatur in dieser Anordnung folgen: im hinteren Theile des Grau vom dritten Ventrikel findet sich das Accommodationscentrum noch vor dem Centrum für den *Sphincter pupillae*, beide zusammenhängend mit den vordersten Oculomotoriuswurzeln. An der Grenze zwischen drittem Ventrikel und Aquaeductus liegt das Centrum des *Rectus internus*, nach aussen davon das Abducenscentrum. Am oberen Ende der Rautengrube, hart unterhalb des Vierhügels, findet sich das Centrum für die vasomotorischen Irisfasern, deren Wirkung auf das Volumen des Pupillengewebes nach der Auffassung einzelner Autoren schon allein ·die Erweiterung der Pupillen bewirkt, während andere noch einen speciellen *Dilatator pupillae* annehmen. Jedenfalls stösst diese Region hart an das allgemeine vasomotorische Centrum Owsjannikow's, woraus sich das unten zu erörternde Zusammenfallen von Irisdilatation und Arterienenge, als durch Irradiation bedingt erklärt.

Zunächst unter dem grauen Boden zieht der absteigende Ausläufer der Formation des hinteren Längsbündels hin. Wernicke hat nicht ohne Begründung einen Ursprung dieses letzteren Systems im Linsenkern behauptet, und es würden somit die Projectionssysteme des Linsenkernes auf diesem kürzeren Wege die motorischen Ursprungsmassen der Hirnnerven längs des centralen Höhlengrau aufsuchen. Die wandelbare Dicke des hinteren Längsbündels aber, seine Verknüpfungen mit Quintus- und Acusticusbahnen lassen nicht daran denken, dass es lediglich das Projectionssystem für die motorischen Hirnnervenkerne sei, vielmehr scheinen seine Bündel zur Verknüpfung verschiedener Höhen des centralen Höhlengrau functionell zu coordinatorischen Zwecken zu dienen, so dass in ihm wohl auch die Bahnen verlaufen mögen, die den tief unten entspringenden Abducens mit den hoch oben gelegenen Coordinationscentren des Augenmuskelspieles verbinden. Mit den corticalen Bündeln des Hirnschenkelfusses aber hängen die Nervenkerne des Mittelhirnes, der Brücke, der Oblongata durch gekreuzte *Fibrae rectae* zusammen, welche, wie (Fig. 43 ff.) meine Abbildungen zeigen, die tiefliegenden Brückenquerbündel durchsetzend, zu deren vorderen Längsbündeln und in der Oblongata zur Pyramide gelangen.

Die Oblongata, die wir unter Einem mit der Brücke, wenn wir von den Kleinhirnbeziehungen absehen, in Betrachtung ziehen, führt uns zunächst zur Würdigung ihrer hochwichtigen Bedeutung als Gefässcentrum. Als solches ist sie am erschöpfendsten von Owsjannikow gewürdigt worden. Owsjannikow zeigte, dass bei der schichtenweise vorgenommenen Abtragung des Hirnstammes schon von oberhalb der Brücke her der Blutdruck in einem, der Carotis eingefügten Manometer sinke, somit die Gehirnmasse durch diese

Abtragung verloren gehen müsse, welche die feinen Gefässe in einer bestimmten Contraction erhält. Der Blutdruck hängt nämlich nicht, wie die Experimente Bezold's zu lehren scheinen, nur vom Herzen und seiner Innervationssteigerung ab, sondern in anderer Richtung wesentlich von dem Widerstande, welchen die Verengerung des Lumens des feineren Gefässnetzes der Fortbewegung des Blutes bietet. Mit Recht bemerkt Stricker, dass es sich hier nicht nur um Contractilität der feineren Arterien, sondern auch, wie neuestens dargestellt wird, der nervenführenden Capillaren, ja selbst der feineren Venen handle. Der Blutdruck hört zu sinken auf, wenn die Schnitte in der Oblongata 3—4 mm über die Spitze der Schreibfeder des Hundes herabgerückt sind. Waren die schichtweisen Abtragungen von Owsjannikow erst bis etwa in die Höhe des Facialisursprunges gelangt, so konnte der erniedrigte Blutdruck noch durch Reizung des *Ischiadicus, Quintus, Auricularis magnus* hergestellt werden. Diese Möglichkeit der Herstellung des Blutdruckes durch sensible Reize sinkt aber von da bis zu der schon besprochenen unteren Grenze des Centrums für die Gefässverengerung ab. Owsjannikow unterschied daher zwei Gefässcentren, ein automatisches, höher nach aufwärts, und ein reflectorisches, weiter nach abwärts reichendes, welche in ihrer grössten Länge gemeinschaftliche Höhe hätten. Er sprach sich über diese Centren bezüglich der Gefässinnervation in ähnlicher Weise aus, wie ich über primäre und secundäre Bewegungen der Skeletmuskulatur. Er meinte, das automatische Centrum unterläge psychischen Einflüssen, wie dies der Einfluss der Affecte auf die Gefässweite zeige, das andere sei ein Reflexcentrum für die Gefässverengerer. Vom anatomischen Standpunkte werden wir die Sonderung dieser beiden Centren so verstehen, dass das vom Grosshirn innervirte Centrum der vorderen Bahn des Stammes angehöre (Fuss und *Stratum intermedium*), etwa schon der Hirnschenkelregion, jedenfalls der vorderen Abtheilung der Brücke, während das reflectorische Centrum in den zahlreichen Zellenmassen repräsentirt sei, welche der hinteren Bahn des Stammes (Haubenbahn) in der Brücke und Oblongata eingewebt sind. Ditmar hatte an die oberen Oliven der Oblongata als den Sitz des, wie ich hinzusetzen muss, letzteren Gefässcentrums gedacht. Das weitere Hinaufreichen des Centrums für die Vorderhirneinflüsse wäre dadurch erklärt, dass die Haube sich erst weiter abwärts entwickelt, als die Bestandtheile des Hirnschenkelfusses, und das Endigen dieses cortico-vasculären Centrum weiter nach oben fände wieder darin seine Erklärung, dass die Pyramiden schon höher oben der grauen Massen ledig werden.

Von der noch in Unentschiedenheit befindlichen Frage der Centra für die Gefässdilatatoren sehe ich ab. Es hat den Anschein, als ob sie nur das Mass der Wirkung der Ringmuskeln als Antagonisten regulirten und wesentlich eine Hilfswirkung auf die Gefässweite ausübten, eine wirkliche Dilatationswirkung aber nur während der Reizherabsetzung der Gefässverengerer erlangten. Hiefür ist es gewiss bezeichnend, dass, wenn ihre Wirkungen durch Reizung des Ischiadicus hervortreten sollen, derselbe schon tagelang durchschnitten sein muss, und man darum die vorangehende Erschöpfung der Constrictoren voraussetzt, welche erst die Bedingung zu einem Ueberwiegen des vaso-dilatatorischen Einflusses abgibt. Was an eigentlichen Erscheinungen durch Dilatation aufgewiesen ist, bezieht sich eben nur auf die Peripherie, auf die hautröthenden Reize. Nachdem nun diese gemäss der Auffassung Vulpian's von peripheren Ganglien abhängen sollen, so weichen wir für die Erklärung der unseren Stoff darstellenden centralen Vorgänge ohne vorläufige Berücksichtigung einer activen Gefässdilatation aus, über welche das Wichtigste Goltz und Stricker dargestellt haben.

Inmitten der Oblongatenhöhe im weiteren Sinne stossen wir auf das Acusticusgebiet (Fig. 17, pag. 31). Hier scheint sich das Lohnende morphologischer Kenntnisse in besonderer Weise zu bewähren, welches Burdach dahin ausdrückt, dass Bau und Bedeutung der Hirntheile in einem geheimen Bunde miteinander stehen. Die Acusticuskerne flankiren hier die ganze Länge jener motorischen Ursprungsmassen, aus welchen die Nervenwurzeln für den klangbildenden Apparat hervorgehen, an welchem sich der *Nervus facialis*, *Nervus hypoglossus*, der *Vago-accessorius* als Kehlkopfnerv und die Athmungs-, besonders die Exspirationscentren betheiligen. Hiedurch ist eine besondere Begünstigung zum reflectorischen Entstehen akustischer Mittheilungen gegeben, ja ein Herd, der in seiner Function die Grundlage der, für Alles, was sich Sprache nennen lässt, vorbedingten Nachahmung von Lauten enthält. Diese Meinung soll nicht auf eine teleologische Auffassung der Organisation hinauslaufen. Indem die Empfindungsreize in der grauen Substanz irradiiren, so irradiirt auch die Erregung der untersten Lenden- und Steissnerven neben anderen Bewegungsgebieten auf das klangbildende Centrum, wie ja die erzichliche Prädilection für das Integument des Gefässes zu Ohren führt, indem auch dieser Eingriff reflectorisch schon im frühesten Kindesalter Schreien hervorruft. Nach Pflüger's Gesetzen aber erwächst eine besondere Begünstigung für Uebertragung von sensiblen Reizen auf Reflexbewegungen besonderer Form daraus, dass die graue Substanz, in welcher ein sensibler Nerv endigt, und diejenige, aus welcher die betreffenden motorischen Nerven entspringen, in nahe gelegenen Höhen der cerebro-spinalen Achse liegen. Somit werden Erregungen des Acusticus nach dem Pflüger'schen Reflexgesetze besonders leicht Bewegungen im klangbildenden Apparate auslösen. Die primär der Sprache zu Grunde liegenden Reflexe beruhen also auf dem einfachsten, auf jeden Rückenmarksquerschnitt anwendbaren Bauschema: aus einer centripetalleitenden Wurzel, grauer Substanz und centrifugalleitenden Wurzeln. Der Reiz für die Acusticusfasern ist ein Klang, das Resultat der Erregung des klangbildenden Apparates ist wieder ein Klang. Durch die Function der in diesen Bahnen reflectorisch angesprochenen Bewegungsnerven ergibt sich eine, den Inhalt des Reizes, den Klang wiedergebende Bewegungsform, was dem Vorgange der Nachahmung gleichkommt. Sowie das Reflexcentrum zwischen einem Conjunctivalnerven und dem *Sphincter palpebrarum* durch die corticale Projection einen Empfindungsreiz und Innervationsgefühle in die Hirnrinde übertrug, werden nach demselben Schema der erregende Klang, die Innervationsgefühle in den Muskeln des klangbildenden Apparates und der erzeugte Klang in der Hirnrinde mit einander associirt. Eine Klangerregung muss daher auf dem Associationswege zu dem Nachahmungsspiele der Wiedererzeugung eines Klanges führen. So finden das secundäre Bewegungsspiel der Sprache, welches sich in unübersehbar reichhaltigen Coordinationsacten durch das Vorderhirn weiter entwickelt, und die ihrer Erlernung zu Grunde liegende methodische Nachahmung der gehörten Silben ihre Grundlage in einem primären einfachen Reflexcentrum, welches durch nahe Ursprungsebenen den Acusticus und das siebente, zehnte, zwölfte Gehirnnervenpaar mit den Ausathmungsnerven in Zusammenspiel bringt.

Ich habe im vorigen Abschnitte pag. 109 ff. auf den Zusammenhang der Acusticusbündel mit dem kleinen Gehirne verwiesen. Physiologisch springen hiefür zwei Thatsachen entgegen: die Bedeutung des kleinen Gehirnes als eines motorischen Coordinationsorganes gehört zu den besterwiesenen Thatsachen, nicht minder aber auch der Einfluss, welchen gerade die Acusticuseindrücke auf den rhythmischen Ablauf coordinirter Bewegungen beim Gange, beim Tanze ausüben, sowie bei dem rythmischen Ablaufe des Gesanges auf die Klangbildung. Ferner spricht dafür die Thatsache, dass der *Nervus vestibuli* allen Experimenten nach gar kein Gehörnerv ist, sondern wie Goltz, Mach und Breuer gemäss den Experimenten von Flourens über Durchschneidung der häutigen Bogengänge des Labyrinthes sich überzeugten, mit cerebellarer Erhaltung des Gleichgewichtes zusammenhängt. Deren Zerstörung führt Zwangsbewegungen des statischen Schwindels herbei. Wie dies auch Brücke aufgefasst, sind letztere genau so als Handlungen in Folge von Wahnideen aufzufassen, welche Störungen der Innervationsgefühle bedingen, wie ich dies pag. 150 bezüglich der Zwangsbewegungen, welche Haube- und Sehhügelläsionen nach sich ziehen, erörterte. Dieselben Zwangsbewegungen treten nach Flourens in gewisser Uebereinstimmung mit einander ebenso wohl nach Durchschneidung der Labyrinthbogengänge, als bestimmter Kleingehirntheile auf. Er sagt: „Wenn man den horizontalen dieser Canäle durchschneidet, so dreht sich das Thier um sich selbst; wenn man den vorderen Canal durchschneidet, so macht das Thier eine Reihe von Purzelbäumen nach vorne; wenn man den hinteren Canal durchschneidet, so macht das Thier eine Reihe von Purzelbäumen nach rückwärts. Diesen Effecten entspricht nach Durchschneidung der Brücke die Rollbewegung und das Nachvorne- und Nachrückwärtsstürzen der Thiere nach Durchschneidung der vorderen und hinteren Kleinhirnschenkel in derselben Richtung." Die Richtung der Bewegung wäre jedesmal dem Faserverlaufe parallel, wie z. B. bei den Rollbewegungen nach Brückenverletzung von einer Seite zur andern.

Mit der cerebellaren Coordination hängt die von Huschke nach Hamilton mitgetheilte Thatsache zusammen, dass das Kleinhirn bei den Thieren, die sich gleich nach der Geburt selbst helfen, beim Huhn, Fasan, Rebhuhn, bei Ziegen, Füllen, gleich nach der Geburt weit entwickelter sei, als bei Thieren, welche blind geboren werden, hilflos sind und schwer gehen lernen. Beim Menschen ist das Kleinhirn überraschend unentwickelt. Wenn man den Hirnstamm so aus dem Gehirne löst, wie es die Fig. 15, 16 und 17 darstellen, und ausserdem noch das Kleinhirn, wie in Fig. 17, entfernt, so lassen sich drei Gewichtstheile des Gehirnes proportional zu einander berechnen: 1. der Gehirnmantel, 2. der Gehirnkern von der Insel bis zum Anfange des Rückenmarkes und 3. das Kleinhirn. Sie stehen in dieser Reihenfolge bei den meisten Erwachsenen in dem Verhältnisse von $79 : 10\cdot5 : 10\cdot5$, während sie bei dem 348 Gramm wiegenden Gehirne des Neugebornen im Verhältnisse von $83 : 11 : 5$ stehen. Schon Magendie und Demoulins erklären, dass Verletzungen des Kleinhirnes Rückwärtsbewegungen hervorrufen. Im Allgemeinen widerspricht heute Niemand der Anschauung, dass das Kleinhirn eine Station des Muskelsinnes sei, und seine krankhafte Störung bringt bekannte ataktische Erscheinungen hervor, während eigentliche Lähmungen von derselben nicht abhängen. Der Muskelsinn hat Sensationen zum Inhalte, deren Veränderung bei den Kleinhirnerkrankungen mannigfach täuscht, so in dem Gefühl, als ob die Kranken in Gruben versänken. Man muss sich vorstellen, dass die coordinirten Bewegungen in den Formen, wie sie unter dem Einflusse des Kleinhirnes ablaufen, beim Menschen in der Kindheit von der Grosshirnrinde in ihren Einzelacten associirt werden, und dass die in der Grosshirnrinde gruppirten Innervationsgefühle durch die centrifugalen Bahnen, nämlich die Brückenbündel des Hirnschenkels der Kleinhirnrinde zugeführt werden. Durch den Ursprung der hinteren Stränge aus dem Kleinhirn aber werden demselben die Coordination regelnde Sensationen zugeführt, welche später das detaillirte Eingreifen der Grosshirnrinde in die Bewegung überflüssig machen. Hier macht sich der Muskelsinn im Sinne von Spiess geltend, indem die, durch die hinteren Wurzeln aufgenommenen, in den einzelnen Phasen eines jeden Bewegungsactes sich verändernden Sensationen wechselnder Druckgefühle an den Gelenksflächen, wechselnder Spannungs- und Entspannungsgefühle der Haut an den Streck- und Beugeseiten der Glieder, wechselnder Contactdrücke der Hautoberfläche durch die Hinterstränge dem Kleinhirn zugeführt werden und in demselben als den Bewegungsablauf regulirende Sensationen durch die Associationssysteme des Kleinhirnmarkes verwerthet werden. Nach dieser Richtung hin ist das gymnastische Hirnorgan, das Kleinhirn, ein Gefühlsorgan. Wenn man bedenkt, dass die Blick- und Gliederbewegungen des Körpers zu einander in ausgezeichneten Coordinationen stehen, wie bei dem Zielen mit einem Schiessgewehre, so wird auch die Thatsache verständlich, dass Kleinhirnläsionen mit Ablenkungen der Augenmuskeln sich verbinden, welche unter die Zwangsbewegungen im oben erörterten Sinne zu stellen sind. Auch die einfachen Bewegungsformen, welche nach Wegnahme des Mittelhirns der Oblongata noch verbleiben, Verwandlung der Rücken- in die Bauchlage, Lösung der verschränkten Beine des Frosches (Goltz) erfolgen bei Vorhandensein des Kleinhirns präciser, gleichwie durch Gefühle unterstützt. In der Auffassung des Kleinhirns als Empfindungsherd sind manche Autoren noch weiter gegangen; in seiner kritischen Zusammenstellung führt Eckard an, dass Foville nach Kleinhirnkrankheiten überhaupt Empfindungsabnahme wahrnahm, dass Renzi bei Säugern durch Kleinhirnzerstörung den Gesichts- und Gehörssinn, auch Lusanna den ersteren geschädigt fand.

Von den übrigen Herden in der Oblongata möchte das sogenannte Diabetescentrum identisch sein mit Bahnen des Gefässinnervationscentrums für die Leberarterien und der Diabetesstich seine chemischen Folgen nur durch die Lähmung ihrer Ringmuskeln entwickeln. Dafür spricht die Thatsache, dass, wenn durch Lähmung des, auf den Blutdruck in der Bauchhöhle mächtigst wirkenden

Nerven, des Splanchnicus, eine allgemeine Hyperämie hervorgerufen wird, auf die Leber keine genügende Hyperämie mehr entfällt, um trotz des Diabetesstiches von Bernard Zucker in den Harn zu bringen. Im Uebrigen ist die Oblongata der Sitz einer Summe, dem Willen vollständig oder unvollständig entrückter Bewegungsformen, welche in die Ausbreitung ihrer Nervenwurzeln fallen. Lidschlag, Thränenabsonderung, Schlingbewegung, Verengerung des Rachens, des Kehlkopfes, der Speiseröhre hängen von ihr ab. Indem sie im untersten Theile der Schreibfeder das Ein- und Ausathmungscentrum in sich schliesst, so ist sie andererseits auch der Erregungsherd für alle, durch die von ihr entspringenden Nerven modificirten Formen der Athmung im Lachen, Weinen, Seufzen, Gähnen, Niesen.

Von höherer Wichtigkeit ist der Einschluss eines Centrums für die Contractionen des Uterus und der Scheide, welches allerdings im Lendenabschnitte des Rückenmarkes sich wiederholt, so dass nach Goltz Säugethiere, denen das Rückenmark über der Lendenanschwellung durchschnitten wird, noch gebären.

Ihr Einfluss auf die Speichelsecretion durch den Lingualis und die *Chorda tympani*, sowie auf die Thränensecretion dürfte auch in ihrer Bedeutung als Gefässnervencentrum aufgehen. Indem je nach den Erfordernissen der Dyspnoe eine Irradiation der Athmungsbewegung von der einfachen Zwerchfellinnervation auf die gesammte Athmungsmuskulatur, auf die Extremitäten für die Fixation des Thorax, auf die Kaumuskulatur für die Bewegung des sogenannten Luftschnappens stattfindet, ist die Oblongata unter der Bedingung von Sauerstoffmangel das allgemeine Krampfcentrum, und zwar in ihrer Grenzschichte innerhalb der unteren Brückenregion und der oberen Oblongatenregion des Menschen nach Nothnagel. Das solitäre Bündel nach aussen von den Vaguskernen wurde von Krause Athmungsbündel genannt.

Eine sichergestellte Function kommt ihr als Centrum des regulatorischen Herznervensystems in der Bahn des Vagus zu. Endlich soll ihre Verletzung längs des Acusticushügels Gehörsstörungen setzen, und Renzi kennt ein *Spatium opticum* vom Vierhügel bis oberhalb des Acusticushügels, dessen Verletzung amblyopisch macht. In Bezug auf Bewegung schreiben ihr die meisten Autoren nicht mehr die Befähigung zur Coordination von Ortsbewegungen zu.

Die Ernährung des Gehirnes.

Im vorigen Abschnitte pag. 126, 133 wurde besprochen, dass wir zum Verständnisse der Gehirnleistungen der Ganglienzelle (und ihren protoplasmatischen Adnexen) nur eine transcendente Eigenschaft beizulegen haben, die Empfindungsfähigkeit. Damit die Empfindungsfähigkeit zur Empfindung und ihren, das Hemisphärenleben darstellenden Folgen werde, müssen zwei Bedingungen hinzutreten, nämlich die Ernährung der Ganglienzelle und äussere Reize. In letzterer Beziehung confluiren die äusseren Quellen des Erregungsinhalts, die Reize mit den peripheren Endorganen der Nerven. Ueber deren centrale Leitungsbahnen aber wurden durch anatomische Verfolgung und physiologisches Experiment in den voranstehenden Abschnitten Aufschlüsse gegeben.

Die Morphologie hatte dort zur Erwägung geführt, dass das Gehirn aus zwei Hauptabschnitten bestünde: aus dem Cortex mit seinem Marke, Hirnmantel, und aus dem, vom Mantel umgebenen Gehirnkern, der aus subcorticalen Centren und deren Nervenbahnen besteht. Es wurde erwogen, dass die flächenhafte Ausbreitung des Cortex für die Association eine Bedingung sei, während die subcorticalen Formen der grauen Substanz als Massen in den Hirnhöhlen und Wände des Medullarrohres die Irradiation begünstigen. Bezüglich der Ernährung des Gehirnes gehen die Formen der Arterienverbreitung diesen Anforderungen parallel und ich habe schon im Jahre 1868 in meiner Monographie über den Bau der Grosshirnrinde bemerkt, dass die, in der flächenhaften Entwicklung des Cortex bedingte, gleichfalls flächenhafte Ausdehnung der Gefässhaut, demselben die grösstmögliche Anzahl neben einander eintretender Stämmchen von gleichem feinen Caliber zuführt, deren doch jedes ein, bis zu einer gewissen Grenze selbständiges Stromgebiet darstellt, während in einem, nur der Vertheilung stärkerer, aber weniger Stämmchen zugänglichen Klumpen neben einander bestehende Differenzen des

Blutgehaltes erschwert oder vereitelt sein würden. Die flächenhafte Ausdehnung der Gehirnrinde und die grosse Zahl der senkrecht von der Gefässhaut eintretenden Arterien wäre demnach ein begünstigendes Moment für particlle Functionshyperämien einzelner Rindenzellengebiete. Diese Ernährungsanordnung würde nach einer Richtung hin der räumlichen Trennung der auf der Gehirnrinde localisirten, musivisch angeordneten sogenannten Centren entsprechen, indem sie die functionellen Hyperämien derselben in besserer Trennung von anderen Ernährungsbezirken der Rinde zuliesse. Doch muss man sich vor naiven Uebertreibungen der Localisationstheorie hüten. Ich habe schon bezüglich der Natur der Erinnerungsbilder pag. 142 verständlich gemacht, dass in einem gleichzeitigen Denkacte weit auseinander liegende functionelle Hyperämien der Rinde vereinigt wirken. Die feinere Vorstellung, welche man sich über die Zusammengesetztheit des Erinnerungsbildes vor Augen zu halten hat, stimmt bezüglich vielfacher, vertheilter, gleichzeitiger Functions-Hyperämien am besten mit einer in meiner Monographie über den Cortex hervorgehobenen Anschauung Fechner's überein. Die Hirnerregung, beziehungsweise Ernährung unterliegt einem allgemeinen Wechsel zweier Phasen, der des Schlafes und der des Wachens. Der Schlaf bezieht sich auf eine allgemeine Herabsetzung, keineswegs aber involvirt das Wachen eine allgemeine, über das ganze Gehirn verbreitete Erregungshöhe. Fechner fasst die immer nur particll erhöhte Hemisphärenleistung im wachen Zustande, beziehungsweise das Phänomen der eingeschränkten Aufmerksamkeit, als ein nur particlles Wachen auf, und lässt somit während des Wachens die ausgedehntesten Territorien der Rinde ihrer Functionshöhe nach in einem dem Schlafe vergleichbaren Zustande sich befinden. Die Associationsleistung der Hemisphären wird also nicht durch die Möglichkeit einer einzelnen, begränzten Functionshyperämie, sondern nur durch vielörtliche, gleichzeitige, im Cortex getrennte, aber durch associirendes Mark einheitliche Functionshyperämien klar. Dazu dient jene Gefässanordnung von der *Pia mater* aus. Die Vielseitigkeit der Functionen des Gehirns lässt für dieses keinen Vergleich mit Organen von, im Ganzen gleichartiger Blutfülle zu, deren Masse in allen Partien dieselbe und gleichzeitige Leistung hervorbringt. Wir begreifen, wenn alle Partien der Milz, der Leber, der Lunge sich in einem gleichzeitig übereinstimmenden Zustande von Blutfülle befinden. Weil aber das Gehirn physiologisch gar nicht in die Lage gesetzt ist, alle seine Leistungen gleichzeitig zu produciren, so begreifen wir, dass vom Gesichtspunkte der, nur die wachenden Regionen des Cortex betreffenden Functionshyperämie die Druckverhältnisse, wie sie bei anderen Organen, deren gleichvertheilte Blutfülle nur in dem Widerstand ihrer *Membranae propriae*, ihres Bindegewebsgerüstes eine Begrenzung finden, für das Gehirn nicht taugen. In der That scheint für physiologische Zustände der Schädel dem Masse des Blutgehaltes in den Hirngefässen und dessen allgemeinen Wechsel eine starre Grenze zu setzen, und besitzt eine zweifellose Bedeutung für die Ernährung des Gehirns. Der Schädel wird sich auch noch in feinerer Auffassung als Regulator für die Druckverhältnisse innerhalb seiner Höhle erweisen. Wäre aber das Gehirn auch nur von den starren Schädelwandungen eingeschlossen, so liesse sich schon irgend ein partieller Wechsel in der arteriellen Blutvertheilung annehmen. Functionelle Hyperämien durch vom Gehirn selbst eingeleitete und regulirte Arterienerweiterung, etwa durch einen Mechanismus, wie ich ihn pag. 181 vorläufig signalisirte, kämen zu Stande, weil der Cortex selbst ein Gefässcentrum ist. Um aber im starren Schädel eine functionelle Schwellung zu ermöglichen, müssten entweder collaterale arterielle Olygämien sich gestalten, wofür nicht wohl ein Mechanismus aufzubringen wäre, oder es müsste durch eine Verschiebung des Venenblutes gegen die Sinus hin Raum geschaffen werden. Diese Verschiebung dürfte aber ein nur zu träges Bewegungsmoment darstellen, und ausserdem würde sie durch die venöse Rückstauung im Gehirn bei jeder Exspiration zu unterbrochen wirksam sein, als dass hierin ein Genügen für die rasche und vielörtliche, wechselvolle Auslösung der functionellen Hyperämie innerhalb des cerebralen Erregungsspieles und des Associationsmechanismus gefunden werden könnte. Es wird sich aber zeigen, dass die Schädelhöhle das Gehirn nicht ausfüllt, sondern dass sie auch zahlreiche mit sogenannter Lymphe erfüllte Räume enthält. Der Schädel ist also nicht für sich die Höhle, in der das Gehirn ruht, sondern diese Höhle besteht besonders an der Hirnbasis auch aus Lymphcysternen (Key, Retzius, Schwalbe). Dies zeigt sich an den Schädelwänden schon dadurch, dass an der Schädelwölbung die Formen der Windungen sich abdrücken, über dem Grundbein aber, welches der Träger der meisten dieser Wasserkissen ist, die Form der Basis trotz der Schwere keinen Abdruck zurücklässt. Das Gehirn ruht aber nicht innerhalb dieser seiner Höhlung, sondern ist, wie Burckhardt in seiner Monographie über die Hirnbewegungen an vier Fällen mit Schädellücken versehener Kranker demonstrirt, in drei Phasen von Bewegung begriffen, die zeitlich in einander greifen. Die Gehirnbewegungen zeichneten an diesen nicht vollständig verschlossenen Schädeln am rotirenden berussten Cylinder 1. die Systole und Diastole des Pulses, welche in der

Minute zwischen 60—80mal wechseln, 2. den Wellenberg der Exspiration und das Wellenthal der Inspiration, welche in der Minute 15—20mal auftraten, die schon Ecker kannte, und 3. die sogenannte Gefässwelle. Diese ist eine peristaltische Arterienbewegung, vom Gefässcentrum abhängig und 2—6mal in der Minute erfolgend. Diese Momente für einen die Lage des Gehirnes verändernden Druck sind natürlich auch in der geschlossenen Schädelhöhle wirksam, erzeugen aber keine Compression der Gehirnmasse, indem ein beweglicherer Inhalt der Schädelhöhle, lymphatische Flüssigkeit, je nach den Erfordernissen der drückenden Kräfte, bald compensatorisch ausweicht, bald compensatorisch eindringt.

Es ist nun zunächst nothwendig, erst auf die, für das Gehirn äusseren anatomischen und physiologischen Bedingungen der Blutfüllung und ihres Wechsels im Gehirne einzugehen und darnach die selbständigen, aus der Gehirnthätigkeit selbst hervorgehenden Einflüsse auf die Blutvertheilung zu betrachten, welche mit jenen trotz äusserlich bedingter Druckschwankungen im Gehirne ein Zusammenwirken sehr verschiedener Vorgänge zur Ernährung und Function gestalten.

So wie sich zeigen wird, dass die Cysternen als auf- und abschwellende Räume die Höhle, welche das Gehirn einbettet, verändern, so ist noch eine zweite Einrichtung geeignet, wechselnde Schwellungen und Abschwellungen des Gehirnes selbst zu compensiren. Dies geschieht durch die schon von Cruveilhier beschriebenen Venenräume neben dem *Sinus longitudinalis*, welche, wie die Sinus selbst, keine Gefässwände besitzen, sondern nur von einem Endothel bekleidet sind und zwischen den auseinander gedrängten Balken des Dura-Gewebes nach Langer cavernöse Räume darstellen. Varicositäten dieser venösen Räume erzeugen durch Schwund der Vitrea, wie Langer und Trollard hervorhoben, bei Greisen, Trinkern und Herzkranken die *Foveae glandulares*, welche also nicht unmittelbare Abdrücke der unten zu besprechenden Pacchionischen Erweiterungen der subarachnoidalen Räume sind. Ludwig Meyer hat diesen nach Langer cavernösen Räumen die compensatorische Bedeutung für die Erfüllung der Schädelhöhle beigelegt, dass sie bei Blutleere des Gehirnes anschwellen, bei Blutfülle desselben collabiren sollen. Das Arteriensystem des Schädels und Gehirnes soll sich nach Schwalbe in vollständig anatomischer Selbständigkeit der Meningealarterien von den Gehirnarterien vertheilen. Die Ramificationen in den, wie Langer sagt, fälschlich *Sulci arteriosi* der flachen Hirnschädelknochen benannten Furchen (weil die Arterien darin je von zwei Venen begleitet sind) haben wesentlich mit der Ernährung des Knochens und der *Dura mater* zu thun, soweit sie mit der Ernährung der

Schädelwände als deren Periost zusammenhängt. Langer hat zugleich mit der Würdigung des cavernösen Gewebes neben den Sinus die Arterien der Dura feiner untersucht und zwei Arteriennetze, ein äusseres und inneres in derselben beschrieben. Das äussere geht in die capillaren Netze der Dura, und zwar bemerkenswerther Weise gleich in sehr grobe Venen über, die sich eigens nach den feinsten Arterien zuspitzen, während das innere, der Höhlenoberfläche näher gelegene Netz dem äusseren, nutritiven, als ein derivatives Netz entgegengesetzt ist, das sich nicht in Capillaren auflöst, sondern seine Arterien direct in Venen überführt, wodurch die Einwirkung von Hyperämien von den nutritiven Gefässen der Dura in gewissem Grade abgelenkt wird. Diese Beobachtung Langer's ist ein Seitenstück zu der noch weiter unten zu betrachtenden, zuerst von Schröder van der Kolk behaupteten groben Arterien- und Venencommunication an der Gehirnoberfläche zwischen den Piagefässen, wodurch, wie er sagt, bei einem starken Andrange das Blut meistens über die Hirnrinde weg in die Venen übergeht und den Gefässsturm gleichsam an der Oberfläche hinstreichen lässt. Diese Ansicht hat durch Heubner neues Interesse gewonnen. Es wird sich zeigen, dass der Nachweis von An- und Abschwellungen des Gehirns in seiner Höhle, wie ihn Burckhardt in seinen vier Fällen von Hirnbrüchen nachwies, im innigsten Bezuge zur Hirnernährung durch Abfuhr der Verbrauchsstoffe in die Lymphbahnen steht, so dass das Gefässnetz gleich in seinen Beziehungen zu den Lymphräumen des Gehirnes aufgefasst werden muss. Der äusserste Lymphraum (Subduralraum) ist für Wirbel- und Schädelhöhle von sehr verschiedener Weite, indem die Dura des Rückenmarkes von dessen Arachnoidea weit getrennt ist, während um das Gehirn die Lücke zwischen Dura und Arachnoidea nur als ein capillarer Raum besteht, der, von Endothel überkleidet, mit den Lymphdrüsen des Halses communicirt, ferner mit subduralen Räumen, welche die Nervenwurzeln nicht unmittelbar, sondern gemeinsam mit der Arachnoidea umgeben und mit den Lymphbahnen der peripheren Nerven zusammenhängen. Die wichtigsten dieser Lymphräume sind die um den Acusticus und Opticus; bezüglich des ersteren communicirt mit dem subduralen Raume die perilymphatische Flüssigkeit des Labyrinthes. In gleich verständlicher Weise communiciren auch die Venenräume der Sinus und ihre Umgebung durch Transsudation mit dem subduralen Raume in den Pacchionischen Granulationen. Weiter communicirt er mit den Lymphräumen im Duragewebe. Die Arachnoidea, an beiden Flächen mit Endothel belegt, schliesst den Subduralraum ab; sie selbst wickelt das Gehirn ohne Faltungen ein, ist aber mit der, in die Faltungen der Oberfläche des ganzen Gehirnes eingehenden Piamater durch ein Netz bindegewebiger Fäden und Bälkchen, sowie, hauptsächlich an der Basis, lückenhafter Membranen verwachsen, welches nach Henle's Ausdruck ein gleichsam physiologisch hydropisches Bindegewebe darstellt, so dass die subarachnoidalen Räume mit einander ausnahmslos communiciren. Diese Räume sind an den Kuppen der Windungen von straffen Fäden durchsetzt und enger als über den Windungsfurchen. Besonders an der Hirnbasis sind die subarachnoidalen Räume ausgedehnt und streckenweise trabekelarm. Sie stellen so die Cysternen dar (Key, Retzius, Schwalbe).

Der corticalen Oberfläche gehören von diesen Cysternen an: der Raum der *Fossa Sylvii*, welchen die Arachnoidea nur überspannt und ein Raum, welcher dieselbe von der oberen Balkenfläche trennt, der an der Basis bis zu der, unter dem Balken gelegenen *Linea terminalis* des centralen Höhlengraues reicht. Weiter nach abwärts an der Basis findet sich die *Cysterna chiasmatis* und die *Cysterna intercruralis*, welche letztere sich noch in eine oberflächliche und tiefere complicirt. Von der *Cysterna intercruralis* aussen erstrecken sich geräumige Subarachnoidalräume über den Hirnschenkel zum Vierhügel, von der Basis also zur hinteren Stammfläche als *Cysterna ambiens*. Ueber dem Vierhügel ist der subarachnoidale Raum eng durch kurze Bälkchen an seine Oberfläche geschlossen. Der allerausgedehnteste subarachnoidale Raum der Dorsalseite ist die *Cysterna magna cerebello-medullaris*, von der hinteren Oblongatenfläche zum Cerebellum reichend, an dessen oberer Fläche wieder dasselbe Verhältniss, wie über den Windungen des Grosshirnes eintritt.

Die innere Wand der Subarachnoidalräume ist die *Pia mater*, von der die *Telae choroideae* in den oberen Hirnkammern und in der Rautengrube Bestandtheile sind. Dieser Zusammenhang und das Eindringen der Pia in die Ventrikel ist leicht verständlich, wenn man das fötale Gehirn vor Augen hat (Fig. 1) und daran festhält, dass die Pia alle Oberflächen des Gehirnes überzieht. Wenn ursprünglich das Hemisphärenbläschen nach vorn vom vorderen Hirnbläschen gelegen war, so strich die *Pia mater* von jenem über dieses zum Mittelhirnbläschen als einfache Membran hin. Als aber später das Hemisphärenbläschen nach rückwärts wachsend das vordere Hirnbläschen überdeckte, so kam die *Pia mater* der hinteren Oberfläche des Hemisphärenbläschens durch eine Umknickung auf die Pia zu liegen, welche die Sehhügelregion (das vordere Hirnbläschen) bedeckt. Ebenso wie zwischen der, in den Windungsfurchen eingestülpten Pia von einer Fläche zur anderen Trabekel subarachnoidaler Räume ziehen, werden auch die beiden Piablätter, welche die Einstülpung des *Velum chorioideum* bilden, durch subarachnoidale Bälkchen an einander geheftet sein. Die Arachnoidea der *Cysterna ambiens* streicht hinter dem Vierhügel zur oberen Wand der Balkencysterne hinauf. Ferner bedingt das, über die Oblongata geknickte Cerebellum eine Falte der Pia auf dem Wege vom Kleinhirn zur Oblongata, welche zur doppelblättrigen *Tela chorioidea* des vierten Ventrikels verwächst. Hier führt das Foramen Magendie durch die Pia aus der Kammer in den Subarachnoidalraum des Wirbelkanales. Bezüglich des dritten Ventrikels ist noch zu bemerken, dass nicht seine häutige Tela der oberen Wand des ersten Hirnbläschens genetisch entspricht, sondern nur das Epithel des am Seitenrande und der unteren Fläche des Velum entwickelten *Plexus chorioideus* als Rest der ursprünglich oberen Wand des vorderen Hirnbläschens aufzufassen ist.

Die Arterien an der ganzen Hirnoberfläche verlaufen in ihren gröberen Stämmen nicht innerhalb der *Pia mater*, sondern in den subarachnoidalen Räumen und treten erst in ihren feineren Verzweigungen in die *Pia mater* ein. Ihrer Beschreibung muss noch eine kurze Betrachtung jener Fortsetzungen der subarachnoidalen Räume vorangehen, welche die Pacchionischen Granulationen bilden. Dieselben kommen entlang allen Sinus, vorzüglich aber längs des *Sinus longitudinalis* vor. Die Sinus und ihre benachbarten Venen verlaufen in der Substanz der Dura und zwar so, dass nach Langer die Hirnvenen der vorderen Hemisphärentheile den Venen der hinteren Lappen in der Wand des *Sinus longitudinalis* wie *vasa vasorum* entgegenlaufen. Ebenso verlaufen auch die hinteren Hirnvenen longitudinal zwischen Duraschichten nach vorne, so dass die hauptsächliche Einpflanzung der Hirnvenen in den Sinus in einer Länge von nur 2 cm. ungefähr unter der Mitte des Scheitels liegt. In diese Hirnvenen drängen sich Divertikel der subarachnoidalen Räume als Pacchionica ein. Die Venen verlaufen intradural, die subarachnoidalen Räume sind vom subduralen Raume abgeschlossen. Unter einem bestimmten, später zu beschreibenden Gehirndruck gelangt aber das subarachnoidale Serum in den subduralen Raum und weiterhin aus demselben in die Venen und die Sinus durch Filtration. Ausserdem communiciren die subarachnoidalen Räume mit den Saftbahnen der peripheren Nerven, indem sie gleich der Dura die Wurzeln einscheiden. Besonders injiciren sich von ihnen aus ein Lymphraum um den Sehnerven, der perilymphatische Raum des Labyrinthes und die Lymphgefässe der Nasenschleimhaut. Die *Pia cerebralis* erhält aus den Plexus um den *Circulus Willisii* Nerven, welche längs ihrer Arterien bis zu solchen von nur 1 mm Caliber bis in die Hirnsubstanz verlaufen. Ausserdem sollen sich nach Bochdalek Nervenzweige vom

3., 5., 9. und 11. Paare den Gefässnerven anschliessen. Die Plexus sollen nach Kölliker nervenlos sein. Sensible Nerven besitzt die *Dura mater* gemäss ihrer Empfindlichkeit bei Experimenten. Luschka und Rüdinger erwiesen ihre Nerven. Dagegen gehen aus Experimentalresultaten Nothnagel's, welche von Krauspe bestätigt sind, die Beziehungen der Pianerven zur Arteriencontraction hervor und zwar zunächst zu einer reflectorischen.

Die Arterien des Vorderhirns stammen aus der Carotis und Vertebralis. Jene gibt die *Art. cerebri ant. s. corpor. callos.* und die *Art. cerebri media s. fossae Sylcii* ab. I. Der Verbreitungsbezirk der vorderen Gehirnarterie umfasst an der Orbitalfläche die, den *Sulcus rectus* mit dem Riechlappen einschliessenden Windungen, an der äusseren Oberfläche ein, von vorne nach hinten keilförmig abklingendes Gebiet, welches die zweite und dritte Längswindung (siehe Fig. 9, L_2 L_3 Cm. *Socc.*) mit dem obersten Theil der Centralgegend bis zum Hinterhauptlappen einschliesst, während an der medialen Fläche durch die *Art. interna anter., med.* und *post.* der *Art. corpor. callos.* nebst dem Balken das ganze Gebiet von der Stirnspitze bis zur Hinterhauptsfurche versorgt wird. II. Die *Art. fossae Sylcii* schlägt sich mit ihren Verästlungen über den Klappendeckel und die obere Schläfewindung zu der Convexität der Rinde um, nachdem sie die Insel durch mehrere secundäre Zweige versorgt hat. Charcot benennt die abgehenden Hauptäste: 1. als äussere Stirnarterie für die untere Stirnwindung, 2. als aufsteigende Stirnarterie für die Region der vorderen Centralwindung und 3. als aufsteigende Scheitelarterie für die hintere Centralwindung und den oberen Scheitellappen, 4. als eine Scheitelarterie für die Region der Scheitelbogen und endlich 5. als sich über die erste und zweite Schläfewindung verbreitende Schläfearterien. III. Der Endast der Wirbelarterie versorgt als *Art. profunda* den Keil, die Zangenwindung, die Spindelwindung und die dritte Schläfewindung sammt Haken und Hakenwindung.

Zwischen Heubner einerseits und Duret, der sich mit ihm in das Verdienst theilt, die Arterienversorgung des Gehirnes durch Injectionen in wichtigen Details klar gelegt zu haben, und für dessen Anschauungen Charcot sich eingesetzt, besteht eine gewichtige Meinungsverschiedenheit über die Bedeutung der, schon von Schröder van der Kolk behaupteten, blos derivativen Arteriennetze an der Hirnoberfläche, die sich mit gleichweiten Venen verbinden, im Gegensatze zu dem, in Capillaren übergehenden nutritiven Netze, aus dem die Endarterien für Rinde und Mark des Vorderhirns entspringen.

Heubner betrachtet den *Circulus Willisii* noch nicht als die, vom Herzen an letzte Bahn für den collateralen Ausgleich des corticalen Blutstromes. Nach dem Eintreten der, von ihm abgehenden Rindengefässe aus den subarachnoidalen Räumen in die *Pia mater* vermehren sie so lange ihre Aeste durch Theilung, bis dieselben nur mehr ein Lumen von 1 mm. besitzen. Dann gehen diese Aeste in ein, über die ganze Pia verbreitetes anastomotisches Netz von gleichartigem Caliber ein, dessen einzelne Röhren durch jede Hauptarterie gespeist werden können. Der Widerstand in diesem derivativen Pianetze wäre gegenüber den nutritiven Netzen so gering, dass man leichter von einer der sechs grossen Arterien die ganze Pia einer Vorderhirnhälfte injiciren könne, als an einer Stelle eine gute capillare Hirninjection zu vollbringen. Von diesem anastomotischen Reservoir gingen erst die feineren Pianetze und auch im rechten Winkel die Rindenarterien ab. Gröbere Markarterien, als die letzteren Endarterien, welche die Rinde ungetheilt durchsetzen, aber darnach entfernter vom Angriffsrohre der Injection sind, füllen sich auch noch leichter als das Rindennetz. Darum kann man nach Heubner des anastomotischen Netzes wegen nicht sagen, dass eine Arterie diese oder jene Bezirke oder nur eine Windung versorge, ausser insoferne die entlegeneren Rinden und Pianetze von einem Gefässe aus sich schwerer als naheliegende injiciren, für welchen Unterschied es keine scharfe Grenze gibt. Dem hält Duret entgegen, dass die oberflächlichen anastomosirenden Gefässe weiter als 1 mm. seien, und die nutritiven Rindengefässe sieht er mit Robin bereits als Capillaren an. Hiefür spricht nach Charcot's und Duret's Ansicht die circumscripte Zerstörung von Rindenbezirken durch embolische Verstopfung, so dass die Arterien allerdings localisirte Ernährungsgebiete versorgen und die Wirkung des derivativen Netzes nicht so hoch anzuschlagen wäre, wie nach Heubner. Dieser dagegen stützt sich auf die Fälle, in welchen Embolien der Piagefässe ohne jede Erweichung verlaufen, welche Fälle Charcot zugibt, aber für die weit selteneren erklärt. Für Heubner spricht die Langläufigkeit verhältnissmässig noch starker Arterienstämme bis zu einer Einsenkung selbst in die Wand des *Sinus longitudinalis*, welche Langer constatirt hat. Ist auch einerseits die Heubner'sche Ansicht localisirten Ernährungsbezirken der Rinde ungünstiger, als jene von Duret und Charcot, so handelt es sich doch wesentlich nur um eine Differenz der Häufigkeit embolischer Erweichungen der Rinde innerhalb des Beobachtungsmaterials verschiedener Autoren.

In einem anderen Punkte aber begegnen sich beide Autoren vollkommen, nämlich in der Differenz des arteriellen Ernährungsmodus zwischen dem corticalen Gehirngebiete und den subcorticalen Massen, welche in diesen Ernährungsmodus auch das Vorderhirnganglion einbegreifen. Von den gesammten, den *Circulus Willisii* bildenden Gehirnarterien gehen für Ernährung der subcorticalen Massen keine stärkeren Arterien ab, die sich allmälig durch dichotomische Theilung verjüngen, sondern von der dorsalen Oberfläche des Gefässkranzes entspringt sofort eine grosse Anzahl im Caliber wenig unterschiedener Arterien, für deren Anordnung und Zahl der Anblick der sogenannten *Laminae cribrosae* der Gehirnbasis einen Anhaltspunkt gibt. Dieser unmittelbare Abfall des Calibers der *Art. corp. call.*, der *Art. communic.*, der *Art. foss. Sylv.*, der *Art. prof.* zur Dicke von nur 1—1½ mm. eines, unter rechtem Winkel hervortretenden und in die Gehirnbasis eingehenden Arteriensystems umfasst noch eine Weglänge von bis 2 cm. der drei grossen Gehirnarterien ausserhalb des *Circulus Willisii*, nur die *Rami communicantes* in ihrer ganzen Länge.

Dieses Stammsystem der Arterien anastomosirt nicht vermittelst gröberer Aeste, und stellt demnach Endarterien im Sinne Cohnheim's dar, deren jede einzelne bis zu ihrer capillaren Verästelung keine Anastomosen abgibt. Indem hier ein derivatives Netz jenseits des *Circulus Willisii* fehlt, zugleich diese Arterien ihrer Kürze wegen der Wirkung des Herzstosses näher liegen, sind sie hämorrhagischen Berstungen mehr, als die Arterien des Rindensystems ausgesetzt, was später seine pathologische Würdigung finden wird.

Die Einzelnheiten der arteriellen Versorgung des Hirnstammes ergeben nach Heubner, dass der Kopf des Streifenhügels (inconstant) und die vordere Wand des Infundibulum mit dem vorderen Theile des Chiasma ihre Arterien schon aus der *Arteria corporis callosi* empfangen, dass dann andere Partien des *Nucleus caudatus* mit dem gesammten *Nucleus lenticularis* sammt dem vorderen Schenkel der inneren Kapsel aus dem Stamme der *Art. fossae Sylvii* durch die Lücken der *Lamina perforata anter.* versorgt werden, während vom *Ramus communicans post.* das *Tuberculum anter.* des Sehhügels, die hinteren Theile des *Nucleus caudatus*, die hintere Wand des Trichters, der hintere Theil des Chiasma, die Markkörperchen, das *Tuberculum anter.* und das Grau des dritten Ventrikels mit seiner Commissur versorgt werden. Der *Arter. chorioidea* fiele die Umgebung des Unterhornes, sein *Plexus chorioideus*, der hintere Schenkel der inneren Capsel und die äussere Hälfte des vorderen Theiles vom Thalamus zu; von der 2 cm. langen *Art. profunda* wird die hintere Hälfte des Thalamus, Fuss und Haube des Hirnschenkels, Vierhügel, *Plexus chorioideus* des Hinterhornes und des dritten Ventrikels versorgt. In den Pons und in die Medulla laufen Gefässchen aus der, über sie hinstreifenden *Art. basil.*, der *Art. vertebr.* und der *Art. spin. anter.* Heubner gelangt zu diesen Resultaten dadurch, dass er von dem betreffenden Basal-Gefässbezirke immer das nämliche Stück des Hirnes und nicht mehr mit blauer Masse injicirte.

Die Hirnvenen laufen nach dem *Sinus falcif.* über die Hirnoberfläche den Hirnarterien parallel. In den *Sinus rectus* laufen nebst Venen des Oberwurms die *Venae magnae Galeni*. Jede derselben ist aus einer unteren Balkenvene, Venen des *Nucleus caudat.*, des *Plexus chorioideus*, des *Thalamus opticus*, aus einer basilaren Vene und hinteren Gehirnvene zusammengesetzt. Rüdinger fand, dass Querblutleiter und

Drosselvene unter hundert Fällen 71mal rechts weit und links eng sind, 27mal umgekehrt und nur 2mal gleichweit. In den weiten *Sinus transversus* ergiesst sich blos das Blut der Hirnoberfläche durch den Längsblutleiter, in den engen gesondert das Blut der Kammeroberflächen durch den *Sinus rectus*.

Diese Gesammtverhältnisse der Häute und Gefässe des Gehirnes sind von keinem Autor in so glücklicher Weise zu einer Augenscheinlichkeit des die Gehirnernährung betreffenden Mechanismus in seiner lebendigen Thätigkeit durchdrungen worden, als von Burckhardt in seiner Experimentalstudie über die „Gehirnbewegungen" an Fällen von Schädellücken. Zwar sind die Pulswelle, die respiratorische und die Gefässwelle durchwegs schon gemessene und bekannte Gefässbewegungen, wie sie auch den Blutbahnen des ganzen Körpers eigen sind. Die respiratorische Welle betrifft ja in der Aspiration auf die Venen eine der wichtigsten Triebkräfte für die Bewegung des Venenblutes zum Herzen. Die vom Gefässcentrum ausgehenden von Mosso und Burckhardt als Gefässwelle bezeichneten Arterienbewegungen wurden von Schiff am Ohre, von Riegel, welcher sie in einer Monographie über den Einfluss des Nervensystems auf den Kreislauf höchst eingehend studirte, auch an der Froschschwimmhaut, der curarisirten Froschzunge und an der *Art. saphena* in der Haut beobachtet.

Riegel hebt die Intensität dieser vom Gefässcentrum abhängigen peristaltischen Arterienbewegung hervor, indem sie nicht capillare, sondern ziemlich weite Arterien bis zu einem Lumen verengert, das nur eine Zeile von Blutkörperchen durchdringen kann, ja dass selbst das Lumen zum vorübergehenden Verschlusse kommt. Die Abhängigkeit dieser Bewegungsform vom Gefässcentrum ist für die peripheren Arterien erwiesen durch den Einfluss der Durchschneidung des Halsmarkes auf dieselbe, sie wird mit grosser Wahrscheinlichkeit, unter Anderen von Hering als eine Art Ausfluss der Athmung des Gefässcentrums aufgefasst, in welchem aber das, die Contraction bewirkende Reizmittel sich zu einem selteneren Effecte anhäuft, als der Zahl der Athemzüge entspricht, während besondere Einwirkungen auf das Gefässcentrum aus anderen Quellen durch Reizung sensibler Nerven störend in den Rythmus der peristaltischen Arterienbewegung eingreifen. Die Lage des Gehirnes aber innerhalb der starren Schädelwand und den subarachnoidalen Räumen unter einem bedeutenden Drucke modificirt die Effecte dieser allgemeinen Gefässbewegungen und gibt ihnen für die Gehirnernährung, besonders weil die das Gehirn unmittelbar umgebenden Häute Räume für Lymphe und *Liquor cerebro-spinalis* einschliessen, eine besonders klare Bedeutung für die Ein- und Ausfuhr der Stoffwechselproducte.

Das Gehirn steht unter bedeutendem Druck. Dies ergibt die Thatsache, dass der Sphygmograph die Pulswellen an anderen Organen nur auf der Arterie selbst ruhend darstellen kann, das Gehirn aber wird als ganze Masse vermöge seines Druckes so präcis durch die Pulswellen bewegt, dass bei der Aufsetzung des Pulsmessers auf die in der Schädellücke vorliegende Masse die Details der tricroten oder tricuspidalen Pulswelle zur scharfen Ausprägung gelangen. Eine besondere Beglaubigung erhalten die graphischen Resultate dieser Untersuchungen der Gehirnbewegungen noch dadurch, dass die Pulszeichnungen an der Carotis den graphischen Bildern der Hirnbewegung ganz parallel gehen, wenngleich dieser Parallelismus bei entfernteren Arterien, wie der Radialis, nicht zum Ausdrucke kommt. Die Feinheiten der Pulswelle kommen wohl durch den Marey'schen Apparat besser zum Ausdruck, als auf der rotirenden Trommel.

Bezüglich des radialen Pulses erklärten Landois und Wolf jene tricrote ∿∿∿∿ Form als normal, bei welcher im absteigenden Schenkel der von der Systole emporgehobenen Wellenlinie eine Gipfelwelle und zwei dem diastolischen Absinken näher gelegene Wellen hervortreten. Mosso hielt aber den tricuspidalen ∧∧∧∧ Puls für normal, bei welchem schon in der systolischen Erhebungslinie der Pulswelle eine Spitze vor dem Gipfel sich zeigt, welche der auf der diastolischen Seite der Pulswelle entwickelten gegenübersteht. Dass die Pulswellen nicht gerundete Wellenberge und Wellenthäler darstellen, liegt in der brüsken Einwirkung der Arteriencontraction im Beginne der Diastole, welche einen spitzen Winkel des Absinkens bedingt, während die dem Gipfel der Welle nach nachfolgenden beiden Erhebungen durch den Schluss der Semilunarklappen und als Rückstosswellen durch den Anprall der Blutsäule an die Klappen erklärt werden (Mendel). Beide wirken der, die Pulswelle schroff zu Thal herabdrückenden, durch den Tonus des Gefässcentrums bedingten Senkung entgegen.

Begünstigt man durch das Eintauchen des Ellenbogens in kaltes Wasser die Arteriencontraction an einer Radialis, so erhält man tricroten Puls, während, wenn man am anderen Arme durch Eintauchen in warmes Wasser die Arterienwand erschlafft, an diesem Arme der tricuspidale Puls auftritt. Da wirkt die Arteriencontraction so schwach, dass der durch sie gesetzte erste Gipfel der Pulswelle nicht die höchste der drei Erhebungen ist, sondern Klappenschluss und Rückstoss in der beginnenden Diastole die zweite Spitze der Pulswelle höher als die erste erhebt, und die noch darauf folgende niedrigere spitze Unterwelle an der diastolischen Seite der Pulswelle noch ungefähr das Gefäss so weit ausdehnt, dass es wieder auf die Höhe kommt, von welcher es durch die Einwirkung des Gefässcentrums zu schwach gesenkt wurde. Burckhardt unterscheidet die Gehirngefässe in subtentoriale der hinteren Schädelgrube und in basale und corticale, welche über dem Tentorium gelegen sind. Die ersteren verhalten sich anderen Gefässbezirken des Körpers sehr ähnlich und umfassen Kleinhirn, Brücke und verlängertes Mark. Das Gebiet der basalen und corticalen Gefässe schliesst die Ventrikel ein.

Um die Folgen der Systole für die pulsatorische Hirnbewegung im Schädel zu verstehen, zeigt Burckhardt, dass die Arterien vom *Circulus Willisii* langläufig aufsteigen, und dass der venöse Blutstrom mit dem arteriellen gleich gerichtet ist. Das systolische Schwellen des Gehirns durch Füllung der arteriellen Gefässnetze bis in Capillaren und Venen beginnt an der Hirnbasis und schreitet gegen den Scheitel zu fort. Die Schwellung des Gehirns erfolgt also stufenweise in der Richtung der Gefässbäume, so dass in jedem Zeitmoment alle gleich weit vom *Circ. Will.* entspringenden Gefässbäume in gleicher Phase der Pulsation sind. An der Schädeldecke, an den Durafortsätzen findet die Schwellung der Windungen mit ihren engen Subarachnoidalräumen fast unmittelbaren Widerstand, daher das Gehirn nur concentrisch gegen die Ventrikel schwellen kann. Wegen Ungleichzeitigkeit der Füllung der basalen Stämme und der langen Arterienäste, in welche das Blut treibt, nimmt die Schwellung der basalen Wände der Ventrikel schon zu der Zeit ab, als wenn die Schwellung unter dem Gegendrucke des Schädeldaches durch die Füllung von höheren arteriellen Weglängen gespeister Gefässnetze vom Scheitel her die Ventrikel zu verengern beginnt.

Weil also die Ventrikel nicht gleichzeitig in ihren basalen Theilen und in ihrem Dache verengert werden, so gleicht sich ein Theil des Druckes schon durch Verschiebungen des Gehirnwassers innerhalb der Hirnhöhlen aus. Die concentrische Schwellung des Gehirnes ist um so allgemeiner, als sowol die corticalen als die basalen Gefässbäume der Ventrikeloberfläche zustreben. Weil aber diese intraventriculäre Verschiebung des Hirnwassers den arteriellen Druck noch nicht ausgleicht, so tritt Kammerwasser durch das Magendie'sche Loch hinaus, während der concentrische Druck auf den Kammerinhalt, noch begünstigt durch die Dünnheit des grauen Bodens, auch auf die darunter liegenden *Cistern. chiasm.* und *interped.*, sowie bei der allgemeinen Confluenz der Cisternen auf diese überhaupt sich fortpflanzt. Durch diesen Liquordruck pflanzt die Pulsation sich auch auf die *Membrana obturatoria atlantis* fort. Noch ein Theil des das Gehirn schwellenden systolischen Druckes gleicht sich dadurch aus, dass die schwellenden parenchymatösen Arterien das Auspressen der Lymphe aus jenen perivasculären Räumen besorgen, welche zwischen den Gefässen und der sie in Rinde und Mark als Adventitia begleitenden *Pia mater* bestehen.

Die respiratorische Bewegung bedingt eine Senkung des Curvenniveau der Reihen pulsatorischer Wellen während der Inspiration und eine Hebung derselben während der Exspiration (Wellenthal und Wellenberg). Diese Curve hängt von den Schwankungen des venösen Druckes ab. Der exspiratorische Wellenberg kommt von der Stauung in der Jugularis wegen mangelnder Aspiration des Venenblutes vom Thorax aus und erhält einen Zuwachs vom arteriellen Blutstrom, weil der Aortendruck mit dem in der Brusthöhle herrschenden exspiratorischen Drucke wächst. Die exspiratorische Welle ist auch schon bei ruhigem Athmen in der Hirncurve ausgesprochen, aber bei heftigen Exspirationen, wie Hustenstössen, Schreien erreicht sie ihre grösste Entwicklung. Die Rückstauung pflanzt sich unmittelbar auf die starren Wandungen der Sinus fort und verschiebt dort die venöse Blutsäule auf einmal. Der kürzeste Sinus ist der *Sinus rectus*. Im Verhältnisse zur Länge des Sinus sind die Venen des *Plexus chorioideus*, die sich in die *Vena magna* ergiessen, die längsten. Die Stauung, die vom Torcular aus auf den *Sinus longitudinalis* und auf den *Sinus rectus* mit Ausschluss der Venen der subtentorialen Gehirntheile sich geltend macht, wird früher auf die Venen über der Hirnrinde wirken als auf die langen und dehnbaren Venen des Plexus in der Kammer. Die Stauung wird darum wieder die Hemisphären concentrisch schwellen machen, weil sie innerhalb der Ventrikel sich am spätesten geltend macht, wodurch die gleichen Wirkungen, wie durch die pulsatorische Welle eintreten, aber 4—6mal langsamer und bei ruhigem Athmen auch in geringerem Masse. Abermals wird durch concentrische Schwellung des Gehirnes das Kammerwasser comprimirt zum Drucke auf die basalen Cisternen, zum Austritt durch das Magendie'sche Loch gebracht, so dass auch die Athmungscurve an der *Membrana atlantis* sich ausdrückt. Durch die Rückstauung in den Venen muss die Fortbewegung der Lymphe gleichfalls gestaut und ihr endosmotischer Uebertritt in die Gefässe verhindert werden. Das Anstemmen des durch die Stauung geschwellten Hirnes an die Schädelwand spielt für die ventriculopetale Richtung des Druckes dieselbe Rolle, wie bei der pulsatorischen Welle; nur steigt er mehr vom Scheitel herab, statt von der Basis nach oben.

Die vasculäre Welle wirkt am seltensten, 2—6mal in der Minute, aber am kräftigsten. Ihre Höhe kann die der Pulswelle übertreffen, sie beträgt von mehreren Millimetern bis 1·5 cm. sie treibt den Gehirnbruch halbkugelförmig hervor und zieht ihn wieder schüsselförmig ein. Höhe und Länge entsprechen sich nicht. Die Welle flacht sich im kühlen, erhebt sich im warmen Bade. Ihr Tiefstand (Wellenthal) entspricht der Contraction, ihr Hochstand (Wellenberg) der Relaxation der Arterien. Sie ist im Schlafe am schönsten, gleichmässigsten, im wachen Zustande ist ihre Regelmässigkeit gestört. Die Wellen werden bei Bädern von mittlerer Temperatur 25—33° C. weniger, länger, bei warmen Bädern mehr, kürzer. Esmarch'sche Einwicklung macht sie weniger, Galvanisation mehr. Von Pulswelle und Respirationswelle ist sie nach Mosso unabhängig. Die vasculäre Welle aber äussert Einfluss auf Respirationswelle und pulsatorische Welle.

Während der vasculären Contraction (Tiefstand) sind die pulsatorischen Wellen niedriger, weil die Arterie schon contrahirt ist, während der Relaxation werden sie höher aber gerundeter, tricuspidal. Auch die Respirationswelle erscheint im Tiefstand schwach.

Alles, was dem Sensorium an Reizen zuströmt, erzeugt vasculäre Bewegung und stört den periodischen Wechsel des Gefässzustandes. Die Höhe wird am meisten durch psychische Einflüsse, weniger vom intellectuellen Vorgang, als vom Affecte bestimmt. Burckhardt beobachtete an seinen Fällen Einfluss des Schmerzes bei einem Panaritium, die Schwankungen waren stark, Tiefstände anhaltend, Wellenlänge von einer Minute, ferner bei Erschrecken durch Geräusch, die Curve stieg rasch, sank bald wieder. Während einer der Kranken Schach spielte, langgestreckte niedere Wellen mit einzelnen grösseren Buckeln. Einer liest still eine humoristische Erzählung. Dabei macht die Curve viele unregelmässige Variationen. Die starke vasculäre Ohrbewegung des Kaninchens bleibt aus, wenn es nicht geängstigt wird. Bei rein intellectuellen Leistungen, wie Rechnen, wurden eine anfängliche und schliessliche Erhebung, zwischen durch eher Depressionen beobachtet.

Die vasculäre Welle, eine arterielle Systole und Diastole, schreitet peristaltisch vor. Burckhardt würdigt die wichtigen Beziehungen des Bewegungsmechanismus, den sie unter der Mitwirkung der starren Schädelwand darstellt, zur Fortschaffung der verbrauchten Stoffe in den lymphatischen Flüssigkeiten durch Strömungen innerhalb der gesammten Hirnwässer. Für die Richtigkeit seiner Anschauungen bezieht er sich auf die Zinnoberinjectionen Quinke's in den spinalen Subarachnoidalraum. Der Zinnober drang von hier aus zum grössten Theile in die *Glandulae pacchionicae* und neben ihnen in die Dura, zum kleinen Theile in die Scheiden der Hirnnerven und in die cervicalen Lymphdrüsen. Die Ventrikel dagegen und die perivasculären Räume blieben frei.

Die arterielle Systole beginnt vom *Circulus Willisii* gleich der Pulswelle basal, umschnürt die Hirnbasis, drängt sie vom Schädelgrund ab und treibt das Blut vorwärts an die Schädelwölbung, in die oberen Strecken der Arterien, die sich ausdehnen, weil sie noch nicht systolisch verengt sind. Das Gehirn wird unter der basalen Umschnürung desto mehr an die Schädelwölbung angepresst und sperrt den nachrückenden basalen Liquor oben ab. Die systolisch contrahirte Basis treibt einen Theil Kammerwasser nach dem Foramen Magendie zum Austritt. Die Phase der basalen Systole und der gleichzeitigen, collateralen arteriellen Diastole in den oberen Theilen der Halbkugeln wirkt demnach der Zinnoberinjection von den Kammern her entgegen, weil das Dach der Kammern durch die concentrische Schwellung der an den Schädel gestemmten oberen Halbkugelmassen comprimirt ist. Der Druck, unter welchem in dieser ersten Phase der an der Basis beginnenden vasculären Systole das Kammerwasser steht, treibt durch einen Resorptionsstrom einen anderen Theil desselben, als den durch das Foramen Magendie entwichenen, in die Venen des *Plexus chorioideus*.

Nun folgt die zweite Phase der Systole, nämlich die der obern Arterienstrecken des Gehirns, aufwärts längs der Schädelwölbung. Das ausgetriebene Kammerwasser strömt aber jetzt nicht wieder aus dem Subarachnoidalraum in die Kammer zurück, weil gleichzeitig schon die collaterale basale Arteriendiastole begann. Sie treibt durch Schwellung der basalen Hirntheile den Liquor über die gleichzeitig durch Arteriensystole vom Schädel entfernten oberen Hirntheile weg in die Pacchionica und die Sinus, dann in die basalen Nervenscheiden und die Cervicaldrüsen. Das Foramen Magendie aber liegt in der Region der basalen vasculären Diastole, wo jetzt die Hirnschwellung den *Liquor cerebrospinalis* nicht einlässt, so dass den injicirten Zinnober ein gegen den Wirbelkanal gerichteter Strom wieder von der Kammer absperrt. Die Kammer selbst ist während der vasculären Systole im Hirnmantel weit, weil dieser collabirt sich nicht an die Schädelwölbung stemmt und nicht concentrisch gegen die Kammer schwillt. Die *Art. chorioideae* haben ihre Diastole gleichzeitig mit der basalen Arterienzone, und ihre Erweiterung veranlasst Secretion von Kammerwasser, deren Strömung dem Wiedereindringen des in der vorigen Phase der vasculären Systole ausgetriebenen ebenfalls entgegenwirkt.

Es wurde oben gesagt, dass der Quinke'sche Zinnober auch in die perivasculären Räume zwischen der Piahülle der Arterien und ihrer Media nicht eindringe. Burckhardt erklärt dies dahin, dass, wenn sich inmitten des perivasculären Raumes, der mit den Subarachnoidalräumen zusammenhängt, eine Arterie contrahirt, aus dem Parenchym Lymphe in den perivasculären Raum hineintrete, der Injectionsrichtung von der Hirnoberfläche in den perivasculären Raum entgegenströmend, da der Weg in die Subarachnoidalräume an der Gehirnwölbung jetzt frei ist. Erweitert sich aber die Arterie im perivasculären Raum, so sperrt sie ihn durch Ausfüllung von den subarachnoidalen Räumen ab, und es kann abermals kein Zinnober eintreten. In dieser Phase wird der Lymphstrom gegen die Venen getrieben, wie durch die pulsatorische Welle, welche mit geringerem Erfolg während der Herzsystole parenchymatöse Lymphe gegen die Venen zur Resorption treibt, während der Herzdiastole den Weg in die subarachnoidalen Räume freier macht.

Nur die Phase der venösen Rückstauung in der respiratorischen Welle wirkt bei gleichzeitiger Hirnschwellung, demnach Verengerung der perivasculären Lymphräume im Parenchym und Entstehen eines entgegendrückenden Vorrückens des venösen Blutes der Beförderung des Lymphstromes entgegen. Doch ist der Einfluss dieser Rückstauung nicht hoch anzuschlagen, weil der Einfluss der vasculären Welle nach Burckhardt den der respiratorischen wesentlich übertrifft und weit bedeutendere Schwankungen des Blutgehaltes herbeiführt.

Nachdem die vasculäre Hirnbewegung die Beförderung der Lymphe für das Gehirn besorgt, so weist die Regelmässigkeit derselben im Schlafe darauf hin, dass die Erfrischung durch den Schlaf nicht nur auf der Herabsetzung des Verbrauches, sondern wesentlich auch auf der Abfuhr des Verbrauchten beruhe. Die Unregelmässigkeit der vasculären Hirnbewegung im Wachen deutet nach Burckhardt's Worten darauf hin, dass der beschriebene Vorgang in den einzelnen Hirnprovinzen eine gewisse Selbständigkeit besitzen kann oder muss, was sich ebenso mit den (localisirten) reflectorischen Arterienverengerungen auf der Körperoberfläche verhält.

Ich werde unten die Corollarien, welche aus dem Modus der Gehirnernährung erfliessen, weiter verfolgen, sowohl bezüglich der Affecte als besonders der Selbständigkeit der functionellen Hyperämien von der allgemeinen Gefässbewegung des Vorderhirns.

Dem Wie der Gehirnernährung sollte sich auch die chemische Würdigung des zur Ernährung gegebenen Stoffes anschliessen. Hierüber ist unsere Kenntniss aber weit fragmentärer, als die über den Mechanismus der Leitungsbahnen und der Ernährungswege.

Die Reactionen auf die chemische Zusammensetzung des Gehirnes sind in einer beschränkten Richtung auch für die mikroskopische Untersuchung ermöglicht, durch die wir wohl eine sichere Meinung über die Zugehörigkeit chemischer Stoffe an die Elemente des Gehirnes in Weiss und Grau erlangen. Andere Thatsachen werden aber nur durch die Untersuchung der Gehirnmassen gewonnen, wobei in nur unvollkommener Weise die graue und weisse Substanz auseinandergehalten werden kann.

Im menschlichen Gehirne bildet die weisse Substanz die Hauptmasse des Vorderhirnes, die graue dagegen die Hauptmasse des Hirnstammes. Um hier über die Vertheilung der chemischen Körper an die graue und weisse Substanz sich ein Urtheil zu bilden, bleibt nur übrig, die massenhafter vorkommenden Körper der im ersten Falle überwiegenden weissen und dem anderen Falle überwiegenden grauen Substanz zuzuschreiben. Es wurde aber die Untersuchung noch nie unter Zuhilfenahme meiner hiefür geeignetsten Methode der Auslösung des Hirnstammes und Kleinhirnes vorgenommen (Figg. 16, 17). Nur Danilewski hat eine Berechnung der Antheile der grauen und weissen Substanz des Gehirnes unter Zugrundelegung des differenten specifischen Gewichtes beider versucht und die Ziffern von 1·029 bis 1·038 spec. Gew. für die graue und 1·039 bis 1·043 spec. Gew. für die weisse Substanz gefunden. Andererseits hat er das Verhältniss der beiden Substanzen an dem Gehirn des Menschen auf 37·7 bis 39 Procent der grauen zu 61 und 62·3 Procent der weissen Substanz berechnet, während beim Hunde grau und weiss sich wie 50 : 50 verhalten.

Ich habe dargelegt, dass das Ueberwiegen der grauen Substanz der Thiere gegenüber der des Menschen keineswegs auf einer grösseren Anzahl der Nervenkörper, sondern auf dem Ueberwiegen der formlosen Bindesubstanz bei Thieren beruhe. Bezüglich der letzteren weiss man, dass sie nicht so sehr als andere Bindesubstanzen den Glutinsubstanzen zuzuzählen ist, sondern dass auch diese nicht nervöse Substanz eiweisshältig sei. Boll zweifelt aber darum ihre bindegewebige Natur nicht an, weil alles Bindegewebe noch Eiweissreste aus den Bildungszellen enthalte und die graue, nicht nervöse Substanz der Rinde nur quantitativ durch mehr Eiweiss von anderen Bindesubstanzen unterschieden sei. Eine sehr geringe Menge formloser Bindesubstanz ist übrigens auch dem Marke des Vorderhirns beigegeben.

Was die Nervenzellen betrifft, als deren Bestandtheil von gleicher Zusammensetzung wir die Axencylinder des gesammten Nervensystems aufzufassen haben, so hat schon Kühne auf die

Eiweissreactionen jener Zellen und des Axencylinders hingewiesen. Dies bezog sich auf das Verhalten desselben gegen Essigsäure, sehr verdünnte Salzsäure, concentrirte und verdünnte Alkalien, worin er quillt und sich theilweise löst, sowie auf die Schrumpfung und Gelbfärbung desselben in heisser Salpetersäure und nach Rumpf noch auf die charakteristische Reaction des Axencylinders peripherer Nerven, die Rothfärbung durch Millon'sche Flüssigkeit. Bezüglich der vorkommenden Eiweissarten ist durch die Nichtlöslichkeit in 10 procentiger Kochsalzlösung die Zusammensetzung aus Myosin, sowie die früher vermuthete Identität mit dem Inhalte der Muskelfaser abgewiesen. Der Axencylinder ist aber nach den Darstellungen von Kundt und nach dem Resultate der Verdauungsversuche von Kühne und Ewald mit Trypsin, dem Fermente der Bauchspeicheldrüse, von einer Scheide umschlossen, welche, der Unverdaulichkeit gemäss, keratoide Substanzen enthält, welche in eine leimgebende Grundsubstanz der Axencylinderscheide, gleich der Schwann'schen Scheide der peripheren Nerven eingetragen sind. Darnach sind die Markscheide des peripheren Nerven, sowie die Axencylinderscheide an diesem und an den centralen Markfasern, die der Schwann'schen Scheide entbehren, hornführende Gebilde und nur ihre nach den Verdauungsversuchen zurückbleibenden Bestandtheile verdienen den Namen Hornscheiden. Rumpf hat die Axencylinderscheide dargestellt, indem er das Nervenmark einestheils durch Alkohol- und Aetherextraction, ferner durch Chloroform entfernte, anderseits sie durch Zusatz destillirten Wassers sichtbar machte, welches das Mark als eine schäumende, Myelinbildungen enthaltende Strömung austrieb. Dieses Austreiben des Markes durch Wasser findet seinen mechanischen Grund in der gleichzeitigen Quellung des sich nach längerer Zeit darin auflösenden Axencylinders, welcher seine hornführende Scheide gegen die gleiche äussere Schwann'sche Scheide andrängt und für das Mark nicht Raum genug zwischen beiden lässt.

Ueber die chemische Natur des Kernes der Ganglienzellen besitzen wir Aufschlüsse in dem Nachweis des Mischer'schen Nucleins durch Jaksch in der grauen Gehirnsubstanz, das nach Geoghegan 1·4 von tausend Theilen der Gehirnmasse ausmacht. Jaksch hatte bei einer, wenn auch nicht gründlichen Isolirung der grauen Substanz das Ueberwiegen des Nuclein in dieser gegenüber der weissen Substanz dargethan.

Mit dem Eiweiss- und dem Nucleingehalte der grauen Substanz hängt auch ein Hinweis auf den Phosphorgehalt der Ganglienzellen und des Axencylinders zusammen. Meyer und Cornwinder zeigten bei Pflanzen, dass der Phosphorgehalt mit dem Stickstoffgehalt steige, und Bischoff berechnete, dass bei hungernden thierischen Organismen der Harn auf eine bestimmte Menge Stickstoff eine verhältnissmässige Menge von Phosphorsäure als Ausscheidung enthalte im Verhältnisse wie 6·4 : 1, während bei Nahrungsaufnahme der Stickstoff- und Phosphorgehalt gleichzeitig in den Einfuhrstoffen grösser sei, als in den Excreten. Diese Erscheinungen rufen nach Voigt die Vorstellung von Verbindungen der Eiweisse mit Phosphaten hervor, so dass zu den Phosphor führenden Substanzen das Eiweiss sowohl der bindegewebigen Grundsubstanz als der Nervenzellen im Grau des Gehirns zugezählt werden dürfen. Direct chemisch aber ist der hohe Phosphorgehalt des Nuclein erwiesen, welches in den Körperorganen erstens um so reichlicher vorkommt, je zellen- und somit kernreicher dieselben sind, so dass nach Kossel die Leber und Milz weit mehr Nuclein geben, als die weit minder kernreiche Muskelsubstanz, so dass das leukämische Blut mit mehr kernführenden Zellen gegenüber den kernlosen Blutkörperchen nucleinreicher ist. Zweitens hängt der Nucleingehalt aber von der lebendigen Vermehrbarkeit der Zellen ab, in welcher die Kerntheilung eine so grosse Rolle spielt, weil der Phosphorgehalt im fötalen Muskel und anderen fötalen Organen höher als im entwickelten Muskel steht und ebenso an eben wachsenden Bildungsherden auch im pflanzlichen Organismus. Im Nuclein ist aber der Phosphor an einen Eiweisskörper gebunden, welcher durch seine Widerstandsfähigkeit gegen Verdauung sehr leicht zur isolirten chemischen Darstellung gelangt.

Das Vorangehende berührt die Träger des Phosphorgehaltes der grauen Substanz, welcher in der chemischen Zusammensetzung des ganzen Gehirns ein sehr wichtiges Moment bildet. Nach einer Berechnung Mauthner's aus den Aschenanalysen und den Untersuchungen, welche Schlossberger, Bibra, Pollak und Jarisch an verschiedenen Geweben des Körpers vorgenommen haben, enthält das Gehirn als frisches Organ 0·49 Procent Phosphorsäure in der grauen, 0·89 Procent in der weissen Substanz gegenüber einem Phosphorsäuregehalte von 0·48 Procent des Kalbfleisches, gegen 0·38 Procent der Frauenmilch, gegen 0·10 Procent des Menschenblutes und wird nur durch 1·15 Procent der Phosphorsäure im Eigelb übertroffen. Forster fand im Hundegehirn, das, nebenbei bemerkt, viel ärmer an weisser Substanz als das menschliche ist, 0·83 Procent Phosphorsäure, dagegen im Muskel wieder nur 0·48 Procent, im Blute 0·13 Procent, was bemerkenswerth mit den Resultaten der oben angeführten verschiedenen Untersucher übereinstimmt.

Hieraus ist aber keineswegs auf grössere absolute Phosphormenge im Nervensystem zu schliessen, welche den Phosphorgehalt der Excrete als einen Massstab für die Ausscheidung des Phosphors aus dem Nervensystem ansehen liesse, weil nach Voit das ganze Nervensystem des Menschen nur etwa 12 gr. Phosphorsäure, dagegen die Muskulatur 130 gr. und die Knochen 1800 gr. Phosphorsäure enthalten, und ausserdem schon aus den alten Hungerversuchen von Chossat hervorging, dass beim Verhungern das Nervensystem gar keine nachweisbaren Gewichtsverluste aufweist.

Die Untersuchungen der Gehirnmasse ergeben zunächst einen Wassergehalt, welcher nach Petrowski 81·6 Procent der grauen und 68·35 Procent der weissen Substanz beträgt.

Ueber die wirkliche Natur der aus der Gehirnmasse dargestellten Körper bietet nur die qualitative Analyse genaueren Aufschluss, weil, wie Drechsel in Hermann's Handbuch der Physiologie hervorhebt, aus einem und demselben Gehirn die qualitativen Stoffe nicht rein getrennt dargestellt werden können und mit den Namen Lecithin, Cholesterin und Cerebrin nur Gemenge bezeichnet werden, unter welchen Lecithin die aus der Menge des in Aether und Alkohol gelösten Phosphors berechneten Körper darstellt, Cholesterin den nach Abzug des Lecithins bleibenden Rest von Aetherextract und Cerebrin die aus heissem Alkohol, aus krystallisirbaren, in der Kälte darin unlöslichen Substanzen.

Der Wasserextract des Gehirns wurde von W. Müller untersucht und lieferte in grösserer Menge zu 8 pro mille Inosit, zu 5 pro mille Milchsäure, zu 4 pro mille Kreatin, in geringeren Mengen Harnsäure, Xanthin, Hypoxanthin, Harnstoff und Leucin.

Von diesen Körpern ist hervorzuheben, dass die saure und im Absterben des Gehirns noch erhöht saure Reaction desselben nach Gscheidlein von Gährungsmilchsäure herrührt, die in Form von milchsaurem Kalk darstellbar wäre (Hoppe). Die Reaction der weissen Substanz dagegen ist nicht sauer, sondern neutral und im Absterben alkalisch, daher das Gehirn nicht, wie Funke meinte, eine rein saure Reaction gibt. Das Hypoxanthin bezieht Kossel auf Nuclein, welches ohne eingreifende Spaltungsprocesse schon durch leichte Agentien daraus abgeschieden werde; er hält es für einen Uebergangskörper auf dem Wege der Entwicklung des Harnstoffes aus der Zersetzung höherer stickstoffhaltiger Verbindungen. Das Nuclein soll unter Einwirkung von schmelzendem Kali bei 200°, welche Hoppe-Seyler anwendete, auch Blausäure und Ammoniak entbinden, worüber Kossel sich äussert, dass die Bedingungen für die Entwicklung der Cyanverbindungen, welche intermediäre Producte des Stoffwechsels bilden, in Stoffen liegen, die aus den Zellkernen zu entwickeln sind. Dieser chemische Nachweis bietet ein physiologisches Interesse für die Anschauung Pflüger's, dass Reizerscheinungen, wie epileptische Krämpfe, welche nach Kussmaul's und Anderer Versuche durch Absperrung arteriellen Blutes, durch Sauerstoffmangel entstehen, auf Retention von Ausfuhrstoffen beruhen, welche den Cyanverbindungen analog wirken.

Der Aetherextract nimmt vor Allem Cholesterin aus der Hirnsubstanz auf, einen Körper, der nach Hoppe-Seyler allen entwicklungsfähigen pflanzlichen und thierischen Zellen zukommt, aber bei der Entwicklung der Zellen kaum thätig wäre, vielleicht im Protoplasma nur suspendirt und nicht gelöst vorhanden sei und ein aus dem allgemeinen Lebensprocesse der Zellen resultirendes Spaltproduct bilde.

Derjenige Stoff, welcher in grösserer Masse als jede andere Substanz im Gehirne zu finden, dies ist Liebreich's Protagon, ein phosphorhaltiger Körper, neben welchem sich zunächst noch das schon oben betrachtete Nuclein im unvergleichlich geringeren Masse an dem Phosphorgehalt des Gehirnes betheiligt. Schon aus dem genannten Grunde hat die Anschauung Berechtigung, dass andere in der Gehirnchemie darstellbare Stoffe, das Lecithin, das von Diakonow auch aus dem Gehirne dargestellt wurde, und Müller's Cerebrin, dessen Darstellung Parcus raffinirte, der überdies noch Homocerebrin und Encephalin innerhalb des rohen Cerebrins unterscheidet, nur Bestandtheile des Liebreich'schen Protagon seien. Diese Anschauung wurde seinerzeit von Kühne ausgeführt und wurde ferner das Protagon erneuert von Blankenhorn und Gamgee mit einer modificirten Zusammensetzungsformel dargestellt. Neuerdings ist es von Drechsel, als durch die grösste Wahrscheinlichkeit gestützt, wieder anerkannt worden, welcher auch aussprach, dass nach den Atomgewichten Lecithin und Cerebrin keineswegs zur Zusammensetzung eines Gemenges oder einer Verbindung von der Natur des Protagons ausreichen, sondern mindestens noch ein dritter Körper aufgewiesen werden müsste, welcher stickstoffreicher und kohlenstoffärmer als Cerebrin wäre, um die Abweisung des Protagon durch Diakonow's und Hoppe-Seyler's zu begründen.

Der Haupteinwand, dass der Phosphorgehalt des Protagons ein wandelbarer sei, ja dass nach Diakonow dasselbe sogar einen phosphorfreien Körper darstelle, der dem Cerebrin gleich käme, ist von diesem selber aus unerwiesen geblieben und fällt nach dem Erweisen von Blankendorf und Gamgee, dass der Phosphorgehalt des Protagons nach vier-, fünfmaligem Umkrystallisiren noch constant sei, weg, wie dies auch Drechsel hervorhebt. Für das ursprüngliche Vorhandensein des Protagons, welchem Blankenhorn-Gamgee die Formel $C_{160} H_{308} N_5 PO_{35}$ geben, spricht auch der Umstand, dass es zu den näheren Bestandtheilen des Gehirns gehört, weil es nach wenig eingreifenden chemischen Vorgängen krystallinisch ausfällt. Es scheidet sich nämlich nach Entfernung des Cholesterins durch Aether, in Alkohol von 85° bei einer Temperatur von 45° C. aus dem festen, nach der Entwässerung zurückbleibenden Gehirnrückstande von 31·65 Procent des Gehirnes ab und fällt bei der Abkühlung in nadeln- oder morgensternartigen Gruppen heraus. Die Ordnung dieser Krystalle im Nervenmarke radiär auf dessen Axe sollte nach Kühne's Meinung die doppeltbrechenden Eigenschaften des Markes bedingen. Dies bezweifelt aber Ebner in seinen Studien über die Anisotropie organischer Substanzen aus dem Grunde, weil die Doppeltbrechung bei Behandlung mit kaltem Aether sich verliere, in welchem das Protagon fast unlöslich sei. Die Darstellung des Lecithin und Cerebrin erfordert viel eingreifendere chemische Proceduren und zu seiner Krystallisation erfordert das Cerebrin bis 30 Umkrystallisirungen, während das Lecithin nach Diakonow's Darstellung unkrystallinisch ist, oder wenigstens nur sehr schwer krystallinisch aus Aether von 0° herausfällt.

Für das Vorkommen eines Körpers wie Protagon im Gehirn sprechen besonders die physikalischen Eigenschaften des letzteren, welche nach Kühne's Wort es wohl geschickt machen, sich an der Zusammensetzung einer so eigenthümlichen Substanz, wie das Nervenmark eine ist, zu betheiligen. Dazu gehört die Eigenschaft des frischen Hirnmarkes, Osmiumsäure unter Annahme einer schwärzlichen Färbung zu reduciren, welche an den Myelinformen des Protagon's, die es in Mengung mit Wasser annimmt, auch gefunden wird, wenngleich erst nach längerer Einwirkung. Bezüglich der Bildung von Myelinformen entwickelt es dieselben gleich dem Nerven erst in seiner beginnenden Zersetzung. Bevor das Protagon über Schwefelsäure getrocknet, wasserfrei wird, gewinnt es ein wachsartiges Ansehen; im Wasser quillt es zu einer durchsichtigen kleisterartigen Masse, in seinen Lösungen erscheint es stets opalisirend. Es wird weiter unten zur Sprache kommen, dass auch die pathologischen Zustände des Nerven Bilder von derartigem Ansehen geben.

Wenn Lecithin und Cerebrin, das letztere ein phosphorfreier Körper, auch die kleisterartige Beschaffenheit von Lösungen und myelinartige Formen zeigen, so widerspricht dies dem Hervorgehen dieser Körper im Gehirn aus Protagon keineswegs; dagegen widersprechen ihre von Diakonow und Müller angeführten hygroskopischen Eigenschaften dem Mangel der Hygroskopie des Protagons, worauf Blankenhorn und Gamgee hinweisen. Es sei nicht denkbar, wenn das Protagon ein Gemenge der letzteren Körper sein sollte, wie aus zwei hygroskopischen Körpern ein nicht hygroskopischer sich zusammensetzen sollte. Vielmehr möchte die Hygroskopie wohl erst aus jener viel eingreifenderen Darstellungsweise hervorgehen, welche das Lecithin und Cerebrin als entferntere Gehirnbestandtheile erkennen lässt, vor deren Darstellung die Eigenschaften des Protagons, der näheren Gehirnbestandtheile, auftreten.

Die Zusammensetzung des Cerebrin ist in der Formel $C_{62.98}$ $H_{11.47}$ $N_{2.13}$ nach Parcus und dieses Lecithin in der Formel C_{44} H_{90} NPO_9 nach Diakonow ausgedrückt. Diese Zusammensetzung widerspricht keineswegs der Voraussetzung von Liebreich und der übrigen Darsteller des Protagon, dass Cerebrin und Lecithin unter seine nächsten Spaltungsproducte gehören.

Das phosphorhaltige Lecithin findet sich nach Hoppe-Seyler in allen entwicklungsfähigen Zellen, in schnell wuchernden pathologischen Geschwülsten, im Samen, im Eidotter, und von letzterem führt es den Namen. Dem Lecithin und Protagon sind die bei Erwärmung des Protagons schon unter 100° C. auftretenden Spaltungsproducte Glycerinphosphorsäure, Fettsäuren, für das Protagon Stearin (für die verschiedenen Lecithine Palmitin- und Oelsäure) und andererseits die Basis Neurin gemeinsam, welche phosphorfrei in krystallinischen Nadeln gefällt wird. Die Phosphorsäure des Gehirnes ist bei der geringen Menge seines Nucleins nicht nur an die beiden phosphorhaltigen Körper gebunden, weil nach Ausscheidung der von Geoghegan als Lecithin berechneten Körper noch die Gehirnasche 23 Procent Phosphorsäure enthält.

Quantitative Analysen mit der nach Drechsel's oben angeführter kritischen Bemerkung sehr ungenauen Darstellung von Lecithin und Cerebrin hat Petrowski gesondert für die graue und weisse Substanz gegeben:

	grau	weiss
Wasser	81·60	68·35
Fester Rückstand darin	18·40	31·65
Albumin und Glutin	55·37	24·73
Lecithin	17·24	9·90
Cholesterin und Fette	18·68	51·91
Cerebrin	0·53	9·55
In wasserfreiem Aether unlösliche Stoffe	6·74	3·34
Salze	1·45	0·57

Der Wassergehalt der einzelnen Hirntheile ist nach Bernhardt sehr verschieden: die Hirnrinde enthält 86 Procent, das Hemisphärenmark 70 Procent, die Oblongata 74 Procent, während das Cervicalmark 73 Procent, das Lendenmark 76 Procent, der Sympathicus 64 Procent Wasser enthält.

Das Neurokeratin Kühne's und Ewald's ist nur in heisser concentrirter Kalilauge und Schwefelsäure löslich und macht nur 15 bis 20 Procent der durch Alkohol und Aether schon extrahirten getrockneten Hirnsubstanz aus. Das Lecithin und Cholesterin der grauen Substanz soll nach Petrowski nicht aus der eingemengten weissen Substanz, sondern aus den Zellen herstammen.

Dass die phosphorhaltige Substanz im Marke des Gehirns nicht mit dem Lecithin zusammenfalle, sondern ein für die Gehirnsubstanz charakteristischer Körper, das Protagon, im Spiele sei, scheint schon daraus zu erhellen, dass die biologische Bedeutung, die dem Lecithin zugesprochen wird (Hoppe-Seyler) einen Anstoss zur Vermehrung der Gewebselemente involvirt; die Gewebselemente aber erfahren im physiologischen Hirne schon eine Zeit vor der Geburt keine Vermehrung. Es taucht allerdings um die Zeit, in welcher die ursprüngliche graue Hirnmasse zu weisser Substanz wird, vor der Markscheidenbildung, ein Begebniss auf, welches mit Vermehrung von Elementen zusammenfiele, nämlich die Bildung der Fettkörnchenzellen, die der Markbildung vorangeht. Doch erneuert sich dieser Vorgang im physiologischen Leben nie wieder, daher auch Hoppe-Seyler, wie früher schon Kühne, für die Bedeutung des Markes im Gehirne die isolirte Leitung einerseits in Anspruch nimmt, anderentheils darauf hinweist, dass schnelle Perception und Bewegung nur durch die markhaltigen Fasern vermittelt werde, während zu den glatten Muskeln nur marklose Fasern laufen.

Nirgends vermittelt das weit verbreitete Lecithin Leitungsvorgänge, wie sie an das Hirnmark gebunden sind, so dass hier ein anderer Körper, der einheitlich, aber chemisch complicirter sein kann, mit weit mehr Wahrscheinlichkeit vorauszusetzen ist. Pathologische Vermehrungen der Kerne und vielleicht auch der Nervenzellen ereignen sich sicher; da ihnen nun immer die Kerntheilung vorangeht, so liegt dafür ein zweiter, zur plastischen Instigation geeigneter phosphorhaltiger Körper vor, welcher nur durch einen gezwungenen Gedankengang ausser Beziehung zur Vermehrung solcher Elemente gesetzt werden könnte.

Was die Beziehung des Protagons zur Raschheit der Leitung betrifft, so muss man aus zwei Gründen das Mark mehr in Beziehung zur Ernährung der Fasern als zur Leitung setzen und die

Raschheit der Leitung möchte daher mit einer Ernährungsbegünstigung zusammenfallen, zu welcher die Zusammensetzung des Markes sich eignet. Die Leitung geht eben auch in marklosen Fasern vor sich, sie wird ferner eingeleitet an der Peripherie, wo die letzten Theilungsäste der Nerven und wahrscheinlich des Axencylinders selbst marklos sind und andererseits wird sie eingeleitet von den grauen Centren, in welchen der Axencylinder in die marklosen Ganglienzellen-Fortsätze übergeht.

Schon nach dem Ritter'schen Gesetze weiss man, dass die motorischen Nerven nach Durchschneidung früher vom Centrum aus absterben, weil hier die Reizquelle liegt und die durchschnittenen sensiblen Nerven im peripheren Stücke zunächst absterben, weil für sie die Reizungsquelle an der Peripherie liegt. Einestheils geht also die Ernährung vom marklosen Gewebe des Axencylinders aus, das central und peripher die Reize empfängt und im Reize selbst liegt das Incitament der Ernährung. Dieses wäre dahin aufzufassen, dass im Sinne Virchow's der Axencylinder eine Attraction auf das Ernährungsplasma ausübe, welche unter Vermittlung der Reizung am wirksamsten ist. Man hat also an das Mark wirklich nur zu denken für die Rolle einer die Raschheit der Leitung begünstigenden Beihilfe für die Ernährung des Axencylinders. Wenn man beim Ernährungsvorgange wegen der venösen Beschaffenheit des aus dem Gehirn abfliessenden Blutes an einen Oxydationsvorgang denken muss, so wäre zugleich anzunehmen, dass dieser durch das Mark gefördert werden kann, weil letzteres es ist, das Osmiumsäure durch Entziehung von Sauerstoff zu reduciren vermag, wobei vielleicht sein reicher Phosphorgehalt eine Rolle spielt. Kühne macht vom chemischen Standpunkte aufmerksam auf die von Helmholtz nachgewiesene Langsamkeit der Nervenleitung; dieselbe entspricht nicht der Fortleitung eines physikalischen Agens, wie etwa die Elektricität es ist, sondern weist auf das Vorschreiten chemischer Veränderungen von Querschnitt zu Querschnitt in der Länge des Nerven während des Leitungsvorganges hin. Für die Leitung kommt aber wegen seiner Continuität nur der Axencylinder erst in Betracht. Die Markscheide ist discontinuirlich, und zwar erst in der Gegend der Ranvier'schen Schnürringe, wo das Mark wie unterbrochen erscheint, ohne dass hiebei die Markscheide unterbrochen wäre, nachdem Rumpf gezeigt hat (pag. 216), dass, wenn man durch Quellung des Axencylinders bei Wasserzusatz das Mark austreibt, dasselbe an den Schnürringen in seinem Fortflusse zwar ein wenig staut, aber die Strömung sich innerhalb der Markscheide durch die Schnürringe hindurch fortsetzt. Zweitens besteht das Mark durch die

Lantermann'schen Septa aus schachtelhalmartig in einander gesteckten Segmenten. Es ist durch die Verdauungsversuche Kühne's und Ewald's und durch Rumpf's Untersuchungen dargethan, dass diese Septa Hornsubstanz enthalten, welche von der Schwann'schen Markscheide zur hornführenden Axencylinderscheide hinführt und dass ferner ein Fachwerk hornführender Substanz auch zwischen diesen Segmenten das Mark durchzieht. Jene complicirten Bilder, welche zuerst Stilling über ein angebliches Röhren- oder Balkensystem im Marke beschrieb, fallen wohl mit dem keratoiden Netzwerke desselben zusammen.

Wäre der Ausdruck: keratoide Substanz richtig für die Mark- und Axencylinderscheide, so wäre der *Cil. axis* durch eine Substanz von zweifellos niedrigerer Durchgängigkeit, als Mark und Axencylinder es sind, vom Marke isolirt. Der richtige Ausdruck: hornführende Scheiden aber zeigt, dass die keratoide Substanz von, für die nutritive Endosmose günstigen Substanzen unterbrochen ist. Wenn der Axencylinder während der Erregung geeigneter ist, chemische Substanzen aus dem Marke zu attrahiren, die parallel der grösseren Leitungsgeschwindigkeit markhaltiger Fasern die chemischen Umsätze während der Leitung in ihm erhöhen, so stellt seine, aus Horn- und Glutinsubstanz bestehende Scheide gleichsam ein Sieb dar, welches die Ernährung, soweit aus dem Marke attrahirt wird, auf denselben nicht mit der Intensität eines Stromes, sondern mit dem feineren Einflusse eines Regens wirken lässt und man kann die nur theilweise endosmotische Durchgängigkeit der Neurokeratinscheide als einen Regulirungsapparat ansehen, welcher mit den physiologischen Bedürfnissen des Axencylinders zusammenhängt. Aber auch die Marksubstanz in den peripheren Nerven ist von einer derartigen Hornscheide umschlossen und im Inneren unterbrochen. Eine solche Regulirung des Ernährungsplasma ist demnach auch für die Markscheide, für die Schwann'sche Scheide zu beanspruchen. Die Ernährung des Markes scheint dadurch in eine besondere Selbständigkeit gegenüber dem Plasmastrom aus den Gefässen gesetzt zu sein und eine Gleichmässigkeit ihres Chemismus begünstigt. Daran muss man auch wegen der weiteren mit der Ernährung zusammenhängenden Veranstaltung denken, dass das überhaupt weitmaschige Gefässnetz des relativ blutarmen Markes nur an der Oberfläche zusammengesetzter Bündel wegläuft und die einzelnen Nervenfasern ganz ausser Contact mit den Gefässen stehen, deren Plasma durch die Schwann'sche Scheide auch wieder nur als Regen, nicht als Strom mit dem Marke in Contact tritt. Die vielfache Unterbrechung des Markes durch hornführende Substanz würde aber einem einfachen Leitungsvorgange sehr im Wege stehen, während die Vorstellung langsam von Abschnitt zu Abschnitt fortschreitender chemischer endosmotischer Vorgänge dadurch nur begünstigt wird.

Der elektrische Nervenstrom ist wohl nur als eine Nebenerscheinung der chemischen Vorgänge zu betrachten, deren die Nervenphysik habhaft geworden ist. Der ruhende Nervenstrom von Dubois hängt mit dem Erregungsvorgange bekanntlich nicht zusammen, er erfährt durch die negative Schwankung eine Störung. Man könnte die chemische Beziehung aus den Ernährungsuntersuchungen der 24-stündigen Secrete begreifen, welche viele Chemiker im Hinblick auf die Phosphorausscheidung unternommen haben, indem sie von dem Satz ausgingen, dass die Ernährung des Nervensystems einen nachweisbaren Antheil an der quantitativen Phosphormenge im Harne und den Faeces nehme. Hier sind vor Allem die Untersuchungen Mendel's über den Phosphorgehalt des Harnes zu berücksichtigen und ein Citat, das sich in der betreffenden Arbeit findet. Es wurde der Phosphorgehalt des Urines nach seinen Unterschieden, welche Schlaf und Wachen, also Gehirnzustände, zu bedingen scheinen, untersucht. Nach Mendel wäre der Nachturin constant reicher an Phosphorsäure, als der Tagurin; die Ausfuhrstoffe des Gehirnes würden also durch den Schlaf zunehmen. Diese Thatsache entspricht den Lehren Burckhardt's über die Hirnbewegungen. Derselbe setzt die Gefässwelle in ein mechanisches Verhältniss zur Abfuhr des Lymphstromes; er sagt zugleich, dass die Wirkung der Gefässwelle während des Wachens, während geistiger Arbeit, also bei Hirnerregung durch Unterbrechung sehr unregelmässig sei, der regelmässige Ablauf der peristaltischen Gefässbewegung aber dem Schlafe angehöre, so dass die chemische Restituirung des Gehirnes durch den Schlaf der gesteigerten Abfuhr seiner Ausfuhrstoffe zuzuschreiben sei. Das Citat Mendel's betrifft den Ausspruch von Wood, dass er im Zusammenhange mit geistiger Arbeit im Harne bei unwesentlicher Steigerung der phosphorsauren Alkalien eine sichere und überwiegende Verminderung der phosphorsauren Erden gefunden habe. Er meint daher, dass das Nervengewebe während geistiger Arbeit wie das Muskelgewebe zunehme, und dadurch die phosphorsaure Ausscheidung sich vermindere; er sieht in der chemischen Seite des Erregungsvorganges einen synthetischen chemischen Process und eine Verminderung der Spaltungsprocesse. Diese Anschauung hat viel Anziehendes, wenn wir bedenken, dass das Phänomen der Erinnerung eine bleibende positive Leistung aus dem Erregungsvorgange her ist, und es ist viel klarer, dass ein synthetischer chemischer Vorgang solche bleibende functionelle

Folgen hinterlasse, als dass sie aus dem die Ausfuhr vorbereitenden Spaltungsvorgange hervorgehen sollten. Der ruhende Nervenstrom besteht mit seiner Begleitung an vermehrten chemischen Spaltungs- und mechanischen Ausfuhrvorgängen auch im Schlafe. Wenn der functionell central oder peripher erregte Axencylinder mit der Erregung eine Attraction an die Bestandtheile des Markes durch die hornhaltige Scheide hindurch entwickelt und zu einem chemisch-synthetischen Vorgange phosphorhaltige Substanz entnimmt, so wird der mit dem ruhenden Nervenstrome verbundene chemische Vorgang im Marke gestört, und die elektro-negative Schwankung würde einem, dem Spaltungsvorgange des Stoffwechsels gegenüberstehenden synthetischen chemischen Vorgange im Axencylinder und den Nervenzellen entsprechen.

Dass die Ernährung des Axencylinders an sich, von der Begünstigung der isolirten und schnellen Leitung durch das Mark abgesehen, auf den Reizen, folglich auf seinem Zusammenhange an der Peripherie mit Empfindungsorganen und mit dem Centrum beruhe, hat Rumpf durch die Untersuchungen von Nerven dargestellt, welche zwar im lebenden Körper belassen, doch sowohl von der Peripherie als vom Centrum getrennt waren. Die Axenfaser war unter diesen neuen Bedingungen verschwunden, aufgelöst, was, wenn ein abgetrennter Nerv auch in dem ihm adäquaten Menstruum bewahrt wurde, nur eine Zeit von 24 bis 75 Stunden beanspruchte. Die Einwirkung des Markes und der Gefässe genügt also nicht zur Ernährung der Axenfaser.

Zugleich zeigte dieser Versuch, dass der von Max Schultze nach der Streifung des Axencylinders und des Nervenzellenfortsatzes durch Silberbehandlung vorausgesetzte fibrilläre Bau des Axencylinders nicht besteht, sondern nur eine Streifung durch Silberniederschlag in den Falten der hornführenden Scheide entsteht, indem Rumpf auch an den eben erwähnten axencylinderlosen Scheiden noch die Silberstreifung zu Wege brachte.

Die keratoide Scheide des Axencylinders und Markes könnte auch noch durch den Druck, den dieselbe ausübt, für die feinen physiologischen Ernährungsbedingungen erforderlich sein. Am Axencylinder kommt sie beim Gehalte des Gehirnes an Hornsubstanz (pag. 222) auch dem Gehirne zu, doch fehlt den Gehirnfasern, sowie denen des Sehnerven und des Rückenmarkes die Schwann'sche Scheide. An Stelle des Druckes aber, den man von der Schwann'schen Scheide auf das Mark voraussetzen darf, tritt in der Schädel-, sowie auch in der Rückenmarkshöhle eine andere Druckgrösse auf, welche bezüglich der Medulla durch die Spannung der *Membrana atlantis* sich verräth. Hierüber ist noch in chemischer Hinsicht der grössere Wasserreichthum des Gehirnes und Rückenmarkes in Betracht zu ziehen, welcher nach dem oben Gesagten auch einem durch den Mangel der Schwann'schen Scheide eintretenden grösseren Zuflusse des Plasma mit entsprechen könnte.

Diese Mittelbarkeit und Selbständigkeit der Ernährung des Axencylinders erschiene als eine Sicherung der Function gegenüber den Gehirnhyperämien. Gegen Anämie scheint das gesunde, unter normalen Erregbarkeits- und Attractionsverhältnissen des Axencylinders, implicite der Ganglienzellen stehende Gehirn, welchem auch ein, angeborne Enge der Arterien genügend ausschliessender Gefässbaum zukommen wird, eben durch die physiologische Constitution selbst wohl beschützt zu sein, wie theils die behauptete günstigere Erhaltung des Gewichtes des Centralorganes bei Verhungernden, anderentheils die cerebrale Arbeit von Menschen mit allgemeiner Anämie voraussetzen lässt.

Die graue Substanz würde durch ihren höheren Wassergehalt als ein Centrum für andere Ernährungsverhältnisse dastehen, als der Axencylinder während seines nur als Leitungsorgan dienenden Verlaufes im Centralmarke und den peripheren Nerven. Die Schwankungen der Erregungsverhältnisse, soweit sie die Blutzufuhr betreffen, würden hauptsächlich von ihr abhängen. Ihr Phosphorgehalt würde bei dem Antheile von mehr als der Hälfte ihrer chemischen Zusammensetzung, welche die Eiweissstoffe bestreiten, von dem Parallelismus der Eiweisskörper mit dem Phosphorgehalte abhängig sein. Sie würde aber darum phosphorreicher als andere, aus Zellen zusammengesetzte Gewebe erscheinen, weil auch ihrem Bindegewebe ein grösserer Eiweissgehalt zukommt, als anderen Bindesubstanzen, so dass auch hierin die Begünstigung des Gehirns im Phosphorgehalte zu erkennen wäre.

Der grauen Substanz kommt ihres Zellenreichthums wegen ein grösserer Gehalt des Nucleins zu, welches neben dem Protagon den zweiten ausgezeichneten phosphorhaltigen Körper in der Gehirnmasse bildet. Nur scheint das Nuclein im physiologischen Zustande und im fertigen Gehirn keine Rolle für Gewebsvermehrung zu spielen, wie im Eiter, der Hefe und seinen sonstigen Fundorten. Nachdem diese Rolle desselben ausgeschlossen ist, so dürfte ausser der Charakterisirung des Gehirns durch Phosphorgehalt besonders die Thatsache hervorleuchten, dass der Kern einen nutritiven Einfluss innerhalb des eiweisshaltigen Protoplasma ausübt. Die nutritive Leistung für die Erhaltung des Protoplasma verschwindet in pathologischen Gehirnprocessen, wenn die Kerne der Ganglienzellen durch Theilung die gewebebildende Rolle des Nuclein wieder hervortreten lassen, wobei das Protoplasma des Zellkörpers schrumpft und untergeht.

Die Ernährung des Axencylinders, welcher ein Bestandtheil der Nervenzelle ist und ihrer Fortsätze, die zum Theil Axencylinder werden, lässt einen identischen Modus voraussetzen. Jastrowitz hält die graue Substanz (pag. 54) für das Hilfsmittel der isolirten Leitung, soweit sie in der grauen Substanz in Betracht kommt. Wenn die Streifung des Axencylinders und die Streifung, welche Remack an den Fortsätzen der Ganglienzellen und Schultze innerhalb ihres Protoplasmas (pag. 57) wahrgenommen hat, ein und dieselben Vorgänge sind, die nach Rumpf auf Faltung der hornführenden Scheiden beruhen, so müsste ihr Vorhandensein auch für die Fortsätze der Nervenzellen und ihr Protoplasma selbst vorausgesetzt werden. Es wäre auch sehr wohl denkbar, dass eine Scheide, welche verästigten Nervenzellen angehört, die so viel Fixationsstellen im Bindegewebe hat, als sie Aeste ausschickt, bei der Isolirung von all' diesen Fixationspunkten abgetrennt, ihre physiologische Spannung verliert und sich nach allen Richtungen faltet, so dass jene Schultze'schen Linien, die Boll auch an Rindenzellen durch Osmiumsäure zeigte, sowohl in den Formen, welche von einem Fortsatze zum anderen ziehen, als in den concentrisch um den Kern verlaufenden dunklen Linien auch ohne feinfaserige Structur durch Faltungen erscheinen könnten.

Der grössere Reichthum der Rinde an Plasma wäre von ihrem dichteren Gefässnetz herzuleiten. Die Nervenzelle würde noch immer eine besondere Regelung ihrer Ernährung durch nur siebartige Durchgänge in keratoiden Hüllen finden, während die kurzen Strecken, welche der nackte Nervenursprung in der grauen Substanz vor der Markumhüllung durchmisst, für die Raschheit der Leitung gar nicht in Betracht kommen. Andererseits bleibt aber das graue Fasernetz gleichfalls marklos. Es lässt sich aber auch die Schwierigkeit, welche die Irradiation bei der Verlangsamung der Leitung in der grauen Substanz (pag. 172) findet, geradezu vielleicht durch den Abgang des Markes an den anastomotischen Fortsätzen der Nervenzellen erklären, da letzteres als Träger einer Beschleunigung der Leitung aufzufassen ist.

Für das Verständniss der Ernährungsanordnung während der Gehirnleistung gebietet es die Klarheit, von den Irradiationsvorgängen in der grauen Substanz zunächst abzusehen, wenngleich nicht anzunehmen ist, dass irgend ein Vorgang der Hirnthätigkeit nur einzelne Nervenzellen im Spiele derselben erregte. Darum muss eine Irradiation im bescheidenen Umkreise vorausgesetzt werden, soweit immer eine Zahl von Zellen mit einander thätig ist. Doch der Gedankenablauf ist eine Leistung der Associationsbündel, die in sehr complicirter Weise vor Allem schon die einzelnen Bestandtheile eines sogenannten Erinnerungsbildes unter einander verbinden. Die associirten Erregungscomplexe, welche die Erinnerungsbilder darstellen, sind aber wieder nur die Ausgangspunkte der Erregung für weiter ausgreifende Associationen, welche die Schlussprocesse darstellen (pag. 141). Es wurde von der Begünstigung gesprochen, welche das Eintreten vieler, relativ selbständiger Arterien der Pia in die weite Oberfläche der Hirnrinde für die gesonderte Erregung örtlich umgrenzterer Gruppen von Ganglienzellen bewirkt, weil jedes Erinnerungsbild und jeder Schlussvorgang andere Gruppirungen erfordert. Nur bezüglich der Projection gibt es locale Erregungsherde, während das Spiel der Associationssysteme die locale Beschränkung des Erregungsvorganges aufhebt, sobald das Vorderhirn in Function ist. Die Localisation ist demnach nur ein Hilfsmittel zur Ansammlung beziehungsloser, unräumlicher, zeitfolgeloser Reize, Rohmaterial für die Verarbeitung durch Association, welcher dagegen gar keine locale Begrenzung innerhalb der Hirnrinde gesetzt ist, was die Länge der die entferntesten Hirnlappen mit einander verknüpfenden Associationsbündel schon beweist.

Es ist zu erwägen, dass jeder Gedankenvorgang von einem Erinnerungsbilde ausgeht, welches mit einer Unzahl anderer Hirnstellen in Verbindung steht. Im einzelnen Denkacte aber tritt eine Anordnung ein, welche das den Denkact einleitende Erinnerungsbild mit einer weit geringeren Zahl von Herden der Rinde in Verknüpfung setzt, so dass stets die Breite der actuellen Verknüpfung nur einen Antheil der Breite der bestehenden Verknüpfungen mittelst der Associationsbahnen benützt. Wenn wir in der Function einen synthetischen chemischen Process sehen, so werden die functionirenden Hirnzellen und Bahnen eines plasmatischen Zuwachses bedürfen. Das gesonderte Fortschreiten der Leitung ist begreiflich, wenn wir den Nervenelementen eine längs der Bogenbündel laufende nutritive Attraction zuschreiben. Nehmen wir im Sinne Fechner's von den Erinnerungsbildern und ihren Verbindungen an, dass sie im Gehirne gleichzeitig zwei Intensitätshöhen ihrer Erregung darbieten, vermöge deren die im jeweiligen Gedankenacte verwendeten über der Schwelle des Bewusstseins stehen, die anderen unterhalb der Schwelle des Bewusstseins bleiben, so können wir diesen Ausdruck dahin übersetzen, dass die Träger der über der Schwelle stehenden Vorgänge in intensiverer nutritiver Attraction begriffen sind, als die gleichzeitig aus dem Spiele bleibenden Elemente.

Dies ist aber nur ein gradweiser Vorgang, weil auch ohne die Helligkeit des Bewusstseins Erregungen wie Wahrnehmung wirken und gleichzeitige oder nach einander eintretende Erregungen sich associiren, welche Associationen, obwohl gleichsam im Unbewussten, d. i. unter der Schwelle gebildet, doch als fertige Schlussprocesse auch über die Schwelle treten können, wenn eine attrahirende Gruppe von Elementen in diesen Gebieten nutritive Attraction durch Associationen in jener Intensität anregt, dass sie nach Fechner aus der Erregungsphase des partiellen Schlafes in die des partiellen Wachens gelangen können.

Die Einrichtungen im Gehirn zeigen uns aber, dass ausser der Attractionswirkung noch ein nutritiver Vorgang bestehe, welcher, von der Herzwirkung abgesehen, in der Wirksamkeit des Gefässcentrums besteht, so dass die functionellen Hyperämien nicht allein aus der Attractionswirkung bestritten werden. Wenn wir auf den selbständigen Modus der Wirkung des Gefässcentrums auf das Gehirn zurückblicken, so äussert er sich in der Gefässwelle, welche ein gefässverengerndes Moment der Arteriensystole und ein gefässerweiterndes der Arteriendiastole einschliesst. Die Denkvorgänge aber unterbrechen sich nicht synchronisch mit der Arteriensystole, daher ihre Beziehung zu der functionellen Hyperämie selbständiger sein muss. Dieser selbständige Einfluss der Denkacte könnte davon hergeleitet werden, dass die Rinde gegenüber dem subcorticalen Gefässcentrum selbst ein Centrum darstellt. Diese Rindenfunction aber stellt sich in einen directen Gegensatz zur functionellen Hyperämie. Wird diese nämlich durch Erregung von Rinde, welche das Associationsspiel anspinnt, hervorgerufen, so ist im Gegentheil die Verengerung der Gefässe eine Folge von Rindenerregung, die Erweiterung (pag. 176) eine Ausfallserscheinung von Rindenleistung. Wir müssen daher zum Verständnisse einer die Attractionserscheinungen des Plasma unterstützenden und in einer bestimmten Dauer ermöglichenden functionellen Hyperämie an eine andere Thatsache denken.

Fechner bestreitet die Spontanität der Bewegungsacte, weil sie sich ausserhalb des umfassendsten Weltgesetzes stellen würden, nämlich des Gesetzes über die Erhaltung der Kraft innerhalb eines geschlossenen Systems von Kraftanordnung. Vermöge dieses Gesetzes kann Arbeit nicht entstehen, ohne dass andere Arbeit gleichzeitig verschwindet. Er führt für die Anwendbarkeit dieses Gesetzes auf die Hirnleistungen die Thatsache an, dass starke Muskelarbeit und starke Denkarbeit nicht gleichzeitig vom Gehirne ausgehen. Wenn ein Mann, der Körperarbeit verrichtet, einen Denkprocess verfolgt, so lasse er die erhobenen Arme sinken und umgekehrt kann während einer grossen Körperanstrengung kein Gedankengang ausgeführt werden. Es hemmen sich also Functionen des Vorderhirns, je nachdem die eine oder die andere im Vorderhirn gerade vorwiegt. Goltz constatirt die Hemmung des Quackreflexes beim Frosche durch andere auf die graue Substanz gleichzeitig übertragene Erregungen.

Wir erfahren aber aus den Forschungen Burckhardt's, dass die Einwirkung des Gefässcentrums auf die peristaltische Gefässbewegung in ihrer Regelmässigkeit geändert wird durch die Thätigder Hemisphären, und dass, wenn diese am tiefsten sinkt, im Schlafe, jene Arteriensystole und -Diastole regelmässig vor sich geht. Aus diesen Störungen des Gefässcentrums durch die Hirnfunction geht hervor, dass die Gefässnerven der Rinde nicht unmittelbar an deren Gefässe treten, sondern im subcorticalen Gefässcentrum unterbrochen werden, so dass für die Gefässinnervation von der Rinde her stets die Mithilfe der subcorticalen Centren in Anspruch genommen wird.

Ich habe schon oben (pag. 192) bemerkt, dass die Gefässcentra für den Rindeneinfluss in das Grau der vorderen Bahn des Stammes zu verlegen sind, in welcher auch die übrigen centrifugal von der Rinde erregbaren motorischen Bahnen verlaufen. Es wird daher, wenn die Hirnrinde als Gefässcentrum erregt ist, ein Zuwachs zu der Arteriensystole auf das Gefässcentrum übertragen, wodurch eine active Blutarmuth des Gehirns entsteht, die im Allgemeinen selbständig von einer körperlichen Blutarmuth ist. Da nun, wie oben bemerkt, die functionirende Hirnrinde kein Hinderniss der functionellen Hyperämie sein kann, so muss man annehmen, dass durch ihre physiologische Erregung die Phase der Arteriendiastole innerhalb der peristaltischen Bewegung vom Centrum aus einen Zuwachs erhält. Diess wäre dann erklärbar, wenn in der Hirnrinde eine lebendige Action nicht nur, wie Fechner bemerkt, als Denkact intensive bewusste Bewegungen störte und umgekehrt, sondern dann, wenn die Associationsvorgänge auch auf die zweite motorische Leistung der Rinde, nämlich die Arterienverengerung, hemmend einwirkte.

Ich habe auf eine solche Anordnung der Kraftvertheilung in der Rinde zu Gunsten der functionellen Hyperämie schon gelegentlich ihrer Beziehung zum aggressiven Affecte gesprochen (pag. 181). Die Kehrseite dieser Erregungsanordnung würde darin gegeben sein, dass bei mangelnder oder herabgesetzter Rindenleistung in bewusster Bewegung und in Denkvorgängen die Erregung der mit derselben Hirnrinde zusammenhängenden Gefässnerven wüchse, und ebenso die Attraction der Nervenelemente auf die Exosmose des genügenden Materiales beraubte, wie unter der Bedingung, dass von der Peripherie kommende reflectorische Anstösse die Hirnarterien vom subcorticalen Gefässcentrum aus verengern, was ebenso die Blutversorgung und der Chemismus des Gehirns beeinträchtigt.

In Fig. 64 und 65 sind diese gegenseitigen Hemmungen von Rindenerregung und Erregung des Gefässcentrums versinnlicht. Jede der drei Hirnstellen *CCC* leistet zweierlei Arbeit: durch die U-förmigen Bündel *JA JA* werden Associationen innervirt, Gedankenvor-

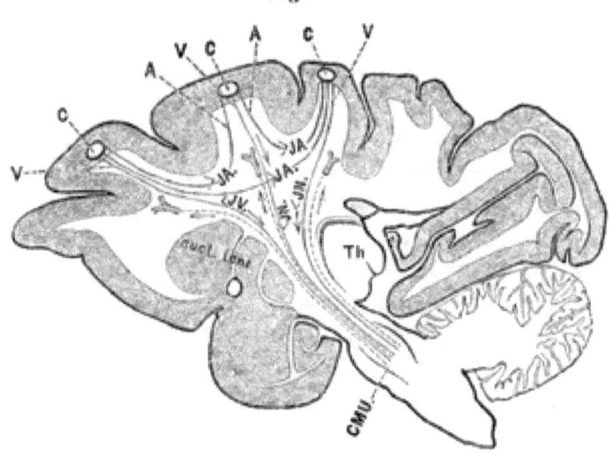

Fig. 64.

Schema der Gefässinnervation bei erhöhtem Gefässdruck.
CCC Drei Stellen der Grosshirnrinde, welche mit Associationsbündeln *A* und mit Gefässnerven *V* zusammenhängen. *A* Associationsbündel. > *JA* Associationen gehemmt. < *JV* und < *JN* Gefässinnervation erhöht, daher die angedeuteten Gefässäste eng. *nucl. lent.* Linsenkern. *Th* Thalamus opticus. *CMV* Gefässmuskelcentrum.

gänge, durch die Projectionsbündel *JV* und durch *JN* werden Reize der Rinde auf das Gefässcentrum *CMC* und *CVM* übertragen.[1]

Auf Fig. 65 ist den Associationsbündeln *C* das arithmetische Zeichen < (grösser) und den Gefässinnervationsbündeln das arithmethische Zeichen > (kleiner) beigegeben; zugleich sind die Gefässe der Hirnsubstanz eingezeichnet und erscheinen in Fig. 65 grösser als in Fig. 64. Indem dieser Gegensatz der Innervationsgrösse im Gehirn gleichzeitig besteht, so besagt das Schema, dass während erhöhter corticaler Function der vasomotorische Einfluss des Cortex vermindert ist, so dass der Associationsvorgang in der Rinde durch Hemmung des Gefässinnervationsvorganges die functionelle

---

[1] Die gleich örtlich differenten Bezeichnungen der beiden Schemata sind Verschulden des Holzschneiders.

Hyperämie sofort mit sich bringt. Das Schema in Fig. 64 verbindet die Associationsbündel bezüglich ihrer Erregungsgrösse mit dem Kleinheitszeichen >, dagegen die Gefässinnervationsbahnen mit dem Vergrösserungszeichen <. Die drei schematischen Arterien sind in diesem Schema enger als in Fig. 65. Das Schema besagt, dass, wenn die geringe corticale Action im Gebiete der Associationen keine functionelle Hyperämie herbeiführt, die Wirkung des Gefässcentrums unbehemmt ist. Zugleich zeigen in beiden Schematis die corticalen Gefässbahnen und die vom Centrum zu den Arterien

Fig. 65.

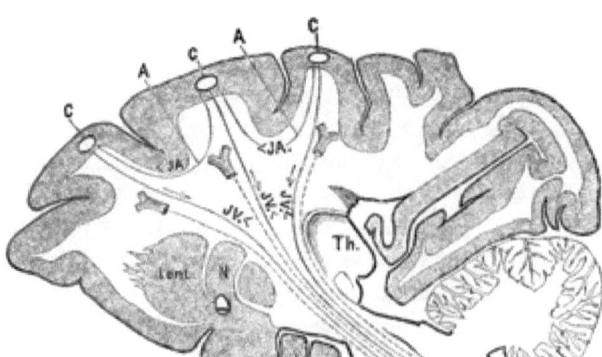

Schema der Gefässinnervation bei functioneller Hyperämie.
CCC Drei Stellen der Rinde, welche mit Associationsbahnen A und mit Gefässinnervationsnerven zusammenhängen. < JA Associationsvorgang erhöht, JV < Gefässinnervation gehemmt, daher die angedeuteten Gefässäste weit. lent. N. nucleus lenticularis. Th Thalamus opticus. CVM Gefässmuskelcentrum.

laufenden Bahnen durch die Richtung ihrer Pfeile an, dass die Hirnrinde dem Gefässcentrum einen centrifugalen Reiz ertheilt, welcher von den subcorticalen Centren aus auf irgend welchen Wegen centripetal auf die Gefässe einwirkt. Ich drücke den Gegensatz noch einmal graphisch durch die Ausdrücke aus:

Associationsvorgang > = Gefässinnervation < und
Associationsvorgang < = Gefässinnervation >.

Indem direct die Arterieninnervation immer vom subcorticalen Centrum geleistet wird, so beruht der ganze Vorgang der functionellen Hyperämie auf corticaler Hemmung (pag. 183) eines subcorticalen Centrums. Der Grund, aus welchem die functionelle Hyperämie nicht allein vom Attractionsmomente der erregten Nervenelemente gedeckt wird, liegt in der Thatsache des Zustandekommens allgemeiner Gehirnfluxion während und nach der geistigen Arbeit.

Dafür, dass sich die Fluxion auch ausserhalb des Gehirns zeigt, möchte ich die physiognomische Thatsache des Erröthens herbeiziehen.

Erröthen beruht immer auf einem umfangreichen Associationsvorgange, bei welchem die Fülle der zugleich erregten Nervenelemente den geordneten Ablauf des Denkvorganges hemmt, da auch hier der Fall eintritt, dass die Function der Associationen desto ungehemmter ist, je einfacher die gleichzeitig ablaufende Hirnarbeit.

Ein Mädchen, welches ein Gedicht aus dem Gedächtnisse recitirt, entwickelt die Worte und Verse im zeitlichen Hintereinander durch Associationsvorgänge. Das Kind erröthet dabei nicht, wenn es etwa nur vor anderen Kindern recitirt; es erröthet aber etwa in Gegenwart des Monarchen und wird leicht dabei durch Verworrenheit stecken bleiben. Der Anblick des Monarchen verknüpft sich mit reichhaltigen Associationen, die nur mit seiner ungewöhnlichen Persönlichkeit verbunden sind und lässt eine Summe von unklaren Associationen anklingen. Die Summe der dabei erregten Rindenelemente wird eine Lähmung des Gefässcentrums mit sich führen, und weit mehr functionelle Hyperämie im Gehirn bedingen als die Recitationsarbeit. Dieses Maass der allgemeinen Hyperämie wird erstens durch gleichzeitige, vielörtlich auf das Gefässcentrum einwirkende Hemmung dasselbe über den Bereich der Hirngefässe hinaus lähmen und das Erröthen hervorbringen; zweitens werden sich die disparaten Gedankengänge, die im Gehirn anklingen, unter einander hemmen und die Leistung des Kindes verwirren.

Jeder Mensch, der in eine schwierige Gedankenarbeit eingeht, empfindet zunächst einen Zustand von Verworrenheit, weil von den Erinnerungsbildern aus, an welche der Gedankengang sich anknüpft, weit mehr Associationsbahnen angeregt werden, als sie für den geordneten Ablauf des Gedankenganges verwerthbar sind und somit tritt zu viel functionelle Hyperämie und ein Zustand der Verworrenheit auf. Durch Auf- und Abgehen, durch irgend welche körperliche Actionen, durch Sinneseindrücke, Anblick der freien Natur wird eine Vertheilung der allgemeinen Hyperämie eingeleitet, vermöge welcher die einleitende Vorstellung in der breiten Anregung aller mit ihr verknüpften Associationen leichter eingeschränkt und dadurch die Einfachheit und Präcision eines Denkvorganges begünstigt wird. Erst wenn dadurch der Attractionsvorgang von dem störenden Einflusse einer äusseren Ueberfluthung frei gemacht ist, nimmt das geordnete Denken seinen fruchtbaren Verlauf.

Betrachtet man Injectionspräparate, so zeigt sich, dass auch der Gefässverlauf eine radiäre Richtung längs der Projectionsbahnen und eine bogenförmige Richtung längs der Associationsbündel einschlägt, so dass ein Gefäss-Corrosionspräparat die Richtung des Faserverlaufes durch den Arterienverlauf nachahmen würde. Dadurch ist es einerseits erklärlich, dass die geordnete Attraction längs der Associationsbahnen durch functionelle Hyperämie begünstigt wird, aber zugleich, dass die gleiche Begünstigung für eine Zahl von Associationen aus der Quelle des eben im Bewusstsein stehenden Erinnerungsbildes erwächst, wodurch unnütze Erinnerungsbilder in ihrer Ernährungsphase erhöht werden. Solche vom Gedankengang differente Erinnerungsbilder können auch bewusst verwerthet werden. Alle Wörter stehen in leicht hervortretenden, für die meisten Gedankengänge aber unbenützten Associationen zu ihren Assonanzen. Wenn aber Gedanken in Reimen ausgedrückt werden, so treten die Assonanzen reihenweise über die Schwelle und fügen sich, wo die Associationen es gestatten, in den Gedankengang ein. Solche bei dem Denken in Worten besonders klar hervortretende Nebenassociationen zeigen sich in allem Schmucke der Rede. Nennen wir einen Gedankengang hell, so verbindet sich leicht die Nebenvorstellung heller Dinge, wir machen einen Vergleich mit der Sonnenhelle u. s. f. Der isolirte Verfolg der Associationsbahnen mit Ausschluss der Dispersion auf Nebenbahnen in der sogenannten Einheit des Bewusstseins mag darauf beruhen, dass ein Gedankengang zwar von einem Erinnerungsbild ausläuft, unter Anklingen von all' dessen Associationen, dass aber auch schon ein zweites Erinnerungsbild im Bewusstsein steht, welches eine Hilfsattraction ausübt, so dass nur die, zwischen den beiden laufenden Associationsketten, wenn ich den Ausdruck gebrauchen darf, durch doppelte Attraction intensiver erregt werden. Es besteht Angriff und Ziel eines Gedankenablaufs und beide Enderinnerungsbilder kommen gleichsam durch Zielen in feste Verbindung. Sowie der Schütze viele Objecte neben einander vor sich sieht, doch die richtende Hand und der drückende Finger nur mit dem schwarzen Punkt in Relation stehen, so regelt sich auch die Richtung des Associationsspieles. Dabei nimmt aber doch auch der Horopterkreis Bilder aus paralleler Richtung auf, die ihm nach dem Fallen des Schusses ein anderes Ziel geben können.

Die sogenannte Einheit des Bewusstseins ist dem Vorgang auf dem gelben Fleck vergleichbar und die Nebenassociationen dem im Horopterkreis. Unter der Schwelle des Bewusstseins laufen in Associationsbahnen, welche ausser der Richtung des Zielpunktes mit dem Angriffsbilde des Gedankenganges verbunden sind, durch dessen einseitige Attraction sogenannte Parallelvorstellungen ab, welche sich in Richtungen schon angebahnter logischer Verbindungen bewegen können, nicht müssen, und denen auch Erinnerungsdauer unter der Schwelle zukommt, so dass sie für Attractionen, welche sie über die Schwelle ziehen, gleichsam fertig gestellt sind.

Auf diese Parallelbilder und Associationen gehe ich noch in einem Anhang dieses Abschnittes ein, der den Mechanismus der Physiognomik behandelt.

Die beiden Schemata über die Hemmung des Gefässcentrums durch die corticale Function und über die Hemmung der corticalen Function durch das Gefässcentrum sind, wie schon pag. 181 angedeutet, auch dem Gegensatz der Affecte entsprechend. Burckhardt entnahmen wir, dass der Einfluss der Affecte auf die Gefässwelle viel intensiver sei als der des Denkens.

Diese grössere Intensität ist schon dadurch erklärbar, dass bei dem Affecte immer die Beziehung zur ganzen Individualität in Frage kommt, also das functionelle Anklingen des umfassendsten Complexes von Associationen. Die Wirksamkeit auf Hemmung oder Erhöhung der Arteriensystole lässt sich dabei gerade zu der Zahl der functionell ungebundenen oder im andern Falle der functionell gebundenen Nervenelemente parallel setzen. Dies gilt zunächst schon vom Körperschmerz. Ein Finger in Wasser von 50° Celsius getaucht, empfindet die Temperatur als Wärme, der Arm oder der ganze Körper als Affect als Schmerz, weil im letzteren Falle die Zahl der gereizten Nervenbahnen grösser ist. Ebenso bewirkt ein mässig beleuchtetes Gesichtsfeld nur Sehen, die Sonnenscheibe aber Schmerz wegen der durch jede Faser des Sehnervs irradirten Erregung einer grösseren Zahl von Elementen. Das Bild einer fremden indifferenten Person und einer geliebten oder gefürchteten Person ist dem Reize auf der Netzhaut nach gleich zu rechnen, doch der Anblick der beiden letzteren kommt einem Affect gleich. Es werden aber durch die Associationen, welche an deren Erinnerungsbilder geknüpft sind, Zeiten, Orte, das Gefässinnervationsspiel ungebundener und gebundener Stimmungen, so zahlreiche Associationsbündel über und unter der Schwelle in Leitung gesetzt, dass der ganze Vorgang beim Erblicken beider Personen sehr umfangreich ist. Der Anblick der angehörigen Person wird aber mit dem Vorgang der ungebundenen Stimmung sich verbinden, welche in der Breite der functionellen Hyperämie liegt, also das Gefässcentrum in Einleitung der Systole seiner Gefässwelle hemmt. Der Anblick der gefürchteten Person verbindet sich aber mit dem Vorgang der gebundenen Stimmung, in deren Breite Associationen mit Gefässinnervationsgefühlen liegen, welche der Phase der Arteriensystole in der Gefässwelle Zuwächse ertheilen.

Die Ernährung des Gehirns leidet aber durch die Abwehraffecte, weil gerade die arterielle Diastole aus dem Gehirn Ausfuhrstoffe hinausdrängt, nachdem wir dasselbe innerhalb seiner veränderlichen Höhle und vermöge des Muskelapparates seiner Gefässe als ein mechanisches Triebwerk für seinen Stoffwechsel kennen lernten, welches sich zur Druck- und Saugpumpe gestaltet, um Kammerwasser auszutreiben, um lymphatische Flüssigkeit aus den Geweben in perivasculäre Räume zu saugen und aus diesen in subarachnoidale Räume zu pumpen.

Eine Function der Ernährungsverhältnisse ist das Gewicht des Gehirnes, welches ohne Hinblick auf das spec. Gewicht und seine Schwankungen in Betracht gezogen werden muss. Das allgemeine Gewicht schwankt, wenn ich von den älteren Autoren in Deutschland, Huschke und Rudolf Wagner absehe, nach Bischoff's breitem statistischen Materiale beim Manne zwischen 1018 und 1925 Gramm, beim Weibe zwischen 820 und 1565 Gramm. Das Mittel daraus theilte dem Manne 1362 Gramm, dem Weibe 1219 Gramm zu. Dieses Gewicht stellt sich nach Pfleger's Untersuchungen anders, wenn man nur die entwickelten Gehirne zwischen dem 20. und 59. Lebensjahre in Betracht zieht, innerhalb deren die Altersatrophie nicht wesentlich hervortritt. Weichselbaum berechnete für 390 österreichische Soldaten im Alter von 20 bis 48 Jahren ein Mittelgewicht von 1373 Gramm, Pfleger bei Männern bis zu 59 Jahren ein solches von nur 1321 Gramm. Hiebei möchte vielleicht weniger der Altersunterschied um zehn vorgerückte Jahre massgebend sein, als die bei der Auswahl von Soldaten in Frage kommende kraftvollere Organisation, an deren Ernährungsbegünstigung das Gehirn theilnimmt.

Innerhalb der Geschlechter tritt ein zweifelloser Unterschied von 10 Procent, nach Pfleger bis 13 Procent zu Ungunsten des Weibes hervor, und zwar nicht blos seiner kleineren Statur wegen, sondern über diesen Factor hinaus, indem der Unterschied der Grösse von Mann und Frau sich wie 100 : 93·2 verhält, der des Hirngewichtes aber wie 100 : 90·93. Ausserdem stimmen die Autoren, wie Le Bon, Bischoff darin überein, dass allerdings die Abstufung der Körpergrösse parallele Unterschiede zwischen dem Hirngewichte mit sich führt, dass aber der Unterschied des Hirngewichtes zwischen den verschiedenen Menschen weit grösser ist, als es dem Parallelismus mit der Körperlänge entspricht, sondern zweifellos noch von anderen Bedingungen abhängig ist. Darunter findet sich, dass kleinere Menschen relativ grössere Gehirne als die grossen besitzen. Das relativ grösste Gehirn besitzt der Neugeborne, und die Zunahme des Gehirns fällt so sehr in die ersten Zeiten seiner extrauterinen Entwicklung, dass Tuczek nach Huschke's und Bischoff's Untersuchungen anführt, das Gehirn wachse im ersten Lebensjahre täglich um mehr als einen Cubikcentimeter, also um ein Stück von der Grösse einer Bohne. Dieses Wachsthum dürfte nicht ausser Zusammenhang mit der Grösse und Blutmenge des Neugeborenen sein, welche Hermann bei dem Neugebornen auf ein Dreizehntel des Körpergewichtes veranschlagt, bei dem Erwachsenen dagegen nur auf ein Neunzehntel, ferner mit der von Benecke bestimmten grösseren Weite des Arteriensystems beim Kinde, sowie für den Umfang des Stoffwechsels die grössere Zahl der Pulsschläge in Betracht kommt. Benecke leitet sie von der Kleinheit des kindlichen Herzens ab, indem die Contractionen bei kürzerer Muskelfaser in einem kürzeren Zeitmomente vor sich gehen. Bei der Frau ist der Unterschied in der Grösse des Herzens und das engere Gefässsystem einerseits für den geringeren Ernährungseffect im Wachsthume ihres Gehirns voranstehend, und wahrscheinlich auch der grössere Wassergehalt ihres Blutes, da nach den alten, von Brücke angeführten Valentin'schen Tabellen über den geschlechtlichen Unterschied der Blutzusammensetzung der Wassergehalt des Blutes bei Mann und Frau sich wie $77{\cdot}19 : 79{\cdot}11$, der feste Rückstand wie $22{\cdot}1 : 20{\cdot}89$, der Reichthum an Blutkörperchen wie $14{\cdot}1 : 12{\cdot}79$ verhält.

Zweifellos sind aus dem Gehirngewichte keine directen Schlüsse und jedenfalls berechtigtere auf statistische Mittelzahlen als auf den einzelnen Fall zu ziehen. Um nur etwas Hinweis zu geben, hängt der grössere Schädel höher gewachsener Menschen besonders mit dem Knochengerüste und der Rumpflänge (Pfleger) zusammen, und die Ausfüllung des Schädels durch das Gehirn muss nicht mit einer grösseren Zahl der Elemente, sondern jedenfalls mit der Länge der Fasern zusammenhängen, welche sich in einem weiteren Schädel unbehinderter entwickelt. Dass aber die Faserlänge gleich der Zahl der Elemente einen, die Leistung begünstigenden Factor abgebe, kann gar nicht behauptet werden.

Ich habe die Wägungsresultate Weichselbaum's und Pfleger's hier anderem wissenschaftlich bearbeiteten Materiale von Gehirnen voranstellen müssen, weil einzig diese Autoren eine Ausbeute für die Kenntniss der Proportionen der einzelnen Hirntheile geben. Sie haben sich nämlich meiner Trennungsmethode des Gehirns bedient, bei welcher einestheils das Kleinhirn nicht wie bei anderen Autoren mit der Brücke und anderen Hirntheilen vermengt wird und anderentheils der Hirnstamm mit Einschluss des Vorderhirn-Ganglions den dritten speciellen Gewichtsfactor darstellt. Diese Methode der

Ausschälung des Hirnstammes mittelst Durchschneidung des Stabkranzes aus dem Hirnmantel veranschaulichen die Figuren 16 und 17. Dabei wird das Gehirn mitsammt seinen Häuten abgewogen und das Gesammtgewicht aus der Summirung der Theilungsmassen berechnet. Auch der Hirnstamm wird in einer von mir angegebenen Weise noch in den Stammlappen, der das Vorderhirn-Ganglion mit der Insel in sich begreift, in den Sehhügel, die Vierhügel-Hirnschenkel-Region, Brücke und Oblongata geschieden.

Grobe und principiell belehrende Unterschiede, die sich sollten auf menschliche Gehirne verwerthen lassen, wo die Massenunterschiede kleiner sind, als zwischen Säugethierordnungen, wären von einem vergleichend-anatomischen Ueberblick über die Massenproportionen der Gehirntheile zu erwarten, für welchen ich eine zwar nicht mit Absicht ausgewählte, aber keineswegs mein vergleichend-anatomisches Material umfassende Wägungsreihe hieherstelle:

	Hirnmantel	Kleinhirn	Hirnstamm	Stirnlappen	Scheitellappen	Hinterhaupts-Schläfelappen	Stammlappen	Sehhügel	Mittelhirn	Brücke	Verlängertes Mark
Mensch erwachsen	780	105	105	420	230	350	58	19	6·5	12	4·5
„ neugeboren	830	057	112	394	256	349					
Affe	708	085	208	350	180	470	40	30	10	10	10
Elephant[1])	630	239	125								
Pferd a	604	190	204	—	—	—	40	16,9	15,3	10,7	16,9
Pferd b	698	105	196								
Seehund	673	148	177								
Bär	644	146	209	300	255	444					
Hund	728	090	181	328	379	290	34,5	20,4	16,9	10,7	17,3
Schwein	615	120	265								
Reh	622	122	255								
Katze	614	140	245	—	—	—	25	12,5	19	15	19
Neugebornes Kaninchen	611	063	324								

Betrachtet man in dieser Tabelle die proportionale Masse des Vorderhirns, so liegt eine Stufenreihe vor, die vom neugebornen Menschen zum erwachsenen Menschen, dann zum Hunde, zum Affen, zum Pferde, zum Seehund, zum Elephanten und Bären führt, während ein Pferd (a) dem Schwein, dem Reh, der Katze und dem neugebornen Kaninchen nachsteht. Die Reihe wird nur dann instructiv, wenn man bemerkt, dass der Neugeborne im Hemisphärenpercent durch sein geringes Kleinhirngewicht gehoben wird, ebenso das neugeborne Kaninchen; dass ferner der andere Antheil des Vorderhirns, der Stammlappen beim Menschen mit 58 Procent vom

---

[1]) Das Hirngewicht des Elephanten betrug 4576 Gramm, wovon 2906 auf den Hirnmantel, 1097 auf das Kleinhirn und 575 auf den Stamm entfielen.

gesammten Hirnstamme proportional am höchsten steht, nämlich mehr als die Hälfte desselben ausmacht.

Bezüglich der relativen Grösse des Kleinhirns würde sich vergleichend-anatomisch im Allgemeinen das grössere Thier durch grösseres Kleinhirngewicht vor dem kleineren auszeichnen. Es ragt erstens der Elephant durch das höchste absolute und proportionale Kleinhirngewicht so sehr hervor, dass er das menschliche um mehr als das Doppelte und auch die Kleinhirnprocente anderer Thiere unverhältnissmässig überragt. Andererseits steht unter näher vergleichbaren Säugern ein kleiner Affe gegen den Menschen um 20 pro mille zurück und der neugeborne Mensch, sowie das neugeborne Kaninchen stehen im proportional kleinen Kleinhirngewichte noch mehr zurück, der neugeborne Mensch nämlich mit 0·57 um fast 50 pro mille gegen den erwachsenen Menschen. Das Ueberwiegen des grössten Säugethieres im Kleinhirngewichte setzt den Hirnmantel des Elephanten in der Reihe zurück, so dass noch Seehund und Bär ihn übertreffen. Diese groben Gesichtspunkte scheinen mir am werthvollsten zu sein, die Abschätzung kleiner Unterschiede von geringem Werth.

Die Antheile, welche der Stirnlappen bis zu der Rolando'schen Furche, der Scheitellappen von da bis zur Hinterhauptsspalte und der Rest als Hinterhaupts-Schläfelappen am Gehirn nehmen, sind bei Mensch, Affe, Bär und Hund ins Auge gefasst, wobei die menschliche Frontalentwicklung über der des Affen, die des Affen über der des Raubthiergehirns bei dem Hunde und Bären steht. Der Affe steht nicht nur bezüglich des Stirnlappens, sondern auch bezüglich des Scheitellappens hinter dem Menschen zurück; das grössere pro mille des Hinterhaupt-Schläfehirns darf nur seinem stark entwickelten Hinterhauptslappen zugeschrieben werden. Der Bär ragt wie alle Raubthiere durch die den Menschen übertreffende relative Mächtigkeit der Scheitelregion hervor. Beim neugebornen Kinde ist das Scheitelhirn weit entwickelter als beim Erwachsenen, wofür sich die Erklärung aus den unten angeführten Bemerkungen Zuckerkandel's ergeben wird, dass das Längenwachsthum für die Mitte des Gehirnmantels durch zwei Nähte des Schädels, die mit dem Längenwachsthum zusammenhängen, die Kronnaht und die Lambdanaht, begünstigt wird, dagegen für das Hinterhaupt und das Stirnende keine weiteren, das ungehemmte Längenwachsthum des Gehirns begünstigenden Quernähte mehr vorkommen.

Was die Theile der eigentlich subcorticalen Hirnmassen vom Thalamus nach abwärts betrifft, so steht der Mensch sowohl im Thalamus als noch mehr im Mittelhirn gegen die Säugethiere zurück; bei dem Affen ist die Sehhügelregion gegenüber dem Mittelhirn noch begünstigter. Der grösste proportionale Unterschied betrifft die Oblongata, welche theils durch die grosse Menge grauer Substanz, deren bindegewebiger Antheil an Thieren hervorragt, theils durch die enorme Entwicklung der hinteren Bahn des Stammes gegenüber der Pyramidenbahn zwischen Mensch und Katze einen mehr als vierfachen Unterschied erreicht.

Gedenke ich schliesslich der obigen Unterschiede zwischen zwei Pferdehirnen und dass mir andere Wägungen bei Hund und Pferd 67 Procent Hirnmantel ergaben, so sind die Unterschiede in derselben Thierfamilie nicht geringer, als bei Menschenhirnen. Man darf also gute Resultate nur von vielen Wägungen erwarten. Die Unterschiede werden dann wohl zumeist zwischen den, durch Zuchtwahl einander unähnlichen Racen bestehen.

Die Theilgewichte aus dem Materiale Pfleger's und Weichselbaum's von Gehirnen in den Blüthejahren des Hirngewichtes ergeben die folgenden absoluten und proportionalen Gewichte der drei primären Trennungsmassen des Gehirns.

Gewicht				pro mille vom Gesammthirn			
Gesammthirn	Hirnmantel	Kleinhirn	Stammhirn	Hirnmantel	Kleinhirn	Stammhirn	
1373	1092	148	133	795	108	97	Von 390 Soldaten verschiedener Nationalität im Alter von 20 bis 48 Jahren. Durchschnittliche Körperlänge 171 Ctm.
1321	1044	142	135	790	107·5	102	Von 107 geistesgesunden Männern im Alter von 20 bis 59 Jahren. Durchschnittliche Körperlänge 166·5 Ctm.
1189	936	131	122	787	110	103	Von 148 geistesgesunden Weibern im Alter von 20 bis 59 Jahren. Durchschnittliche Körperlänge 156 Ctm.
1154	908	128	118	787	111	102	Von 377 geistesgesunden Weibern im Alter von 20 Jahren bis ins Greisenalter. Durchschnittliche Körperlänge 155 Ctm.

Pfleger hebt das relativ höhere Hemisphären-Promille der Männer von 795 gegen 787 der Frauen hervor, wodurch, wie dies schon Engel bemerkte, das Kleinhirn in den Jahren der Blüthe bei Frauen relativ schwerer wird.

Da obige Tabellen über die Gewichtsantheile innerhalb der Zusammensetzung des Hirnmantels nichts aussagen, ferner Angaben über deren Proportionen und die absoluten und relativen Gewichte der Theile des Hirnstammes in der Literatur fehlen, so ergänze ich hiemit die physiologische Lehre vom Gehirngewichte durch die Aufführung der betreffenden Gewichte und Verhältnisse jener Irrengehirne, die im Mittel durch Atrophie am wenigsten von Normalhirnen abweichen. Hiefür dienen die nach Griesinger unter dem Ausdruck „Aufregungszustände" in den amtlichen Tabellen der Wiener Irrenanstalt verzeichneten Krankheitsformen, unter welcher Diagnose ich unter meinen 733 Wägungen, die ich als Prosector jener Anstalt im Quinquennium von 1866 bis 1871 vornahm, die Gehirne von 46 Männern und 70 Weibern vorfinde. Diese Gruppe enthält bei Männern und bei Weibern die schwersten Gehirne. Die Tabelle auf pag. 242 führt deren absolute und proportionale Gewichte zur späteren Vergleichung auf.

Ich habe auch nach Bischoff's Vorgang Stirn-, Scheitel-, Hinterhaupt- und Schläfelappen des Hirnmantels von einander getrennt und gewann Verhältnisse von 400 Stirnlappen, zu 235 Scheitellappen, zu

Weiber	Männer	
1221	1383	Gesammthirn
954	1085	Hirnmantel
135	148	Kleinhirn
132	148	Hirnstamm
400	450	Stirnlappen
216	251	Scheitellappen
338	383	Hinterhauptschläfelappen
74·84	81·36	Stammlappen
23·74	26·40	Sehhügel
7·61	9·03	Mittelhirn
14·23	16·58	Brücke
5·50	6·25	Verlängertes Mark

Weiber	Männer	(pro mille)
781	785	Hirnmantel
110	107	Kleinhirn
108	107	Hirnstamm
419	415	Stirnlappen
226	231	Scheitellappen
354	352	Hinterhauptschläfelappen
595	583	Stammlappen
188	188	Sehhügel
060	064	Mittelhirn
112	118	Brücke
043	044	Verlängertes Mark

153 Hinterhauptslappen und zu 210 Schläfelappen im Mittel. Doch würde sich die Theilung des Hinterhauptlappens vom Schläfelappen noch rationeller gestalten lassen.

Für die nutritive Entwicklungshöhe des menschlichen Gehirnes soll der Reichthum an Grosshirnwindungen ein Ausdruck sein. Die vergleichende Anatomie würde hiefür kaum sprechen, indem die Gehirne der Affen, der Hunde, des Bären zu den windungsarmen, dagegen die der Zweihufer zu den windungsreichen gehören. Es ist aber selbst vom rohen psychologischen Standpunkte aus über den Intelligenzgrad kein festes Bild zu gewinnen, indem das gleichsam sociale Leben der in Heerden beisammen lebenden Thiere vielleicht wieder andere Anforderungen stellen könnte, als das gesonderte Leben der Raubthiere. Andererseits aber ist der Gehalt der windungsreichen Gehirnrinde der Zweihufer an Nervenelementen nicht untersucht worden und ich habe allerdings gezeigt, dass eine grössere Breite der leeren Neurogliaschichte auf dem Durchschnitte der Rinde dem Reh zufalle, als den Affen und Hunden. Zudem wird gleich erörtert werden, dass die Entwicklung der Windungen von mechanischen Verhältnissen abhängig ist. Die Schädelhöhle bedingt nach bestimmten Richtungen hin deren Aneinanderdrängen durch Hemmung ihres freien Wachsthums, so dass im Allgemeinen für die Bedeutung des Windungsreichthums durchaus nicht blosse Beziehungen zur Intelligenz der Thiere an die Hand gegeben sind. Andererseits möchte es aber erlaubt sein, bei der gleichen Species nach Beschreibungen, welche insbesondere von Rudolf Wagner über die reicher angelegten Windungen hochbegabter Menschen mitgetheilt wurden, im Gegensatze zu den schlechter Begabten vorauszusetzen, dass die Zahl der Windungen in einem gewissen Parallelismus zum Umfange der Intelligenz stehe. Der Versuch, ein so complicirtes Object, wie die Windungen des menschlichen Gehirnes, im individuellen Detail zu beschreiben, führt leicht zu verworrener Darstellung. Darum liegen in der Literatur nur brauchbare Angaben vor, wo sehr einfache Gesichtspunkte wissenschaftlich geleitet haben. Rüdinger, von dem ich zugleich erwähne, dass er als der hervorragendste technische Anatom die Darstellung des peripheren Nervensystems in unerreichter Vollendung sich zum Verdienste gemacht hat, entwickelte der erste solche einfache Gesichtspunkte in Bezug auf die schon im fötalen Leben ausgeprägten Unterschiede zwischen dolychocephalen und brachycephalen Gehirnen. Dieser Formunterschied wäre schon am viermonatlichen Fötus am Gehirne und am Schädel kenntlich, sowie andererseits Fehling die geschlechtlichen Unterschiede im Baue des Beckens auch schon in dieser frühen Zeit des fötalen Lebens constatirte. Rüdinger betont schon für diese Zeit der Gehirnentwicklung den Einfluss mechanischer Verhältnisse und weist ausser auf den Schädel, auch noch auf die, Dolychocephalen durch eine Einschnürung an der Kronnaht kennzeichnende Spannung der dura mater hin, welche nach Lucae in der Richtung der Sylvi'schen Spalte bis auf die Scheitelhöhe verläuft und sich am fertigen Schädel durch eine bedeutende, 5 mm. erreichende Dicke der Dura, seitlich vom kleinen Keilbeinflügel ausdrückt. Schon dieser Umstand kommt einer Behinderung des queren Gehirnwachsthums gleich und muss mit der Nöthigung des Gehirnes, sich in der Längenrichtung zu entwickeln, zusammenfallen.

Was den geschlechtlichen Unterschied betrifft, so constatirt er ihn an 30 weiblichen und männlichen Gehirnen dem Gewicht nach schon am Fötus und Neugeborenen zu Ungunsten der weiblichen Gehirne, wobei er aber berücksichtigt, dass die auf breiterer Basis stehenden Mittelzahlen Hecker's bei Neugeborenen einen sehr wesentlich geringeren Gewichtsunterschied zum Ausdruck bringen. Unterschiede der Windungen findet er im 7. und 8. Entwicklungsmonate beurtheilbar. Die Windungen des Scheitellappens seien überhaupt früher, als die des Hinterhaupts- und Stirnlappens entwickelt und das weibliche Gehirn zeige bei der Geburt noch eine besonders an den letzteren Lappen zurückgebliebene Entwicklung der Windungen, so dass das weibliche neugeborene Gehirn dem fötalen Typus noch näher geblieben sei. Diese verspätete Entwicklung der Windungszahl scheint im Mittel in keiner Entwicklungsphase des weiblichen Gehirnes mehr eingebracht zu werden, so dass der Windungsreichthum desselben im Mittel hinter dem des Mannes zurückstehe. Diesem Satz gibt Rüdinger noch eine schärfere Betonung in dem Ausspruche, dass der Charakter des geschlechtlichen Unterschiedes den Charakter, welcher der Gehirnoberfläche durch individuelle Unterschiede aufgeprägt wird, schlage. Selbstverständlich aber werden die individuellen Unterschiede in Fällen, die für das Mittel nicht den Ausschlag geben, höher entwickeltere weibliche Gehirne unentwickelteren männlichen häufig genug gegenüberstellen.

In einer Richtung ist der Windungsmangel des weiblichen Geschlechtes gar nicht Geschlechtsunterschied, sondern in der Dolychocephalie begründet, welche Welker als am weiblichen Schädel vorwiegend, dargelegt hat. Es wird gleich durch das Nachfolgende verständlich werden, dass die Längswindungen in ihrem gestreckten und einfachen Verlaufe innerhalb der Langschädel nicht gehemmt werden und dass, die Windungszahl vermehrende Anastomosen aus mechanischen Druckverhältnissen zu erklären sind, welche deren Streckung in kürzeren Schädeln verhindern. Ich wies (pag. 13) darauf hin, dass wir, von den typischen Radiär-Windungen abgesehen, in der Gestaltung der Hirnwindungen keine aus der Gehirn-Evolution selbst sich frei entwickelnde Gestaltung zu sehen haben, sondern dass schon Henle, eingehender Ludwig Meyer und, wie oben bemerkt, Rüdinger den Einfluss mechanischer Schädelverhältnisse betonen, die dem Gehirne von seiner im fötalen Leben in einer gewissen Spannung befindlichen und darnach knochenstarren Kapsel vorgezeichnet werden. Durch Rüdinger's Constatirung der Dolychocephalie und Brachycephalie in so frühzeitiger fötaler Ausprägung sehen wir, wie bestimmend die Verhältnisse dieser Kapsel schon auf die ersten Richtungen der auftretenden Windungen wirken müssen. Nach der einfachen Voraussetzung Henle's müssen die Windungsfurchen der Hirnoberfläche senkrecht auf die Richtung der, das Gehirn beengenden, relativ kürzeren Schädelaxen entwickelt werden, so dass dem Schmalschädel — und als solcher ist der Dolychocephalus aufzufassen, da er nicht durch absolute Länge sich von den Nicht-Dolychocephalen unterscheidet — eine Behinderung des Auftauchens querer Windungszüge, deren Verlauf das Gehirn verbreitern müsste, zukommt, dagegen dem kurzen Schädel eine Behinderung der geraden Entwicklung longitudinaler Windungen, so dass die Faltung der Oberfläche sich mehr der Quere oder Höhe nach entwickeln muss. Indem die Gefässhaut den Windungsfurchen folgt, so hängt ihre Ausdehnung, mithin der Ernährungsmodus überhaupt mit der Vergrösserung der Rindenoberfläche durch Faltung oder Windungsbildung zusammen, was schon Reichert in Betracht gezogen hat. Diese nutritiven und mechanischen Momente für die Bildung der Windungen sind klar. Eine besondere Bedeutung für die Rindenfunction ihnen beizumessen, ist nicht begründet, weil nicht anzunehmen ist, dass Nervenzellen anders functioniren, je nachdem sie in der Kuppe von Windungen oder im Grunde einer Windungsfurche gelegen sind.

Ich habe für diese Mechanik Beiträge durch Formunterschiede aus der vergleichenden Anatomie entwickelt. Ich musste hiebei Messungslinien anwenden, welche bei der Unähnlichkeit der Säugethierschädel mit dem menschlichen andere möglichst zweckmässig gewählte Endpunkte mit einander verknüpfen, als beispielsweise Welker für den Menschen durch lange Zeit gangbar gemacht hat. Die Gehirne von Raubthieren, des Fuchses, des Hundes, der Katze und des Löwen zeigten sich untereinander vergleichbar. Nur der Fuchsschädel fällt mit einem Index von 77 Procent des Querdurchmessers vom Längendurchmesser ausserhalb die Brachycephalie. Dagegen bewegt sich der Hund mit dem Index von 85 innerhalb der Grenzen menschlicher Brachycephalie, während die Katze und der Löwe übermenschliche Brachycephalie von 97·2 und 98·7 Breitenindex geben, was schon in dem viereckigen Ansehen des Katzenschädels sich ausspricht. Diesen Schädelverhältnissen entsprechend, zeigen sich in aufsteigender Reihe am Gehirnbau dieser Raubthiere Entwicklungen von Querwindungsrichtungen. Der Fuchs mit dem relativ schmalsten Schädel, besitzt das, in seinen longitudinalen Furchen am reinsten entwickelte Gehirn. Beim Hunde finden sich quere Windungsschlingen und auch quere Anastomosen. An den Gehirnen der Katzenfamilie aber sind, wie schon Leuret wusste, die sämmtlichen Längsfurchen von typischen, auf sie senkrechten Anastomosen unterbrochen. Die Anastomose, welche den ersten longitudinalen Windungsbogen über seinem Scheitel mit dem zweiten Windungsbogen verbindet, wird eigens als die Katzenwindung bezeichnet. (Fig. 9 und pag. 13.) Diese Anastomosen werden, quer, wie sie sind, durch eine Art longitudinaler Stenose aus den Furchen der Rindensubstanz an deren Oberfläche hervorgedrängt. Die Gehirne des Seehundes und Elefanten sind Hyper-Brachycephalen in dem Sinne, dass der Querdurchmesser des Schädels den Längsdurchmesser übertrifft, so dass auf 100 Theile Längsdurchmesser beim Seehund 118·8 Theile Querdurchmesser, bei einem jungen Elefanten 128·3, bei einem alten Elefanten 123·3 Theile des Querdurchmessers entfallen. Beim Seehund genügt aber die Queraxe des Gehirnes gar nicht, um die Verkürzung der Längsaxe zu compensiren, sondern es wird dazu in den vorderen Theilen des Gehirnmantels eine ungemeine Compensation durch die Höhe des Gehirnes entwickelt, welche am Hinterhauptlappen durch den Gegendruck des kleinen Gehirnes von der Basis her nicht denselben Ausdruck finden kann. Wegen der Kürze des Seehundschädels kann der Riechlappen gar nicht longitudinal stehen, sondern er steigt an der vorderen Fläche des Gehirnes in senkrechter Richtung hinauf. Die Sylvi'sche Spalte des Seehundes kann gleichfalls ihren gewöhnlichen schräg-longitudinalen Verlauf nicht entwickeln, sondern steht vertical. Der Klappdeckel, welcher wie die Figur 7 (pag. 6) zeigt, der überwiegenden Schädelkürze wegen, bei Thieren weniger longitudinal, sondern nach unten gebogen verläuft, verliert beim Seehund jede untere Begrenzungslänge und drängt sich als ein Keil mit unterer Spitze zwischen die aufsteigenden Schenkel der Sylvi'schen Spalte hinein, welche dadurch herzförmig wird.

Dieses Beispiel des Seehundschädels ist, wenn auch nicht beweiskräftiger als die anderen angeführten vergleichend anatomischen Momente, so doch der alleraffallendste Beleg gegen die Annahme einer aus dem Gehirnwachsthum hervorgehenden Gestaltung der Windungen gegenüber dem mechanischen Momente von Seite des Schädelwachsthums aus. Bei dem Elephanten spricht sich die zu erwartende Folge der Brachycephalie, nämlich Windungen, welche auf die Längsaxe des Schädels relativ senkrecht stehen, schon in dem Eindrucke aus, den Leuret vom Elephantengehirne gewann, dass an demselben, statt wie beim Menschen zwei quere Centralwindungen, deren drei und, anstatt einer Centralfurche, deren zwei vorhanden seien. Einen solchen Anschein kann auch beim Menschen eine quere Anastomose des oberen und unteren Scheitellappens hinter der Centralwindung zu Wege bringen. (Anzeiger der Gesellschaft der Aerzte, Wien 1876, Nr. 29.) Nach dieser Richtung ist die jüngste, von Zuckerkandel veröffentlichte Auffassung von hohem Belange, wie sich die Thatsache gestaltet, dass am Stirn- und Hinterhauptende des menschlichen Gehirnes die longitudinalen Windungen am geschlängeltsten, schmalsten und anastomosenreichsten sind, während sie in der Mitte der Schädelwölbung breiter und unbehinderter longitudinal entwickelt sind, wenngleich die von mechanischen Verhältnissen unabhängigere typische Centralfurche sie hinter der Kronnaht quer durchbricht. Das Längenwachsthum des Schädels wird nämlich, wie oben bemerkt, in der mittleren Gegend der Schädelwölbung durch den Knochenzuwachs aus der queren Kron- und Lambdanaht am meisten begünstigt, zugleich aber fällt in diese Region die grösste Breite des Schädels, so dass hier die unbehindertste Entwicklung in der Länge und Breite stattfinden kann, während am Stirn- und Schläfenende der Hemisphären die Windungen gleichsam gepresster liegen. Die ungehemmtere longitudinale Entwicklung kommt auch den Längszügen des Schläfelappens, besonders nach vorn zu Statten, weil dieser Lappen noch in jenes Segment unbehinderten Wachsthums in der mittleren Region der Schädelhöhle fällt. Zugleich hat Zuckerkandel an pathologischen Akrocephalen (Spitzköpfen) dargethan, dass der Schädelstenose durch die Verknöcherung der Seitentheile der Kronnaht und der Naht zwischen kleinem Keilbeinflügel und Orbitaltheile des Stirnbeines gesteigerte Schlängelungen und zahlreiche Queranastomosen der Hirnwindungen entsprechen, während bei Schmalschädeln durch frühere Verwachsung der Pfeilnaht eine so ausgesprochene Querfurche, wie der *Sulcus occipitalis internus* durch die Bildung longitudinaler Windungen, die durch die Querpressung aus seiner Tiefe hervortreten, der Länge nach auseinandergezerrt wird.

Schon L. Meyer hatte an einem, am Hinterhaupte sagittal stenosirten Schädel ein Uebereinanderschieben der Windungen, so dass die einen die andern klappenähnlich bedecken, als mechanisch bedingte Bilder des Windungstypus aufgefasst, und wenn er hiebei das Deckelartige mit Operculum bezeichnet, so steht natürlich die Achtung vor der Denkfähigkeit dieses Autors zu fest, als dass man eigens bemerken sollte, er habe dabei nicht an eine Einmengung des Affentypus gedacht.

Die schon oben p. 223, 226 ausgeführte **Abhängigkeit der Ernährung der Nerven von den peripheren Endorganen** hat Gudden durch eine Reihe von Experimenten auch auf die centralen Fasermassen ausgedehnt. Er constatirte, dass, wenn man den neugebornen Thieren die Sinneseindrücke absperrt durch Verwachsenlassen der Nasenlöcher, durch künstliches Symblepharon u. s. w., gewisse Theile des Gehirnes auffallend in der Entwicklung zurückbleiben. Bezüglich des Geruches fand er die Riechnerven mit dem *Bulbus olfactorius* und das, aus demselben (pag. 20, 38, 65) entspringende Mark der Riechwindungen zurückgeblieben. Er fand, dass sich an dem frontal durchsägten Schädel über den verkümmerten Hirntheilen eine compensirende Verdickung zeigte und dass nahe gelegene andere Hirntheile sich in die Lücke vorschieben. Dieser Effect der Verkümmerung wurde noch bedeutender, wenn nicht nur die Reize auf die peripheren Nerven ausgeschaltet wurden, sondern diese selbst durch

Auskratzung der Schleimhaut und Exstirpation des Nasenlabyrinthes zerstört waren. Die einseitige Exstirpation des Bulbus aber hatte ebensowenig, als die beiden angemerkten Versuche Einfluss auf die Atrophie des *Lobus olfactorius*. Letzteres bezweifle ich zwar der Ernährungsgesetze wegen, da ja auch das Mark aus dem Bulbus atrophirt, welches dem Lobus basal aufliegt. Doch muss die Atrophie nicht grob augenscheinlich sein, weil die Markbündel aus dem *Bulbus olfactorius*, welche in das tiefe Mark des *Lobus olfactorius* eintreten, nur ein geringer Antheil dieses Markes sind.

Ferner sah v. Gudden auch die vordere Commissur nach Exstirpation des *Bulb. olf.* nicht abnehmen, weil deren Ernährung von der zugehörigen Rindensubstanz des Riechlappens abhängt. Das letztere Factum bestätigt die Abhängigkeit der Ernährung von centralem Grau.

Die *Commis. ant.* atrophirt erst, wenn der *Lobus olfactorius* entfernt wird, was v. Gudden unter Einem mit Wegnahme der ganzen Hemisphäre ausführte. Hiebei wurde auch der Balken atrophisch, denn seine Ernährung hängt ganz von dem centralen nutritiven Einflusse, von der Rinde ab. Diess erhellt auch aus der partiellen Exstirpation der Rinde durch Wegnahme eines vorderen Lappens. Es atrophirt darnach nur die, der resecirten Länge desselben entsprechende Länge des Balkens.

Verschluss der Lider am Neugebornen zieht, den peripheren Reiz abhaltend, mässige Verkümmerung des *Nervus* und *Tractus opticus* mit dem entgegengesetzten vordern Vierhügel nach sich; der innere Kniehöcker bleibt dabei unberührt, der äussere, bei Thieren auf dem Sehhügel gelegene Kniehöcker musste als confluent mit jenem (pag. 30) übersehen werden. Wirksamer war die Exstirpation der Retina; graue Entartung (vielleicht auch ein Zurückbleiben der Markweisse) des Opticus und entgegengesetzten Tractus, sowie stärkere Verkümmerung des Vierhügels waren die Folge. Der innere Kniehöcker, sowie die Hemisphären zeigten sich bei Kaninchen unverändert. Der *Tractus transversus pedunculi* (Fig. 15, T) verkümmerte gleichfalls. Auch doppelseitige Exstirpation der Augen bewirkte keine Hemisphärenabnahme, so dass der centrale Ernährungseinfluss des Cortex auch hiedurch erwiesen wurde. Nur bei Tauben bemerkte v. Gudden nach Exstirpation der Bulbi neben Verkümmerung der *Lobi optici* derselben auch Abnahme der Hemisphären. Dies ist belehrenderweise Bündeln des *Tractus opticus* zuzuschreiben, welche ohne Verbindung mit den *Lobis opticis* bei Vögeln (dem seitlich und basal liegenden Ersatzorgan der Vierhügel), durch den Hirnschenkelfuss in die Hemisphären laufen. Man sieht daraus, sowie aus dem Verkümmern der oberen Zweihügel, beziehungsweise der *Lobi optici*, dass die Ausschaltung des peripheren Ernährungseinflusses die Ernährung der entfernteren grauen Substanz, jenseits der Endigung von Bündeln in einem näher gelegenen grauen Herde nicht mehr berührt.

Gudden hat den centralen Ernährungseinfluss, ausser durch die Wirkung der Wegnahme des Cortex auf die Balkenfasern, noch dadurch erwiesen, dass er durch Abtragung des oberen Zweihügels in umgekehrter Richtung, wie in den früheren Versuchen von der Peripherie aus, eine, wenngleich mindere Beeinträchtigung der Entwicklung der optischen Bahnen herbeiführte.

In einer wichtigen Arbeit hat Flechsig die Einflüsse der peripheren Theile des Projectionssystems auf die Entwicklung der mit ihnen zusammenhängenden centralen Glieder dargelegt, indem er eine Erscheinung verfolgte, auf deren Wichtigkeit für wissenschaftliche Ausbeute ich, wie in Flechsig's Darstellung gesagt ist, zuerst hingewiesen habe. Am Neugeborenen finden sich -- und dies fiel schon den Vorgängern auf — gewisse Marktheile grau statt weiss gefärbt, was eine Unentwickeltheit der Markscheide bedeutet. Indem ich die noch graue Beschaffenheit des Hirnschenkelfusses am Neugeborenen gleichfalls wahrnahm, und mich zugleich von der scharfen weissen Ausprägung von Bündeln der Haube überzeugte, schloss ich auf die Begründung dieser Thatsache in der secundären Entwicklung der corticalen Leistungen, welche das zeitliche Vorangehen der Leistung subcorticaler Hirntheile zur Voraussetzung hat. Der Fuss des Hirnschenkels aber (pag. 26, 27) hängt mit dem Bewusstseinsleben, die Haube dagegen mit jenen subcorticalen Gehirnleistungen zusammen, welche auch nach Exstirpation des Vorderhirns fortbestehen. Ich stellte daher die Reife des Gewebes mit dem zeitlichen Eintritte seiner functionellen Aeusserungen in Parallele. Flechsig's umfassende Studien über die Entwicklung der Markweisse haben diesen Parallelismus ins Weite und Feine verfolgt und, wie anzuerkennen ist, wahrscheinlich zum Abschlusse gebracht. Flechsig fand, dass das Fortschreiten der Entwicklung der Markweisse bei der Geburt am meisten mit der Länge der Frucht übereinstimmt. Er zeigte ferner, dass die Markweisse von unten nach oben sich entwickle und am Rückenmarke und der Oblongata schon bei Früchten von 25 Ctm. Körperlänge hervortrete, und zwar zunächst an den Hintersträngen und den Keilsträngen. Dies ist functionell instructiv, weil den Schlüssel, der gleichsam das ganze Spielwerk des Central-Nervensystems aufzieht, die centripetalleitenden Bahnen bilden, so dass auch hier wieder der Ernährungseinfluss von der Peripherie aus in einer bestimmten Form der Markentwicklung hervorleuchtet.

Wenn sich hieran bei einer Länge von 30 bis 32 Ctm. im Rückenmarke das Weisswerden der Vorderstränge anschliesst, die mit dem Hirnschenkelfusse zusammenhängenden Pyramidenbündel aber grau bleiben, so ist das ein Ausdruck dafür, dass die nächsten Folgen der Entwicklung von Empfindungsbahnen in reflectorischen Bewegungen sich äussern, indem die Bahnen des secundären Rindeneinflusses geweblich noch nicht reif sind. Ebenso früh zeigen sich die peripheren Nerven markweiss. Der *Nervus opticus*, in seinem Baue bekanntlich mit dem Centralmarke übereinstimmend und ohne Schwann'sche Scheide der Fasern, macht bei einer Körperlänge von 26 Ctm. binnen einer „extrauterinen Lebensdauer von 2 bis 3 Tagen" Veränderungen durch, welche erheblicher sind, als die in beträchtlich längeren Zeiträumen innerhalb des Uterus eintretenden. Hier leuchtet am deutlichsten die Förderung der Ernährung centraler Theile durch Sinneserregungen hervor, deren die hinteren Rückenmarkswurzeln und ihre höheren Analoga auch im intrauterinalen Leben nicht ganz entbehren, während das Licht erst nach der Geburt einwirkt. Von den Theilen, welche Flechsig schon intrauterin weiss werden sah, folgen dem Rückenmarke die Oblongata mit Ausnahme der Pyramiden, das Kleinhirn zuerst im Mark des Wurms, und die Hirnschenkelhaube, dann die zwischen die grossen Hirnganglien eingeschobenen Fasermassen, von welchen nach den Abbildungen anzunehmen ist, dass sie zunächst den Strahlungen aus dem Thalamus und Mittelhirn entsprechen, also wesentlich centripetalen Bahnen (pag. 184 bis 189), endlich auch Theile des Scheitel- und Hinterhauptslappens.

Extrauterin zeigen sich erst bei 76 Ctm. Länge particlle weisse Bündel im Hirnschenkelfuss und der Brücke. „Bald bemächtigen sich auch die, in Hinterhaupt- und Schläfelappen eindringenden, der Stammstrahlung angehörigen weissen Züge dort einzelner Randgebiete." Dies sind nach Gratiolet's und meinen anatomischen Erweisen (pag. 45), sowie nach Hitzig's und Munk's Experimenten (pag. 133 bis 136) centripetal leitende Markgebiete. „Erst mehrere Monate nach der Geburt tritt das Weiss im Stirnlappen auf, aber erst nach Ablauf des vierten Monates stellt sich hier ein dem bleibenden ähnlicher Helligkeitsgrad ein."

Der secundären Entwicklung also der cortico-motorischen Leistungen entspricht auch die späteste Reife des ihnen zugehörigen Markes. Hier sah noch Flechsig, dass die Centralgegend zuerst markig anschiesse und dass in dem Umfange, wie die Stammstrahlung der Rinde Terrain gewonnen hat, auch das Markweiss im Gebiete der die Rinde begleitenden Associationssysteme auftrete.

Diese Reihenfolge der Entwicklung entspricht einem functionellen Gange, vermöge dessen das Associationsspiel des Cortex eine an die Reize der Aussenwelt, welche die Stammstrahlungen zuleiten, secundär geknüpfte Leistung ist. Flechsig hat das zeitliche Neben- und Nacheinander im Auftreten der Markentwicklung in scharfsinniger Weise für den Zusammenhang der, über einander gelegenen Glieder, einander zugehöriger Marksysteme unter folgenden Gesichtspunkten ausgebeutet:

1. Uebereinanderstehende Fasermassen von, durch Monate getrennter Entwicklungszeit stehen nicht in directer Verbindung.

2. Nebeneinander von Bündeln ohne gleichzeitiges Weisswerden drückt keine systematische Zusammengehörigkeit aus.

3. Die mit höheren Centren des Grosshirns zusammenhängenden Fasern bilden sich am spätesten.

Diagnostischen Werthen des von Flechsig eingeschlagenen Untersuchungsweges begegnen wir in den klinischen Daten.

Anhang.

Mechanismus der Physiognomik.

Die Bewegungen, und alle Mittheilungen sind ja Bewegungsacte, lassen von aussen Wahrnehmungen über das innere Hemisphärenleben anderer Menschen zu. Wir haben bisher die Bewegungsacte in einer grossen Vereinfachung betrachtet, sowie wir das Zustandekommen der Associationen und Schlussvorgänge, durch welche das corticale Bewegungsspiel ausgelöst wird, im zweiten Abschnitte auch nur unter sehr vereinfachten Voraussetzungen ins Auge fassten. Es galt dort die Voraussetzung, dass der Cortex nur beabsichtigte, causale, bewusste Bewegung einleite, wir unterschieden die Bewegungsvorgänge nach ihren Zielen in Abwehr- und Angriffsbewegungen und fanden, dass die Motive derselben in Affecten gegeben waren, welche wieder Bewegungsvorgängen der Gefässmuskulatur parallel liefen. Wir setzten endlich die Bewegungsacte in biologische Beziehungen zur Erhaltung der thierischen Existenz.

Nur die Erscheinung der Freiheit (pag. 159) konnte uns die Gesetzmässigkeit des Bewegungsspieles theilweise verhüllen. Versuchen wir aber den ganzen Reichthum des Bewegungsspieles ohne Vereinfachung zu umfassen, so findet sich eine Summe von Bewegungen, welche uns an andern in Bezug auf Ziele nicht causal, und, soweit sie von uns ausgehen, absichtslos, unbewusst erscheinen. Wir fassen hier ein Bewegungsspiel ins Auge, welches gar nicht durch Zweckmässigkeit verständlich ist, wohl aber durch die Uebereinstimmung dieses Ueberflusses an Bewegungsacten an einer grossen Zahl von Menschen uns nicht ohne Hoffnung lässt, eine Gesetzmässigkeit dafür aufzufinden.

Dieser, sich zu den eigentlichen Handlungen und Bewegungen mit Zielen accessorisch verhaltende Luxus von Bewegungen, welchem die gesammte Körpermuskulatur unterliegt, nennen wir die physiognomischen Erscheinungen. Das alte Vorurtheil, menschliches Gehirnleben aus den festen Formen des Antlitzes oder anderer Körpertheile beurtheilen zu können, und zwar nicht kraft einer allgemein erreichbaren Kenntniss, sondern, wie sich Lavater vermass, nur durch ein persönliches Talent, kann ernsthafter Weise nicht in Betracht kommen. Die festen Formen gehen aus einem vom Gehirn unabhängigen Mechanismus hervor, der wesentlich, was z. B. das Knochenskelett des Kopfes betrifft, durch krankhafte, die Gesammternährung betreffende Verhältnisse veränderlich ist.

Ich werde an anderer Stelle krankhafte Typen der Gesichtsformen, soweit sie einfach und sicher durchschaubar sind, zur Sprache und Anschauung bringen. Was aber das physiognomische Bewegungsspiel betrifft, so wird es im Allgemeinen in seiner Bedeutung von den Menschen verstanden, weil es an andern Menschen und an der eigenen Person übereinstimmend ist, insbesondere als Begleitung der Affecte und auch der Denkacte. Ich werde daher die Erscheinungsformen der physiognomischen Veränderungen nicht nur am Aeusseren der beobachteten Menschen in allgemeinen Zügen würdigen, sondern die Menschen selbst als Physiognomiker zu verstehen suchen. Wir haben es hier mit durchschaulichen, wenn auch zum Theil unbewussten, wesentlich Nebenassociationen betreffenden, zahllosen, oft wahnhaften Schlussreihen zu thun.

Die physiognomischen Bewegungen kennzeichnen sich nicht nur durch den Mangel eines erzielten Bewegungseffectes, sondern auch durch unbewusstes Auftreten. Das unbewusste Auftreten brauchte aber noch keineswegs zu bedeuten, dass die physiognomischen Bewegungen etwa nur Producte subcorticalen Bewegungsspieles seien, da ja die Bewegungsanstösse in das Associationsspiel eingeschaltet sind, und dieses, wie pag. 229 erörtert wurde, auch unter der Schwelle abläuft und ausserhalb des Gebietes partiellen Wachens des Cortex motorische Impulse ertheilt. Alle corticalen Bewegungen aber sind, gleich aller Leistung des Cortex secundär, und es fragt sich, ob auch die physiognomischen Bewegungen subcorticale Ausgangspunkte haben. Es wird unten zur Sprache kommen, dass wir nach Flechsig's Beobachtungen die Herrschaft der subcorticalen Centren uns durch corticale Hemmung erst von da an beschränkt denken können, wann die anfangs grauen Fasern des corticalen Systemes ihre functionelle Reife erlangt, d. h. sich mit weissen Markscheiden umhüllt haben. Für die subcorticalen Bewegungserscheinungen treten markweisse Bahnen theils früher, theils schon vor der Geburt auf. Sowie bezüglich des Lidschlages (pag. 145) die primäre Reflexbewegung in das frühe Kindesalter verlegt wurde, wollen wir die Erscheinungen des physiognomischen Spieles auch zunächst in diesem Alter aufsuchen.

Zunächst dürfen wir annehmen, dass, weil das physiognomische Spiel im Erwachsenen die Affecte begleitet, es auch seine Bedeutung als Angriff- und Abwehrbewegung finden muss, und um dies nicht ohne Berechtigung auszusprechen, müssen die Beobachtungen ergeben, welche mimische Bewegungsformen auf Abwehr- und Angriffsbewegungen zu verwerthen sind. Wir werden besonders für das Kind unter diesen beiden Formen alles Physiognomische unterbringen.

Das Leben beginnt mit der Inspiration, dieser ersten Bemächtigung der Aussenwelt durch Muskelaction, welche die Brusthöhle erweitert. Die Athmungsbewegungen sind von hoher physiognomischer Bedeutung, wie dies der, bis auf Darwin fast einzige wissenschaftliche Beurtheiler der Mimik des Antlitzes, Charles Bell, schon dadurch klar macht, dass er in dem Hauptträger des mimischen Spieles, im *Nervus facialis*, den Athmungsnerven des Kopfes würdigt. Die, sozusagen zweite Action des kindlichen Lebens ist wieder ein Act der Aufnahme von Aussen, der Saugact, welcher durch Inspirationen und durch Erweiterungen einer anderen Körperhöhle zu Stande kommt, eine Aggressivbewegung, eine fernere Bemächtigung der Aussenwelt. Die Saugbewegung ist nicht bedingt durch einen Reflexmechanismus, der von taktilen Reizen ausgeht, sondern wahrscheinlich wirken der Geruchsinn und mit entfernterer Wahrscheinlichkeit die Geschmacksnerven als die Reflexreize. Eine Betheiligung der letzteren ist darum wahrscheinlich, weil eine zu wässerige Brustsecretion den Saugact bei demselben Kinde nach der Geburt nicht hervorruft, welches gleich eine Milch von normaler Concentration aussaugt. Auch wird behauptet, dass Zuckerlösungen, die auf die Brustwarze gebracht werden, das Kind besser saugen machen sollen.

Durch den Saugact wird der Magen erweitert, wie der Brustkorb durch die Einathmung. Für die Einathmung wird ein Körpereingang, die Nasenhöhle, erweitert, für das Saugen die Mundhöhle eröffnet und erweitert. Saugen und Athmung wirken zusammen, durch Blutbildung und Oxydation die Athmung der Nervenzellen mehr apnoëtisch zu machen. Das Kind wird anfangs durch die von Soltmann betonte Stumpfheit seiner Tastempfindung, durch den Mangel an Sehen, da sein Auge mindestens drei Wochen lang ohne bestimmte Richtung gleichsam oscillirt und in Bezug auf räumliche Wahrnehmung blind ist, ein einseitiges Geruchsthier sein, ist aber auch hierin noch durch Mangel an Ortsbewegung beschränkt.

Die Reflexe lassen sich recht präcis an der oberen Extremität darstellen. Auf das Streicheln der Hohlhand schliesst das Kind die Hand, auf das Streicheln der Streckseite streckt es die Finger aus. Doch fehlen bei stärkerem Reiz ungestörte Reflexe auf die Extremitäten wegen einer zweifellos starken Irradiation aller Eindrücke in dem subcorticalen Grau. Die Hauptreflexäusserung ist das Schreien, also eine Irradiation auf Ausathmungsnerven, bei welcher die Athmungsbewegung sehr unregelmässig wird, oft sistirend. Das Schreien, ein Abwehrreflex, bei welchem die Brusthöhle sich verengert, ist nicht vom Weinen begleitet. Die Irradiation verbindet aber das Schreien noch mit einer andern Abwehrbewegung, die eine Körperöffnung verengt, mit dem Lidschluss. Bell hat zwar den Lidschluss mit der Athmung in Verbindung gebracht, er comprimire den Bulbus und verhüte (durch den Exspirationsdruck veranlasste) Hyperämie. Doch würde die Hyperämie auch beim Lachen, das wir als Aggressivreflex betrachten müssen, zu Stande kommen, wobei kein activer Lidschluss. Daher gehört der Lidschluss wohl sicherer einfach dem Abwehrreflexe an sich an, wobei das Auge der Aussenwelt sich nicht bemächtigt, sondern vor ihr verschliesst. Der krampfhafte Lidschluss übt aber einen Druckreiz auf die Thränendrüse aus, er leitet die Thränensecretion ein. Dass die Thränensecretion später ohne mechanischen Druckreiz sich mit Abwehraffecten verbindet, ist Associationserscheinung. Indem sich schmerzhafte Impulse für Abwehrreflexe mit Reizung der Secretionsnerven der Thränendrüse associirten, zieht das Motiv eines Abwehrreflexes durch das Erinnerungsbild im Associationsspiel secundär Thränensecretion herbei.

Beim Kinde bewirkt Irradiation und Mangel an corticaler Hemmung, die noch nicht auf das subcorticale Grau wirkt, wenngleich wenig Mienenspiel im Antlitz vorhanden ist, doch immer grelle krampfhafte Contractionen, an deren Bild eigentlich mehr die Voraussetzung Lachen und Weinen unterscheidet. Wir werden dies auch bei den Paralytikern finden. Vom Lachen ist bei einem Kinde unter drei Monaten keine Rede, es werden nur unentschiedene

Mienenstellungen darauf gedeutet. Es ist daher fraglich, ob die Verbindung des Lachens mit freudiger Affection nicht bereits ein Product der Nachahmung ist. Das Lachen ist weit mehr, als das Weinen Convention und drückt im Erwachsenen durchaus nicht immer einen Affect der Aggression aus. Es begleitet unter Umständen häufig genug den psychischen Schmerz.

Für die Stellung des physiognomischen Spieles kommt aber schon nach dem Vorangehenden die Erwägung in Frage, ob die Aggression sich nicht wesentlich in ihrem Ausdrucke durch Erweiterung von Pforten und Höhlen des Körpers für die äusseren Eindrücke charakterisire, die Abwehr aber durch Verschluss derselben. Der freudige Affect ist durch erhöhte Respiration begleitet, bis zum Respirationskrampfe des Lachens, welcher die Zahl der Athemzüge wesentlich vermehrt. Die gebundene Stimmung setzt Herabsetzung der Inspirationen; wie ganz richtig von Bell bemerkt wurde, ist das Seufzen ein tiefer Inspirationsact, durch welchen vorhergegangene verminderte Athmung sich auf die dispnoëtischen Reize im Athmungscentrum hin ausgleicht. Der Athmungskrampf beim Weinen, Schluchzen vermehrt übrigens auch die Respirationszahl, worauf etwa die erleichternde Wirkung des Weinens im Affecte zurückzuführen wäre. Ein bekannter Gegensatz lässt die heitere Miene durch eine nach unten convexe Halbmondform, die traurige Miene durch eine nach oben convexe Halbmondform der Mundspalte begleiten. Der nach unten convexe Halbmond wird eine gleichzeitige Wirkung des *Levator alae nasi* sein, wenn diese Einathmungspforte erweitert wird. Durch die Wirkung der Herabzieher der Mundwinkel wird im Gegentheile der Nasenflügel herabgezogen. Die Pressung des Mundes dabei entsteht durch den *Orbicularis oris*, die *Musculi incisivi* und den Kinnmuskel.

Beim traurigen Affecte erscheint der Bulbus meist in die Orbita gesunken, bei der Aggression drängt er sich wie aggressiv gegen das Raumbild hervor. Im Steigen des heiteren Affectes beim Lachen geschieht jedenfalls noch viel mehr zur Erweiterung der Pforten des Antlitzes. Die Nasenflügel wölben sich krampfhaft hervor, der Mund wird eröffnet, die Zähne werden entblösst, wenn nicht sogar bei vollem Lachen eine weite Eröffnung des Mundes stattfindet.

Ich will gleich hier bemerken, dass die Affectmienen zu vielfach sind, als dass jeder andere Muskelindividuen im Gesichte zu Diensten stünden, so dass der unbefangene Beobachter die grellen Affectausprägungen im Gesichte zweideutig finden muss. Das Entblössen der Zähne, das Heben der Nasenflügel kann auch den keineswegs heiteren Affect des Zornes begleiten, über dessen Mechanik im folgenden Abschnitte pag. 272 gehandelt wird. Dabei wirkt aber kein Reflex, sondern wirken corticale Reize als Nebenvorstellungen.

Das räumliche Sehen des Kindes ruft offenbar Aggressionsbewegungen zur Bemächtigung der gesehenen Dinge hervor, wobei das Kind für die Entfernungen aus Mangel an Ortsbewegung keine Einsicht hat. Diese Aggressionsreflexe der oberen Extremitäten sind räumlich noch so wenig coordinirt, wie vor dem Sehen das Muskelspiel des Bulbus. Eine grosse Häufigkeit und Unregelmässigkeit der Athemzüge geht dem Aggressivaffecte parallel und die Irradiation erzeugt noch allgemeine Verbreitung des Bewegungsimpulses, Bäumen des liegenden Rumpfes, Zappeln aller Extremitäten, Grimassen. Doch hat dieser Bewegungsluxus keinen krampfhaften Charakter, man muss ihn bereits für, durch Irradiation gestörte corticale Impulse ansehen.

Wenn die Aggression sich allmälig zu Greifbewegungen gestaltet hat, so glaubt das Kind offenbar, gemäss seinen befestigtesten Eindrücken, in einer Welt geniessbarer Dinge zu leben, es führt Alles zum Munde und beleckt es. Die spätere Aggressionsäusserung des Kusses dürfte eben die ersten aggressiven Bewegungen des Saugens, das zum Munde Führen eines anziehenden Gegenstandes zur Grundlage haben. Der letztere Bewegungsact beim Kinde beruht offenbar auf einer beherrschenden Nebenvorstellung, welche die Eindrücke hervorrufen, sowie die Saugbewegungen im Schlafe in früherer Zeit eine Nebenvorstellung im Traumleben bedeuten. Zu dieser Zeit beginnt auch der Acusticus sich in reflectorischen Impulsen zu äussern, indem das Kind, nachdem es Menschen sprechen hört oder sonst Töne und Geräusche vernimmt, den Impuls hat, deren auch hervorzubringen (pag. 193). Je mehr sein corticales Leben sich entwickelt, desto mehr hegt es offenbar die Nebenvorstellung, dass es mit seinen Lautbildungen dasselbe leiste wie sprechende Leute untereinander. In allen aggressiven Bewegungen überschätzt es den Effect seiner Leistung, es will grössere Gegenstände, als möglich ist, in den Mund bringen, langt nach zu entfernten Dingen, parallelisirt seine uncoordinirten Laute der Sprache Erwachsener. Erfahrung und bessere Nachahmung verringern diese falschen Schlussbildungen, und nach jener Altersstufe, in welcher Flechsig die allgemeine Markweisse im corticalen Systeme vollendet sieht, hört das überwiegend reflectorische und durch Irradiation beeinflusste Bewegungsspiel des Kindes auf. Alle Vorstellungen im Sinne Darwin's, dass Gedanken durch Vererbung, nicht durch Wahrnehmung und Association entstünden, dass Bewegungen, auch die mimischen, sich aus angebornen Motiven entwickelten, mit Ausschluss der Nachahmung und der ihr vorangehenden Reflexe sind für den Menschen wohl unzulässig. Nicht einmal der aufrechte Gang ist dem Menschen angeboren, eine gewiss gemeinsame Bewegungsform, sondern wird mühsam durch Nachahmung und corticale Coordination erworben.

Von den ausgezeichneten und umfassenden Beobachtungen, welche Darwin als der, auf dem grössten Materiale fussende Physiognomiker herbeibringt, werde ich bei den pathologischen Formen der physiognomischen Impulse noch öfter speciell sprechen. Hier möchte ich noch einiges Principielle erwähnen.

Die Affectäusserungen des Kindes, welches bei den freudigen Affecten unter der apnoëtischen Wirkung der Functionshyperämie ein sich Geltendmachen in der Aussenwelt als Agression oder krampfartige irradiirende Abwehräusserungen, wie das Schreien, oder wie den Weinkrampf zeigt, leiten, auch wenn aus Irradiation hervorgegangen, dennoch ihre Innervationsgefühle zum Gehirne, welche im Cortex von Erinnerungsbildern als Impulsen des physiognomischen Bewegungsluxus gefolgt sind. Sie stammen aus primärer Erregung subcorticaler Centren, sowie die zweckmässigen Reflexformen von grösserer Einfachheit die Grundlagen bewusster Bewegungsformen wurden. Nachdem aber diese irradiirenden Impulse des physiognomischen Bewegungsspieles einem motorischen Coordinationsorgane, dem Cortex, überantwortet werden, bekommen sie secundär ein höheres physiognomisch-psychisches Gepräge. Das Kind brach in der Freude in ein allgemeines Zappeln aus; aber auch der Erwachsene spiegelt dieses mimische Urbild in allgemeinen Körperbewegungen ab, indem er vor Freude tanzt oder sonst in Bewegungsunruhe geräth. Dass schon der Zustand grosser Freude, zweifellos durch die Erweiterung des Arteriennetzes in manische Zustände übergehen kann, ja die freudige Verworrenheit in vorübergehende Ohnmacht, (etwa durch subcorticalen Gefässreiz) zeigt Darwin in einem Beispiele.

Wie Wundt von den Thieren richtig bemerkt, besteht ihre Sprache aus den sogenannten Empfindungslauten, was auch bei dem Kinde vor der Fähigkeit, Silben nachzuahmen, der Fall ist. Auch beim Erwachsenen tritt dieser Ausdruck des Affectes annähernd noch beim Empfindungslaut in bedeutungslosen Ausrufen, im Naturgesang, im Jauchzen hervor. Viele besondere Bewegungen, die sich am Kinde mit freudigen oder peinlichen Affecten verbinden, Ausdrücke von Angriff oder Abwehr, treten in der Miene des Erwachsenen auf und verrathen ihre Quelle aus den Innervationsgefühlen der kindlichen Bewegungen. Eine rüsselartige Mundstellung, wie beim Saugen, verbindet sich mit behaglichen Mienen, mit Zustimmung, mit der Mittheilung eines befriedigenden fremden Gedankenganges. Ein Anklingen der weinerlichen Miene begleitet den Empfang einer nicht zusagenden Mittheilung. Es ist jedenfalls unerweislich, dass mit Piderit diese Mienen auf die Nebenvorstellung des süssen und bitteren Geschmackes bezogen werden sollten. Für so genaue Definitionen scheinen die Bilder der Mienen nicht präcis genug.

Bezüglich der Armbewegungen gestaltet sich der aggressiv freudige Affect leicht zur Stellung eines Umfassens, Ergreifens, ohne dass der Gegenstand der Freude im Rayon dieser Bewegung gelegen wäre. Der Abwehraffect drückt sich durch eine abwehrende Stellung der oberen Extremität aus, auch wenn kein körperlicher Gegenstand für die Abwehr vorhanden ist. Wenn Darwin sich ausdrückt, dass das Ueberfliessen einer psychischen Erregung, auch der blos in Denkacten sich abspielenden, in physiognomische Bewegung einem Ueberschuss an Nervenkraft gleichkommt, welcher in gewohnheitsmässigen Stellungen sich auspräge, so kann man diesen Ueberschuss näher bezeichnen. Er liegt entweder ganz im gegenwärtigen Impulse oder er liegt in der Zugesellung von Erinnerungsbildern. Er besteht aus Irradiationen oder Associationen. Es besteht der Inhalt dieses Ueberschusses von Erregung in Irradiationen, welche ganz ausser dem Bewusstsein wirken, und keine Nebenassociationen in sich schliessen, etwa in der formlosen Bewegungsunruhe eines verworrenen Redners. Andernfalls sind die Impulse Nutritionsvorgänge in den Bahnen von Nebenassociationen, deren Inhalt, an Intensität übertroffen und gehemmt von dem Haupteindruck, oder dem bewussten und durch Zielvorstellungen verstärkten Gedankengang, zwar unbewusst bleibt, dem Gebiet des Fechner'schen partiellen Schlafes angehörig, aber doch intensiv genug wirkt, um sich in, gleichfalls unbewusst associirten mimischen Bewegungen auszudrücken.

Hierüber entnehme ich Darwin's Mittheilungen eine Reihe ihm eigener und fremder Beispiele. Was die Affecte betrifft, so associirt sich die Furcht mit Bewegungen, welche dem Gefühle des Erduldens der befürchteten Qual entsprechen. Schon in der Befürchtung eines Unfalles ringt Einer die Hand, wie beim Unfalle selbst. Die zornige Erregung gibt sich durch Bewegungen kund, welche geeignet wären, ihren Gegenstand zu vernichten, Beissbewegungen, Entblössen der Zähne, Aufschlagen der Faust, Bewegungen des Zertretens, Stampfens. Diese Bewegungen entsprechen Nebenassociationen und werden oft nicht als Willensbewegungen anerkannt.

Nicht minder bemerkenswerth sind die physiognomischen Bewegungen als Ausdruck von Nebenassociationen, Parallelvorstellungen beim ruhigen Gedankengange. Wenn der gemeine Mann oder ein fruchtlos Nachdenkender sich am Kopfe kratzt, so handelt er wie bei einem bekannten unangenehmen Gefühle am Kopfe. Gratiolet bemerkt, dass Einer, der eine fremde Ansicht zurückweist, die Augen schliesst oder das Gesicht abwendet, als wenn er die Sache nicht sähe oder nicht sehen wollte; stimmt er aber zu, so nähert er durch Nicken den Kopf dem Sprechenden und macht die Augen auf, als sähe er die Sache deutlich. Duchenne bemerkt, dass Einer, der sich auf etwas besinnen will, die Brauen in die Höhe zieht, als wollte er das Gesuchte sehen. Engel macht aufmerksam, dass Einer, der im Gedankengange nicht vorwärts kommt, seinen Gang verlangsamt oder anhält, und rascher fortschreitet, wenn die Gedanken fortschreiten.

Hier befinden wir uns also bezüglich des physiognomischen Ausdruckes ganz im Gebiete der Nebenvorstellungen, die sich wie traumhafte Vorstellungen innerhalb des Gebietes partiellen Schlafes abspielen, und hier findet die Physiognomik ihre Erklärung in der Mitanregung von lauter Nebenvorstellungen, die mit dem Affecte oder Gedankengange associirt sind.

Indem ich hiebei der Affecte wiederholt gedachte, welche ich aus Gründen der Vereinfachung bei der Darlegung ihres Mechanismus im vorigen Abschnitte nicht vollständig erörtern wollte, finde ich es am Platze, hier noch Ergänzungen zu geben.

Ich hatte nur den Affect der passiven Trauer und den Affect der Freude, des Behagens einander gegenübergestellt. Der Affect der passiven Trauer enthält nur Abwehrvorstellungen gegen die Aussenwelt, aber keine activen Abwehrimpulse. Physiognomisch würde er sich in einer Verengerung der Pforten des Antlitzes und in einem Bewegungsmangel, dem Mangel des Sich-Geltendmachens in der Natur ankündigen. Der Corrugator zieht die Haut unter den Brauen wie ein, Licht abblendendes Dach herbei, der Mund ist zusammengepresst, die Nasenflügel bei Abschwächung der Athemzüge gesenkt, die Miene ist stetig, weil der Gedankengang einförmig ist. Sie kann sich durch die sogenannten Gramfalten compliciren, welche durch Zusammenwirken der inneren Bündel des Stirnmuskels mit dem Corrugator entstehen, so dass das innere Ende der Braue sich hebt, eine Miene, die vielleicht auf Nebenassociationen deutet, als wollte der Trauernde sein Loos oder Hilfe schauen.

Die passive Trauer bietet ein Bild der Unaufmerksamkeit, im Affecte der Angst liegt aber mehr Erregung, Aufmerksamkeit. Der Trauer liegt der Abwehrschrei des Angstvollen ferne. Diese hält die Augen weit offen, die Flucht ist die Action der Angst. Sie wird auch durch Nebenvorstellungen, wenn gar keine Gefahr vorhanden ist, als Bewegung wider den Willen des Menschen hervorgerufen,

17*

wahrscheinlich weil Angst die Neurose eines subcorticalen Centrums, der Oblongata ist und ihre Erregung corticale Hemmung bemeistert. Darwin führt das Beispiel an, dass er im zoologischen Garten sein Gesicht dicht an die dicke Glasscheibe vor einer Puffotter, die auf den Wohlgeschützten losstürzte, gebracht hatte. Dabei war jede Gefahr Nebenvorstellung; er vermochte sich aber vor einem Zurückspringen mit erstaunlicher Gewalt, wie er sagt, nicht abzuhalten.

Ein an sich peinlicher Affect ist die Wuth, welche den ganzen Cortex sammt seinen Innervationsgefühlen hyperästhesirt und diese Hyperästhesirung in der gewaltigsten Spannung der Muskulatur im Sinne aggressiv zerstörender Bewegungen ausprägt.

Dies waren Erscheinungen der Physiognomik, auf Irradiation und Parallelvorstellungen begründet. Doch auch die Gedanken des Physiognomikers und seine Eindrücke sind blosse Parallelvorstellungen oder Nebenassociationen. Das Wiedererkennen eines wiederholten Eindruckes ist von erstaunlicher Reichhaltigkeit, das physiognomische Material im Gedächtnisse unglaublich gross. Ich selber sehe gut in die Weite und erkenne einen Menschen, den ich nie genau angesehen, von rücklings, wenn er im Momente, wo ich ihn bemerke, um die entfernte Ecke einer Strasse biegt, an der Gangbewegung, der Schulterwendung, der Kopfhaltung, die ich mir unbewusst eingeprägt habe. Für die physiognomischen Associationen liegt im Gehirne also zahloses Vergleichsmaterial. So ganz werthlos die festen Formen des Menschen für die Beurtheilung seiner Willensacte sind, so sehr ist doch der Schluss verallgemeinert, aus Willensacten einer ersten Person, deren Gesichtsformen mit einer zweiten Person übereinstimmen, auf gleiche Willensacte der zweiten Person zu schliessen. Diese Parallelschlüsse, diese Nebenverbindungen stammen aus Eindrücken, die für uns unmöglich in Worte zu fassen sind, aus dem unbewusten Erinnerungsmaterial des Vorderhirns. Die Gesichtszüge, die Ausprägung bleibender Falten hängen aus Gründen der Ernährung vielmehr mit Spannung und Schlaffheit der Haut, mit dem Verluste ihrer Elasticität im Alter zusammen als mit stehend gewordenen Innervationen für wirklich physiognomische Bilder. Unsere Nebenvorstellungen bringen ganz falsche psychische Bedeutung in die Züge, deren physiognomische Bewegung überdies so vieldeutig ist, dass das Anklingen von Lachen oder Weinen oft nicht unterscheidbar ist.

Eine sehr feinfühlige physiognomische Darstellung von Hanns Virchow bringt eine sehr hübsche physiognomische Nebenvorstellung zum Ausdrucke über das Interesse am Auge, welches die Pupille begründet. Die Pupille sei die Pforte, durch welche unser Blick in das Innere eines anderen Menschen dringt. Hier ist das Psychische schon eine Nebenvorstellung beim Worte „Innere". Sie erweckt die Empfindung, welche dem Kinde schon eine Kelleröffnung, der Einblick in einen Brunnen machte, „einer unergründlichen Tiefe". Wir sehen, dass die physiognomische Erklärung hier mit lauter Nebenassociationen rechnet. Die Täuschung der Physiognomiker, und alle Menschen sind solche, ist in dem, was sie überhaupt sehen, schon sehr gross. Eine Person mahnt uns durch äussere Aehnlichkeit und im Klange der Stimme so sehr an eine andere, dass wir sie beim ersten Anblick sofort richtig als die Schwester der anderen erkennen. Neben einander gestellt, haben beide in den Formen des Gesichtes gar keine Aehnlichkeit, sie ähneln sich nur durch die, auf Nachahmung, auf wechselseitige Einwirkung begründete Aehnlichkeit der physiognomischen Bewegungen, die Sprechweise eingeschlossen. Der physiognomische Beurtheiler aber hatte die Aehnlichkeit auf die Gesichtsformen bezogen. Ich führe hier den Zustand des Physiognomikers an, um zu zeigen, dass sein Urtheil ebenso aus dem partiellen psychischen Schlafe durch Nebenassociationen fliesst, wie die physiognomischen Erscheinungen, welche er betrachtet, und dass solchen Parallelschlüssen unmöglich ein Werth klaren Urtheils innewohnen kann.

Eine andere Richtung von, im Menschen in jeder vollen Bewusstseinsphase wirksamen Nebenvorstellungen gibt das, durch Muskelinnervationsgefühl vermittelte Bild seiner eigenen Züge und Haltung, wie er es Anderen durch Gesichtsanschauung abgewinnt. Dieses Bild ist bei den meisten Menschen einer unbewusst wirkenden ästhetischen Vorstellung unterworfen, durch welche er selbst die Innervation seiner Züge und Bewegungen regelt. Drücken die physiognomischen Bewegungen in dem Umfang, wie sie oben betrachtet wurden, alle möglichen Tendenzen nach aussen oder den Mangel derselben aus, so drückt sein Bild, die Erscheinung, die Haltung des Menschen in letzterer Richtung ihn mehr weniger selbst aus, abgesehen von allen äusseren Veranlassungen. Diese ästhetischen Vorstellungen beherrschen das eigene Bild je nach der Macht des Vorderhirns über alle Innervation, je nach dem Einflusse der Nachahmung und je nach dem Geschmack oder Ungeschmack, durch welche der Mensch seine Erscheinung zu gestalten in der Lage ist, je nach dem Bildungsgrad, dem Reichthum an Denkvorgängen.

Hauptsächlich stellt die Beherrschung der labilsten Körperpforte im Antlitz, des Mundes, dem einfacheren Menschen fehlend, ein Mass für höhere geistige Entwicklung dar. Alle kaum in

Worte zu kleidenden, nicht grell, aber klar hervortretenden Nuancen der Züge prägen sich zunächst in jenem, dem feineren Ausdruck günstigen, nach Langer niemals durch den Fettpolster aufgetriebenen Rayon oder Thal des Antlitzes aus, welches, die Mundspalte umgebend, nach oben von den Naso-Labialfalten, nach unten von den Genio-Labialfalten begrenzt ist.

Weit gemeinsamer sind die physiognomischen Zeichen, welche das Auge durch Nuancen des Druckes, unter dem es steht, im Glanze oder durch seine Stellung und Beschattung bietet.

Jedes physiognomische Spiel in Zügen und Haltung lässt sich fast von jedem beobachtenden Menschen dahin unterscheiden, ob es unbewusst nur durch Nebenvorstellungen oder bewusst aus dem partiellen Wachen heraus innervirt ist. Alle gewollte mimische Bewegung entbehrt des Stempels zwingenden Ursprunges und verfällt als Ausdruck des Geckenthums der Lächerlichkeit, und als Ausdruck der Lüge der Geringschätzung. Jede physiognomische Absicht überhaupt entbehrt vollkommen des Reizes, welchen das unbewusste physiognomische Spiel ausübt.

Viel klarere Vorstellungen lassen sich aber mit den pathologischen Abweichungen der physiognomischen Bewegungen verbinden, so dass wir sie im echtesten Sinne als Pathognomonik klinisch verwerthen können.

Uebersicht der Krankheitsbilder des Vorderhirnes.

Die vorhergehenden Abschnitte haben im Bau, in den Leistungen und in den Ernährungsverhältnissen des Gehirnes alle Grundlagen gegeben, aus welchen die gesammte Diagnostik der Gehirnerkrankungen ihre Anknüpfungen für das, was hinter den Krankheitserscheinungen an Vorgängen liegt, schöpfen könnte. Beschränkter ist unsere Aufgabe, welche als „Psychiatrie" wörtlich die Behandlung der Geisteskrankheiten bedeutet. Es ist aber klar, dass die Functionen nicht erkranken, sondern nur die Bedingungen der Functionen, welche in den genannten drei Richtungen aufgewiesen sind. Das Gehirn kann nicht wie ein anderes einzelnes Körperorgan betrachtet werden, möchten dessen Veränderungen sich auch noch so weit ausgreifend im Organismus kundgeben. Nicht dadurch, dass das Nervensystem so allörtlich im Körper vorhanden ist, dass in einem ideal ausgearbeiteten Nervenmann plastisch alle Organbilder des Körpers stehen blieben, aufgebaut aus dem Centralorgan, den Stämmen und hauptsächlich aus den dichtesten unzählbaren Endverzweigungen der Nerven, weicht übrigens das Gehirn und seine Fortsätze von anderen Organsystemen im Körper ab, weil auch im anatomischen Gefässmanne der ganze Organbau im Bilde des Herzens und aller Gefässe stehen bliebe.

Das Gehirn unterscheidet sich nur von allen anderen Organen dadurch, dass wir es nothwendig als eine Vielheit von Organen betrachten, so dass ein klinischer Bezirk, welcher nur einen Theil des Gehirnes umfasst, weit mehr ein klinisches Wissen für sich zulässt, als wenn wir nur einen Theil eines anderen Körpersystemes von gleichartiger Bedeutung klinisch selbstständig abhandeln wollten. Die Psychiatrie würde aber ausser jeder Analogie mit exacten klinischen Disciplinen stehen, wenn ihre Diagnostik nur auf einzelne Functionen, und nicht wenigstens in Gänze auf ein bestimmtes Organ des Gehirnes sich bezöge.

Das Organ, dessen Klinik dieses Buch abhandelt, ist das Vorderhirn. Zum Stoffe einer sogenannten Psychiatrie blos die Biologie der Kranken der Irrenanstalten zu machen, wäre ein zu enges Thema, einerseits zu eng, als das einseitige Behandlungsmittel der Detention durchaus nicht alle Geisteskranken umfassen darf, andererseits, weil die Vorderhirnkranken nicht durchwegs Bilder von Geistesstörung darbieten. Die Erscheinungen der Geisteskrankheiten sind allerdings durchwegs von Störungen in den Bedingungen der Vorderhirnleistung begründet. Doch sind dieselben keineswegs bloss krankhafte Symptome, welche die veränderte Action des Vorderhirnes unmittelbar gibt, sondern durch besondere Umstände sind die auffallenden Krankheitserscheinungen oft Leistungen subcorticaler Herde. Die Klinik des Vorderhirnes erstreckt daher ihre Beziehungen über das ganze Gehirn. Die Breite der Diagnostik wird aber psychiatrisch dadurch begrenzt, dass die von allen Gehirntheilen ausgehenden Erscheinungen nur auf die Störungen der Leistungsformen des Vorderhirnes bezogen werden, ob dieses nun in activer oder passiver Betheiligung ergriffen ist.

Die klinischen Erscheinungen grenzen sich in diesem Sinne zunächst schon durch den Bau des Vorderhirnes ab. Bei den Säugethieren mindestens ist das Vorderhirn, etwa vom Geruchsinne abgesehen, baar aller Verbindungen mit den Sinnesoberflächen. Alle Sinneseindrücke sind Nachrichten, die es nicht von der Natur in der Aussenwelt, sondern nur aus den unmittelbaren Erregungen der subcorticalen Centren erhält. Die Hemisphären für sich, ohne die Vermittlung jener sind blind, taub, fühllos (p. 183) und auch motorischer Impulse baar (p. 144). Die subjectiven Vorgänge in den Hemisphären sind niemals, wenn nicht momentan die subcorticalen Centren zur Wahrnehmung erregt sind, von sinnlichem Inhalt, und der Ausdruck „Erinnerungsbilder" ist eigentlich tropisch, weil die Erinnerungen keine Bilder sind. Die Erinnerung an das blendendste Sonnenlicht enthält nicht so viel, einer Leuchtkraft vergleichbaren Inhaltes, als ein Billiontel von der Leuchtkraft einer Lampyride betragen könnte, das sogenannte Erinnerungsbild des Donners der furchtbarsten Explosion enthält nichts von einer Schallintensität, welche dem Billiontel des Schalles eines auf Wasser fallenden Haares gleichkäme. Man sollte daher den Inhalt der Vorderhirnleistungen nicht Erinnerungsbild, sondern Erinnerungszeichen nennen; dasselbe steht dem Sinnesbilde nicht näher als ein algebraisches Zeichen dem Gegenstand, auf den es bezogen wird.

Wenn wir nun Vorgänge, welche alle Natur sinnlicher Kennzeichnung entbehren, per exclusionem geistige Vorgänge nennen wollen, was einzig der Weg ist, auf dem wir selbst bei physiologisch Gebildeten kein Missverständniss erregen, so können wir die Vorderhirnleistung eine geistige, die krankhaften Störungen derselben Geisteskrankheiten nennen. Weil das Vorderhirn und die Aussenwelt mit einander noch gar keine geistigen Erscheinungen entwickeln können, sondern alle subcorticalen Gehirnorgane an dem Entstehen der Erinnerungszeichen betheiligt sind, so wirft sich für die Semiotik des Vorderhirnes als erster leitender klinischer Grundsatz eine Localisation der Herde auf, von welchen die Krankheitszeichen ausgehen. Alle Körperorgane liegen für die Reizaufnahme durch die centrale Projection im Gehirn, aber das Gehirn verlegt sie durch den Trugschluss der periferen Projection des Reizes in die Körperorgane, weil sie die gewohnten Einbruchstellen der Reize (p. 183) sind. Soweit also Sensationen Diagnosen begründen, dringt unser differential diagnostisches Gebiet in alle Kreise allgemeiner und besonderer Klinik.

Indem die fasslichsten und signicantesten Krankheitserscheinungen die verschiedenen örtlichen Reize darstellen, so wird sich als ein, in dem Localisationsprincipe der Gehirndiagnostik eingeschlossener Gesichtspunkt ergeben, vorzüglich die Reizerscheinungen der einzelnen Hirnabschnitte zu festen Punkten für die Anschauung der Krankheitsbilder zu benützen, weil von den Reizerscheinungen die Aeusserungen und das ersichtliche Wesen der Kranken, das semiotische Material überwiegend beherrscht wird. Dies ist, wie jede Grundlage für eine Krankheitsübersicht allerdings ein nur einseitiger Gesichtspunkt, und den Ausfallserscheinungen kann bei den Vorderhirnsymptomen kein untergeordneter Werth beigelegt werden. Doch entgehen gerade die corticalen Ausfallserscheinungen oft der Beobachtung, weil durch sie bedingte subcorticale Reizphänomäne sie oft maskiren.

Die Voranstellung der Reizungserscheinungen ist auch bei der grössten Zahl der Formen von sogenannten Psychosen schon durch die Zeitfolge gegeben, indem sie am seltensten mit entwickelten Ausfallserscheinungen einbrechen, sondern am allerhäufigsten von Reizerscheinungen zu Ausfallserscheinungen erst nach längerer oder kürzerer Zeit vorwärts schreiten. Zur Trennung der Erkrankungen, welche mit Ausfallserscheinungen einbrechen, von der grösseren Menge der psychischen Erkrankungsformen dient ein glänzendes diagnostisches Princip, das wir klinisch in den gegebenen Grenzen obenanstellen, der Charakter des anatomischen Processes.

Je bestimmter und intensiver die anatomische Störung, desto imponirender gleichsam treten die Ausfallserscheinungen auf. Es findet sich aber für die Diagnostik des Gehirnes noch verwickeltere Grundlagen. Man kann keine schwere Ausfallserscheinung, nicht Paraplegie und Hemiplegie, nicht totalen Bewusstseinsverlust, nicht totale Sinneslähmung, wie Blindheit, unter allen Umständen auf Herderkrankung beziehen. Die schwersten Erscheinungen können durch Vernichtung der Hirnsubstanz vom anatomischen Standpunkte aus begriffen werden, können aber in derselben Intensität auch von einer blossen Behinderung eines ungekränkten Gehirntheiles in seiner Ernährung nicht nur momentan, sondern auch auf längere Zeit hervorgebracht werden. Sie können erstens als anatomische und zweitens als functionelle Störungen hervortreten.

Die functionellen Störungen fallen grossentheils mit den vasomotorischen zusammen, wobei zunächst nicht berücksichtigt werden soll, dass die vasomotorische Störung zugleich der Ausgangspunkt anatomischer Veränderungen sein kann. Der Charakter einer bloss functionellen, wenn noch so intensiven Ausfallserscheinung ist klinisch in der relativ raschen und spurlosen Beseitigung derselben gegeben. Den Zusammenhang einer functionellen Störung mit schweren Ausfallserscheinungen kann man sich zunächst in dem Bilde der intensiven Gefässcontraction während der vasculären Systole klar machen, welche bewirkt, dass Arterien selbst stärkeren Calibers sich bis zum Verschwinden ihres Lumens, implicite zum localen Ausfall der Ernährung verengern können.

Die anatomischen Störungen selbst aber können in Resten von Processen bestehen, theilweise encephalitischer Natur, sehr häufig durch das Geburtstrauma veranlasst, welche durch die anatomische Läsion keine Symptome mehr geben, sondern nur durch allgemeine Ernährungsstörungen, welche jene für das Gehirn bedingte. Diese Ernährungsstörungen können lange unter einer gewissen Breite des Gesundheitsbegriffes ohne vorhandene Erkrankungsformen der Hemisphären ertragen werden. Kommen aber irgend welche erhöhte functionelle Inanspruchnahmen, besonders mit Gefässinnervationsstörung durch Affecte hinzu, so entwickelt sich scheinbar auf diese zuletzt einwirkenden Ursachen hin eine Geisteskrankheit. Die Ursachen aber, warum dieselben Anstrengungen oder Ernährungsleiden der Hemisphären Folgen hervorrufen, die ein intactes Gehirn nicht dadurch erlitten hätte, liegen in den frühen anatomischen Läsionen, welche recht häufig ihren lapidaren Ausdruck in Schädelverbildungen finden. Wir haben hier also anatomische Grundlagen und einen anormalen Gehirnmechanismus, ohne dass sie direct mit den Symptomen einer Psychose zusammenhängen. Solche kranke Gehirne nennen wir veranlagt, und der Reichthum nachweislicher, Psychosen bedingender anatomischer Störungen wird schon um Vieles reichhaltiger, wenn man ihren Antheil an den, der stumpfen Diagnostik entgehenden leiseren Krankheitsformen, den sogenannten Veranlagungen diagnostisch mit in Berechnung zieht.

Die Veranlagungen können allerdings auch in Momenten beruhen, bei welchen nicht Schädel und Gehirn direct, sondern Missverhältnisse anderer Körperorgane zu den Ernährungsbedürfnissen in Rechnung kommen. So z. B. alle mit arterieller Anämie verbundenen Organisations-Anomalien, beispielsweise ein zu kleines Herz, welches in seinen höchsten Ausprägungen allein schon Lebensunfähigkeit der Kinder setzen kann, und, in nicht gleich perniciösem Masse jedenfalls in die Ernährungs- und Erregbarkeitsverhältnisse des Gehirnes als ein veranlagender Organisationsfehler tief eingreifen kann. Auch als erworbene anatomische Störung wird z. B. die Verfettung des Herzens von grossem Einflusse auf die Entwicklung von Hemisphärenleiden sein, und man wird am wahrscheinlichsten allerdings bei, schon durch andere veranlagende Umstände vulnerableren Gehirnen einen Ausschlag für die Entstehung von Geisteskrankheiten darin zu finden haben.

Es wurde schon oben bemerkt, dass die Reizerscheinungen, welche in den Hemisphären zur Empfindung kommen, z. B. Hallucinationen, ihren Entstehungsort in subcorticalen Centren finden. Von den hier angezogenen Beispielen der Einwirkung von Anämie und Herzschwäche ausgehend, will ich zunächst darauf hinweisen, dass keineswegs nur Ausfallserscheinungen, wie Erschöpfbarkeit, Schwäche der Hemisphärenthätigkeit, sondern auch die Reizerscheinungen darin ihre Begründung finden, und um diese Thatsache mit einem kennzeichnenden Worte zu signalisiren, führe ich den Ausdruck der „localisirten reizbaren Schwäche" ein.

Es lassen sich schon aus den Ernährungsverhältnissen des Gehirnes Thatsachen entwickeln, welche darauf hinweisen, dass die Ernährung und Erregbarkeit der subcorticalen Gebilde und des corticalen Organes in gleichen Gehirnen gleichzeitig verschieden sein können. Heubner, Duret, Charcot weisen darauf hin, dass alle Arterien des Stammes ihre feinen nutritiven Aeste näher am Herzen entwickeln als die Arterien an der Oberfläche des Cortex, welche nicht nur langläufiger sind, sondern den Cortex auch indirecter mit Blut speisen, als die subcorticalen Arterien. Heubner führt an, dass man leichter von einer der Grosshirnarterien aus das ganze derivative Arteriennetz in den subarachnoidalen Räumen der Hirnoberfläche injicire, als eine einzige capillare Injection von Rinde aus dem, ihr zugehörigen Stamme erziele. Die Speisung der subcorticalen Gehirnorgane bei abgeschwächtem Herzimpulse wird deshalb günstiger ausfallen können, als die des Cortex. Der Cortex und seine Bahnen können daher vorwaltend der Sitz einer abgeschwächten Function sein. Es ist aber zu begreifen, dass wir es dann nicht nur mit einer normaleren subcorticalen Erregung zu thun haben, als in den Halbkugeln, sondern dass die Intensitätsschwäche der corticalen Leistung, ehe sie noch eine qualitative oder eruirbar quantitative Störung durch corticale Symptome bedingt, nur eine auf subcorticale Organe bezügliche Leistung des Cortex herabsetzt, nämlich die normale corticale Hemmung.

Ohne diese Hemmung würden z. B. die bewussten Bewegungen fortwährend mit dem motorischen Reflexspiele vermengt werden, welches so präcise an enthirnten oder vorderhirnlosen Thieren hervortritt. Die Reizungserscheinungen, welche die subcorticalen Centren in die Hemisphären werfen, wie Hallucinationen, oder, welche von ihnen aus motorisch ausgelöst werden, wie epileptische Krämpfe, haben also zur Bedingung den Wegfall corticaler Hemmung. Schwäche und Reiz sind demnach getrennt localisirt. Die corticalen Organe sind der Sitz der Schwäche, die subcorticalen Organe aber die Sitze der Reize. Hieraus entwickelt sich zugleich ein Gegensatz zwischen krankhafter corticaler und krankhafter subcorticaler Erregung, welcher wechselseitig wirkt. Für die Fälle, in welchen die Hemisphären der Sitz der Schwäche sind, wodurch unmittelbar subcorticale Reizzustände entwickelt werden, sind die Beispiele mannigfach genug. Obenan steht die physiologische Thatsache, dass, wenn durch die Unregelmässigkeiten der Gefässwelle während der Leistungen des wachen Zustandes, und durch Störung ihrer wichtigen Beziehungen zur Entfernung der Lymphe, mithin der Ausfuhrstoffe aus dem Gehirne beeinflusst, die Hemisphären der physiologischen Herabsetzung, dem Schlafe unterliegen, schon während des Eintrittes, und in solchen Phasen desselben, die nicht die volle Bewusstlosigkeit in sich schliessen, einestheils die subcorticalen Sinnescentren hallucinatorische Reize entwickeln, Traumbilder, und andererseits die Präcision der Reflexausschläge sich zu steigern scheint. Weiterhin zeigen die hallucinatorischen Delirien nach Blutverlusten, die Inanitionsdelirien, dass die Herabsetzung der Hemisphärenerregung Reize aus subcorticalen Sinnescentren zu hemmen aufhört. Die tiefe Herabsetzung der Hemisphärenerregbarkeit, welche sich durch den Ausfall der Entstehung von Erinnerungsbildern kundgibt, in sogenannten epileptoiden Tobsuchtsanfällen geht wieder parallel einem hallucinatorischen Inhalte dieser traumhaften Zustände. Der wirklich epileptische Anfall lähmt die Hemisphärenleistung durch Bewusstseinsverlust, wenn man den Ausdruck wagen soll, absolut. Unmittelbar vorher aber tauchen die Erscheinungen der Aura auf, unter welchen ich hier einzig die blitzartigen hallucinatorischen Erscheinungen des Gesichts und Gehörs ins Auge fassen will. Jedenfalls geht dem vollen Bewusstseinsverluste unmittelbar Bewusstseinschwäche voran und dieser Schwäche gehen wieder subcorticale Sinnesreizungen parallel.

Hier liegt aber zugleich das Beispiel eines Gegensatzes zum Hervorrufen subcorticaler Reizungen durch vorangehenden Wegfall des corticalen Hemmungseinflusses vor. Hier bewirkt die heftige Reizung eines subcorticalen Centrums, des Gefässcentrums, durch den Arterienkrampf das gänzliche Sinken der Hemisphärenerregung. Die Ernährungsbedingung für die Empfindungsfähigkeit fällt weg, weil die Gewebsathmung durch Mangel arteriellen Blutes sinkt. In diesem Falle ist es also nicht die corticale Schwäche, sondern der subcorticale Reiz, welcher den Cortex ausser Function setzt. Er wirft vor seiner Totalwirkung, der Bewusstlosigkeit, noch flugartig vorübergehende subcorticale Sinnesreize in das absinkende Bewusstsein.

Im vollen Gegensatze dazu lässt sich zeigen, dass Abschwächung subcorticaler Leistungen Erhöhung der corticalen Erregung bedingt, gleichwie die corticale Abschwächung Erhöhung der subcorticalen Erregung. Wenn Anämie im Gehirne neben der Hemisphärenerschöpfung auch Schwächung der subcorticalen Gefässcentren mit sich führt, so tritt ein paretischer Zustand der Arterienmuskulatur ein, und durch diesen eine arterielle Hyperämie im Cortex. Die Folge davon sind Erregungserscheinungen des Cortex, die heitere Verstimmung, dann eine Ueberfülle von Gedankenverbindungen wenngleich oft werthlos und illusorischer Natur, und eine Fülle corticaler Bewegungsimpulse, welche Trilogie corticaler Reizsymptome als das Krankheitsbild der Manie, Tollheit bezeichnet wird. Hier haben wir gleichzeitig Schwäche des subcorticalen Gefässcentrums, Reiz in den Halbkugeln. Die Gesetzmässigkeit des Gegensatzes zeigt sich noch weiter. Erzeugt die Parese der Arterienmuskulatur im Gefässcentrum selbst arterielle Hyperämie, welche zunächst auf seinen Einfluss regenerirend wirkt, so erlangen die Arterien auch im Cortex wieder normale Contraction und die Manie verschwindet. Bleibt die regenerirende Einwirkung der Arterienparese auf das Gefässcentrum nicht innerhalb wohl abgesteckter Grenzen zur Aufrechthaltung physiologischen Erregungszustandes in den Hemisphären, sondern setzt durch arterielle Hyperämie, nach dem anormalen Ueberreiz in den Hemisphären nun anormalen Ueberreiz im Gefässcentrum, so entwickelt dieses seine Leistung, die Arterienverengerung, intensiver. Während dieses Reizzustandes des Gefässcentrums sind die Hemisphären durch verengerte Arterien gespeist, und verfallen in eine Leistungsverringerung, welche wir Hemmung nennen und welche von dispnoëtischen Grundlagen der Stimmung begleitet ist, daher von einem pathologisch traurigen Affect, ein Krankheitsbild, welches wir Melancholie nennen. Die Hemisphärenerregung ist dabei abgeschwächt, und dieses Stadium der corticalen Abschwächung besteht wieder gleichzeitig mit einem Stadium subcorticaler Reizung im Gefässcentrum.

Die Thatsache der localisirten reizbaren Schwäche, welche in ihren Grundzügen jedenfalls dahin aufzufassen ist, dass wechselseitige Anordnungen bestehen, vermöge deren erleichterten Attractionen in Gebieten des Gehirnes erschwerte Attractionen in anderen parallel gehen, umfasst auch Erscheinungen, die sich lediglich im Cortex abzuspielen scheinen. Corticale Vorgänge können nach dem oben Gesagten niemals sinnlichen Gehalt haben, sie können nur Gedankengänge sein. Die Reizerscheinung solcher krankhafter intracorticaler Vorgänge ist die Wahnidee. Vor ihrer Erklärung soll noch berührt sein, dass auch die Affecte intracorticale Reizerscheinungen sind, sofern sie, wie p. 179 berührt wurde, eine Wahrnehmung, und zwar die der Ernährungsvorgänge des Cortex sind, und ferner, indem sie mit Erregungen zahlreicher zelliger und faseriger Elemente desselben zusammenhängen, welche entweder die Gefässnerven oder die Associationsbahnen reizt.

Wie bei den Affecten gezeigt wurde, sind zwei entgegengesetzte Stimmungen, die gebundene und ungebundene schon physiologische Zustände. Die krankhaften Verstimmungen vermehren die physiologischen Affecte nicht um neue Formen, sondern verknüpfen sie nur mit anderen Bedingungen.

Den Wahnideen geben Affecte mehrerlei Färbungen. Unter den repulsiven Affecten entspricht dem Verfolgungswahn die Angst in allen Abstufungen der Höhe bis zu blossem Anklingen und Nachwirkungen hinab, seltener die Wuth und Reizbarkeit. Dagegen entspricht der reine gebundene Affect, die melancholische Verstimmung dem Kleinheitswahn mit dem Selbstanklage-Delirium, wobei die corticale Leitung meist schwereren Hemmungen unterliegt. Endlich entspricht der aggressive Affect, die heitere Verstimmung, in Abstufungen, wie bei der Angst, dem Grössenwahn.

Vor Allem müssen die sogenannten Wahnideen dahin aufgefasst werden, dass die Hirnerkrankung nicht durch pathologische Productionskraft immer neue, in den physiologischen gar nicht vorgebildete Gedanken entwickeln könne, sondern dass den Wahn eine Abschwächung des physiologischen Denkens erzeugt. Nur die

Erschöpfung des Gefässcentrums spiegelt in den leichten Formen manischer Verstimmung eine Art von Erhöhung psychischer Leistung vor. Scheinen auch neue Gedankenreihen die, den Verstimmungen parallel gehenden Wahnideen zu schaffen, so sind die Grundlagen derselben schon physiologisch von Kindheit an entwickelt in unseren wahnhaften Urtheilen über die umgebende unverstandene Welt. So wie der Irrthum, welcher den Wahnideen der Kranken zu Grund liegt, besonders darin gelegen ist, dass solche äussere Wahrnehmungen auf die Individualität bezogen werden, welche zu ihr gar nicht in Relation stehen, so zieht auch der physiologische Verfolgungs- und Grössenwahn das Anschauungsmaterial zu unwirklichen Relationen der Individualität herbei. Das Kind erblickt in allen Dingen nur Relationen zu sich, und erst die Heranbildung von Erfahrungen schränkt es in diesem, seinem Wahn ein. Alle Gegenstände erscheinen ihm zunächst für die Nahrung und das Ergreifen bestimmt, es langt nach dem Monde, es versucht ihn auszublasen, bis richtige Urtheile über räumliche Entfernungen die Expansion des Wahnes einschränken.

Aber nicht minder leicht geweckt ist der Verfolgungswahn, die Scheu vor unbekannten Erscheinungen. Vorwiegend ist die Furcht beispielsweise mit dem Anblicke fremder Männer im Zusammenhang, während die, kindlicher Erfahrung durch freundliche Relationen verwandtere Frauenwelt gewöhnlich nicht oder minder den repulsiven Affect in ihm erweckt.

Der Verfolgungs- und Grössenwahn zeigt sich unter den Völkern im Grossen um so mehr, je weniger den Eigenschaften der Dinge entsprechende richtige Urtheile sie erworben. Nur nach Massgabe seiner höheren Einsicht löst sich der Mensch von den Grundanschauungen des Verfolgungs- und Grössenwahnes los, deren biologische Bedeutung für den Schutz des Menschen innerhalb der überwältigenden Natur und für die Unterwerfung derselben zu seiner Erhaltung, ich schon p. 182 mittelbar beleuchtet habe.

Die antike Welt zeigt klar den wahnhaften Reichthum an Relationen des Menschen zu allen Erscheinungen in der Natur. Alle Eindrücke der Erde und des Himmels vermengt sie stets mit Nebenassociationen, deren Bildung ich oben erklärte, und alles Nichtlebende führt sie zu Parallelen mit ihren eigenen innern Vorgängen, ihrer Individualität. Aus Nebenvorstellungen bildete sich der Anthropomorphismus, in der Natur von Angriffsaffecten bewegte, zunächst gefürchtete Wesen zu wittern. Die Göttergestalten entsprechen in ihrem Wohlwollen und in ihrer Abneigung gegen den Menschen ganz den Bedürfnissen seines Verfolgungs- und Grössenwahnes, welch' letzterer in der eigenen Vergötterung das letzte Ziel fand. Diese genuine Mechanik producirt, auf krankhafte Impulse hin auch die Wahnideen der Irren.

Ich gedenke hier noch eines Affectes, welchen ich in der vorangegangenen Abhandlung der physiologischen Affecte überging, weil er, wenn auch in der Breite des vulgären Begriffes von Gesundheit liegend, doch auch als physiologische Erscheinung, beispielsweise in der Einschränkung der Erscheinung der Freiheit jeder anderen Phase des Hemisphärenlebens unähnlich ist, und leicht isolirt in einem, sonst nicht krankhaft erscheinenden Menschen über die physiologische Breite tritt. Dies ist die reizbare Verstimmung, der Affect des Zornes, deren habituelle Steigerung wir schon als ein warnendes pathologisches Zeichen erkennen werden. Dieser Affect tritt am meisten aus den Associationsleistungen des Cortex heraus und schlägt in Irradiationserscheinungen um.

Aus physiologischen Experimenten der Rückenmarks-Durchschneidung wissen wir durch Stilling und Schiff, dass Durchschneidung der hinteren sensiblen Theile der grauen Substanz keine Unterbrechung der Empfindungsleitung setzt, wohl aber durch die Reizung, welche die der Verwundung folgende Reaction setzt, Hyperästhesie auftritt, die mit jener Reaction wieder verschwindet. Diese Hyperästhesie äussert sich objectiv in einer breiteren Irradiation der Reflexe mit Einbeziehung von motorischen Wurzeln aus Ursprungshöhen, die von einer gereizten sensibeln weit entfernt liegen.

Die reizbare Verstimmung können wir als corticale Hyperästhesie bezeichnen, welcher Ausdruck als „psychische Hyperästhesie" in gangbarer, doch irriger Auffassung vielfach auf Melancholie angewendet wurde. Die reizbare Verstimmung ist ein Affect, der eine, wie auch die bemessene Dauer des Zornanfalles zeigt, mit den Ernährungsverhältnissen des Gehirnes disparate Reizhöhe empfinden lässt. Die Associationen sind im Zorne gehemmt, nur ein Gedankengang attrahirt sie. Der grosse Associationscomplex der Individualität, welchem sich sonst Aeusserungen und Handlungen coordiniren, ist wirkungslos. Gesteigerte allgemeine Hyperämie bis zu Druckerscheinungen, Verlangsamung der Blutgeschwindigkeit in den erweiterten Gefässen bis in die Venen, wodurch die nutritive Erscheinung einer apnoëtischen Athmungsphase eintreten muss, scheinen die Hyperästhesie zu begründen. Mit ihr stellt ein Gefühl der Bedrohung wie bei Verfolgungswahn sich ein. Die Klarheit des Bewusstseins leidet unter corticaler Irradiation, wie sie der Hyperästhesie in der durchschnittenen sensiblen grauen Rückenmarkssubstanz entspricht. Dabei zieht eben die Irradiation mehr Elemente der grauen Substanz in jeden einzelnen Vorgang und erhöht die Empfindung dieses Vorganges zur Hyperästhesie. Die Function der eigenen Gedankengänge wird in peinlicher Erhöhung der Erregung empfunden. Ein Vorgang, welcher als Hemmung schon physiologisch eine Art psychischen Schmerzes hervorruft, das Abbrechen eines unvollendeten Gedankenganges, wie es durch den Widerspruch einer Gegenrede geschehen kann, welche unserem Gedankenablaufe eine andere Richtung, ja einen Gegensatz derselben imputirt, wird in der reizbaren Verstimmung der Hyperästhesie gemäss als ein Schmerz von solcher Höhe empfunden, dass er die höchsten repulsiven Bewegungen, wie Misshandlung des Entgegnenden herbeiführt. Die reizbare Verstimmung lässt durch Irradiation aber auch für jeden Bewegungsact mehr Ganglienzellen zusammenwirken. Auch das Innervationsgefühl wird hyperästhesirt. Der Ausdruck für das hyperästhesirte Innervationsgefühl ist aber die Vorstellung von erhöhter Muskelkraft, welche den Abwehrbewegungen des Zornigen zugleich das Gepräge einer ihm unüberwindlich erscheinenden Aggression, die zornige Kühnheit aufdrückt. Die Hemmung, welche innerhalb des gesteigerten Irradiationsvorganges die Associationsleistung trifft, kann zur Verworrenheit führen, die venöse Stauung durch die Hyperämie mit Verlangsamung der *vis a tergo* zum Bewusstseinsverlust. Innerhalb dieser äussersten Folgen, Verworrenheit und Bewusstseinsabschwächung liegen Erscheinungen aufgehobener corticaler Hemmung. Rücksichtslose Vociferationen, Zerstörungen, verworrene Acte, Defäcationen und Urinentleerung kommen wie in epileptoiden Zuständen fast ohne Bewusstsein von Zeit und Ort vor. Der Zornanfall des präsumtiv gesunden Menschen und des Geisteskranken bietet keinen Unterschied; die reizbare Stimmung ist eine Form der Tobsucht an jenem, wie an diesem.

In die subcorticale Irradiation schlägt auch die Angst mit verworrener Abwehr, und auf anderen Grundlagen ist es der hysterische Symptomencomplex, welcher mit seiner Hyperästhesie, mit seinen so zahlreichen, zunächst reflectorischen Irradiationen diese Grundlage zum Ausdruck bringt.

Während ich p. 141 des zweiten Abschnittes die Associations- und Schlussprocesse in einer schematischen Einfachheit beleuchtete, die nur einen vorbereitenden Werth haben kann, und nur berücksichtigte, dass sich Hauptmassen von Verbindungen, welche das primäre Ich, die leibliche Individualität einschliessen, durch feste Verknüpfung mit anderen Anschauungsbildern oder Gedankengängen zu einer secundären Individualität erweitern, hatte ich nur die Hauptzüge der Bedeutung der Associationen und nur ein Fragment ihres Vorkommens ins Auge gefasst, welches dem wirklichen Reichthume des Associationsspieles nicht entspricht. Ich hatte für ein erleichterndes Einführen in den ganzen Vorgang gleichsam nur den Zweckmässigkeitsanschein beleuchtet. Ich habe aber p. 199 im III. Abschnitte die Vorgänge der Association schon von dem Gesichtspunkte aus als reichhaltiger dargestellt, dass wir die Associationen nicht auf jene Verbindungen beschränken dürfen, die sich über der Schwelle des Bewusstseins abspielen und weiterhin p. 235 erwogen, dass mit jedem bewussten Gedankengange zugleich Nebenassociationen angesponnen werden, entsprechend der allseitigen Verknüpfung der in das Associationsspiel eingeschlossenen Rindenfelder mit anderen Rindenfeldern, so dass der Gehirnvorgang bei jedem Gedankengange ein unvergleichlich umfassenderer ist, als wenn einfach nur die Wege der Associationen angesprochen würden, welche der theoretische Logiker etwa als die, einen Schlussvorgang zusammensetzenden Glieder ansprechen würde.

Ich hatte an jener Stelle erwähnt, dass jeder Gedankengang, der in Worten ausgeführt wird, auch an die Assonanzen dieser Worte anklinge. Dass es sich in krankhaften Vorgängen so verhält, lässt sich zunächst an dem Spiele wechselnder Wahnvorstellungen zeigen, welche Geisteskranke in jener Form von Verworrenheit äussern, die auch Gedankenflucht genannt wird. Die Aeusserungen der Kranken sind hier in eminenter Weise Assonanzen und metaphorische Nebenassociationen. Hier treten die Nebenassociationen in eminenter Weise als Aufzählungen auf, in den Assonanzen eines, zufällig in die Rede eingefügten Wortes, ferner in Aufzählungen anderer bedeutungsloser Wortreihen, wie aller Farben, wenn eine Farbe erwähnt wurde, vieler Eigennamen, wenn der Name einer Person genannt wurde. Ist der Kranke eben von einem behaglichen Machtgefühle erfüllt, so liegt ihm die Metapher „wie Gott," „wie ein Fürst" nahe, weil diese Nebenassociationen jetzt in Verbindung mit dem euphoristischen Wohlgefühle stehen. Genau so, wie durch eine bilderreiche Sprache peinliches Fühlen mit dem eines Verbrechers, oder eines Verfolgten verglichen würde, drückt der Verworrene peinliche Stimmungen in ihnen associirten Bildern, z. B. Verfolgungen, aus, denen er jene attribuirt. Der Unterschied liegt nur darin, dass der Ausdruck des Kranken nicht nur vergleicht, sondern affirmirt, ohne dass ihm darum immer die Affirmation voller Ernst ist. So ist der Inhalt der Wahnidee nichts als die Nebenassociation, welche, im geordneten Gedankenablaufe auftretend, nicht geäussert wird. Der Inhalt der Wahnidee ist der Krankheit nicht eigenthümlich, ihr Sich-

Aeussern ist die Reizerscheinung. Dass sie aber aus der Nebenassociation emporsteigt zur Intensität von Hauptgedanken, liegt in einem Zustande corticaler Schwäche.

Ich habe die Wahnideen, welche im Zustande der Verworrenheit geäussert werden, darum vorangestellt, weil hier eine Erscheinung voran tritt, welche die Schwäche anderer Associationen besonders klar macht. Ich sagte p. 235, dass wir das Ueberwiegen eines geordneten Gedankenganges über Nebenassociationen daraus erklären könnten, dass hier der Vorgang der functionellen Attraction gleichsam von zwei idealen Herden ausginge, von einer Angriffsvorstellung, die Attractionen mit sich führt und von einer Zielvorstellung, welche gleichsam von einem anderen Anknüpfungspunkte Attractionen nach der Richtung der Angriffsvorstellung entwickelt, so dass nur für eine besondere Gedankenkette eine doppelte Kraftquelle der chemischen Attraction besteht, die nutritiv der Association parallel geht. Dieses Kraftmass hemmt die gleichzeitigen Nebenvorstellungen.

In der Verworrenheit aber fehlt entweder die Zielvorstellung oder sie geht sofort unter, indem der Gedankengang im Laufe der Nebenassociationen nach allen Richtungen hin sich zerstreut. Hiebei sehen wir, dass den Nebenvorstellungen durch die Intensität der Attraction, welche Angriffs- und Zielvorstellungen sonst einander verleihen, nicht soviel an eigener Attraction entzogen wird, wie im geordneten Gedankengange und die Schwäche der Hauptverbindungen lässt als Reizerscheinung die Nebenverbindungen auftreten. Diese Verworrenheit kann davon ausgehen, dass hallucinatorische Impulse von fortwährendem Wechsel immer neue Angriffspunkte für gleichsam kurze und disparate Schlussreihen geben. Der Inhalt der Hallucination ist gleichsam ein Zwang, welcher einen abrupten Gedankengang hervorruft, dessen attrahirende Weiterwirkung ein neuer hallucinatorischer Impuls sofort abbricht, einen anderen abrupten Gedankengang erzwingend. Dies wäre die hallucinatorische Verworrenheit. Auch ihr fehlt bei einem unvermittelt auftretenden Angriffspunkte eines Gedankenganges der Zielpunkt. Wir halten das Ziel (Motiv) unserer Gedanken und Bewegungen für Wollen. Wo das Motiv fehlt, verschwindet daher das Wollen, erlischt die Erscheinung der Freiheit, welcher wir die Richtung des Gedankenablaufes zuschreiben. Wo die Erscheinung der Freiheit fehlt, erkennen wir den gesetzmässigen Zwang; wir können daher schon die durch Hallucinationen hervorgerufenen Gedankengänge Zwangsvorstellungen nennen. Ebenso erscheinen andere, des Motives der Zielvorstellung entbehrende Gedankengänge unfrei, als Zwangsvorstellungen. Die Bedingungen von Schwäche in der Hemisphärenleistung erzeugen

Hallucinationen und zugleich Zwangsvorstellungen des Verworrenen, letztere im Sinne von herrschenden Nebenassociationen. Es ist daher eine ganz glückliche Parallele, wenn Baillarger bezüglich letzterer von psychischen Hallucinationen spricht. Ein Beispiel für die intracorticale Schwäche, welche mit der Bildung der Nebenassociationen zu Wahnvorstellungen zusammenhängt, für den Wegfall der, von den Hauptmassen unserer Gedankenverbindungen ausgegangenen intracorticalen Hemmung, liefert die Thatsache, dass nach grossen Unglücksfällen, dem Tod einer theuren Person an eine intensive physiologische Trauer, welche als Abwehraffect die Ernährung des corticalen Organes herabgesetzt hat, sehr häufig hallucinatorische Verworrenheit sich anschliesst. Dabei gedenkt aber der Kranke bei sonst nicht herabgesetztem Gedächtnisse sehr häufig der verstorbenen Person oder des Inhaltes seiner erschöpfenden Affecte nicht mehr, oder gerade die Erinnerung an diesen Vorgang verknüpft sich weder mit Affect, noch mit irgend andauerndem Verweilen der Gedanken. Wir können hier das Verhältniss der ungehemmten Wahnvorstellung richtig so ausdrücken, dass die Vorstellungen, welche so anhaltend den Inhalt der Aufmerksamkeit des **partiellen Wachens** gebildet, jetzt dem partiellen Schlafe im Bewusstsein angehören, und, dass partielles Wachen den Nebenassociationen, den Wahnvorstellungen angehört. Wir müssen demnach annehmen, dass eine zu andauernde Attraction fortdauernd im Bewusstsein stehender Verbindungen zur Erschöpfung oder bleibenden Abschwächung der in Anspruch genommenen Elemente führt.

Man kann sich dabei wirklich vorstellen, dass die Tragweite des Schutzes der keratoiden Scheiden gegen einen über das Nutritionsbedürfniss hinausgehenden Affluxus des Plasma andauernd durch functionelle Attraction überschritten wurde. Es ist dies vielleicht wörtlich zu nehmen, indem dem Untergang der Nervenfasern häufig Quellungen des Axencylinders zu Grunde liegen, wie sie Rumpf zu Austreibungen des Markes benützte. Ueber das dem Protagon verwandte Lecithin, welches aus ihm hervorgehen kann, spricht Hoppe-Seyler die Meinung aus, dass es zwar keineswegs zu den Fetten zu zählen sei, aber eine Uebergangsstufe zur Bildung von Fetten darstellen könne, so dass wir den Uebergang der Nervenfaser in Verfettung uns zwar functionell als eine rückschreitende Metamorphose vorzustellen haben, im chemischen Sinne aber als eine Weiterbildung, wenn das Protagon der Markscheide den Einflüssen des, von seinen centralen Erregungsquellen aus nicht mehr zur Function anregbaren Axencylinders entzogen ist. Wenn also eine beherrschende Masse von Gedankenverbindungen im Gehirne verschwindet, welche alle Angriffs- und Zielvorstellungen in sich fasste, die von einem mächtigen Affecte im Gehirne zu lange über der Schwelle gehalten wurde, so ist es begreiflich, dass darnach die Nutritions- und Attractionswirkung der Nebenassociationen im Gehirne als Wahnvorstellung über die Schwelle tritt.

Dazu, dass die andauernden Attractionen zur Abschwächung der Vorstellungen führen, die sie bedingten, stimmt vollkommen die allbekannte Thatsache, dass die Vorstellungen und Bilder des Traumes, welcher der Erschöpfung des wachen Zustandes folgt, disparat mit den Gedanken im vorangegangenen Wachen sind.

Wenngleich oben bemerkt wurde, dass das delirienartige Abschweifen nach allen, durch ein Schlagwort oder ein auftauchendes Erinnerungszeichen gegebenen Richtungen in der Association dem Zustand einer Verworrenheit zukommt, so haben doch Wahnideen denselben ungeordneten Bildungsgang, welche auch in klaren besinnungsreicheren Zuständen von Wahnsinnigen geäussert werden, hauptsächlich, die von hypochondrischen Sensationen ausgehen. Eine Kranke fühlt sich im Abdomen aufgebläht; dadurch kommt ihr die Nebenvorstellung von einem aufgeblähten Ballon, sie äussert die Befürchtung, wie ein Ballon in die Luft zu steigen. Die Aufblähung ruft die Nebenvorstellung von einer allgemeinen Vergrösserung ihres Körpers hervor, sie sagt, sie sei riesengross, werde in den Wolken oben, wenn sie aufsteigt, Unheil anrichten, daher wolle man sie aus Vorsicht tödten und eingraben. Die Aeusserungen der hypochondrisch Wahnsinnigen können im besonnensten Zustande den barocksten Inhalt haben. Eine sich ruhig äussernde Frau glaubt sterben zu müssen, weil sie Dampf in den Adern habe, statt Blut und motivirt diese Wahnidee damit, dass, wenn sie einen Spiegel behauche, er trübe werde; der Dampf aber, den sie aushauche, müsse aus ihren Adern kommen. Ein Mann, der trotz seiner ziemlich schwachen schriftstellerischen Leistungen von sich und Unkundigen für höchst begabt gehalten wird, den Niemand als krank gelten lassen will, lebt im Wahne, wegen seiner vielseitigen Vorzüge werde ein um die Hälfte der Jahre jüngeres Mädchen ihn heiraten, und stellt durch Ueberschätzung seiner Organisation sozusagen einen Antihypochondrischen dar, der aber stets bei geordnetem Gedankengang ist. Mit seinem euphoristischen Gefühle über seine vollkommene Persönlichkeit aber verbinden sich die wiederholt geäusserten, anscheinend irreparablen Wahnideen, er könne es wagen, ohne Gefahr von aussen den Stephansthurm zu erklettern, von einer fünfzig Fuss hohen Ruine herabzuspringen, auf gut Glück Gift zu trinken, ohne dass seine Organisation dabei Schaden litte.

Die Verknüpfung von Sensationen mit hypochondrischen Wahnvorstellungen tritt sehr gesetzmässig in den Traumbildern hervor, wofür ich Strümpell folgendes Beispiel entnehme: Purkinje fand, dass, wenn die Hand durch Druck auf die Nerven in lähmungsartigen Zustand gerathe, erscheine sie im Traume als fremder Körper, wenn eine ganze Seite taub gelegen ist, so entstand der Traum, dass ein Fremder neben ihm liege. Herzbeklemmung verbindet sich mit der Gefahr zu ertrinken, oder der Verfolgung durch ein wildes Thier u. s. w.

Bei den oben angeführten Wahnvorstellungen in der Verworrenheit, und auf hypochondrische Anstösse hin, liess sich die ungehemmte Verzweigung der Nebenassociationen aus dem Mangel einer Zielvorstellung erklären. Anders ist es bei den chronischen Wahnideen, den sogenannten fixen Ideen des Wahnsinnes auf der Grundlage von Verfolgungs- und Grössenwahn. Hier spielt die Nebenvorstellung, dass die eigenen Sensationen anderen Menschen bekannt werden, eine beherrschende Rolle. Die Stetigkeit und der Anwuchs stets werthloser Begründungen beruht aber zweifellos darauf, dass dem anfangs vielleicht nur diffusen Hervortreten der, wie oben gesagt, in der menschlichen Natur begründeten Vorstellungen von Verfolgungs- und Grössenwahn die Bedeutung fortdauernd wirksamer Zielvorstellungen innewohnt, welche immer bereit sind, trügerische Beobachtung zu associiren, wie sie dem Kranken als Erlebnisse zuzufliessen scheinen. Zum Erweise der Wahnidee, unschuldig hingerichtet zu werden, oder eine mächtige Persönlichkeit zu sein, führen die wirklichen Ereignisse nicht, und begreiflicher Weise kann sich nur in dem Allerlei der Nebenassociationen ein Material von Hilfsvorstellungen für Schlussprocesse des Wahns finden, deren Abschluss immer die Idee der Verfolgung oder der persönlichen Grösse ist, weil sie von Vornherein die Thesis war, das: quod erat demonstrandum. Sowie ich also oben p. 235 bemerkte, dass das Zusammenwirken von Angriffs- und Zielvorstellungen gleichsam durch doppelseitig zusammenwirkende Attraction einem Gedankengange die genügende nutritive Kräftigung gibt, um, über der Schwelle stehend, im Bewusstsein zu herrschen, so gibt im chronischen Wahnsinn das Zusammenwirken der angebornen Macht- und Furchtgefühle als Zielvorstellungen mit den Angriffsvorstellungen, die der Kranke als Nebenassociationen an indifferente Beobachtungen knüpft, der Wahnidee die nutritive Fixation, um leicht über die Schwelle zu kommen. Die überphysiologische Kraft des Wahns aber, sich auf eine Masse von Angriffsvorstellungen zu stützen, denen alle andern Menschen, und in Erfahrung begründeten Vorstellungen so einschneidend widersprechen, ist nur aus subphysiologischer Schwäche des logischen Gesammtapparates im Gehirne zu verstehen. Sicher bieten veranlagende Bedingungen die Erklärung für diese Schwäche der Gesammtwirkung des Cortex, welche den Kranken passiv dem Spiele seiner Wahnvorstellungen überlässt. So weit nicht hallucinatorische Eindrücke, welche hier nur selten auftreten, aber doch sehr bestimmend wirken, im Spiele sind, schaffen Nebenvorstellungen, an wirkliche Wahrnehmung geknüpft, allseitige Relationen letzterer zu dem Kranken, das Bildungsmaterial des chronischen Wahnes. Wird der Kranke angeblickt, so sind die Blicke bedeutungsvoll, aber auch das Nichtanblicken ist es; sprechen die Menschen, so sprechen sie vom Kranken meist feindselig, oft auch schmeichelhaft; blickt ihn ein Vornehmer an, so macht er ihn auf hohe Abkunft aufmerksam, die Zeitungen spielen auf ihn an; an Orten, wo er ungekannt ist, steht Gift für ihn bereit und so fort.

Alle besonderen Formen von Wahnvorstellungen vereinzelter Natur beruhen immer nach der einen Seite auf einem continuirlichen Wachen einer Vorstellung, und nach der anderen auf herabgesetzter Helligkeit des Wachens im ganzen Vorstellungscomplexe.

In Jedem entwickelt sich bei der Vorstellung eines Mordes die Nebenvorstellung, er könne gemordet werden und er selber könne morden, aber das Concert aller anderen Wahrnehmungen und andererseits die Coordination gleichsam der Bestandtheile seiner Individualität lässt bei einem Gesunden keine dieser Nebenvorstellungen Kraft gewinnen. Trägt nun eine Frau die sie bis zum Selbstmorde treibende Zwangsvorstellung in sich, sie müsse ihren Mann, ihre Kinder tödten, so kann nur der nicht sufficient wache Zustand ihrer coordinirten Individualität die Erstarkung dieser Zwangsvorstellung möglich machen, welche allerdings, sobald sie auftaucht, durch angstvolle Affecte getragen wird.

Der Verfolgungswahn ist nicht immer gegen Menschen gerichtet, sondern äussert sich gegenüber leblosen Dingen als Scheu, indem fortwährend Nebenvorstellungen von Beziehungen auf den Kranken im Bewusstsein auftauchen. So zum Beispiel erweckt bei Einem der Anblick der grünen Farbe Furcht vor Vergiftung, bei einem Anderen die Berührung mit einem Hunde Furcht vor Lyssa, Zwangsvorstellungen, welche unter Affecten stabil werden können und in den Rahmen der von Westphal geschilderten abortiven Verrücktheit gehören. Als Grundlage dafür muss die Abschwächung des Hemisphäreneinflusses immer im gleichen Sinne aufgefasst werden. Sowie der Zustand der Zerstreutheit immer einem Mangel an kraftvollen Einzelnerregungen, oder an kraftvollen Gedankengängen im

Bewusstsein entspricht, wodurch, analog wie bei der Verworrenheit, bald dieser, bald jener, an Wahrnehmungen, oder an schwache Gedankengänge sich anknüpfenden Nebenvorstellung ein Einfluss auf weitere Associationen zukommt, so entsprechen auch Fälle der sogenannten **Fragesucht** einer Abschwächung der gesammten corticalen Wirkung, wobei jedes in das Auge fallende Object eine Kette von Verbindungen auslöst, welche ganz werthlose Nebenassociationen sind, wie die Frage, warum der Himmel blau sei, warum ein Stuhl drei Beine habe (Griesinger).

Die sogenannten **Illusionen** sind gar nichts von der Wahnidee selbst Verschiedenes. Dabei ordnen sich die Associationen, welche das Bewusstsein über Dinge und Personen orientiren, der Wahnidee unter, während die ersichtlichen Eigenschaften der Dinge dieses stärkeren Impulses wegen ignorirt werden. Sie sind aber keine wirklichen Täuschungen. Ich habe mich vielfach überzeugt, dass, wenn ein Kranker von den Aerzten und Wärtern, die um ihn stehen, den einen beispielsweise als Kaiser, den anderen als Minister, einen dritten als Feldherrn bezeichnete, ihm nicht im Entferntesten wirklich das Bild lauter Uniformirter oder mit Ordens-Insignien versehener Leute vor Augen stand, sondern dass er den Personen einfach aus dem Flusse der Wahnideen heraus Rollen zutheilt, welche sie auch für ihn selbst gleichsam ohne Costüme spielen.

Die vorangegangenen überschaulichen Bemerkungen über die Bedingungen der Ausfallserscheinungen einerseits durch indirect wirkende anatomische Veränderungen als Veranlagungen, andererseits durch anatomische Processe, die mit dem Verlaufe der klinischen Processe zeitlich parallel gehen, die Bemerkungen über Reizsymptome als secundäre Folgen einer functionellen Herabsetzung des ganzen corticalen Systemes, wobei anatomische Momente als Grundlagen des corticalen Ausfalles an physiologischer Intensität der Wirkung vorausgesetzt werden, ohne dass sie in genügender Schärfe und Constanz demonstrabel sind, daher die vorläufige Wahl des Ausdruckes „Ernährungstörungen", geben uns im Zusammenhange mit der Verschiedenartigkeit der Reiz- und Ausfallssymptome, je nach der im Gehirn nachweisbaren Localisation, die Berechtigung einer Gruppirung der Hemisphärenstörungen auf Grundlage des Baues, der Leistung und der Ernährung des Gesammthirnes. Unter Hinzuzählung einer, nach ihrer Aetiologie durch toxische Substanzen ganz abzutrennenden Gruppe, baut sich folgende natürliche Ueberschau der Klinik des Vorderhirns auf:

A. Anatomische Veränderungen.
  I. Missbildungen des Schädels und Gehirnes durch intrauterinal, während der Geburt oder in der Kindheit entstandene Processe.
   Klinische Bilder: Veranlagung, Cretinismus, Idiotismus, Taubstummheit.
  II. Herdartige anatomische Processe des Gehirnes, Hämorrhagien, Erweichungen, Tumoren, graue Sclerose, Syphilis.
   Klinische Bilder: Delirien, Lähmungen, localisirter Blödsinn, traumatische Verworrenheit, symptomatische Chorea und Veranlagung durch Reste solcher Processe.
  III. Diffuse anatomische Processe des Gehirnes und seiner Häute, Hypertrophie des Gehirnes, Atrophie des Gehirnes, erworbener Hydrocephalus, Meningitiden.
   Klinische Bilder: Veranlagung, Blödsinn, paralystischer Blödsinn, seniler Blödsinn, Delirien, Basalmeningitis, acute (tödtliche) Processe mit Chorea, Hysterismus, Epilepsie; seniler Process.

B. Ernährungstörungen.
  1. Corticale Reizzustände.
   a) Reizbare Verstimmung, Veranlagung. Reine Tobsucht.
   b) Einfache Melancholie, traurige Verstimmung mit Hemmung, Kleinheitswahn und Selbstanklagewahn.
   c) Einfache Manie. Heitere Verstimmung, Gedankenflucht, Bewegungsflucht und Grössenwahn. Anhang: *Chorea*.
  2. Localisirte reizbare Schwäche.
   a) Reizerscheinungen subcorticaler Sinnescentren. Allgemeiner Wahnsinn. Einfache hallucinatorische Verworrenheit. Zusammengesetzte hallucinatorische Verworrenheit mit stuporösen und manischen Stadien. Anhang.
   b) Reizerscheinungen subcorticaler sensibler und Gemeingefühlscentren. Hypochondrie. Hysterie. Particller Wahnsinn: Beachtungswahn, Verfolgungswahn, Grössenwahn. Anhang.
   c) Störungen der subcorticalen Gefässcentren.
    α) Hyperästhesie. Epilepsie, Hystero-Epilepsie, Anhang.
    β) Erschöpfbarkeit. Circuläre zusammengesetzte Psychosen aus Melancholie, Manie und lichten Zwischenzeiten. Anhang.
    γ) Lähmungen. Aufsteigende Paralyse. *Morbus Basedowi*.

C. Intoxicationen.

Klinik der Vorderhirnkrankheiten.

A. Anatomische Veränderungen.

I. Missbildungen.

1. Veranlagungen.

a) Pathologische Craniologie.

Die ethnographischen Unterschiede der Schädelformen sind bisher der einzige Gesichtspunkt, von welchem aus ein ernsthaftes Studium der Schädelformen an normalen Schädeln unternommen werden kann. Dagegen zählt die bekannte Phrenologie, welche die Schädeloberfläche auf Gehirnleistungen bezieht, zu den unechtesten Versuchen, gegenstandslose Behauptungen als Wissenschaft zu bezeichnen. So kann in der Psychiatrie einzig der Gegensatz von normalen und anormalen Schädelformen eine Aufgabe der Erforschung sein. Das Studium des Schädels könnte überhaupt eine viel grössere Anzahl auf grosses Anschauungsmaterial basirter Thatsachen enthalten, wenn nicht fast jeder Forscher damit begönne, seine eigene, von den anderen abweichende Methode der Untersuchung vorzubringen, wodurch die Resultate grösstentheils unvergleichbar gemacht werden. Ich berücksichtige für die Messung nur das bahnbrechende Werk von Welcker ‚Ueber Bau und Wachsthum des menschlichen Schädels. Leipzig 1862', sowie die wichtigen Angaben Virchow's (Gesammelte Abhandlungen, pag. 914), von welchen fast eine vollkommene Ueberschau der anormalen Schädelformen datirt. In Bezug auf Irrenschädel stellte mir Herr Prof. Zuckerkandl die Capacitätsbestimmungen und Messungen von 127 Irrenschädeln zur wissenschaftlichen Bearbeitung zur Verfügung, welche, Rokitansky's Museum angehörig, von diesem grossen Förderer ernsthafter Psychiatrie ihm zur Bestimmung der Masse übergeben wurden.

Für die krankhaften Formen der Schädel fand ich eine reiche Quelle des Studiums in dem Wiener Museum für descriptive Anatomie, welches durch Prof. Langer's Kennerschaft in der Craniologie eine der hervorragendsten Schädelsammlungen darstellt. Diesem Museum durfte ich die hier abgebildeten Crania entnehmen.

Ich stelle die hauptsächlichsten Messungsformen, welche Welker in seinen Messungen am normalen Schädel befolgte, voran.

1. Der Inhalt des Schädels. Die Schädelcapacität wird nach Welcker durch Anfüllung des Schädels mit Körnerfrucht (Graupen etc.) und durch volumetrische Messungen der hiebei verbrauchten Körner mittelst eines genau graduirten Glascylinders bestimmt, wobei jedoch dafür Sorge zu tragen ist, dass der Druck auf die Körner sowohl bei Anfüllung des Schädels, als des Hohlmasses ein möglichst gleicher sei.

2. Der horizontale Umfang (H) des Schädels wird durch eine Schnur bestimmt, welche vorne über die *Tubera frontalia*, hinten über die hervorragendste Stelle des Hinterhauptbeines (über der *Linea aspera*) zu führen ist; diese Stelle entspricht dem mittleren Ossificationspunkte des Occiput. Die zur Messung verwendete Länge der Schnur wird an einem metrischen Massstab abgelesen.

3. Der Längsumfang ($N\,c\,l\,o$) wird durch eine Schnur bestimmt, welche von der Nasenwurzel über die Kranz- und Lambdanaht des Schädels hinweg medial bis zum vorderen Umfang des Hinterhauptloches angelegt wird.

4. Den queren Umfang (Q) gibt die Länge einer Schnur, welche über dem äusseren Gehörgange von jener Stelle, wo der Jochfortsatz verstreicht, über den Schädel hinüber bis zu der symmetrischen, gleichen Stelle der anderen Seite reicht.

5. Die basale Länge ($N\,b$, Nasobasallinie) geht von der Nasenwurzel bis zu dem vorderen Umfange des Hinterhauptloches.

6. Die basale Breite (*au au*) ist die Distanz zwischen dem Verstreichen beider Jochfortsätze.

Die beiden letzten mit dem Krummzirkel zu entnehmenden Masse vereinigen die Enden des Längs- und Querumfangsmasses über die Schädelbasis hinweg. Der Zirkel misst ferner:

7. Die Schädellänge (L) reicht von der *Glabella*, zwischen den Stirnhöckern bis zu dem sub 2 angeführten Verknöcherungspunkte des Hinterhauptbeines; sie ist zugleich der Längsdurchmesser des horizontalen Umfanges (H).

8. Die Schädelbreite (B) ist der quere Durchmesser des horizontalen Umfangsmasses (H); ihre symmetrischen Endpunkte liegen oberhalb des Randes der Schläfenschuppe in der verticalen Tangente, welche von dem äusseren Gehörgange über das *Planum temporale* führt.

9. Die Schädelhöhe *(A)* wird von dem vorderen Umfange des Hinterhauptloches bis zu jenem Punkte des Schädeldaches gemessen, in welchem ein über die Pfeilnaht und das Stirnbein verlaufendes Band mit einem von den äusseren Gehörgängen aus über die *Calvaria* verlaufenden sich kreuzen würde; dieser Punkt liegt *de norma* auf dem vorderen Fünftel der Pfeilnaht.

10. Die Stirnbreite entspricht einem Querdurchmesser *(zz, Linea interzygomatica)*, welcher an der Kante des *Margo orbitalis* von der einen Verbindung des Jochfortsatzes mit dem Stirnbein zu der entsprechenden Stelle der anderen Seite gemessen wird.

11. Die Occipitalbreite *(Mm, Linea intermamillaris)* reicht von der Spitze eines Warzenfortsatzes des Schädels bis zu der des anderen.

Es werden ferner berücksichtigt die Proportionsverhältnisse zwischen L und B (der Breitenindex des Schädels), wobei $L = 100$ gesetzt wird, sowie die Proportionsverhältnisse zwischen L und H (der Höhenindex des Schädels), wobei gleichfalls $L = 100$ genommen wird; mit dem Breitenindex werden die Dolichocephalie und Brachycephalie, sowie die Zwischenstufen derselben bestimmt.

Die Schädelgrösse kann entweder nach der Capacität oder nach dem horizontalen Umfange oder aber nach den Durchmessern bestimmt werden; die richtigste Bestimmung wird durch die Bestimmung der Capacität erzielt.

Die Messungen der Capacität der oben angeführten Zahl von Irrenschädeln, von denen 88 männlichen, 28 weiblichen Individuen und 11 unbekanntem Geschlechte angehören, zeigen übereinstimmend bei Männern und Frauen eine grössere Capacität, als die normale. Während nämlich die Welker'schen Schädelmessungen eine mittlere Capacität von 1448$^{ccm.}$ für Männer- und 1300$^{ccm.}$ für Frauenschädel ergaben, beträgt hier das Mittel der männlichen Schädel 1468$^{ccm.}$, das der weiblichen 1337.9$^{ccm.}$ Der normale Horizontalumfang des Schädels schwankt nach Welker bei Männern zwischen 489 und 567 nach 543$^{mm.}$, bei Frauen zwischen 474 und 538$^{mm.}$

1. Die abweichende Kleinheit des Schädels umfasst zweierlei Abstufungen, die microcephalen oder Zwergschädel und die nanocephalen oder Kleinschädel. Ueber die Masse der Microcephali hat Karl Vogt eine Zusammenstellung von 31 Schädeln (unter diesen befanden sich nur 25°/₀ weibliche) gegeben. Das jüngste der Individuen, denen die Schädel angehörten, starb nach der Geburt, das älteste erreichte ein Alter von 44 Jahren. Die Capacität dieser Schädel beträgt bei den jugendlichen, zwischen 5—15 Jahren stehenden Individuen im Durchschnitte 382$^{ccm.}$, bei den erwachsenen micro-

cephalen Personen im Durchschnitte 441 ccm.; das erstere Mass entspricht demnach ungefähr der normalen Schädel-Capacität eines halbjährigen, das letztere der Schädelcapacität eines 2—2½ jährigen Kindes. Diese Schädel haben so ziemlich gemeinsam die vorzüglichste Beeinträchtigung des Gehirnwachsthums in der Stirn- und Scheitelgegend auf der Höhe des Schädels; die basalen Gehirntheile sind besser ausgebildet, so dass die Breite der mittleren Schädelgrube für die Schläfelappen relativ sehr ansehnlich ist, ebenso ist die hintere Schädelgrube wegen guter Entwicklung des Kleinhirns entwickelt und lang, so dass deren hinterer Rand das Occiput überragt. Virchow hat die Häufigkeit eines kleinen Sattelwinkels bei den Microcephalen dargethan, welcher durch frühzeitige Synostose des ersten und zweiten Schädelwirbels zu Stande kommt und nach Rokitansky's kurzer Angabe ein Hineindrängen der Schädelbasis in den Schädelraum darstellt. Er bringt diese Erscheinung mit rachitischer Weichheit der Knochen in Beziehung, welche es bedingt, dass die Schwere des Gehirnes die, nicht durch den Gegendruck der Wirbelsäule daran gehinderten basalen flachen Knochen herabdrängt.

Der unten (nach Lucae) mitgetheilte Fall von Platycephalie durch Knochenweichheit macht diese Auffassung verständlich. Die Microcephalen brauchen durchaus nicht wesentliche Nahtsynostosen zu zeigen, wohl aber ist ein vorzeitiges Verschwinden der Interstitial-Membran und frühzeitiges Aneinanderstossen der Knochenränder mit mangelnder Wachsthumsentwickelung im Zusammenhange; sie zeigen deshalb zur Zeit der Geburt die grosse Fontanelle, wie bei Erwachsenen ausgefüllt.

Es ist zweifellos, dass hier das krankhafte Hemmniss der Gehirnentwickelung durch mangelndes Andrängen des Schädelinhaltes an die Knochen, Ursache der Schädelkleinheit ist und daher begreiflich, dass die Gesichtsknochen nicht in gleichem Masse in ihrer Entwickelung gehemmt sind. Das Vorspringen der Gesichtsknochen vor den Schädelknochen bedingt bei den Microcephalen die prognate Gesichtsbildung.

Die Nanocephalen stellen Schädel von normalen Proportionen dar (Zuckerkandl), welche viel höhere Capacitäten zeigen als die microcephalen, aber auch noch Blödsinnigen angehören. Ein Nanocephale Zuckerkandl's hat 1115 ccm. Rauminhalt, andere, von Virchow und Zuckerkandl beschriebene haben Capacitäten von 1000 ccm. und weniger.

2. Macrocephalie (Hydrocephalie). Das Ueberwiegen der grossen Irrenschädel drückt sich in der einzelnen Aufführung der betreffenden Schädel dadurch aus, dass Schädel, die eine Capacität

von mehr als 1500ccm. enthalten, nur 26% der normalen, dagegen über 44% der Irrenschädel bei den Männern ausmachen; es würde also ein Grad von Macrocephalie vorherrschen. Diese Macrocephalie betrifft aber durchaus nicht die monströsen Formen hydrocephalischer Grossköpfe, welche keineswegs mit auffallenden Ernährungsstörungen des Vorderhirns zusammenhängen. In einem übergrossen Schädel können grosse Mengen von Kammerflüssigkeit und eine grosse Quantität von Gehirn nebeneinander bestehen, in einem nur mässig erweiterten Schädel aber wird ein Hydrocephalus durch Druck die Entwickelung und Ernährung der Gehirnmassen leichter beeinflussen. Jene normale Macrocephalie, welche unter Anderen auch Virchow als Kephalonie bezeichnet hat und die bei geistig hervorragenden Menschen öfter angetroffen werden soll, kann bei den Schädeln der Irren gewiss nur als eine unwesentliche Ausnahme vorkommen. Von den seltenen Ausnahmen abgesehen, in welchen Virchow die Kephalonie als pathologisch ansieht, indem er von ihr annimmt, die übermässige Schädelausfüllung rühre nicht von einem Plus an Nervensubstanz, sondern bei obwaltender Gehirnhypertrophie von einer Vermehrung der Neuroglia her, hängt das Mass der Macrocephalie der Irrenschädel mit dem Hydrocephalus zusammen.

Um hier zunächst die allgemeinsten Formverhältnisse des Schädels zu betrachten, so setzt die Hydrocephalie Kennzeichen der Schädelformen, welche nach Zuckerkandl's Ziffern auf 23·8% der männlichen, 32·1% der weiblichen und 27·2% der nach dem Geschlechte unbestimmten Irrenschädel entfallen.

Die grösste Zahl von Kennzeichen des Hydrocephalus entfällt bei den männlichen Schädeln auf die kleineren Schädel und da überdies ein grösserer Perzentsatz von weiblichen Irrenschädeln die Kennzeichen der Hydrocephalie trägt und die Weiber die kleineren Schädel haben, so fällt dieses letztere Vorkommniss mit der Begünstigung kleinerer Männerschädel für Kennzeichen der Hydrocephalie zusammen.

Das Vorkommen des Hydrocephalus in den Leichen der Irren ist aber meinen Sectionsergebnissen nach viel grösser, als das Perzent der mit Kennzeichen des Hydrocephalus versehenen Irrenschädel erschliessen liess; unter 719 Gehirnen von Irren findet sich 306 Mal Hydrocephalus, demnach in 42·5% der Fälle.

Die Kennzeichen der Hydrocephalie beziehen sich auf einzelne Hörner der Kammern, auf verschiedene Regionen des Schädels; vulgär am beachtetsten ist die Hervorwölbung der Stirnbeine, welche dem Hydrocephalus des Vorderhornes entspricht.

Das nächst bekannte Kennzeichen ist die Hervorwölbung der Schläfengegend, welche dem Hydrocephalus des Unterhornes entspricht

und bei ausgeprägteren Formen das Ueberwiegen des Craniums
über das Gesichtsskelett Hydrocephalischer auffallend macht. Wegen
der Bedeckung durch die Haare ist die häufigste Ausprägung des
Hydrocephalus durch grössere Wölbung des Occiput, als Ausdruck
des Hydrocephalus des Hinterhornes am meisten übersehen worden,
obgleich dieselbe auch bei geringen Graden bedeutend genug ist,
um das Occiput an der Lambdanaht für die Palpation stufenförmig
abgesetzt erscheinen zu lassen und obgleich in den Hirnbefunden
die Verlängerungen des Hinterhornes, sowie Verwachsungen früher
verlängerter Hinterhörner sehr häufig sind, was schon von Virchow
in seiner Arbeit über das Grundbein als ein Kennzeichen von
congenitalem Hydrocephalus angesehen wurde. Unter Umständen
prägt sich der Hydrocephalus auch in der Scheitelgegend durch eine
Form aus, welche Zuckerkandl Abknickung der Scheitelbeine
nennt und welche sich dadurch manifestirt, dass die Scheitelbeine
von dem vorderen Drittheil ihrer Länge aus mehr weniger senkrecht
nach unten abfallen; eine stärkere Hervorwölbung der Scheitelbeine
ist an sich schon dem brachycephalen Schädel eigen und die
parietale mit Hydrocephalus zusammenhängende Hervorwölbung
steht darum vielleicht in Beziehung zu ausgesprochener Brachycephalie eines hydrocephalischen Schädels.

Hydrocephalus kann aber auch ohne besondere Kennzeichen
örtlicher Hervorwölbung des Schädels bestehen und es kommt
hier der Umstand in Frage, dass nach Zuckerkandl's Aufzeich-
nungen über die Hydrocephalie die Kennzeichen der Hydrocephalie
gerade den kleineren Schädeln zukommen, während die Hydrocephalie ja auch einen wesentlichen Grund zu macrocephalischen
Schädelformen abgibt und die Irrenschädel durchschnittlich einen
grösseren Schädelraum besitzen. Es ist aber begreiflich, dass be-
stehender Hydrocephalus sich an den Wänden grösserer Schädel
weniger ausprägt als an den Wänden kleinerer Schädel. Die grösseren
Schädel enthalten nämlich auch grössere Gehirne als die kleineren,
und in diesen wirkt ihrer dickeren Wandungen wegen der hydro-
cephalische Druck nicht unmittelbar genug, um durch Spannung
der Schädelwand eine so treue Abformung der Ventrikelaufblähung,
wie kleinere Gehirne zu bedingen, welche nur mit dünnen Wandungen ihre Kammern umgeben und die Ventrikelaufblähung unmittelbar auf die Schädelwand wirken lassen.

Um im einzelnen Falle eine Bestimmung der Schädelgrösse
am Lebenden zu wagen, lässt sich nur die zweite Methode der
Grössenbestimmung, die Bestimmung nach dem horizontalen Umfange,
verwenden, welche nach Welcker bei den normalen Schädeln der

Männer zwischen 489 und 540^{mm}, bei Weibern zwischen 474 und 538^{mm} schwankt; die über 540 und 550^{mm} betragenden Horizontalumfänge sieht Welcker als in die Kephalonie fallend an. Das horizontale Umfangsmass macht aber nur die Breite und die Länge des Schädels ersichtlich und diese Durchmesser sind zugleich die Durchmesser der grössten Horizontalebene des Schädels. Der Höhendurchmesser wird im horizontalen Masse nicht mit ausgedrückt, daher seine Grösse die Schädelcapacität bei geringem horizontalen Umfange vergrössern, seine Kleinheit dagegen die Schädelcapacität bei grossem Horizontalumfange verkleinern wird. Ein weiterer Irrthum fliesst bei der Beurtheilung eines Schädels nach seinem horizontalen Umfangsmasse aus der verschiedentlichen, gerade bei krankhaften Schädelformen sehr abweichenden Dünne oder Dicke des Schädels, welcher Umstand bloss bei der Bestimmung des Schädelinnenraumes nicht störend einwirkt. Der Versuch einer Beurtheilung der Schädelgrösse am Lebenden hat demnach wesentlich das Höhenmass des Schädels mit zu berücksichtigen, um nicht allzu grobe Irrthümer herbei zu führen.

Es wurde ferner bemerkt, dass die Schädelgrösse auch nach den Durchmessern überhaupt beurtheilt werden könne, und in dieser Beziehung will ich die Beurtheilungen der Masse als kleine, grosse und mittlere hieher setzen, zu welchen ich in den Welcker'schen Massangaben für normale Schädel Anhaltspunkte finde.

Für den Schädelinnenraum ist der geringste Welcker'sche Inhalt bei Männern 1220, der grösste 1790^{ccm}, bei Weibern der grösste 1520^{ccm}; kleinste 1090, der geringste horizontale Umfang beträgt bei Männerschädeln 489, der grösste 567^{mm}, bei Weiberschädeln der kleinste 474, der grösste 538^{mm}. Ich bezeichne bei Männern die Längsdurchmesser bis zu 174^{mm} als klein, die von 175—180^{mm} als mittelgross, die von 181^{mm} aufwärts als gross, sowie die Querdurchmesser bis zu 142^{mm} als klein, die von 143—148^{mm} als mittelgross, die von 149^{mm} aufwärts als gross; endlich die Höhendurchmesser bis zu 131^{mm} als klein, die zwischen 132—135^{mm} als mittel, die über 135^{mm} als gross; bei Frauen nenne ich die Längsdurchmesser bis zu 171^{mm} klein, die zwischen 172—178^{mm} mittelgross, die von 179^{mm} aufwärts gross, die Querdurchmesser bis zu 131^{mm} klein, die von 132—137^{mm} mittelgross, die über 138^{mm} gross, endlich die Höhendurchmesser bis 119^{mm} klein, die von 120 bis 126^{mm} mittelgross und die von 127^{mm} aufwärts gross.

Bei den Macrocephalen kann die Schädelgrösse einzig durch die normalen Schädelknochen gedeckt werden, oder aber es können neue Knochen in den interstitiellen Membranen sich als Schaltknochen